한중사회 속
여성리더

KB140225

한중사회 속
여성리더

선 덕 과 측 천 은 어 떻 게 달 랐 나

| 하영애 지음 |

저자 서문 – 한중사회 속 여성리더

필자는 수교 전인 1990년에 북경대학을 방문한 일이 있다. 당시 중국의 한 특급교사의 주선으로 방문하게 되었는데, 외사처장(국제교류처장), 何方川 교수(역사학과 주임), 鄭必俊 교수(대외부녀연구중심 주임) 등 핵심 간부들과 함께 오찬을 하였다. 그 자리에서 누군가 "우리 모두 공산당원인데 하 교수는 무섭지 않나요?"라고 질문했고, 필자는 "공산당원은 무서울지 모르지만 여러분은 지식분자(知識分子: 지식인)니까 무섭지 않습니다."라고 중국어로 화답했다. 당시 한중 양국은 미수교 국가였으며 중국은 해외개방도 그다지 없던 터라 사실 약간은 긴장되기도 했었다. 그렇던 중국이, 어느덧 세계중심 국가로 부상하여 미국과 함께 G2국가의 반열에 올랐다.

경희대학교는 국내 어느 대학보다도 일찍이 중국의 각 대학들과 자매대학 및 교류활동을 강화하였고, 그 결과 국내에서 가장 많은 중국 유학생이 입학하여 다니고 있다. 수강생의 수적 증가에도 불구하고, 외국 유학생들에게 한국생활의 적응을 도와줄 체계적인 교재가 없었다. 필자는 이에 맞추어 2008년 『韓中사회의 이해』라는 교재를 출판하였다. 당시의 여러 상황을 감안하여 중문(中文)과 한글을 절반씩 섞어 구성하였다.

최근에는 한류 등 영향으로 세계 각 국의 학생들이 한국에 유학을 오고 있다. [한국의 사회와 정치]를 수강하는 학생들은 매학기 평균 8∼10개 국가에서 온 다양한 학생들이다. 이들을 위한 한국어 교재가 필요한 상황에 있다. 또한, [뛰는 중국 따라잡기−현대중국 알기] 과목은 한 학기에 160여 명이 수강하여 중국사회에 대한 학생들의 관심은 더욱 높아지고 있다. 또 하나의 과목 [젠더와 역사−평등과 차이의 정치사] 과목에도 여성과 관련한 최근의 내용들을 실은 교재가 필요한 실정이다. 따라서 그동안 집필하였던 여성 분야의 논문과, 한국과 중국사회에 관련하여 발표한 논문들을 모아 책으로 내놓게 되었다. 딱딱한 논문의 틀에서 최대한 벗어나 대학생들뿐만 아니라 일반인들도 이해하기 쉽도록 구성하려고 많은 부분을 수정, 보완하였다. 그럼에도, 정치 제도적 이론 부분에서는 중첩되는 부분이 없지 않다.

2012년 한국에서는 동북아에서 최초로 박근혜 여성 대통령이 탄생하였다. 같은 해에 선임된 중국의 최고통치권자 시진핑(習近平)은 박 대통령에게 '라오펑유(老朋友 오랜 친구)'라고 호칭하였고, 양국 간에는 2013년 중국에서 '중한정상회담'이, 2014년 한국에서 '한중정상회담'이 개최되었다. 한중간에 '더 이상 좋을 수 없는 사이'의 양국관계가 형성되었다.

이와 아울러 우리가 기억해야 할 것은 1,400여 년 전의 역사이다. 신라에서는 최초의 여성국왕 선덕여왕이 탄생하였고(632년), 그 이후 중국에서는 무 측천 여황제가 탄생하였다(690년). 2016년 대만에서도 여성총통이 탄생하게 된다. 국민당은 여성인 홍셔우주(洪秀柱)를, 민주진보당 역시 여성인 차이잉원(蔡英文)을 각각 총통 후보자로 선정했기 때문이다.

동북아에는 그야말로 '여성시대'가 펼쳐지고 있는 것이다.

본 저서는 이러한 시대상황과 관련하여 제1부에서는 한중 양국의 최고지도자에 관해 다룬다. 박근혜와 시진핑의 프로파일 비교, 제18대 한국대통령선거와 여성이슈, 한국 선덕여왕과 중국 측천여황제의 정치리더십, 세계의 여성리더－여성리더의 정체성 찾기 등을 탐구한다.

제2부에서는 동북아 여성의 정치 참여에 대해 논의한다. 유엔에서는 1995년 제4차 북경여성대회 이후, 여성권한척도(GEM: Gender Empowerment Measure/후일GII로 변화)를 통하여 각국 여성들의 정치 참여 활성화를 촉진하였다. 각국의 장차관 및 여성 국회의원들의 정치 참여와 남녀 임금 차이 등 4가지를 측정하여 이를 각국에 반영하였으며 특히 '북경행동강령 이행조치'라는 강력하고도 실질적인 조치를 통하여 동북아 여성의 정치 참여는 미흡하나마 향상되었다고 할 수 있다. 본 저서는 거의 최초로 한국여성장관에 관한 학술적인 연구 성과를 실었다. 이는 약 2년간에 걸쳐 14명의 역대여성장관들을 직접 인터뷰, 설문한 내용을 중심으로 하였고, 2015년 의정논총에 게재된 한국여성장관의 임용과정과 역할유형을 비롯하여, 한국의 박순천과 중국의 송칭링의 정치사회사상, 대만의 선거제도개혁과 여성국회의원의 의회진출향상, 한중양국 여성의 의회진출과 사회참여 등 4편을 실었다. 이 저서를 통해 이론적으로는 양성평등이 많이 이루어진 것 같지만, 실질적 평등에 있어서는 아직도 요원한 한국의 현황들

을 목도할 수 있다.

제3부에서는 중국교육, 문화산업, 사회교류를 중심으로 다양한 내용을 담았다. 1978년 개혁개방 이후 교육만이 전 세계를 재패할 수 있다는 관점에서 중국이 추진한 실용주의적 교육개혁과 사회적 변화를 통해 중국의 지식인들이 겪은 삶의 변화도 함께 고찰하고 있다. '문화란 무엇인가?'에 초점을 둔 부분에는, 한국의 포항과 중국 심천의 문화관광산업, 한중간의 사회문화 교류와 발전을, 그리고 2015년 세계대학총장회의(IAUP) 50주년에 즈음하여 창립자 4명 중의 한 사람이며 경희대학교를 설립한 故 조영식 박사의 철학을 중심으로 한 오토피아(Oughtopia)의 이론과 전개: 한국과 대만사회의 수용 등 4편의 글을 실었다.

끝으로 필자의 오늘이 있기까지 도움주신 분들께 큰 감사를 드린다. 이연숙 전 장관님, 김정숙 세계여성단체협회 회장님, 朴三求 한중우호협회 회장님, 주한중국 邱國洪 대사님과 李珊 부인, 한중여성교류협회 중앙회 및 전북, 전남, 대구, 포항, 경주, 제주도 지회회원들, 주일본 汪婉중국대사부인, 彭珮云주석, 王春梅, 李繼興, 徐文吉교수, 정효권 전 재중한국인회 회장님, 윤홍근 제너시스 대표이사 회장님, 임진출 고문님, 김춘희 고문님, 심천의 현태식 연구위원님, 하정수 연구위원님, 동신대 김필식 총장님, 윤황 교수님, 오영달 교수님, 후마니타스 칼리지의 모든 교수님께도 감사드린다. 또한 많은 유학생들에게 한국의 문화체험을 할 수 있도록 도움을 주신 이희도 경북관광공사 본부장께 깊은 고마움을 표한다.

특히, 8년간 아내 혼자 유학 보내고 두 자녀를 키워왔으며 현재도 협회의 일과 연구업무 등 아내를 위해 뒷바라지해 주시는 남편 백건

표 씨와 며느리를 항상 격려해주시는 88세, 미수를 맞이하시는 시어머니 신옥님 여사께 깊은 감사를 드린다. 아들 성우와 딸 진아 에게도 사랑을 전한다. 또한 교정을 도와준 金珏, 박수영, 서윤경 에게도 고마움을 전하며 이 책의 출간을 서둘러 주신 한중학술정보(주) 채종준 대표이사님과 편집자 여러분께 감사드린다.

2015. 8. 8.
후마니타스 칼리지 연구실에서
저자 하영애 씀

추천사
이연숙 전 정무 2장관

　대한민국의 지정학적 위상으로 살펴보면 지리적으로 국경을 접하고 있는 중국과 일본이 제일 가깝고, 문화적으로 그 두 나라와의 교류가 가장 활발하였으며 역사적인 접속이 끊임없이 이어져왔습니다. 일제 식민지에서 해방된 1945년을 시점으로 일본에 대한 우리의 관심과 교류는 활발했던 반면에 한국전쟁에 중공군의 참전을 계기로 한국은 대만과의 적극적인 관심과 교류를 빼면 중국에 대하여서는 무관심을 넘어서 북한 다음으로 적대국처럼 여겨온 셈입니다. 젊은이들의 국제적인 호기심과 관심의 대상도 이웃인 중국이나 일본보다는 유럽과 미국을 선호했고 학업의 내용도 먼 나라들과 선진국을 택해서 연구하며 왕래했습니다.

　영어는 중학교부터 필수과목으로 공부하고 영어권의 문화를 익히기에 힘썼지만 중국어나 일본어에 대한 열의는 일반적으로 미약한 상황이었습니다.

하영애 교수는 대학에 진학할 때부터 여성에게는 크게 열려있지 않았던 정치학을 지망하여 학부에서 정외과를, 대학원에서 정치학을 선택했으며 그녀의 선견지명을 증명하듯 해외유학은 대만대학교에 입학해서 정치학으로 박사학위를 받아냈습니다.

1990년대에서 2000년대에 걸쳐 활발해진 중국의 국제사회활약상과 그 역할의 중요성이 세계적으로 주목을 받는 시기에 하교수는 북경대학과 청화대학에 방문교수로 참여했고 국내의 전문가들을 규합해서 한중여성교류협회를 창립했으며 한중우호협회에서는 부회장직을 맡아서 한국과 중국의 상호우호증진과 교류협력 사업에 앞장을 서 왔습니다.

하영애박사는 그 당시의 여성으로는 드물게 군에 입대하여 여군장교로 복무했으며 1980년에 대위로 전역한 후에는 향군여성회의 회장직을 맡아 여성의 애국운동과 여성 지도자 육성에도 큰 몫을 수행해 왔습니다.

이렇게 광범위한 활동과 학업, 중국과의 교류 및 연구를 토대로 많은 논문을 발표하였고 경희대학교에서 후학을 지도하면서, 교육 자료가 충분치 못 한 것을 고민하면서 만들어낸 **"한중사회 속 여성리더"** 라는 귀중하고 꼭 필요한 저서를 출판하게 된 것은 시의적절하다고 생각합니다. 이는 현재는 물론 미래사회에 후학들의 지적인 성장과 한·중 관계를 발전시켜 나가는데 튼실한 디딤돌이 될 것이라고 믿습니다. 특히 사료를 구하기도 힘들고 자료를 수집하기도 어려운 여성사의 측면에서 연구를 진전시켜 유교적인 문화권에서 오늘의 저서를 완성시킨 하교수님의 열정과 사명감에 경의를 표합니다.

다시 한 번 저서 **"한중사회 속 여성리더"**의 출간을 축하드립니다. 그리고 동아시아 여성발전의 궤적을 찾아 주신 노력에 감사드립니다.

이연숙
현 한국 주민자치 중앙회 총재
(국무위원 정무 제2장관/ 제16대 국회의원 역임)

CONTENTS

제 3 부
중국 교육, 문화산업, 사회문화교류

제1부

한중양국의 최고지도자,
세계의 여성리더

01. 서론

역대 한국 대통령 선거에서는 여성이슈가 거의 없었다. 그러나 2012년의 제18대 대통령 선거는 '여성'에 주목하였다. 동시에 2012년은 전 세계 60여개 국가에서 각국의 통치권자를 뽑는 해였다. 미국대선에서는 현임대통령 오바마(Barack Obama)후보와 여성후보 힐러리(Hillary Rodham Clinton)가 경선했고 대만 총통선거에서는 현임 총통 마잉지우(馬英九)의 재선에 맞서 여성총통 후보 차잉원(蔡英文)이 경선에 나섰다. 그러나 힐러리와 차이잉원은 낙선했다. 반면에 한국은 박근혜 후보가 승리하였다. 그렇다면 박근혜 후보가 초대 여성 대통령으로 당선된 주요 요인은 무엇일까? 물론 다양한 요인이 있지만 이 글에서는 여성이슈에 중점을 두고 고찰해 본다.

2012년은 한국의 국회의원 선거와 대통령선거를 동시에 실시하는 선거의 해였다.

당시 한나라당은 서울시장 보궐선거 및 지방자치선거에서 '이명박 정부 심판'이라는 야당의 강력한 주장과 경제적 실정으로 인하여 2011년 4.27재보선과 무상급식 투표 및 10.26재보선에서 패배하면서 지지율이 급락하게 된다. 따라서 한나라당은 '비상대책위원회' 체제로 전환하면서 박근혜 국회의원을 비상대책위원장으로 선출하고 전권을 위임하였다. 비상대책위원회 체제하에서 한나라당은 15년 만에 '새누리당'으로 당명을 변경하고 전통적인 파란색 당로고 대신에 빨강색의 당로고로 바꾸었다. 그리고 19대 국회의원선거를 치르게 된다. 선거결과, 새누리당은 서울 등 몇몇 지역을 제외하고 예상을 뒤엎는 다수의석을 차지하였는데 300명 국회의석의 과반수인 152석을 확보하여 127석을 얻은 민주통합당을 누르고 제1당의 위치를 공고히 하였다. 4월 11일 새누리당 국회의원선거의 성공은 박근혜로 하여금 12월의 대선에 나름대로 교두보를 마련할 수 있는 토대를 마련하였고 결국 '박근혜 대세론'은 정몽준, 이재오, 김문수 등을 누르고 83.97%라는 압도적인 지지 속에 새누리당의 대선후보로 확정되었다.[1] 반면 민주통합당은 한때 한명숙 대표가 당을 이끌어 여당의 박근혜 대표와 여성들이 쌍벽을 이루는 모습을 보인 적이 있었다. 그 후 문재인 후보에 대항하여 손학규 후보, 김두관 후보, 정세균 후보 등이 경선에 참여해 치열한 경쟁 끝에 문재인 후보가 과반 득표에 성공함으로써 결선 투표 없이 민주통합당 대선후보로 선출되었다.[2] 이러한 당내경선 이후 새누리당은 박근혜 후보를, 민주통합당은 문재인 후보를 각

---

1) 중요한 것은 당내규정의 적용이었는데 새누리당의 대통령 후보선출은 '국민 참여선거인단 유효득표 결과 80% 및 여론조사결과 20%를 반영하여 산정한 최종집계결과 최다득표자로 한다'는 규정을 17대 대선에 이어 18대에도 여러 우여곡절 끝에 그대로 적용하였다. 새누리당 당헌 제5장 제90조. http://www.saenuriparty.kr/web/intro/web/readConstitutionView.do (검색일 : 2013. 4. 27).

2) 유성진, "2012년 대선과 정당의 후보선출: 새누리당과 민주통합당을 중심으로", 한국정치학회 2013 중앙선거 관리위원회 연구용역 중간발표회 발표논문, 2013. 1. 25. pp.87-90.

각 정당의 대선후보로 선출하였고 이외에도 서울시장 선거에서 박원순 후보를 도우면서 '안철수 신드롬'을 일으킨 안철수 교수가 대선후보로 주목받는 등 18대 대선은 시작부터 국민의 관심을 끌었다.

초미의 관심사였던 12월19일 선거가 끝나고 한국의 집권당 박근혜 후보는 약 109만 표 차이로 문재인 후보를 이겨 초대 여성대통령시대를 열게 되었다. 그렇다면 미국, 대만, 한국 등 세 나라 중에서 남존여비사상과 가부장제도가 가장 농후한 한국에서 박근혜 후보는 어떻게 대통령이 되었을까? 역대 대통령선거에서는 유권자들의 큰 관심을 이끌어낸 여성이슈가 거의 없었다는 평가가 있는데 2012년 박근혜 대통령후보는 여성유권자의 투표를 고려하여 어떠한 이슈를 쟁점화하고 주도하였을까? 어떤 이슈가 그를 승리자로 만들었을까?

02. 이슈, 여성이슈의 의미

이슈란 무엇인가? 이슈란 어떤 문제나 요구가 일반 국민의 관심을 끌어 공공정책상의 논점으로 제시되는 포괄적 경우를 의미한다. 그러나 선거에 관한 이슈는 곧 표이다. 선거전에서 이슈논쟁은 국민들에 의해 평가되고, 이것이 득표로 연결된다. 이슈정치학에서 볼 때, 선거 유세과정에서 나타나고 사라지는 여러 이슈는 후보들의 당락에 많은 영향을 미치기 때문에 매우 중요하게 취급된다. 따라서 선거이슈를 통제할 수 있는 능력은 권력의 획득을 위해서 매우 중요하다. 이슈가 선거라는 정치과정에서 가지는 의미는 한편으로 정부의 정책과 연결되는 국민의 요구라는 의미와, 다른 한편으로 정치권력의 정당화와 연결되는 유권자들의 지지라는 두 가지 의미를 가진다.3) 어떤 후보가 일반국민들의 관심을 끌 수 있는 이슈를 제시하여 이들의 에너지를 그 이슈 논쟁에 동원시킬 수 있을 때, 후보는 자신의 이미지를 유권자들에게 심어주는데 성공할 것이다. 특히 이슈논쟁을 자기에게 유리하게 주도하면서 유권자들을 자기편으로 끌어들일 수 있다면 후보는 이슈를 둘러싼 민주주의의 싸움터에서 승리할 수 있을 것이다. 따라서 득표 전략에서 제일 먼저 고려해야 할 가장 중요한 요인 중에 하나가 흔히 선거공약이라 불리는 이슈인 것이다. 본 논문에서의 이슈는 넓은 의미의 선거 아젠다를 구성하는 이슈를 말한다. 또한 선거기간 동안 후보와 정당들이 내세운 선거공약의 형태로 나타나는 이슈를 포함한다.

여성이슈는 사회적 이슈로 분류되며, 이는 빈곤, 영세민, 장애자, 사회보장제도, 교육, 노동, 소비자 보호, 문화, 예술 등에 관한 것으로 구성된다. 이러한 이슈는 구체적인 정책대안이 강구될 수 있는 것으로 이슈프리미엄이 이슈 제기자에게 귀속되는 이슈들이다. 즉 정책적 대안이 제시될 수 있는 정책이슈(policy issue)에 속한다. 여성유권자의 정책이슈에 관해서는 김민정·김원홍·이현출·김혜영, 이소영의 연구4)등이 있다. 역대 대선 중 여성이슈에 관해서는 13대 대선 과정 중에 대선후보자들이 공통적으로 가족법 관련 조항의 개정을 선거이슈로 제시한 적이 있으며,5) 그 후 17대 대선후보들의 공약에서 여성이슈를 볼 수 있다. 17대 대선에서의 후보들은 이명박, 정동영, 이회

---

3) 송근원·정봉성, 『선거와 이슈전략』(부산: 신지서원, 2005), pp.21-22.

4) 김민정·김원홍·이현출·김혜영. "한국여성유권자의 정책 지향적 투표 행태: 16대 대통령선거를 중심으로. 『한국정치학회보』37권 3호.(한국정치학회, 2003) ; 이소영, "한국 여성 유권자의 정치적 정향과 투표행태", 2012 한국정치학회 춘계학술회의 발표논문 참고

5) 조기숙, "한국의 여성정책 결정과정 연구", 이범준, 『21세기 정치와 여성』(서울: 나남출판, 1998), pp.189-193.

창, 문국현, 권영길 다섯 명이었다. 이들은 '20대 공약'6)중에 8순위까지는 아무도 여성정치참여나 여성관련 이슈를 제시하지 않았다. 겨우 9순위에서 이명박 후보가 '여성 성공시대, Mam and Baby Plan'을 나타내고 있으며, 그 뒤를 이어 문국현 후보가 10순위에 '여성의 사회참여 확대'를 제시하였다. 정동영 후보와 권영길 후보는 11순위에서 '여성친화 사회건설'과 '가사, 육아, 간병을 국가가 부담하며 여성노동에 대해 보장'을 각각 제시하였다. 그러나 이회창 후보는 20순위의 공약에서까지도 여성에 관한 직접적인 표현은 없었으며 다만 14순위에 '보육시스템 확대, 5세까지 국가책임'이라고 제시하였다.7)

이러한 사례를 볼 때 역대 대선에서 후보들은 국정운영에 여성의 참여나 양성평등정치에 관한 여성이슈는 안중에도 없으며 정치는 '남성독점 무대'라는 단면을 여실히 보여준다고 하겠다. 이처럼 역대 대선에서 여성이 크게 이슈화 된 것은 거의 없는데 이는 정치, 안보, 경제 이슈들이 유권자들의 관심을 끌게 됨으로써 여성과 사회이슈는 아젠다 공간을 차지하기위한 이슈경쟁에서 우선권을 빼앗긴 패배한 이슈였다고 할 수 있다.8) 그러나 제18대 대선에서는 여성대통령후보자가 총7명 중에 4명을 차지하는 특별한 경우였고9) 특히 유력대선후보가 여성이어서 여성에 관한 사회적 이슈가 유달리 많은 특징이 있다. 그중에서도 선거중반 이후부터는 성(性)대결구도로 치닫는가 하면 여성관련 이슈가 중요한 사회적 이슈로 자리 잡았고 직간접적으

---

6) 강원택은 선거분석 시 후보들이 제시한 공약 중 20개 공약으로 순위를 정하였다. 강원택『한국 선거정치의 변화와 지속』(서울: 나남출판, 2010), p.28.

7) 강원택, 『한국 선거정치의 변화와』(서울: 나남출판, 2010), p.28.

8) 이지호, "제18대 대통령선거에서 선거이슈가 투표참여와 투표선택에 미친 영향", pp.126-127.

9) 이정희 후보가 출마하여 7명이었으나 중도에 포기하였음으로 6명으로 여성 3명 남성 3명의 후보가 경선하였고, 선거후반부에서는 양당의 후보가 각축전을 벌였다.

로 유권자들의 투표에 영향을 미쳤다고 볼 수 있다.

한편, 후보특성이론(candidate's personality theory)이란 유권자들이 이슈에 대한 평가보다 후보 개인의 능력, 매력, 성격 등에 이끌려 표를 던진다고 주장하는 이론으로서 18대 대선에서는 후보의 특성과 자질에서 득표율이 높았다고도 할 수 있다. 즉 유권자들은 어떤 후보를 이슈 외의 다른 요인 때문에 좋아하고, 그 후보가 제기하는 이슈에 대하여 자신의 이해관계에 특별히 저촉된다고 느끼지 않는 한, 거의 무비판적으로 동조한다는 것으로서 이슈가 득표에 많은 영향을 미친다는 유권자의 합리성에 바탕을 둔 이론들과는 반대되는 이론이다. 후보의 특성은 후보의 성격이나 매력 등의 비 이슈적인 것에 국한 하지 않고, 후보의 경륜. 지식. 정책능력. 지도력 등 후보의 능력에 관한 사항, 출신성분이나 이념적 성향 등 후보의 자격에 관한 사항, 책임감, 정직성, 도덕성 등 후보의 인성에 관한 모든 것을 포함한다.10) 이들 특성은 직접적인 정책대안을 제시 하는 것은 아니지만 실제적인 정책수행이나 방향설정에 아주 밀접한 관련이 있기 때문에 어떤 유권자들은 정책이슈보다 이러한 후보의 특성을 더욱 중시한다.11)

선거이슈에 관한 선행연구는 송근원・정봉성, 강원택, 이현우의 연구가 있으며12) 각각 이론뿐만 아니라 실제사례분석을 통하여 이 분야의 학문연구에 기여하고 있다. 또한 18대 대통령 선거에 관한 연구는 이지호, 유현종, 조성대, 정연정 등이 심도 깊은 연구를 제시하고 있으

---

10) 강원택, "2007년 대통령선거와 이슈: 회고적 평가 혹은 전망적 기대", 『한국 선거정치의 변화와 지속』, (서울: 나남, 2010), pp.22-23.

11) 강원택, "2007년 대통령선거와 이슈: 회고적 평가 혹은 전망적 기대", pp.22-23

12) 송근원・정봉성, 『선거와 이슈전략』, pp.31-32; 강원택, "2007년 대통령선거와 이슈: 회고적 평가 혹은 전망적 기대", 『한국 선거정치의 변화와 지속』, pp.22-23 ; 이현우, "16대 대통령 선거에서 나타난 이슈와 후보자 전략", 한국정치학회 춘계학술회의 발표논문, 2003. pp.24-25.

며 특히 한국정치학회가 이 분야의 전문가들과 함께 연구한 '제 18대 대통령선거 외부평가'는 중간보고서 제출 및 세미나 개최와 최종 보고서를 통해 2012년 대선과 관련한 다양한 분야 즉, 선거제도, 선거과정, 선거와 미디어, 선거와 통계 등의 연구결과를 제시하고 있다.[13] 이러한 연구와 자료는 18대 대선의 전모를 알게 해 줄 뿐만 아니라 많은 교수 및 전문가들의 지식과 평가들이 망라되어 있어 학문연구는 물론 선거를 통한 새로운 정부의 청사진과 다양한 정책을 이해하게 해준다. 그러나 대선후보자와 관련한 여성이슈에 관한 연구는 보이지 않았다.

따라서 이 글의 목적은 제18대 대통령선거에서 정당과 후보들이 선거과정 중 제시한 여성이슈를 분석해본다. 또한 대선 후보들은 양성평등정치와 관련하여 어떠한 여성이슈를 제기하고 있는지 나아가 대선 후보들이 제시한 여성이슈캠페인은 대선결과에 어떠한 영향을 끼쳤는지를 고찰한다. 물론 18대 대선후보자의 당선요인은 정치가문의 영향, 야당의 선거전략 부재, 중장년층 여성유권자들의 힘의 결집[14] 등 다양한 요인이 있지만 이 글에서는 대선 후보의 당선에 여성이슈가 어떤 영향을 미쳤는지에 대해 중점을 두었다. 이 글에서의 대선 후보는 새누리당의 박근혜 후보, 민주통합당의 문재인 후보, 통합

---

13) 이지호, "제18대 대통령선거에서 선거이슈가 투표참여와 투표선택에 미친 영향",『2012 중앙선거 관리위원회 용역보고서 제 18대 대통령선거 외부평가』, 2013. pp.126-127; 유현종,『선택 2012의 분석 - 정치. 행정 개혁의 비전과 과제』, (서울: 법문사, 2013), p.94; 조성대, "한국대통령 선거제도의 정치적 효과에 대한 연구: 현직 대통령과 거리두기, 제3후보, 그리고 선거연합을 중심으로",『2012 중앙선거 관리위원회 용역보고서 제 18대 대통령선거 외부평가』, 2013. ; 정연정, "선거구도, 환경, 선거과정 평가",『제18대 대통령선거 외부평가』, 한국정치학회 2013 중앙선거 관리위원회 연구용역 중간발표회 발표논문, 2013. 1. 25. 한국정치학회 발행, 2013. 참고

14) Ha, Young-Ae, "A Study of the Korean Diplomatic Strategy for China with relation to the Election of Park Geun-Hye as the President of The Republic of Korea", *International Conference Graduate Institute of Asian Studies*, College of International Studies in Tamkang University, March 14-15, 2013, pp.334-335.

진보당의 이정희 후보로 제한한다. 안철수 후보는 비록 국민들의 많은 관심을 받았지만 뒤늦게 대선에 참여하였으며, 그는 야당후보 단일화에 역점을 두는 반면 여성에 관한 이슈는 전무하다고 해도 과언이 아니다. 그는 후보 단일화 이후 사퇴를 했고, 대선 후보 세 사람의 TV 토론 이후 이정희 후보가 사퇴하였기 때문에 최종적인 대권후보는 두 사람으로 국한하였다.

연구의 방법은 문헌분석법을 중점으로 하였다. 연구의 시기는 2012년 18대 대선초기라고 할 수 있는 9월부터 투표일(2012년 12월 19일) 후 그 결과를 분석한 12월 26일까지를 중점으로 한다.

03. 제18대 대선에서 주요 후보의 여성정책이슈

대통령후보자의 주요이슈들은 다양한 분야에서 여러 가지로 제시되어 국민들과 특히 유권자들로부터 받아들여지고 그것을 판단기준으로 하여 투표를 행사하기 때문에 유권자에게는 물론 후보자에게도 대단히 중요한 일이며 그 범위 또한 방대하다. 본장에서는 주요후보의 여성정책이슈에 대해 고찰해본다.

1) 여성일자리 및 비정규직에 관한 여성정책이슈

<표-1>에서 제18대 주요 대선후보의 여성정책이슈 비교표를 고찰해보자. 우선 18대 대선에서 박근혜 후보, 문재인 후보 그리고 이정희 후보 모두 여성의 일자리, 여성 비정규직에 관한 여성정책 이슈를 제

기 하고 있다. 이는 17대 대통령선거에서의 여성정책이슈와 비교해볼 때 수적으로 방대한 분야의 이슈를 제시할 뿐만 아니라 내용적으로 도 다양한 분야를 제시하고 있음을 알 수 있다. 여성일자리에 관해서 박근혜 후보는 여성고용기준을 70% 상향하겠다고 제시하였고 문재 인 후보는 여성 고용률 60%이상 확대를, 그리고 사회서비스분야에서 35만개 일자리창출을 주창하고 있다. 통진당은 여성일자리 100만개 창출을 제기하였다. 여성의 비정규직에 관해서도 각 후보자와 정당이 모두 감축의사를 밝히고 있다. 박근혜 후보는 영세자, 영업종사 여성 근로자 및 비정규직 여성근로자를 위한 제도적 기반 마련을 주장하 였고, 문재인 후보는 여성의 비정규직 규모를 절반으로 감축할 것을 명시하고 있으며 이정희 후보는 비정규직 사용 사유제한을 제시하여 세 후보 모두 여성일자리와 여성의 비정규직 문제를 여성정책이슈로 부각시키고 있다. 고학력의 여성이 일자리를 갖지 못하고 있는 현실 과 비정규직에 있어서 여성이 남성보다 더욱 차별 받으며, 인원감축 사안이 발생할 시 여성을 우선으로 해고하는 현실을 선거이슈화 하 여 여성유권자들의 표심을 얻고자하는 것이다.

〈표-1〉 대선 후보의 여성일자리 및 비정규직에 관한 여성정책이슈 비교표

여성정책 이슈	박근혜 (새누리당)	문재인 (민주통합당)	이정희 (통합진보당)
여성일자리	- 적극적 고용개선조치의 여성고용기준 상향 (70%)	- 여성고용률 60%이상 확대 - 사회서비스 35만개 일자리 창출	- OECD 평균 경제 활동율 (62%)로 확대 - 여성일자리 100만개 창출
여성비정규직	- 비정규직 여성근로자 및 영세자영업 종사 여성근로자 지원을 위한 제도적 기반 마련	- 여성비정규직 규모 절반으로 감축	- 비정규직 사용 사유 제한

출처 : "일일정책현안 - 대선주자들의 여성공약 분석", http://www.goupp.org/su.php?=nQdOpRVc. (검색일: 2012. 10. 15). 참고 후 필자 정리

2) 출산, 육아휴직, 보육관련 여성정책이슈

출산과 육아휴직은 현재 한국사회가 저 출산 국가임을 반영하는 사회문제와 맞물려 각 정당과 후보자가 특별히 관심을 가지고 여성 정책이슈로 선정하고 있음을 알 수 있다. <표-2>에서 세 후보를 비교해보면, 박 후보는 출산 후 1달을 '아빠의 달'로 정하고 임금 100%를 보장하는 출산 휴가제를, 또한 임산부의 근로시간을 임신초기 12주까지, 36주 이후에는 하루 2시간씩 근로시간 단축제도를 명시하였다. 문재인 후보는 2주일간의 아버지 양육휴가를 의무화 하고 있고, 육아휴직 시 급여수준을 통상임금의 40%에서 70%까지 상향조정해주는 실질적인 경제력으로 120만원 까지 상향 제시하고 있어 가시적이다. 이정희 후보는 두 후보에 비해 높게 책정하였는데 아빠 육아휴직을 2개월로 제시하여 세 후보 중 가장 높게 책정하였다. 출산과 육아휴직 관련하여 최소 세 후보가 아빠휴직을 2주, 1개월, 2개월로 제시한 것은 역대 대통령 선거에서 볼 수 없는 여성정책이슈라고 할 수 있다. 이처럼 출산 육아문제는 한국 여성이 노동시장 이탈에서 역U자 현상을 나타내며 다른 국가와 비교할 때 커다란 차이를 나타내는 것으로 각 후보자가 여성정책을 중요한 핵심사회 이슈로 부각시킴을 고찰할 수 있다.

보육이슈에 대해서는 박근혜는 '자녀장려 세제'를 새로 만들어 한 자녀 당 연간 최대 50만원의 세액공제를 제시하였고, 저소득층 가정에 국한되어 있는 '방과 후 돌봄 서비스'를 모든 맞벌이 부부에게 확대하며, 가족 친화적 중소기업에 가사서비스를 제공한다는 등 보육관련 여성정책이슈를 광범위하게 제기하고 있다. 민주당은 0∼5세 무상

교육과 좁은 문으로 오래 동안 기다려도 들어가기 어려운 국·공립 보육원을 현재 보다 2배 확대한다는 이슈를 제기하여 어린 자녀를 둔 여성들의 표심에 호소하고 있는 전략으로 보인다. 이정희와 통진당은 아동수당 도입과 국·공립 어린이집 30%확충을 각각 피력하였다. 성폭력 이슈에 대해서 새누리당은 피해자 통합지원센터 확대를 이슈화하고 있으며 민주당과 통진당은 작업중지권 보장, 친고죄 폐기 등을 제시하고 있다.

〈표-2〉 대선 후보의 출산, 육아휴직, 보육관련 여성정책이슈 비교표

여성정책 이슈	박근혜 (새누리당)	문재인 (민주통합당)	이정희 (통합진보당)
출산/육 아휴직	- 출산 후 3개월 중 한 달은 '아빠의 달'로 정해 임금 100%를 보장하는 출산휴가 - 근로시간 단축 : 임신 초기 12주까지, 임신 말기 36주 이후에는 하루 2시간씩 근로시간을 단축	- 2주일간 아버지 양육휴가를 의무화. - 육아휴직 급여수준을 통상 임금의 40%에서 70%로 상향조정 하되 최고 120만원으로 제한	- 육아휴직급여 통상임금의 40%에서 60%로 확대, 상한액 인상 - 아빠 육아휴직 2개월 - 저소득층사회보험 감면
보육	- '가정 내 아이돌보미 파견사업'을 확대하는 등 맞춤형 보육시스템을 구축 - 저소득층 대상인 '방과 후 돌봄 서비스'를 모든 맞벌이 부부에게 확대 - '자녀장려 세제'를 새로 만들어 평균 소득의 120% 수준 가구까지 한 자녀 당 최대 연간 50만원의 세액공제 또는 보조금을 지원 -가족 친화적 중소기업에 가사서비스 제공	- 0~5세 무상보육 국·공립 보육원 현 수준 2배 확대	- 아동수당 도입 - 국공립어린이집 30% 확충

성폭력	성폭력 피해자통합지원센터확대 및 성폭력상담소 신규지원 확충	- 직장 내 성희롱 피해자가 근무를 중단하고 피해 상황에서 벗어날 수 있는 권리를 법제화(작업중지권) -친고죄 폐지	-작업중지권 보장 -친고죄, 공소시효 폐지

출처: "일일정책현안 - 대선주자들의 여성공약 분석", http://www.goupp.org/su.php?낭=nQdOpRVc. (검색일 : 2013.10.15) 참고 후 필자 정리.

3) 여성의 대표성 강화에 관한 여성정책이슈

18대 대선에서는 여성대통령 후보자수가 역대 어느 대선 때 보다 많이 나왔고 특히 대권의 유력한 후보자가 여성이었기 때문에 '여성의 대표성 강화 이슈'에 대한 여성계의 관심은 더욱 컸다. 현행 한국 국회에서의 여성정치참여를 보면, 1948년 초대 선거에서는 총 200명의 국회의원 중 1명이 당선되어 0.5%를 나타내었으며 그 후 30여 년간 2%를 넘지 못하다가 많은 학자 및 여성단체들의 비평과 지속적인 제도개선의 주장을 통해[15] 16대 국회의원선거에서 여성의원이 16명 당선되어 그나마 5.6%로 상승하였다. 2012년 4월11일 개최된 제19대 국회의원선거에서는 세종시 국회의원이 추가되어 총 300의석이 되었으며 이중 여성국회의원은 47명이 당선되어 15.7%를 나타냄으로써 한국 선거사상 가장 높은 비율을 기록하였다. 그러나 이는 대만 여성국회의원(대만은 '立法委員'으로 호칭)의 33.6%(총 의원 113명 중, 여성의원 38명-2012년 선거)[16], 중국의 여성 국회의원(중국은 人民大會

---

15) 하영애, "대만여성당선할당제와 여성의 정치참여", 『대만지방자치선거제도』, (삼영사: 1991) 참고 ; 김현자 당시 국회의원, 주준희 교수, 로버트 달시 등은 한국여성단체협의회에서 개최한 각종 세미나에서 대만의 헌법 제134조에 명시되어있는 '최소한 한 선거구에서 여성 10%를 반드시 당선'시키는 대만의 여성당선 할당 제도를 한국에 도입해야 된다는 주장을 강하게 제기하였고 그 외 외국의 쿼터제, 할당제도 등 제도도입이 가장 큰 이슈로 제기되었다.
16) 하영애·오영달, "대만의 선거개혁과 여성국회의원의 의회진출 향상", pp.87-91.

代表로 호칭)의 23.4%(총 의원 2,987명 여성의원 699명-2013년 선거)
와 비교하면 커다란 차이를 나타내고 있다. 특히 유엔이 중요시 하는
각 국 여성의 권한척도에서 한국은 행정부의 여성각료비율, 국회의
여성의원비율이 타 국가에 비해 지극히 낮기 때문에[17] 이를 상승시
켜야만 한국 여성의 권한과 지위가 제대로 반영될 수 있는 것이다.
따라서 18대 대선에서 각 후보와 정당은 이를 수렴하여 여성정책이
슈로 내걸었으며 새누리당, 민주당, 통합진보당 등 세 정당의 '여성의
대표성 강화'는 대단히 중요한 여성이슈라고 하겠다. 이를 구체적으
로 고찰해보자.

〈표-3〉 대선 후보의 여성의 대표성 확대에 관한 여성정책이슈 비교표

박근혜 (새누리당)	문재인 (민주통합당)	이정희 (통합진보당)
1. 여성장관 및 정부위원회 내 여성위원의 비율 단계적 대폭 확대. 2. 공공기관 여성 관리자 목표제 도입 및 평가지표 반영. 3. 여성교수 및 여성교장 채용쿼터제 도입 4. 여성인재 아카데미 설립 - 2017년까지 미래 여성 인재 10만 명 양성.[18]	1. 여성의 참여확대와 대표성 제고.[19] 2. 공직선거법 개정을 통한 지역구 공천 여성할당제 강화 3. 각급 정부조직과 위원회에서 여성참여확대. 4. 장차관급 고위공무원 여성 비율확대 5. 공기업과 공공기관 여성임원목표제 등 사회의 모든 부문에서 여성의 대표성을 높임.	1. 독일식 정당명부 비례 대표제도 2. 모든 부문 관리직 이상 여성 30% 보장 3. 민간기업의 여성임원직 할당제

출처 : 새누리당 정책 공약집, 민주통합당 정책 공약집, 통합진보당 정책 공약 참고 후 필자 작성

<표-3>에서 볼 수 있듯이 박근혜와 문재인 두 후보는 양성정치참

---

17) 유엔의 여성권한 척도(GEM)에서 105개 국가 중 61위에 머무르고 있는 실정이다.
18) 새누리당 정책 공약집, 새누리 당 지음, 『세상을 바꾸는 약속 책임 있는 변화』, (서울: 김은희, 2012).
19) 제18대 대통령선거 민주통합당 정책 공약집, '3-17 성 평등 사회실현' 중에서. 국회 도서관 열람.

여 활성화 방안에 대해 다음과 같은 공약 및 정책이슈를 제시하였다. 박 후보는 "여성장관 및 정부위원회 여성위원의 비율 단계적 대폭확대"를 발표하였고, 문재인 후보 역시 "장차관급 고위공무원 여성비율 확대"와 "공직 선거법 개정을 통한 지역구 공천 여성할당제 강화"를 공약 및 정책이슈로 제시하였다. 이정희와 통진당은 모든 부문에서 관리직 이상의 여성에게 30% 보장을 약속하였다. 즉 18대 대선에서 각 후보와 정당은 여성의 대표성강화를 수렴하여 이를 여성이슈로 내걸었다. 그렇다면 어떤 후보이던지 그 후보가 당선되면 그가 제시하였던 여성의 정치참여 비율을 향상시켜 양성평등정치 실현에 다가갈 수 있을 것이다. 예를 들면, 역대 정부 중에서 노무현 대통령은 최초의 여성 총리를 임명하였고 김대중 대통령은 임기 중에 9명의 여성 장관을 임명하여 내각에 가장 많은 여성각료를 배출하였다. 만약 박근혜 후보가 당선된다면 박 후보의 여성공약정책에 대한 기대로 "여성장관의 비율이 향상"될 것이다. 반대로 문재인 후보가 당선된다면 "장·차관급 고위공무원 여성비율 확대"와 "공직 선거법 개정을 통한 지역구 공천 여성할당제 강화"로 최소한 현재 보다 더 많은 여성 장차관, 여성 지방의원, 여성 국회의원이 탄생하여 지방자치와 중앙정치의 국정운영에 참여할 수 있을 것으로 기대할 수 있을 것이다.

그러나 이처럼 중요한 여성의 대표성 확대를 위한 여성정책이슈는 18대 대선기간 중에는 슬그머니 뒤쪽으로 내몰리고 그 흔한 인터넷에서도 찾기가 어려웠다. 여성의 대표성 확대나 양성정치참여와 관련하여 비록 공약집에는 명시되어 있었으나 선거기간 동안 각 후보들이나 정당에서 이슈화 하지 않았다는 점이다. 또한 언론에서도 별로 다루지 않았을 뿐만 아니라 이 여성대표성의 이슈는 선거과정 늦게

까지도 유권자들에게 크게 부각되지 않았다고 할 수 있다. 그러면 각 후보들은 자신의 여성정책이슈를 어떻게 유권자들에게 알리고 자신에게 유리한 쪽으로 이미지화하여 득표로 연결할 수 있었을까? 즉 여성이슈가 주목받기 위해서 후보들은 어떠한 캠페인과 활동을 전개하였는가?

04. 대선후보들의 여성이슈 캠페인과 활동

후보단일화는 한국 선거에서 크게 자리 잡는 양상을 띠고 있다. 18대 대선에서도 과거 대선과 마찬가지로 문재인-안철수 '후보 단일화'는 중요한 선거화두로 언론에 연일 대서특필되었고 선거막바지에 안철수 후보가 중도사퇴 함으로써 대선은 양당 대결구도로 압축되었다. 그리고 선거막바지에 야기된 이정희 후보의 여성비방 및 여성비하 캠페인을 함께 살펴본다.

1) 박근혜와 문재인의 여성이슈 캠페인 비교

역대 대통령 후보들은 그의 공약이나 이슈에 시대정신을 담았다. 이명박 대통령은 '경제 대통령'을 제시했고 당선되었다. 박근혜 후보는 '준비된 여성 대통령 박근혜'를 시대정신으로 제시하였다. <그림-1>에서 보여 지는 바와 같이 1번 박근혜 후보는 자신의 선거홍보물에 '준비된 여성 대통령 박근혜'라고 명시하여 자신의 강점을 최대한 살린 함축된 캐치프레이즈에 여성이슈를 십이분 활용하고 홍보하여 유권

자들에게 각인시킴으로서 '여성이슈'를 전략화 하였고 이 이슈전략
은 성공하였다. 반면에, 2번 문재인 후보는 '사람'을 중요시하며 큰아
들 같은 대통령, 여성을 먼저 챙기는 대통령, 아빠 같은 대통령을 이
슈화 하고 있다. 그러나 '여성을 먼저 챙기는 대통령'의 이슈는 '여성
이슈'로 크게 어필되지 않거나 와 닿지 않는다. 반면에 당시 많은 유
권자의 뇌리에는 '준비된 여성 대통령 박근혜'의 구호가 이미 크게
이슈로 선점되어버린 익숙함이 있었다.[20] 여성유권자들이 그를 선택
한 것은 "여성인 박근혜 후보가 제시한 '준비된 여성 대통령'이라는
메시지에 크게 공감하고 박 후보의 국정운영에 대한 기대(expectation)
가 컸기 때문으로 판단된다."[21]

〈그림-1〉 18대 대선후보 홍보물의 '여성이슈' 캠페인

박근혜 후보의 홍보물	문재인 후보의 홍보물

준비된 여성대통령 박 근 혜	-큰아들 같은 대통령 -여성을 먼저 챙기는 대통령 -아빠 같은 대통령

20) 이지호, "제18대 대통령선거에서 선거이슈가 투표참여와 투표선택에 미친 영향", pp.126-127.
21) 김형준, "여성의 정치참여 확대방안 고찰 – 여성이 희망이다", 한국여성단체협의회 제48회 전국
    여성대회 [여성이 안전하고 행복한 세상] 발제문 (서울: 한국여성단체 협의회), 2013. 10. 30.
    p.19.

2) 박 후보와 새누리당의 '여성대통령' 캠페인과 여성 활용 선거전략

박근혜 후보는 '여성 대통령'이슈를 전면적으로 내세웠는데 특히 선거 전략에서 '대통령 특보' 제도와 '헌정사상 첫 여성 대통령'의 캐치프레이즈가 주효했다고 할 수 있다.[22] 박 후보와 새누리당은 '대통령 특보'라는 제도를 활용하였다. 지도자급 여성이나 여성단체의 장, 다양한 분야의 조직에서 여성을 발굴하여 수 백 명의 여성특보를 위촉하고 그들에게 위촉장을 주는 행사를 가졌다.[23] 이들은 자연히 박 후보에게 관심을 가지게 되며 자신이 특보로 위촉된 그 후보에게 큰 하자가 없는 한 투표하는 것이 우리의 인지상정이므로 이 특보제도의 활용은 박 후보에게 적지 않는 영향을 미쳤다고 할 것이다.[24] 박 후보는 또한 '민생을 챙기는 안정된 여성대통령'의 이슈와 '원칙과 소신을 지닌 안정된 대통령의 이미지'를 부각시키는데 성공하였다.[25]

박 후보와 새누리당은 이처럼 후보의 득표를 위해 이슈전략을 실천하는 한편, 정당내부에서는 전 현직 여성국회의원들과 여성정치인들을 실전에 배치한 점도 상당한 효력을 가져왔다고 볼 수 있다. 그 주요인물에는 먼저 이혜훈 국회의원을 들 수 있다. 이혜훈 의원은 언론플레이를 통해 박근혜 후보의 장점을 부각시키고 유권자들의 불만이나 박 후보의 단점에 대해서는 뛰어난 화술로 청중들을 설득하고 이해시키기도 하였다. 또한 일찌감치 국회의원 재선을 포기하고 박 후보

---

22) Ha, Young-Ae, *op. cit.*, pp.334-335.
23) 새누리당 당사에서 '위촉장 수여식'행사와 더불어 박 후보의 '행복을 여는 여성대통령'에 대해 참석자들에게 설명 및 홍보하는 기회를 가졌다.
24) 이를 반영하듯 선거기간 중 이 무더기 특보위촉장이 발견되는 보도가 제기되었다.
25) 이지호, "제18대 대통령선거에서 선거이슈가 투표참여와 투표선택에 미친 영향 연구", p.214.

캠프에 동참한 친박 연대의 김옥이 의원, 최고위원을 지낸 2선의 박순자 국회의원을 중심으로 손인춘 국회의원, 기업인 출신의 강은희 국회의원 등이 여성의 세력을 보탰다. 무엇보다도 중장년여성유권자들은 상당수가 직간접적으로 박 후보를 도왔고 이러한 여성들의 힘의 결집[26]은 박 후보가 내세운 '행복을 여는 여성대통령'의 이슈전략과 함께 당선의 꿈을 이루는 계기를 가져왔다고 할 수 있다. 뿐만 아니라 이대총장을 역임하고 국가브랜드 위원회 위원장을 역임한 이배용과 뛰어난 화술과 멋있는 스타일로 젊은 여성들과 여성경제인들로부터 추앙받는 여성CEO 김성주를 공동선거대책위원장에 선임하는 등[27] 각 분야의 여성들을 여성대통령을 선출하는데 적극적으로 활용하였다.

3) 문재인 후보와 민주당의 여성대표성 확대이슈와 소극적 활동

앞의 여성정책이슈에서 보았듯이 여성 일자리, 여성 비정규직, 보육과 관련한 이슈는 두 후보 간에 커다란 차이를 발견하기는 용이하지 않았다. 그러나 문재인 후보와 민주통합당의 양성평등정치 및 여성대표성에 관한 이슈는 박 후보와 새누리당 보다 훨씬 실천적이며 합리적인 이슈들이 많았다. 한국여성들은, 최근 대통령만 빼고 내각

---

26) Ha, Young-Ae, *op. cit.*, pp.333-334.

27) 새누리 당 선거대책위원장을 맡은 이배용 전 총장은 많은 여성들이 참여한 간담회에서 신라여왕들의 우수한 업적을 평가하면서 시대적으로 여성후보의 중요성을 시사 하였고 이는 참석자들에게 공감을 갖게 하였으며, 그는 이러한 지속적인 간담회를 수차례 가졌다. 또한 공동 선거대책위원장인 여성기업인 김성주 회장은 박 후보를 적극적으로 지원하면서 여성단체의 임원과 여성 지도자 등 많은 여성들을 박근혜 후보의 특보로 위촉하는 행사에서 언급하기를, 박 후보가 불통이라고 들리던 얘기와는 달리 자신의 건의를 많이 수용하는 것을 보고 적극적으로 박 후보를 돕게 되었다고 피력하였다. 이배용, 김성주의 이러한 파급효과는 박근혜 후보에게 적지 않은 영향을 가져왔다고 하겠다. 2012. 10. 10. 오후 2시 여의도 여성 지도자 간담회에서.

과 의회가 동수의석을 차지하고 있는 프랑스와 그리고 의회의 45%가 남녀동등의석인 스웨덴 등 유럽 각국의 남녀동등의석제도와 또한 헌법을 통해 여성당선 할당 제도를 채택하여 국회의원의석에서 아시아의 선두를 달리고 있는 대만과 같이 한국도 실질적인 제도적 도입－의회의 남녀동등의석 제도－를 주창 하고 있다. 야당여성의원으로서 통합민주당의 유승희 국회의원은 의원발의를 통해 남녀동석 의석제도를[28] 국회에 제출하였다. 따라서 18대 대선 후보자들은 앞서 보는 바와 같이 여성대표성확대와 관련하여 내각에서의 장차관은 물론 각 위원회에 여성위원 확대전략을 여성정책이슈로 제기하였다.

그러나 이처럼 여성들의 강력한 욕구를 여성정책에 담아내었음에도 불구하고 문재인 후보 측은 이를 핵심적인 여성이슈로 끌어올리지 못했다. 그는 이 시대가 여성시대이며, 미래는 여성시대라는 시대정신을 간과하고 있었다. 여러 가지 원인이 있겠지만 당과 선대위를 장악한 친노 그룹은 대선 막판, 초박빙 판세에서도 '임명직 거부 선언'등을 통해 정권창출에 대한 진정성을 보여주지 못한 상황이 되었고, 문 후보가 대선의 고비마다 과감한 결단을 내리지 못하여 리더십 부재도 논란거리가 되었다.[29] 앞서 논의한 후보특성이론과 관련하여 박근혜 후보와 문재인 후보를 비교했을 때 문 후보는 안철수 후보와의 관계에서 어떻게 하면 연대를 하고 후보단일화를 할 것이며 그 단일화의 주인공으로 자신이 추대될 수 있을 것인가에 많은 초점을 두었다. 때문에 자신이 당선되었을 때 '한국 호'를 이끌어야 할 통치권자로서의 구체적 정책이나 여성정책이슈에 대해 강력하게 어필하지

---

28) 국회의안 정보 시스템 (http://likms assembly.go.kr/bill/jsp/BillDetail.jsp?) (검색일: 2013. 8. 20).
29) 임동욱 기자tuim@kwangju.co.kr (검색일: 2013. 9. 20).

못했다. 특히 여성국회의원과 여성장관수를 확대하여 세계여성들이 추구하는 여성권한척도(GEM)을 통한 실질적 양성평등이 이루어질 수 있도록 하는 정책을 어필하지 못했다. 예컨대, 19대 국회의원 선거 시에 민주당은 여성정책으로 여성후보 공천30%를 주장했으나 실제 로는 16%도 못 미치는 여성을 공천하여 여성계의 비난을 받았다. 특 히 당시 여성계나 여성단체에서 여성대표성 확대에 목말라하고 있었 기 때문에 이 문제를 보다 강력하게 핵심이슈화 하였다면 상대후보 의 여성이슈에서 비교우위에 설수 있었을 것이다.

반면에, 박근혜 후보는 한나라당이 차떼기 사건으로 온 국민의 질 타를 받고 있을 때 천막당사생활을 하며 당의 쇄신을 위해 노력하였 고, 선거유세장에서 괴한으로부터 얼굴에 깊은 상처를 입었을 때도 '대전은요?'라며 자신개인보다 당을 우선시하는 자세와 부모를 불행 하게 보내고 홀로 살며 구국하려는 정신자세 등에서 국민이 박 후보 에 대해 가지고 있는 이미지는 동정과 연민과 과거 어머니를 대신하 여 퍼스트레이디 역할을 수행했던 긍정적 측면을 통해 국정수행능력 을 가지고 있다고 평가하는 분위기였다.

이러한 상황에서 문 후보의 여성문제에 대한 이슈전략은 지난 15 년 동안 쌓아온 박근혜 후보의 대중적 스타성과 여성대통령을 강조 하는 여성이슈캠페인 전략에 뒤지는 결과를 초래 하였다.

4) 통합진보당 이정희 후보의 여성후보 비방 이슈

통합진보당의 이정희 후보는 박근혜 후보, 문재인 후보와 함께 TV 공개 토론회를 가졌다. 이정희 후보는 토론에서 본인이 출마한 이유

는 박근혜 후보를 떨어뜨리기 위해서 나왔다[30]고 발언하며 정책 제
시보다는 공격, 야유로 시종일관 박근혜 후보 비방을 이슈화하였다.
유권자들은 부정적 이슈보다는 긍정적 이슈에 반응한다. 특히 18대
대선에서 유권자들은 부정적 공격적 이슈보다 긍정적 정책이슈에 더
많이 호응하였다. 이는 '<표-4>18대 대선에서 나타난 주요이슈에 대
한 관심도'에서 볼 수 있는데 유권자들은 '경제 민주화', '복지확대',
'정치쇄신'과 '국민통합'등 긍정적인 이슈에 대한 관심이 '친노 정권
부활저지', '과거사 논란', 'NLL(북방한계선)논란', '이정희 TV 토론
발언'등 부정적 이슈에 대한 관심보다 더 큰 것으로 연구되었다.

〈표-4〉 제18대 대통령선거에서 나타난 주요 이슈에 대한 관심도

이 슈	사례 수	평균 값	표준편차
경제민주화	1176	6.79	2.13
복지확대	1179	6.96	2.12
후보단일화	1170	5.86	2.84
정치쇄신	1172	6.56	2.33
국민통합	1170	6.63	2.24
과거사 논란	1168	5.17	2.75
친노정권 부활저지	1171	4.52	2.83
NLL 논란	1175	5.71	2.65
MB 정부심판	1167	6.01	2.68
이정희 TV토론발언	1170	5.73	3.02

출처: 이지호, "제18대 대통령선거에서 선거이슈가 투표참여와 투표선택에 미친 영향", 2013중앙 선거관리위원회
연구용역 중간발표회 발표논문, 한국정치학회, 2013. 1. 25. p.221.
* 이슈 관심도는 11점 척도-0은 '전혀 관심 없음', 10은 '매우 관심 있음'을 나타냄.

실제로, 선거막판에 '이정희 후보의 막말 토론', 'SNS에서의 비방

---

30) MBC TV, KBS TV, 2012. 12. 10. '여.야 대선주자 3인 TV 토론회'.

댓글'등을 보면서 분노한 50대 유권자들이 투표장에 대거 몰려가 90%의 투표율을 기록하면서 박근혜 후보를 압도적으로 지지했다.[31) 이는 젊은 층의 네가티브 행태에 대한 반발이기도 하지만 긍정적 이슈를 선도하였던 박근혜 후보를 지지한 측면이기도 하다. 이처럼 유권자의 의식을 긍정적. 부정적 투표로 유인하는 것은 결국 정당과 후보의 전략이라고 하겠다.

5) 18대 대선에서의 여성폄하 관련 이슈

여성후보가 대선의 중심에 있게 된 18대 대선은 여성을 폄하하는 이슈가 난무하였다. 선거막바지에 선두를 달리던 박 후보에게 치명적일 수 있는 해괴한 '만화사건'이 하나이고, 다른 하나는 '박 후보는 생식기만 여성이다'라는 대학교수의 발언에서 여성폄하 이슈가 부각되었다. 첫 번째 '만화사건'은 동아일보에 게재되었는데 여성대통령 후보인 박근혜와 박정희 전 대통령의 관계를 생식기와 관련하여 묘사하였는데, 이는 얼핏 보아서는 무엇을 나타내는지 잘 모르는 정도였다. 그러나 여성단체장들과 지도자급 여성들을 새누리당 선거대책본부에서 여의도 어느 곳에 초청하여 정책을 설명하는 자리에는 이와 유사한 다른 하나의 만화가 제시되어 테이블의 좌석에서 좌석으로 돌아가며 볼 수 있었는데 그 내용은 즉, 여성이 아이를 낳는 그림인데 박근혜 후보가 검은 안경을 쓴 박정희 전 대통령을 출산하는 모습의 해괴한 묘사를 하고 있어서[32) 이를 보던 많은 여성들은 혀를 차

---

31) 이지호, "제18대 대통령선거에서 선거이슈가 투표참여와 투표선택에 미친 영향", p.193.
32) 동아일보, 2012. 11. 27. "홍성담 그림", 중앙일보, 2013. 5. 23. "대선후보 박근혜 비하 그림 논란".

면서 고개를 돌렸다. 이 '해괴한 만화'는 누가 왜 이 그림을 그렸는지의 진의 여부를 떠나 여성들로 하여금 박 후보의 반대 정당 후보에게 무의식적으로 '해도 너무했다'라는 여성본능적인 수치심과 분노감을 느끼게 하였다.

두 번째 '박 후보는 생물학적 여성이다.'[33]라는 발언은 연세대학교 황상민 교수의 발언에서 시작되었는데 당시 박 후보를 전면에서 돕고 있던 여성 CEO 김성주 회장과 공방전을 벌였고 언론에서도 이를 연일 보도하여 커다란 선거이슈가 된 것이다.

요약하자면, 결혼하지 않은 박근혜 후보에게 그즈음 '박근혜는 결혼하였다.'라는 보도가 있었고, '결혼하지 않았기 때문에 모성−자애로움이 부족할 것이다.'라는 우려성이 제기되면서 '생물학적으로만 여성이다'라고 한 발언에 대해 김성주 회장은 정면으로 반박하였고 연세대학교 선후배인 이들은 김성주 회장이 학교 측에 요구하여 황교수가 징계위원회에 회부되는 사태로까지 치달아 이 문제는 선거이슈중의 뜨거운 감자로 부각 되었다. 이 '생물학적 여성'의 이슈의 파문은 많은 남녀유권자들의 커다란 관심거리가 되었고 중장년여성들과 특히 노처녀 유권자들에게는 불유쾌한 사건으로 기억되었다.

이 두 가지의 여성폄하관련 이슈는 비록 문재인 후보 측에서 관여하지 않았을지라도 많은 유권자와 특히 중년이상의 여성유권자들의 투표에 직간접의 영향을 끼쳤다고 할 수 있으며 여성 후보인 박근혜 후보에게는 어부지리의 행운이 보태졌다고 할 수 있을 것이다.

---

33) 동아일보, 2012. 11. 2. ; 중앙일보, 2012. 11. 3.

05. 18대 대선결과와 여성이슈

그러면 이러한 대선후보들의 여성이슈 캠페인과 활동에 대해 유권자들은 어떻게 반응하고 있는가? 이에 대해 유권자들의 성별관련 생각과 다양한 의견을 세 후보자의 지지율에 대한 <표-5>에서 고찰해보자.

〈표-5〉 제18대 대통령 선거에서 세 후보에 대한 지지율 비교표

구분		2012년 9월21~22일 조사 (KBS/미디어리서치)		
		박근혜	문재인	안철수
전체		34.9	17.3	28.6
성	남	32.7	19.6	30.9
	여	37.0	15.1	26.3
연령	20대 이하	21.0	18.3	41.4
	30대	24.5	21.4	39.2
	40대	22.4	25.4	25.6
	50대	50.2	12.3	21.3
	60세 이상	56.7	8.2	16.5
학력	중졸 이하	55.2	10.2	14.9
	고졸	43.0	14.0	20.3
	대재 이상	25.6	20.5	36.6
소득*	저	52.9	8.6	20.8
	중	31.4	22.3	30.0
	고	24.5	22.0	34.2
	초고	36.6	12.3	34.1
직업	농/임/어업	52.5	8.3	20.0
	자영업	35.7	18.0	26.9
	블루칼라	38.2	17.2	28.5
	화이트칼라	24.1	24.1	33.4
	주부	43.6	14.0	20.6
	학생	16.1	18.2	48.2
	무직/기타	41.5	9.8	27.0

이념	보수	59.5	8.7	14.3
	중도	36.6	15.9	25.5
	진보	9.6	27.7	47.0
지역	서울	31.7	17.1	33.6
	인천/경기	32.5	20.4	27.6
	대전/충북/충남	36.7	7.0	29.4
	광주/전북/전남	10.8	27.8	45.1
	대구/경북	60.9	8.2	14.9
	부산/울산/경남	38.2	19.0	21.9
	강원/제주	42.9	14.8	28.0

출처: KBS/미디어리서치(http://news.kbs.co.kr/special/special publicopinion2.html (검색일 2012.12.20).

2012년 9월 21일부터 22일까지 KBS와 미디어리서치에서 설문조사를 실시한 결과를 살펴보자. 우선 남녀 유권자별로 보면, 남성의 32.7%가 박근혜 후보를 지지하였고 19.6%가 문재인 후보를, 30.9%가 안철수 후보를 지지하는 것으로 나타났다. 여성의 37%가 박근혜 후보를 지지하였고 15.1%가 문재인 후보를 26.3%가 안철수 후보를 지지하는 것으로 나타났다. 즉 남녀 유권자 모두 박근혜 후보를 가장 많이 지지하였으며, 특히 여성유권자의 37%가 9월부터 박근혜 후보를 지지하는 양상으로 나타났음을 알 수 있다. 주목할 것은 연령 별 지지율을 보면 20-30대에서 안철수 후보를 41.4%와 39.2%로 높은 지지율을 보이고 있고 박근혜 후보는 50대-60세 이상의 세대에서 각각 50.2%와 56.7%를 나타냄으로서 문재인 후보의 12.3% 및 8.2%와 안철수 후보의 21.3%와 16.5%의 비율에서 압도적인 차이를 나타내고 있는 양상을 볼 수 있다. 직업면에서 보면, 농. 임. 어업에서는 박근혜가 과반수이상인 52.5%의 지지를 받고 있는 반면 화이트칼라에서는 박근혜와 문재인이 동일하게 24.1%지지율인 반면 안철수는 33.4%의 지지율을 획득하여 9.3%앞서고 있다. 특히 주부의 43.6%를 박근혜가 획득하여 문재인의 14.0%와 안철수의 20.6%를 크게 앞서고 있어 선거 초반부터 여성유권자들의 여성후보지지율이 상당히 높게 나타나고 있음을 보여 준다. 지역별 지지율을 보면, 광주. 전북. 전남 지역에서 박근혜 후보가 10.8% 문재인 후보 27.8%에 비해 안철수 후보는 45.1%의 높은 지지율을 받고 있으며, 반면에 대구. 경북지역은 박근혜 후보가 60.9%를 획득하여 문재인 후보 8.2%와 안철수 후보의 14.9%비해 역시 커다란 차이를 나타내고 있음을 볼 수 있다. 이러한 추세는 한국정치에서 지역별 차이가 아직도 쏠림현상을 나타내고 있음을 나타낸다고 하겠다.

이상의 결과를 볼 때 여성유권자 즉 주부들의 거의 40%이상이 여성후보자를 지지하고 있으며, 또한 세대별로 보았을 때 중장년층에서 여성후보자를 선호하고 있음이 18대 대통령 선거 초반에서 나타나고 있는 현상이라고 할 수 있다.

이러한 현상은 대선투표후의 결과에서 동일하게 나타나고 있다고 하겠다. "<표-6> 성·연령·학력·소득·직업별 후보 선택현황"은 한국 사회과학 데이터센터가 제18대 대선일 (2012년 12월 19일)다음 날인 12월 20일부터 6일간 제주도를 제외한 전국에서 만 19세 이상 남녀 1,200명을 대상으로 조사한 서베이 데이터로서 이를 활용해본다. 성별기준을 보면 여성대통령 후보의 출마로 여성유권자들의 여성후보에 대한 선택이 적극적일 것으로 예상된 가운데 남성유권자는 문재인 후보에게 50.8% 박근혜 후보에게 48.6%를 투표하여 남성을 더 많이 선택하였고 여성유권자들은 박근혜 후보에게 54%, 문재인 후보에게 45.6%를 선택하여 박후보를 약 9% 더 많이 투표한 것으로 나타났다.

연령별로 보면, 20대와 30대에서는 약 30% 전후가 박근혜 후보를 선택하였고 60% 이상의 유권자가 문재인 후보를 선택하였다. 40대는 절반을 기준으로 다소 많은 유권자가 문재인 후보보다 박근혜 후보에게 표를 던졌다. 50대와 60대 이상에서는 각각 60.7%와 76.6%의 유권자가 박근혜 후보에게 투표함으로서 중장년층의 박근혜 후보에 대한 선호는 9월초반 보다 훨씬 더 증가하는 양상을 보였다. 이에 반해 문재인 후보는 각각 39.3%와 23%를 획득하였다. 낮은 연령대 일수록 야당 문재인 후보를 선택하고 높은 연령대 일수록 여당 박근혜 후보를 선택하는 경향은 기존선거와 비슷한 양상을 보이고 있으나 20대와 30대에서 1/3에 가까운 유권자가 박근혜 후보를 선택한 것은 새누리 당과 박근혜 후보의 2030세대 확보를 위한 '젊은 향군'등과 같은 다양한 전략과 이슈가 한몫을 했다고 할 수 있겠다.

〈표-6〉 성·연령·학력·소득·직업별 후보 선택

| | | 박근혜 | 문재인 | 기타 | |
		%	%	%	N(%)
성별 (N=1,072)	남성	48.6	50.8	0.6	539(50.3)
	여성	54	45.6	0.4	533(49.7)
	통계량	x2=3.3, d.f.=2			
연령 (N=1,072)	20대	29.9	69.0	1.1	187(17.4)
	30대	32.4	67.1	0.5	210(19.6)
	40대	52.7	46.9	0.4	239(22.3)
	50대	60.7	39.3	0.0	214(20.0)
	60세이상	76.6	23.0	0.5	222(20.7)
	통계량	x2=130.5, d.f.=8, p<0.01			

학력 (N=1,072)	중졸이하	72.0	28.0	0.0	125(11.7)
	고졸	60.1	39.6	0.3	361(33.7)
	대졸이상	41.4	57.9	0.7	585(54.6)
	통계량	x2=56.2, d.f.=4, p<0.01			
소득 (N=1,072)	100만원미만	70.3	29.7	0.0	64(6.2)
	100~299만원	51.7	47.6	0.7	435(41.9)
	300~499만원	46.4	53.6	0.0	358(34.5)
	500~699만원	57.6	41.3	1.1	92(8.9)
	700만원이상	47.7	51.1	1.1	88(8.5)
	통계량	x2=18.9, d.f.=8, p<0.05			

출처: 경제희, "제18대 대선에서의 유권자 투표행태 분석", 2012 제18대 대통령선거외부 평가,
한국정치학회 발행. p.414.

박근혜 후보의 '여성 대통령' 구호에도 불구하고 성별은 투표선택
에 독립적인 영향을 미치지 못하는 것으로 나타났다는 연구가 있
다.34) 그러나 여성대통령 이슈는 박근혜 후보가 당선되는데 부분적
이지만 실제적 효과를 가져왔다고 할 수 있다. 박근혜 후보는 '여성
대통령'이슈를 전면적으로 내세웠는데 특히 선거 전략의 '헌정사상
첫 여성 대통령'의 캐치프레이즈가 주효하였고 또한 박 후보와 새누
리당이 시행한 '대통령 특보' 제도는 실제적으로 여성유권자들의 표
를 획득하는데 적중하였다. 또한 이 제도는 여성분과위원회의 특보같
이 여성뿐만 아니라, 경제 분과 위원회의 특보, 국제 분야의 특보 등
으로 그 수가 적지 않았으며 이들을 통하여 여성유권자는 박 후보에
게 투표하는 경향이 높았다고 볼 수 있다. 또한 박근혜 후보의 '오랫
동안 준비된 대통령의 이미지', '원칙과 소신을 지닌 안정된 대통령의
이미지'는 유권자들에게 후보의 특성과 자질로서 장점으로 각인될
수 있었다고 하겠다. 또한 '준비된 여성대통령'을 제기하면서 현장감

---

34) 이지호, "제18대 대통령 선거에서 선거이슈가 투표참여와 투표선택에 미친 영향 연구", p.227.

있는 교육과 민생정책을 지속적으로 발표함으로써 긍정적 투표경향을 유도할 수 있었을 것이다.[35] 특히 물심양면으로 협조한 여성CEO 김성주와 교육계를 대표한 이배용 이화여대 전 총장의 역할은 여성들의 힘을 박근혜 후보에게 결집하는데 직간접의 영향을 미쳤다고 할 수 있다.

이미 총통선거를 치룬 경험이 있는 이웃국가 대만은 한국에서 박빙의 대선후보가 자신들이 이미 겪은 '남성과 여성 후보' 라는 상황에서 커다란 관심을 가지고 방송사와 기자단이 선거기간 한국에 상주하면서 관련 전문가와 학자들을 인터뷰하였다. 그들은 주한 대만대표부를 통하여 11월에 이미 인터뷰요청을 해왔고 12월 초순에 4명의 방문단은 필자를 방문하였다. 그들은 필자와의 인터뷰 중에서 '과연 한국에 여성대통령이 탄생할 것인가?' 에 집중적인 질문을 하였다.[36] 후일 필자가 학술세미나 참석을 위해 미국과 대만을 방문하였을 때 지식인과 시민들 중에는 한국의 여성대통령 당선에 많은 관심을 표명하였으며 그들은 겨우 60여년 밖에 되지 않는 한국 민주주의에서 여성 대통령 탄생을 부러워하며 언젠가 그들도 여성대통령이 탄생될 수 있을 것에 대해 큰 기대를 가졌다. 당시 '여성 대통령 관련'대화를 나눈 몇 가지 사례를 살펴보자.

---

35) 이지호, "제18대 대통령 선거에서 선거이슈가 투표참여와 투표선택에 미친영향 연구", p.222.
36) 臺灣 聯合報 기자단의 필자와의 방문 인터뷰 시 과연 여성후보 박근혜가 당선될 수 있을까? 그가 높은지지를 받는 것은 아버지 박정희라는 정치가문의 영향 때문이 아닌가? 젊은이들의 박후보에 대한 의견은 어떠한가? 라는 문제를 집중적으로 캐물었다. 필자는 박 후보가 정치가문의 영향을 받은 것은 사실이겠지만 그외에도 본인의 정치경력, 원칙주의 등의 특성과 자질은 타 후보와 다른 장점과 차이가 있다고 강조하였다. 당시 가부장제도하의 여성들이 억눌려있던 중년여성들은 적극적으로 자원봉사자활동을 하며 박 후보를 돕는 상황이었고, 또한 필자가 강의 시간에 대학생들의 분임토론 시 '남녀 대선주자를 주제'로 다룬 활동을 통해서도 반드시 20-30대 세력이 야당만을 선호하지는 않는다는 내용을 가감 없이 피력하였다.

미국 Brookings Institution의 Richard Bush 연구소장은 말하기를, 미국인들의 힐러리에 대한 신뢰는 대단하다. 아쉽게도 (2012)대선에서 오바마에 졌지만 다시 대선에 도전할 것이다. 결과는 50대50일 수도 있을 것이다. 지켜봐야 할 것이다[37]라고 하였으며. 또한 Johns Hopkins 대학의 Dennis P. Halpin 교수는 '나의 딸은 정치에 대해 관심이 없다. 그러나 힐러리가 다음선거에서는 꼭 당선되도록 열심히 도와서 미국에서도 여성대통령이 나올 수 있으면 좋겠다'고 벌써부터 열성적이다.[38] 그는 덧붙여 기회가 나면 딸과 함께 한국을 방문하고 싶다고 하였다. 한국에 주재하는 미 대사관의 한 직원은 2012년은 힐러리가 자신을 홍보할 수 있는 가장 중요한 한해였다고 강조하였으며, 한국의 대학에서 교수를 하고 있는 임마누엘 페스트라이쉬(이만열) 교수는 '오바마 대통령은 유색인종을 뛰어넘어 미국의 대통령에 당선되었으니 다음에는 여성대통령이 나오는 것도 좋을 것이다. 한국에서 여성대통령이 당선되는 것을 보고 어린 제 딸이 앞으로 대통령이 되겠다는 꿈을 가지고 있다'[39]고 한국에 대한 자긍심을 더 한층 강하게 피력하였다. 대만의 학자들은 '한국은 되는데 대만은 왜 안되나?(韓國可以 臺灣不可以嗎?)'라며 한국여성대통령의 탄생에 큰 관심을 피력하였고[40] 민주진보당(民進黨)의 대통령 후보였던 차잉원이 또다시 대선후보의 준비를 하고 있다며 특히 대선기간의 여성이슈와 선

---

37) 미국 브루킹스 연구소 방문. 연구소 소장과 필자인터뷰 2013. 8. 26. 오후 2시-2시 40분. Brookings Institution, Washington D.C.

38) Johns Hopkins 대학 Dennis P. Halpin 교수와의 인터뷰, 2013. 8. 26. 오전 10시 30분-11시 30분. Johns Hopkins 대학 연구실, Washington D.C.

39) 임마누엘 페스트라이쉬(이만열)교수와의 인터뷰 2013. 1. 10. 오후 2시-3시 30분. 경희대 연구실에서.

40) 臺灣 淡江大 戴萬欽부총장은 대만도 한국정치에서 여성대통령을 배출하는 민주의식을 가질 필요가 있다고 열띤 주장을 펼쳤다.

거캠페인에 대해 관심을 표명하고 열띤 토론을 하였다.[41]

이와 같이 한국의 18대 대선과 한국여성대통령의 탄생은 미국의 지식인과 젊은 여성들에게 미래사회의 새 희망을 가지게 하고 있으며 대만사회에서도 지식인계층에서 커다란 관심을 가지며 타산지석의 효과를 추구하고 있음을 알 수 있었다.

06. 결론

시대는 영웅을 만든다. 박근혜 후보는 '여성대통령'이란 시대정신과 여성이슈를 앞세워 한국의 초대 여성대통령이 되었으며 세계에서 17번째의 여성대통령이 되었다.[42] 그를 대통령으로 만든 것은 여성의 힘이다. 2012년 대선에서 여성유권자는 여성후보 박근혜에게 문재인 후보 보다 8.4% 더 많이 찍음으로서 당선에 결정적 요인은 여성이다[43]라고 할 수 있다. 그러나 여성뿐만이 아니라 많은 국민들이 9월 초순부터 세대별, 연령별, 지역별로 여성후보를 지지하였고 이러한 경향은 대선일 (2012.12.19)이후의 선거결과에서도 나타났다. 한편 박근혜 후보가 당선된 국내 환경적 요인으로는 한국의 여성과 남성의 인식을 바꾸는데 있어서 중요한 역할을 한 국내 매스미디어의 역할을 빼놓을 수가 없다. 프레임 효과(frame effect)라고 할 수 있는 매스

---

41) 臺灣 淡江大學校 亞洲 硏究所가 주최한 2013 국제학술세미나 중에서. 2013. 3. 15. 오전 10시-4시. 臺灣 淡江大學校 국제학술회의장.

42) 한국여성단체협의회 발행, 제48회 전국여성대회 자료집 『여성이 안전하고 행복한 세상』, p.3. 초대 여성대통령 박근혜 외 전국의 여성단체 회원 등 1500여명 참석. (2013. 10. 30. 오후 2시-4시).

43) 김형준, "여성의 정치참여 확대방안 고찰-여성이 희망이다", 한국여성단체협의회 발행, 제48회 전국여성대회 자료집 『여성이 안전하고 행복한 세상』, p.18.

미디어의 영향은 실제적 효과를 극대화할 수 있는 마력이 있다고 본다. 여성대통령을 주인공으로 한 '대물'의 방영과 역사적으로 많이 알려진 신라 최초의 여성국왕이었던 선덕을 드라마 한 '선덕여왕'은 인기 있는 연예인들을 중심으로 TV 연속극으로 방영되었다. 이 두 드라마는 일반시민들 뿐만 아니라 학자들까지도 열심히 시청하여 높은 시청률을 기록함으로서 '여성도 대통령을 할 수 있다'는 사회적 분위기와 공감대를 형성할 수 있었다. 이는 가부장제도와 남성우월주의에 길들여진 한국사회의 편견과 관습을 허물어뜨리는 단초를 마련했다고 하겠다. 그리고 그 후에 여성대통령 후보를 자연스럽게 받아들일 수 있는 정치적 환경이 마련된 것이다.

우리가 앞에서 논의하였듯이 18대 대선에서는 어느 대선 때 보다도 각 후보와 정당이 다양한 여성정책이슈를 제기하였다. 여성 일자리, 여성 비정규직, 보육과 관련하여 대선 후보들은 과거 선거에서 볼 수 없었던 다양한 여성정책을 제시하였다. 육아휴직과 관련하여 아빠에게 1개월의 출산휴가와 임금 100% 보장의 출산 휴가제를 제시한 박 후보를 비롯하여 문 후보의 2주간, 이 후보의 2개월의 아빠 휴직 부여 등은 역대 대통령 선거에서 볼 수 없는 18대 대선에서의 여성정책이슈가 만들어낸 커다란 수확이라고 할 수 있다. 왜냐하면 하나의 제도는 과거정책이나 사회 환경을 답습하여 제정되는데 이러한 18대 대선의 여성이슈들은 차기 대선주자들도 참고하고 답습하여 새로운 제도로 발전시킬 수 있기 때문이다.

앞서 논의한바와 같이, 18대 대선후보들은 '여성의 대표성 강화'를 여성이슈로 제기하였다. 그러나 여성장차관과 여성의원비율 확대가 대선의 여성이슈였음에도 불구하고 새 정부가 출범한지 1년 6개월이

지나고 있지만 부문별 여성참여는 크게 높지 않고 특히 여성장관은 고작 3명에서 현재 2명으로 역대 정부에서 하위수준이다.[44] 우리나라에서 진정한 양성 평등이 이루어지기 위해서는 여성장관이 동수의 석은 아니더라도 최소한 30%가 여성각료의석으로 향상되어야 명실공히 OECD국가로서 세계여성들과 어깨를 겨눌 수 있을 것이다.

본 연구는 18대 대선을 분석함에 있어서 과거 대선에서 볼 수 없었던 여성이슈에 주목하였다. 2012년 12월 19일의 대선결과 박근혜는 한국의 초대 여성대통령이 되었다. 박 후보는 여성대통령 이슈와 여성 활용 선거전략, 캠페인활동을 실천하였고, 특히 "준비된 여성 대통령 박근혜"의 여성이슈캠페인을 통해 주도적 역할[45] 함으로서 승리의 결과를 가져올 수 있었다. 싱가폴의 한 언론인은 "남존여비의 동북아 한국 사회에서 '부녀 대통령'의 탄생은 한국의 '혁명적인 변화의 상징'이라고 극찬하였다.[46] 본 연구의 결과, 18대 대선에서의 '여성 대통령'의 전면화와 특히 "준비된 여성대통령"의 여성이슈와 캠페인은 박근혜 후보로 하여금 대통령으로 당선하는데 기여했다고 하겠다. 또한 이는 차기 미국대통령 선거와 대만의 총통선거에서 여성대통령후보들이 벤치마킹 할 가치가 있는 여성이슈라고 할 수 있겠다.

---

44) 우리나라의 여성장관은 초대 이승만 정부에서 현 박근혜 정부에 이르기까지 총 40명이다. 김대중 정부 9명, 김영삼 정부 8명, 노무현 정부 6명, 이명박 정부 5명이며, 박근혜 정부는 3명 임명하였고 현재 2명이다. 하영애, "한국여성의 정치참여 – 역대 여성장관을 중심으로", 한국정치학회 2014하계학술회의 발표논문. (검색일: 2014. 8. 11).

45) 박근혜 후보 측에 문의한 " '준비된 여성대통령 박근혜'의 전략은 언제쯤 누가 (혹은 어느 팀) 구상 하였습니까?" 라는 필자의 서면인터뷰 질의에 대해 손인춘 국회의원은 박근혜 후보 스스로 제기하였다고 답변하였다. 2013. 10. 15. 오후 2시 필자 국회방문.

46) 臺灣 聯合報, 2013. 1. 3. 天下事, '東亞首位女總統出現在韓國'(싱가폴 언론인 출신인, 黃彬華의 기고문에서).

01. 서론

한국이 2012년에 여성대통령 시대를 열게 되었고 세계무대에서 미국과 중국이 G2 국가로 부상됨에 따라 한·중 양국의 외교관계는 그 어느 시기보다 중요하다고 하겠다. 특히 두 나라는 각각 북한과 대만과의 분단관계성을 공유하고 있다는 점과 관련해 더욱 특별한 지역적·사회적 공통점을 가지고 있다. 이 점에서 양국의 외교와 더불어 안보 또한 함께 논의할 가치가 충분히 상존해 있는 것이다. 2013년 박근혜 대통령과 시진핑(習近平) 국가 주석은 새로이 국가권력의 수장으로 등장하였다. 그에 따라 양국 간의 공존, 번영 그리고 평화안정을 위한 개인 및 국가 간의 관계형성이 절실해지고 있는 실정이다. 외교란 무엇인가? 오늘날 사용되는 영어의 diplomacy란 희랍어의 diploun에서 유래되었으며 diplomas가 그 어원이다. 외교란 한 국가대 국가의 '관계형성'이라고 할 수 있는데 이 관계형성은 행위로서 이루어진다. 특히 외교는 모든 국가의 대외적 의사표시 행위(Behavior) 및 가시적인 행위이며, 이러한 행위들이 국가의 대외목표나 대외정책들을 실현시키기 때문에 외교의 핵심은 행위이며, 이는 사람의 행위에 의해 수행된다.[1] 또한 한 국가의 외교정책뿐만 아니라 다른 국가와의 우호 및 협력관계의 증진, 국가 간의 분쟁 해결 등을 위해 행해지는 모든 대외행위를 의미하므로 어떤 부처보다 더욱 중요하다고 하겠다. 특히 중요한 것은 형식적제도의 설치가 아니라 그런 제도의 내실화와 운영이다.[2]

본문은 상호호혜외교(Reciprocal Diplomacy) 에 관심을 가지고 고찰하고자 한다. 상호호혜외교란 국가최고책임자, 관료, 개인 간의 상호 만남, 방문, 교류활동을 통하여 신뢰를 형성하고 이 신뢰와 이해를 바탕으로 관계를 형성하여 각국 상호간의 국익에 도움이 되도록 하는 것을 의미한다.[3] 상호호혜외교의 사례를 신라와 당(唐)에서 찾을 수 있다. 예를 들면, 선덕여왕의 즉위에 대해 당나라에서 '여주불능(女主不能)'이란 내용을 보내왔다. 즉 여왕이 통치하니 덕은 있으되 위엄이 없으니 당분간은 당나라에서 위정자를 보내겠다는 것이었다.[4] 그러나 진덕여왕이 취임 시 당나라는 '계림국왕'이란 직함을 이례적으로 신라에 먼저 보내 왔고 이러한 우호적 관계로 후일 진덕여왕은 당 고

---

1) 송영우, 『현대외교론』(서울: 평민사, 1990). pp.10-12.

2) 김달중, "21세기 동북아와 한국외교," 유재건 (편), 『21세기 동북아와 한국외교』(서울: 나남출판사, 2007) pp.530-531.

3) Ha, Young-Ae, "A Study of the Korean Diplomatic Strategy for China with relation to the Election of Park Geun-Hye as the President of The Republic of Korea", paper presented at a International Conference organized by Graduate Institute of Asian Studies, College of International Studies in Tamkang University, March 14-15, 2013, p.332.

4) 중국에서 불교를 공부하고 돌아온 자장법사는 당 태종의 여왕을 얕보는 여주불능(女主不能)에 대해 선덕여왕에게 건의하여 황룡사 9층탑을 세워 각국의 침략에 대비토록 하였다. 선덕여왕은 이 건의를 받아들여 황룡사 9층탑을 세웠는데 1층은 중국, 2층은 일본, 3층은 오월 등 각 층 마다 호국을 상징하고 있다. 즉 중국은 최초의 신라여왕을 경시하였다. 『삼국유사』, 권 제4, 탑상 제4 황룡사 9층탑 참고.

종의 정치업적을 칭송하는 시(詩) '오언지송'을 비단에 수놓아 고종에게 보냈으며 두 나라는 상호호혜외교를 쌓았다. 진덕여왕과 당 고종과의 적극적이고 신뢰 깊은 상호호혜외교는 후일 '라·당외교(羅唐外交)의 극치'라는 평가를 받았다.[5] 국익이 우선이라는 국가외교에 있어서도 인간관계형성을 통해 상호호혜외교가 승화될 수 있었다는 역사에 기반 하여 천여 년이 지난 이 시점에 박근혜와 시진핑 두 정상을 시작으로 한중양국의 외교와 안보에 긍정적 관계향상을 가져올 수 있을 것 이라는 가정으로 이 연구를 시도 해본다.

02. 이론적 배경: 외교정책의 결정요인

본 연구는 외교정책결정자 이론 중 정책결정자 수준의 결정요인과 국내·외적·사회적 요인에 의한 결정요인으로 고찰하고자 한다.

1) 정책결정자 수준의 결정요인

정책결정자 수준의 결정요인은 정책결정자의 심리상태, 생물학적 특성, 성격, 인식구조 등이 정책결정에 의미 있는 영향을 준다는 점을 주된 논지로 삼는다. 이는 개인 특성, 인지, 관료 및 제도와 조직으로 고찰할 수 있다.

---

5) 신형식, 『삼국사기연구』, (서울: 일조각, 1981), pp.266-268; 하영애, "신라시대 여왕들의 통치스타일 비교분석," 『밝은 사회운동과 여성』(서울: 삼영사, 2005), pp.305-308.

(1) 개인특성(idiosyncrasy)

정책결정자는 한 개인 혹은 한 자연인으로서 개인 특성을 갖는다. 정책결정자가 최고위층의 지도자인 경우 개인특성은 리더십으로 나타난다. 이 때 외교정책결정자는 외교정책만 따로 분리해서 다루는 것이 아니기 때문에 그의 리더십은 여러 국가정책결정에 중대로 결정요소로 작용한다. 그러므로 한 국가의 외교정책은 그 국가 지도자의 리더십 유형에 따라 크게 좌우되는 것이다. 대통령 제도를 채택하고 있는 국가에서는 대통령이 누구보다도 중요한 외교정책결정요인이고 동시에 외교정책행위자이다. 대통령제에 대해 관심이 많을수록, 대통령에게 결정의 재량권이 많이 주어질수록, 그리고 상황이 모호하거나 돌발적일수록 대통령은 다른 요인보다 외교정책 결정에 큰 영향을 미친다.[6] 또한 대통령 제도와는 다른 통치제도를 갖는 국가에서도 마찬가지이다. 중국의 외교정책결정에는 세 가지의 모델이 제시되고 있는데, 상명 하달식 모델, 다원주의 모델, 중국식 모델이다. 상명 하달식은 마오쩌둥과 저우언라이 라는 개인지도자에 의해 정책결정의 권한이 집중되었으며 개혁 개방 시기에 들어와서도 외교 분야에서의 결정은 여전히 개인들에게 집중되었다.[7] 다원주의 모델은 상명 하달식 정책결정모델과는 달리 중국의 정책결정구조가 일정정도 다원성이 존재한다는 것이다. 중국식 모델은 두 모델을 결합한 형식인데, 이 특징은 첫째, 중국의 정책적 결정과정이 행동 전에 반드시 협의 및 합의를 중시하는 전통을 바탕으로 묵종(혹은 집중)을 추구한

---

6) 남궁곤, (2012), p.47.

7) 김흥규, "개혁개방이후 중국의 외교정책 결정과정 연구," 외교안보연구원, 『동아시아 정세변화와 한국외교 과제』(서울: 외교안보연구원, 2008), pp.329-330.

다. 둘째, 중국의 외교정책 결정과정에 최고 엘리트의 정책적 영향력은 여전히 다른 서구국가들에 비해 강하다. 셋째, 영도소조, 위원회, 공작회의 등 합의를 도출하기위한 제도적 장치들이 정책결정에 중요한 역할을 담당하고 있다.[8]

(2) 인지(cognition)

외교정책결정자가 최종 결정을 내릴 때는 과거로부터 학습한 내용이나, 좌절-공격 심리의 반복 등의 심리적 요인에 영향을 받아 정책을 결정한다. 예를 들면, 박근혜는 어렸을 때부터 대통령인 아버지로부터 외교수업을 받은 경험이 있으며 이를 실천에 옮길 기회가 있었다. 즉, '근혜-카터회담'[9]은 당시 한국에 주둔하고 있는 '미군철수' 계획을 없었던 것으로 하였다. 이에 대해 박근혜는 "나는 국가 간의 외교도 인간이 하는 것이기에 우리 국익을 지키는 일에 관한 한 국가 지도자의 외교력이 정말 중요하다는 점을 깨달았다."라고 술회하였다.[10] 또한 시진핑은 협북(陝北)의 고난시절이 자신의 정치지도자로서의 신념과 강한의지를 갖게 되었다고 피력하였다. 이러한 두 지도자의 경험은 한중양국의 외교안보 문제를 결정할 때도 적용되리라 유추할 수 있다.

---

8) 김흥규, (2008), p.331.

9) 당시 주한 미군철수계획을 가지고 카터부부 방한. 박근혜는 (故 육영수 대신) 퍼스트레이디 역할을 하고 있었으며 카터가 좋아하는 조깅에 비유해 한국의 안보 및 경제상황이 아직 건강을 완전히 회복하여 빠르게 뛸 수 있는 상황이 아니어서 미군철수가 바람직하지 않다고 강조하였으며 카터는 이를 받아들임. 이 성공적인 외교에 대해 박정희 대통령은 박근혜를 특별히 격찬함. 박근혜 자서전, 『절망은 나를 단련시키고 희망은 나를 움직인다』, (서울: 위즈덤 하우스, 2007). pp.120-123.참고.

10) 박근혜 자서전, 『절망은 나를 단련시키고 희망은 나를 움직인다』, p.223.

(3) 관료정치(bureaucratic politics)

행정부, 특히 외교적 사안을 담당하는 관료들 역시 외교정책결정에 중요한 요인으로 작용한다. 특히 한 국가가 행하는 외교의 성패는 무엇보다도 누가 무엇을 어떻게 행하느냐에 달려 있다. 제2차 세계대전 후 적대관계를 지속하던 미국과 중국이 이를 청산하고 1972년 양국의 관계개선(rapprochement)을 이룬데 에는 변화된 국제환경 그리고 미국과 중국의 외교정책도 중요하게 작용하였지만 이 일들을 추진한 양국 관리자의 행위에 의한 결정체였던 것이다.[11] 한중양국 국가 간에 특히 박근혜와 시진핑이 가까워질 수 있도록 노력한 중국 외교국무위원 탕자쉔(唐家璇)의 활동과 6.27 한중정상회담준비를 위해 최선을 다하는 윤병세 외교장관의 자세[12]는 바람직한 관료정치의 한 측면이라고 할 수 있겠다. 국회의원은 정부 내 권력분립과 세력균형의 원칙아래서 외교정책결정과정에 영향을 미치고 있다. 그러나 현재 한일의원연맹은 활발한 활동을 하는 반면에 한국과 중국의 국회의원 외교는 활성화 되지못하고 있는 현실이다.

(4) 제도와 조직(institution and organization)

외교정책결정에 있어서 제도와 조직은 중요한 역할을 한다. 외교정책은 외교정책결정기관들 사이의 상호작용을 통해 이루어지는데 그들 사이의 조직배열(organization configuration)은 외교 정책결정의 환경을 조성해준다. 외교정책 제도와 조직은 각각 유사적 외교문제에

---

11) 송영우, (1990), p.19.

12) 새로이 한국외교부의 수장이 된 윤병세 장관의 업무추진은 한국 외교가의 '월화수목 금 금 금' 으로 회자되고 있으며 또한 금년의 '한중정상회담'준비를 위해 눈이 충혈 되도록 노력하는 모습 은 일하는 관료의 모습을 보여준다.

대해 표준운용절차(SOP: Standard Operating Procedures)에 따라 작동한다. 이는 정책결정을 규칙이 지배하는 과정으로 이해하고 조직문화가 중요한 변수로 작용함을 보여준다. 이때 정책결정자들은 외부환경의 변화감시, 정보 환류 습득, 생존전략을 수정하는 역할을 담당한다. 예를 들면, 한국의 새 정부도 외교부 조직을 개편하였고, 중국도 외교정책 관련 조직을 확대 개편하는 계획이 시 주석을 중심으로 추진 중이다.13)

2) 국내외적·사회적 요인에 의한 결정요인

한중간의 외교안보문제는 한국은 남북한이, 중국은 대만문제가 있고 특히 한미동맹, 북중 혈맹 관계의 복잡 미묘한 문제가 있다. 따라서 외교를 논할 때 동시에 안보를 함께 논의해야 한다. 한 국가의 외교정책은 국제체제의 영향을 받는다. 국제체제는 그 자체로서 여러 특징을 지닌다. 이념체제, 군사체제, 경제체제, 문화체제는 국제체제가 갖는 주요 속성에 따라 종류를 구분한다. 군사체제가 한 국가의 외교정책에 주는 영향력은 무기 이전과 같이 직접적이지만, 문화체제가 주는 영향력은 문화교류와 지식질서의 형성 등과 같이 간접적이다.14) 이념과 체제가 달라도 서로 경제적 이익이 발생하면 국가들은 비정치적 분야에서 협력할 가능성이 높은 외교정책을 채택한다는 것이다. 특히 지리적 인접성이 높을 때 협력적인 외교정책을 채택할 가능성이 높다.15) 이러한 점에서 한중양국은 경제적인 협력을 통해 외

---

13) 習近平推出"政改"圖 : 建國安委廢政法委, 『明鏡月刊』, 2013年 6月 号.

14) 남궁곤, (2012), p.30.

15) 남궁곤, (2012), p.33.

교적 협력을 제고시킬 수 있는 방안 모색도 필요하다고 본다.

한 국가의 외교정책은 또한 국내정치 및 다양한 환경의 영향을 받는다. 남궁곤은 외교정책결정요인에 대해 사회적 요구를 강조 하였는데 특히 여론을 중시하였다. 여론은 국민의 사회적 요구를 반영하는 가장 대표적 요소로서 정책결정자들의 결정에 정책방향의 지침을 제공한다. 여론은 또 정책결정자들이 다른 국가와 협상을 할 때 협상조건을 유리하게 내세울 수 있도록 하는 명분으로 사용하기도 한다.[16] 한편 중국 외교정책에 있어서 여론의 역할이 직접적이고 실증적 단서를 발견하기가 어려운 점이 있다는 연구가 있다.[17] 그러나 개혁개방이전과 비교할 때 오늘날에는 정책결정엘리트, 전문가 집단, 지식인 등이 광범위한 층을 형성하고 중국정부나 공산당 지도자들이 중요한 문제에 대한 여론의 향배에 주의를 기울이며 TV 시사프로그램을 보거나 대중의 정서를 파악한다.[18] 이처럼 중국도 점차 여론을 중시하고 있으며 6.27 한중정상회담에 관한 양국의 다양한 여론은 좋은 예가 될 수 있다.

이상의 이론 배경에서 외교정책 결정요인 중에는 정책결정자 수준에서 대통령, 관료, 국회의원을 비롯하여 제도와 조직의 중요성을 고찰하였다. 또한 국내외적 및 사회적 요구수준에서는 국제체제의 영향으로 힘의 분배, 상호의존이 중요한 작용을 할 수 있으며 각 국가내

---

16) Charles W. Kegley and Eugene R. Wittkopf, American Foreign Policy: Pattern and Process, 5th edn. (New York: St. Martin's Press, 1966), pp.286-291.

17) Ole Holsti, Public Opinion and American Foreign Policy (Ann Arbor, Mich.: University of Michigan Press, 1966) ; James N. Rosenau, Public Opinion and Foreign Policy (New York: Random House, 1996), p.4.

18) 차창훈, "중국의 외교정책," 김계동, 김명섭 외 다수 공저, 『제2판 현대외교정책론』(서울: 명인문화사, 2012), p.334.

의 사회적 요구로 나타나는 여론, 언론의 역할이 때에 따라 외교정책 결정에 영향을 미칠 수 있는 것으로 고찰하였다.

03. 박근혜와 시진핑의 정치사회 배경 및 프로파일 비교

한중최고의 지도자 박근혜와 시진핑은 어떠한 인물인가? '<표-1> 박근혜와 시진핑의 프로파일 비교표'에 따르면, 두 후보자의 개인적 정치적 배경을 알 수 있다. 우선 박근혜는 1952년 2월 2일 출생하였고 시진핑은 1953년 6월 15일생으로 박근혜가 한 살 위이다. 가족배경으로는 박근혜는 고 박정희대통령과 고 육영수여사의 3남매 중 맏딸로서 미혼이다. 시진핑은 중국국무원 부총리를 역임한 아버지 시중쉰(習仲勳)과 어머니 치신(齊心)의 7남매 중 6째로 아들로서는 차남이다.[19] 시진핑은 현역 여군장군이며 국민가수로 활약하고 있는 펑리위안(彭麗媛)과 결혼하였고 딸 1명을 두고 있다. 박근혜는 경상북도 대구 달성에서 태어났으며, 시진핑은 협서성 부평사람이다. 학력으로는 박근혜는 성심고등학교를 졸업하고 1974년에 서강대학교에서 전자공학과를 졸업하였는데 전자 공학도를 지망한 이유는 당시 국가를 부강 시키기 위해서는 산업을 육성할 필요가 있다는 주위의 추천을 받아들여서[20] 전자학과를 선택하였는데 그 당시 여성으로서는 좀 독

---

19) 흥미롭게도 박정희와 시중쉰은 모두 첫 번째 부인 외에 평생반려자를 다시 얻었는데 그들은 육영수와 지신(齊心)이다. 박정희는 육영수에게서 장녀 박근혜를 얻었다. 시중쉰은 첫째부인 하오밍주(郝明珠)와의 사이에 3남매(1남2여)를, 그리고 둘째부인 지신과의 사이에서 4남매(2남 2여)까지 총 7남매를 두었는데 시진핑은 둘째부인과의 사이에서 태어났고, 여섯째이며 아들로서는 둘째아들이다. 胡麗麗, 梁劍 共著, 『習近平 傳記』(中國: 領袖出版社, 2012), pp.34-35.

20) 박근혜 자서전, (2007), p.121.

특한 학과였다고 하겠다. 그 후 자유중국 대만의 문화대학에서 명예 박사학위를 받았다. 시진핑 역시 이공과 출신으로 중국 칭화(淸華)대학에서 화공학과를 졸업하고 법학박사학위를 취득했다. 두 사람의 성격으로는 박근혜는 원칙주의, 소신을 피력하고 있고, 시진핑은 자신이 하고 싶지 않은 일은 타인에게 강요하지마라 (己所不欲, 勿施於人)는 공자의 가르침을 중시하며 타인에게 배려와 과묵함으로 표현되고 있다.

〈표-1〉 박근혜와 시진핑의 개인 프로파일 비교표

구분	박근혜 대통령	시진핑 국가주석
생년월일	1952년 2월 2일	1953년 6월 15일
가족배경	부: 고 박정희 대통령 모: 고 육영수 영부인 3남매 중 장녀	부: 시중쉰(習仲勳)-국무원 부총리 역임. 모: 치신(齊心) 7남매 중 6번째(차남)
출생지	경상북도 대구시 달성군	중국 陝西省 富平人
학력	· 성심고등학교 졸업 · 1974년 서강대학교 전자공학과 졸업 · 자유중국 문화대학 명예박사	· 중국 청화대학 화공계 기본유기 합성전업, 대학원 · 청화대학 법학 박사
성격 혹은 신념	원칙주의, 신뢰	己所不欲, 勿施於人
결혼유무	미혼	부인: 펑리위안(彭麗媛), 딸1명
기타 특징	중국어 회화가능, 중국 철학의 이해와 관심.	청년지도자 특강 시 중국 역사 학습 강조

출처: 박근혜 자서전, 習近平 傳記 및 http://blog.daum.net/ukc019/112 연합뉴스 자료참고 후 필자 작성.

두 통치권자의 주요경력은 각기 다양한 경력을 가지고 있는데 '<표-2> 박근혜와 시진핑의 주요 경력프로파일 비교표'를 개략적으로 살펴보자. 먼저 박근혜는 1978년 새마을운동의 이념을 표방한 사단법인 새

마음 봉사단의 총재를 맡았다. 1994년부터 정수장학회 이사장을 맡았으며 이 또한 선거과정에서 상대정당으로 부터 공격받는 이슈로 제기 되었다. 박근혜는 어머니 육영수의 갑작스런 변고와 아버지 박정희 대통령의 피격사건으로 청와대 생활을 떠나 18년 동안 초야에서 생활하다가 1998년 대구 달성에서 보궐선거로 한나라당의 국회의원으로 당선되면서 본격적으로 정치생활을 시작하게 된다. 그 후 2002년에 '한국미래 연합'을 창당하고 한나라당과 당 대 당 합당을 하게 되면서 점차 정치인으로서의 입지를 굳히게 되었다. 특히 2004년 한나라당 대표를 맡으면서 당시 '차 띠기'라는 한나라당 정치인들의 부정부패를 일신하며 당사의 천막생활 등 고난을 극복하면서 지방선거와 잇단 중요한 선거에서 한나라당이 다수의석을 차지하여 일약 '선거의 여왕'이라는 대명사를 얻게 된다. 2011년에는 한나라당 비상대책위원회 위원장을 맡아 당명을 '새누리당'으로 바꾸며 2012년 8월 83.97%의 높은 지지율로 새누리당의 대선후보로 확정되었다. 그리고 2012년 12월 19일 숨 가쁜 위기와 역경을 딛고 대통령선거에서 당선하게 되었다.

시진핑은 젊은 시절 7년의 농촌생활을 통해 중국의 전임지도자들이 겪지 못한[21] 중요한 경험을 통해 중국농촌의 실상을 체험하게 되었다. 중국의 문화혁명(1966-1976) 당시에는 홍위병이 중심세력이었으나 시진핑은 홍위병(紅衛兵)에 가입하지 못했다. 왜냐 하면, 당시 시진핑은 '반당분자(反黨分子)'로 내몰린 시중쉰의 아들이었기 때문에

---

21) 후진타오(胡錦濤), 장쩌민(江澤民)등은 전형적인 귀족출신이며 주로 도시에서 자랐고 도시에서 근무한 경력이 있는데 반대로 시진핑은 문화혁명기간 중에 농촌에서 농민들과 생활하였으며 그 자신은 이 기간 동안의 경험을 가장 보람 있게 생각한다고 여러 번 강조하였다.

주위에서 반동분자로 낙인찍히어 '흑방자제(黑方子弟)'로써 홍위병에 가입하지 못했고, 지방 농촌으로 쫓겨나게 되었다. 이 하방정책(下放政策)은 홍위병의 최고 우두머리였던 모택동이 '농촌에 하향하여 중국현실을 배우라'는 명분으로 취해졌는데 당시 2000만 명이 하향했다.22) 이는 전문적인 지식인 계층의 부재를 야기하여 중국현대화의 커다란 장애로 작용하였으며23) 이 하방정책은 역경과 많은 고통이 따랐지만 시진핑 주석에게는 이 기간이 자신에게 가장 보람이 있었다고 회고하였다. 시진핑은 1979년에 국무원 판공청에 근무를 시작으로 현역군인으로서 중앙군위판공청 비서를 역임하는 등 시작부터 특권생활을 했던 것으로 보인다. 시진핑은 하북성(河北省), 복건성(福建省), 절강성(浙江省)의 요직에 근무하였고 2012년에 중공중앙총서기, 중국 중앙군사위 주석에 선임되고 중화인민공화국 주석으로 최고위직에 올랐다.

두 지도자의 정치사회적 배경과 개인프로파일을 통해 다음과 같은 '상호호혜외교'를 위한 가능성을 도출 해 볼 수 있겠다. 첫째 박근혜와 시진핑은 각각 대통령과 국가주석이 되기 전에 한국에서 '만남'을 가졌다. 당시 시진핑 성장(당시 浙江省 省長)의 방문요청을 받은 박근혜 대표(당시 한나라당 당대표)는 지방일정을 조정하여 시 성장과 '만남'을 가졌으며 두 사람의 대화는 예정보다 훨씬 긴 두 시간동안 이루어졌는데 특히 시 성장이 故 박정희 대통령의 '새마을 운동'에 많은 관심을 표명하였고 박 대표는 이에 관한 두 상자 분량의 자료를

---

22) 하영애, "중국 교육개혁중심이 가져온 사회적 변화-교육종사자의 삶의 질 향상을 중심으로", 『韓中사회의 이해』(파주: 학술정보(주), 2008), p.240.

23) 차창훈, (2012), p.331.

주게 되었다. 이 '만남'은 후일 시 국가주석으로부터 "박 대통령은 나의 오랜 친구(라오펑유: 老朋友)"라는 호칭을 듣게 되었다. 이 처럼 개인 간의 만남은 인과관계의 중요한 시작이라고 하겠다. 둘째, 박근혜와 시진핑은 한 살 차이의 동년배이다. 같은 시대에 살면서 각각의 국내환경에 의해 둘 다 모진 인생풍파와 심리적 고통과 정치조직의 쓴 맛을 겪게 된다. 셋째, 양국 지도자는 각각 다른 국가체제를 가지고 각각 대통령과 국가주석으로 통치권을 갖게 된다. 박근혜는 강력한 3인의 정치거물들과 대권을 놓고 투쟁하면서 국민의 직접선거를 통하여 당선되었다. 당선의 주요 요인으로는 원칙주의와 소신, 여성의 힘 결집, 정치가문과 세대결집의 영향, 야당의 선거전략 부재로 피력할 수 있겠다.[24] 중국은 미국과 더불어 G2 국가로서 동북아뿐만 아니라 세계적으로 급부상 하고 있다. 10년 동안 중국의 최고통수권자로서 13억 5천여 명의 인구를 이끌어갈 시진핑은 어떻게 중국의 국가주석지위를 획득했는가? 특히 중국은 정치적 규범에 따라 정치국 멤버가 되기 위해 민간출신 후보자는 몇 가지의 기본 요건을 충족해야한다. ① 연령이 50대 일 것, ② 현재 중앙위원회 정식 위원이거나 후보위원 일 것, ③ 성급 당 서기나 성장을 역임 했을 것, ④ 두 개 이상의 성급 혹은 중앙정부 근무 경험을 갖고 있을 것[25]이 자격요건이다. 시진핑의 주요경력에서 볼 수 있듯이 시진핑은 1999년에 푸젠성(福建省) 성장에, 2002년 저장성(浙江省) 성장 겸 당서기에, 2007년 상하이(上海) 당서기로 임명되어 이 조건들을 확실히 충족시켰다.

24) Ha, Young-Ae, (2013), pp.333-335.

25) 리청(李成), "중국의 최고지도자는 어떻게 탄생하는가," 중앙일보중국연구소 『2010-2011 차이나 트렌드』 (서울: 중앙 북스, 2007), p.82.

<표-2> 박근혜와 시진핑의 주요 경력 및 프로파일 비교표

구분	박근혜 대통령	시진핑 국가주석
주요 경력	· 1978년 사단법인 새 마음 봉사단 총재 · 퍼스트레이디 역할 대행 · 1993년-(현)한국문화재단이사장 · 1994년-(현)정수장학회 이사장 · 1998년 15대국회의원(대구달성 보선, 한나라) · 2002년 16대국회의원(한국미래 연합) · 2002년 한국 미래연합창당 준비위 원장, 대표운영위원, 대표 · 2002년 11월 19일 한나라당과 당 대 당 합당 · 2004.3~2006 한나라당 대표 최고위원 · 2011.12~2012.5 새누리당 비상대책 위원장 · 2012. 8.20 새누리당 대선 후보 확정 · 15대-19대 국회의원 (5선 의원) · 2012. 12. 19 대통령 당선 · 2013. 2. 25 제18대 대통령 취임	· 1979-1982 국무원판공청, 중앙군위판 공 청비서(현역) · 1983-1985 하북성 正定縣委書記 · 1988-1990 복건성 寧德地 위서기 · 1993-1995 복건성위창위, 복주시위 서 기, 시인대상위회주임. · 2000-2002 복건성 성장 · 2003-2007 절강성위서기, 성인대상위회 주임 · 2007-2007 상해시위서기 · 2007-2008 중앙정치국상위, 중앙서기처 서기, 중앙당교 교장 · 2008-2012 중앙정치국상위, 중앙서기처 서기, 중화인민공화국 부주석, 중앙당교 교장 · 2012-중공중앙총서기, 중공 중앙군사위 주석, 제16-17대 중앙위원, 제18대 중앙 정치국위원. · 제11대 전국인민대표대회 제1차회의시 중화인민공화국 부주석 당선. · 중화인민공화국 주석 당선

출처: 박근혜 자서전, 시진핑 傳記 및 http://blog.daum.net/ukc019/112 연합뉴스 자료참고 후 필자 작성.

현재까지를 고찰해보면 두 정상은 철학과 정치적 비전 등 공통점을 많이 가진 것으로 보인다. 먼저 두 지도자는 정치가문의 배경이 유사하다. 박근혜는 고 박정희 대통령이라는 아버지를 가졌으며 시진핑 주석 역시 부총리 출신의 시중쉰를 아버지로 두었다. 또한 두 사람은 성격에서도 공통점을 알 수 있는데 박근혜는 그 성격이 원칙주의자, 강력한 소신을 가지고 있는 것은 잘 알려진 사실이다. 이는 그의 대통령 당선의 중요한 요소였을 뿐만 아니라, 그 이후의 대북관계에서도 개성공단철수, 당국자회의 등에서도 원칙과 소신을 국정에 반영 하고 있다. 시진핑의 좌우명으로 알려지고 있는 自豪不自滿, 昻揚不

張揚, 務實不浮躁 로서 밖으로 보이는 모습은 침묵과언하고 행동은 신중하며 행위는 단정한 사람으로 보이지만 그러나 다수가 보편적으로 인식하기를 '신념과 원칙을 가지고 분투하며 용감한 전진의 기치를 가지고 있다'라고 평가한다.26) 또한 두 지도자는 정치적 이념의 공통점을 볼 수 있는데 철학과 역사를 중요시하였다. 박근혜는 '청와대를 나와 어지럽던 마음이 중국고서를 읽고 나서 비로소 안정되었다'고 했는데 특히 제왕 학으로 불리는 '정관정요(貞觀政要)'는 당태종이 군주의 도리, 인재 등용 같은 지침을 신하들과 논한 책으로서 이를 통해 크게 감명 받았다고 한다. 그는 1997년 한국이 IMF(International Monetary Fund) 경제위기에서 나라를 반석위에 다시 세우는데 일조하기 위해서 '정치인 박근혜'의 길을 가기로 결심했다27)고 피력하였다. 시진핑은 2011년 중앙당교의 입학식에서 학생들에게 영도자와 간부는 역사를 읽어야한다.('領導幹部要讀點歷史')고 강조하였다.28) 또한 그는 중국의 전통문화를 중요시하고 중국 역사상의 치국이념과 정치에 대한 풍부한 경험을 학습하고 거울로 삼아야한다고 주장하였다. 무엇보다도 두 통치권자는 국민의 경제적 부흥을 중요시하였다. 박근혜는 그의 대통령 취임식에서 '제2 한강의 기적'이라는 용어를 수없이 강조하면서 국민을 행복하게 하기위한 경제적 측면을 역설하였다.

---

26) 胡麗麗, 梁劍 共著, 『習近平 傳記』(中國: 領袖出版社, 2012), p.348.

27) 박근혜 자서전, (2007), p.120.

28) 즉 '領導幹部要讀點歷史'의 8000자에 달하는 장문의 강연을 40분간 역설하였는데 그 내용에서 그의 사상의 맥락을 고찰할 수 있다. 이는 3가지로 요약할 수 있는데, 첫째 학습과 역사를 총괄하는 것은 중국공산당의 중요한 사상과 방법이다. 둘째, 역사를 학습하되 중국역사를 학습해야한다. 셋째, 중요하게 학습할 것은 아편전쟁 이래 중국 근현대역사와 중국공산당의 당사(黨史)이다. 라고 강조하였다. 그리고 서양의 역사에 대해서는 말미에 약간 부언하기를 '우리나라(중국)의 역사를 학습하는 동시에 또한 마땅히 약간의 세계역사의 지식을 학습해야한다'고 마무리하였다.

시진핑 역시 국민의 부(富)를 중시했다. 그는 중국 인민들이 공동으로 부유한 길을 갈수 있도록 하는데 역점을 두는 것으로 보인다. 즉, 한국과 중국의 최고지도자는 '국민 행복과 인민 부유'의 공동의 꿈을 가지고 있음을 알 수 있다.

이상과 같이 두 사람은 다양한 공통점을 가지고 있다. 특히 박근혜는 중국에 대해 일찍이 철학과 역사 고전 등을 통해 중국을 이해하였고 따라서 중국을 많은 나라 중에서 바람직한 국가로 인지하고 있었다고 할 수 있다. 또한 시진핑은 14억 중국인의 꿈－인민이 보다 잘 살 수 있는 길－을 위해서는 한국이 폐허의 전쟁을 겪고 짧은 시간 내에 이룩한 '새마을 운동'에 큰 관심을 가졌고 이러한 인식은 시진핑으로 하여금 성장(省長)시절에 한국을 방문하고 '새마을 운동'과 관련한 2상자분량의 자료를 중국에 가져갔다. 박근혜와 시진핑 두 지도자는 상대국가에 대한 이러한 인식과 인지를 바탕으로 양국에 대한 호감과 관심을 가졌다. 이러한 것이 바로 필자가 적용하고자 하는 '상호호혜외교' 개념에 관련한 인지적 범주이기도 하다. 이러한 두 사람의 각 국가에 대한 상호긍정적인 마인드는 향후 각국의 외교안보정책의 최고결정자로서 상호호혜외교를 추진하는데 장점으로 부각될 수 있을 것이다.

04. 박근혜와 시진핑 정부 간의 외교안보의 환경변화와 선결과제

일반적으로 학자들의 대중국 연구는 개인보다 체제에 중점을 두는 경향이 있다. 그럼에도 불구하고 본 연구는 한중양국의 새로운 통치권자에 주목하여 박근혜와 시진핑의 개인프로파일 비교를 개략적으로 고찰해보았다.

1) 양국 간의 외교안보의 환경변화

첫째, 한국정부의 외교부 조직개편과 한반도 신뢰프로세스 추진

박근혜 대통령은 집권 후 맨 먼저 기존의 '외교통상부'를 '외교부'로 조직을 개편하여 정부가 외교에 전심전력할 수 있도록 하였다. 외교부장관에는 정통외교관인 윤병세를 임명하였다. 특히 주목할 것은 인재등용에 있어 군 출신들을 대거 발탁하였다는 점이다. 예를 들면, 첫 청와대 안보실장으로 국방부장관을 역임한 김장수를, 청와대 경호실장으로 육군참모총장 출신의 박흥열을 선정하였고,29) 특히 국방부장관은 이명박 내각의 국방부장관을 지낸 김관진을 유임시켰는데 이는 역사상 유례없는 일이었다. 이 인사를 고찰해보면 박근혜는 민간인에 비해 높은 충성심을 가진 군인들을 기용함으로서 국정에 외교정책과 안보를 동시에 중요시함을 볼 수 있다. 한반도 신뢰프로세스는 그의 정치철학이라고도 할 수 있는 '신뢰'에 기초하여 남북관계 및 한반도 통일을 지향하는 것이다. 또한 신뢰외교(trust politics)는 박근혜 정부가 추구하는 외교정책의 핵심가치로서 보편적인 '신뢰'가 아니라 "전략적 신뢰(strategic/enforcing trust)"의 의미이다. 즉 평면적-일

---

29) 김장수 안보실장은 북한 방문 시 김정일과 악수하면서 고개를 숙이지 않는 올곧 함으로 많은 국민들의 신뢰를 받는 사람이며, 박흥렬 경호실장은 40년의 군 경력과 많은 요직을 두루 거치고 특히 군내부에서 화합적인 리더십을 가진 사람으로 평가되고 있는 점 때문에 선정되었다는 평이다.

상적 차원의 신뢰가 아니라 한반도적 안보특성이 반영된 '전략적-관계적'신뢰를 의미 한다.[30] 무엇보다도 한반도 신뢰프로세스의 선결과제는 남북관계의 진전을 통한 북핵문제-한반도 핵[31]문제 해결에 중점을 두고 중국과의 외교안보 협력을 모색해야 한다.

둘째, 중국정부의 대 한반도 외교안보전략의 변화

중국은 1992년 한국과 수교에서 드러난 것처럼 한반도에 두 개의 국가가 존재한다는 것을 공식적으로 인정하게 되었고 한국을 점차 더 중시하는 방향으로 외교정책을 전환하고 있다.[32] 북한과의 관계는 피로 굳힌 혈맹관계에서 정상적인 국가 간의 관계로 전환하여 왔는데 이는 2003년 북한의 조명록 국방위원회 제1부위원장이 후진타오(胡錦濤)와 회담 시 '전통적인 우의관계'로 정정한 것은 북·중 간 기존관계의 성격을 변화시키겠다는 중국 측의 의지를 표현한 것이었다.[33]

중국외교정책의 결정요인을 이해하기위해서 '<표3> 중국 외교정책결정 구조 (1998-2005)'를 살펴보자. 중국의 외교정책기관은 정치국 상무위원회, 중앙외사영도소조, 국무원, 중앙서기처, 중앙군사위원회, 외사판공실이 그 주요핵심기구이다. 그러나 후진타오 이후부터 외교부의 역할이 점차 강화되었다. 21세기 들어와 중국은 '연성권력(soft power)'의 강화에 눈을 뜨게 되었는데 외교와 대외정세분석에 주목하였다. 대표적인 것이 소위 '포럼(Forum)외교'의 강화이고 그 대표적인

---

30) 박인휘, "신정부 대북정책의 쟁점과 과제," 한국정치학회·관훈 클럽 공동학술회의,『박근혜 정부 주요정책의 쟁점과 과제』(한국정치학회: 2013. 2. 25), p.13.

31) 2013. 6. 27. 한·중 정상회담 때 한국은 '북 핵'이란 용어를 사용하였지만, 중국은 '한반도 핵'이란 용어를 사용함으로서 중국은 북한을 하나의 정부로 인정하고 있는 한편, 미국의 아시아회귀 일본의 영토 분쟁 등의 한반도내 중요성과 관련하여 신중한 외교적 입장을 표현하고 있다고 보여진다.

32) 김흥규, (2008), p.353.

33) 후나바시 요이치,『김정일 최후의 도박』(서울: 중앙일보 시사미디어, 2007), p.397.

조직이 중공 중앙당교가 주관하는 연구기관인 개혁개방논단(改革開放論壇)이다. 중국의 대외정책과 관련하여 지식산업의 중시는 싱크탱크로 나타나고 있는데 예를 들면, 중국사회과학원, 국무원 발전연구중심, 중국현대국제관계연구원, 상해국제연구원[34] 등은 대외정책 형성에 직간접적으로 연관되어있다.[35]

2013년 현재 외사영도소조의 조장은 중국공산당 당 총서기이며 국가주석을 맡고 있는 시진핑 이다. 최근 시진핑 주석은 중국의 외교정책기관의 확대개편을 추진 중이며 외교부의 역할이 점차 강화되고 있다. 중국외교부는 북핵문제를 담당하는 주무 부서로서 3자회담을 6자회담으로 확대 하는데 주요한 역할을 하였다.[36] 또한 외교부는 북핵 위기가 악화되면서 제도개편을 단행하여 새로이 이 문제를 전담할 북한 핵문제 담당 대사직을 신설하였고, 또 북핵문제에 관한 정책을 입안할 부서인 한반도 사무판공실을 아주국내에 신설하였다. 2차 북핵문제 발생 시 외교부에서 상대적으로 발언권이 더 센 북미대양주국이 깊이관여 하였으나 북 핵 위기가 진행되면서 아주국의 입김이 세워졌고 아주국 중심으로 운영되게 되었다.[37] 최근 중국의 관영 환구시보는 중－북 관계와 중－한 관계를 비교하는 이례적 방법으로 중·한 관계 강화를 희망했다. 즉 한국에 대해 "북한을 대신하여 중국 동북아 외교에 가장 중요한 거점이 될 수 있다."[38] 고 전함으로서

---

34) 상해국제문제연구원은 1960년에 쪼우은라이(周恩來)의 지도하에 설립된 '상해국제연구소'가 그 전신이다. 중국 10대 智庫로 명성을 얻고 있다. 주한중국대사관 자료제공.(2013. 9. 12)

35) 現有硏究′ 行政和輔助人員 402人, 其中硏究員, 副硏究員175人. 이에 관한 자세한 내용은 http://chimuchyo.egloos.com/1030810.참조. (검색일: 2013. 5. 10).

36) 김홍규, (2008), p.358.

37) 후나바시 요이치, (2007), pp.415-416.

38) 『동아일보』, 2013. 6. 28.

한국에 대한 변화된 시각을 볼 수 있다.

<표-3> 중국 외교정책결정 구조 (1998-2005)

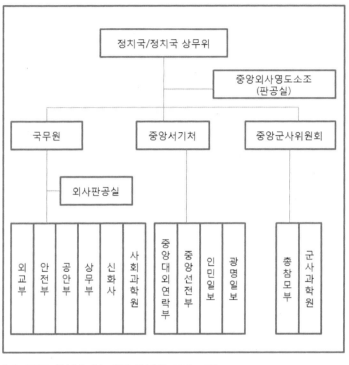

출처 : 張歷歷, 外交決策(北京: 世界知識出版社, 2007), p.203.
김흥규, "개혁·개방이후 중국의 외교 정책결정과정 연구", p.344.

셋째, 양국정상의 우호관계와 상호호혜외교 시대개막

앞서 살펴보았듯이 외교는 국가대 국가나 개인과 개인 간의 만남 방문 상호교류를 통해서 신뢰를 형성하고 이러한 관계형성을 통해 각국 상호간의 국익에 도움이 되도록 하는 것이다. 이 관계형성은 인간행동을 통해 구체화된다. 이러한 의미에서 새로이 시작하는 한. 중

두 정상 간의 상호신뢰는 중요하다. 또한 '라당 외교(羅唐外交)의 극치'라는 평가를 받았던 역사적 사실은 새롭게 시작하는 양국정상에게 좋은 사례를 제공해줄 수 있을 것이다.

최근 한반도정세가 긴장국면으로 치닫고 있는 와중인 지난 3월 20일 박근혜대통령은 중국의 시진핑 주석과의 전화통화를 하고 양국의 협력강화를 협의하였다. 이처럼 양국의 수뇌가 직접전화통화를 한 것은 한중수교 20년에 처음 있는 일이다. 비록 박근혜와 시진핑은 국가 대 국가의 최고책임자이지만 개인적으로도 상호 우호적 관계여서 양 국국민들은 두 정상들에게 호감을 가지고 있다. 또한 양국외교에 관한 두 정상의 인식이 상호호혜외교에 중점을 두는 사례를 볼 수 있다. 먼저, 박근혜는 당선인으로서 4대강국에 특사를 파견할 때 미국보다 중국에 우선적으로 특사를 파견했다.[39] 그런데 이 특사파견에 앞서 중국 측에서 먼저 쟝즈쥔(張志軍)외교부 상무부부장 등 특사단이 박 당선인을 방문하였고 55분간 담화 한 것이 중국 언론에 보도되었다.[40] 박 당선인은 "중국과의 관계를 중시하고 있으며 양국이 상호신뢰와 제반분야의 협력을 강화해 전략적 협력동반자 관계를 공고히 하고 한반도와 동북아 평화번영을 위해 함께 노력하자."[41]는 친서를 시 총서기에게 전달하였으며, 이에 시 총서기는 '향후 고위인사, 경제, 인문 등 제반분야의 교류협력을 통해 한층 더 적극적으로 양국의 전략적 협력동반자 관계를 강화해 나가길 바란다.'고 언급하였다.

---

39) 중국 특사단 단장으로는 19대 총선시기 국회의원선거 도중 박근혜 후보를 위해 전격사퇴한 김무성을 단장으로 외교관출신 심윤조 의원, 베이징한인회장을 지낸 조원진 의원, 베이징대-중국사회과학원에서 연구한 적이 있는 연세대 한석희 교수 등 4명의 특사를 1월 22일부터 24일까지 파견했다.

40) 『環球時報』, 2013. 1. 11.

41) 외교통상부 e-중국이슈 19호(2013.2.7)

박근혜와 시진핑 정권이 집권하면서 한중양국의 대외정책은 어떠한 상황인가? 다음은 외교안보 분야의 선결과제에 대해 살펴보자.

2) 한중양국의 외교안보분야의 선결과제

한중외교관계는 중국학자가 말하는 소위 '한중국민간의 친근한'[42] 시대가 양국에 개막 된 것이다. 이 분위기를 활력 있게 추진하기위해서 몇 가지 선결과제가 있다.

첫째, 중국국내 과제로서, 먼저 소외계층, 빈곤문제, 티벳 등 소수민족문제를 비롯하여 정치개혁이 제기되고 있다. 중국이 비록 시장경제개혁의 영향으로 교육종사자등 인민의 삶의 질이 향상되고는 있지만[43] 부의 성장이 지역, 산업, 계층, 민족 간 성장의 혜택을 골고루 받지 못함으로 구조적 모순이 심화되고 있는 것이다. 특히 삼농문제(농촌, 농민, 농업), 사회 군체성 사건(社會群體性事件)으로 나타나는 사회소외세력과 불만세력의 압력을 들 수 있으며 또한 대만독립문제는 ECFA(Economic Cooperation Framework Agreement)협정으로 양안문제는 경제협력 측면에서는 다소 나아지기는 했지만 여전히 불씨로 남아 있다.[44] 국내 학자들 중에는 중국지도부가 집단지도체제 강화의 구조적 제약으로 외교 정책 측면에서 최소 1기(2012-2017)동안은 "후진타오 없는 후진타오 정책"을 표방해야한다고 제시한다.[45] 이러

42) 진찬룽(金燦榮), "박대통령의 訪中 열매,"『동아일보』, 2013. 7. 3.

43) 하영애, "중국실용주의 중심의 교육개혁이 가져온 사회적 변화,"『한국동북아 논총』, 제12권 제4호, (한국동북아학회: 2007), pp.199-203.

44) 臺灣淡江大學 亞洲硏究所長 린뤄위(林如雩)교수의 특강 "兩岸關係"중에서, 2013. 5. 8. 경희대 후마니타스 칼리지 초청특강.

45) 이춘복, "후진타오 시대의 정치적 유산과 시진핑 시대 중국의 정책향방전망," 성균 중국연구소

한 다양한 선결과제들은 시진핑 정부가 상당기간 대내문제에 우선을 두어야 할 것이다.

둘째, 대외적 국제 환경에서 보면, 중국은 '책임대국론(負責大國)'외교의 역할과 공세외교에 직면해 있다. 시진핑 정부는 기존의 '평화발전론'을 유지해나가는 동시에 자국의 강화된 국력 및 국제적 위상에 걸맞게 국제문제에 참여하고, 발언권과 영향력을 증대하는 '책임대국론'을 추구하고 있다. 그러므로 책임감 있는 강대국의 역할과 중국의 국가이익의 확대 등으로 주변국가와 관계유지에 마찰이 일고 있다. 즉, 중국이 세계 강대국으로 부상함으로 인해 주변국의 위협에 직면하고 있는데 예를 들면, 미·중 간 경제규모(GDP)의 격차는 7대1(10조 6천억 달러대1조 5천억 달러)이었는데, 2011년에는 2대1(15조 1천억 달러대 7조5천억 달러)로 크게 축소되었다.[46] 그 결과 2010년 중국은 일본을 제치고 세계 2위의 경제대국이 되었으며, 이는 아시아국가의 대부분이 중국을 견제하기 위하여 미국의 아시아로의 회귀(Pivot to Asia)를 요청하게 되었다. 특히 주변국들은 경제면에서 중국에 의존하는 경향이 높으나 안보 면에서는 더욱 더 미국에 의존하게 되는 역설적인 현상이 나타나고 있다. 중국의 주변 안보환경은 전통적인 우방국가(북한, 라오스, 파키스탄), 분쟁국가(베트남, 필리핀), 라이벌(인도, 일본), 전략적 협력국가(러시아 중앙아시아 국가), 중간지대국가(아세안)등으로 나눌 수가 있는데 예를 들면, 2010년 한반도를 둘러싼 천안함, 연평도 사건과 서해에 미국 항공모함 진입을 둘러싼 미중 간

『성균 차이나 브리프』 제1권 제1호, (서울: 성균관대학교 동아시아학술원 성균 중국연구소, 2013), p.160.

46) 조영남, "시진핑 시대의 과제와 정치개혁 전망," 성균 중국연구소, 『성균 차이나 브리프』 제1권 제1호, (서울: 성균관대학교 동아시아학술원 성균 중국연구소, 2013), p.96.

갈등, 댜오위다오(釣魚島)/센카쿠 열도를 둘러싼 중일 간 갈등에서 극명하게 나타나고 있다.[47]

셋째, 한국과 북한은 남북경제교류협력에 있어서 3통(통행, 통관, 통신)의 제한 문제가 해결되어야할 과제이다.[48] 이에 중국의 입장은 남북한 모두와 양호한 관계를 유지하면서 북한을 정상국가화 하고[49] 6자회담을 통한 비핵화를 추진하며 한중간 공조를 모색해야 할 것이다. 또한 북한이 핵무기 보유를 헌법에 명시함으로서 북한의 비핵화(非核化)를 어떻게 달성 할 것인가? 북핵문제를 해결하기위한 과제로서 6자회담 재개 등은 박근혜와 시진핑 정부가 우선적으로 추진해야 할 과제이다.

넷째, 양국 간의 경기회복과 경제 활성화는 시급한 선결과제이다. 한국정부의 가장 중요한 선결과제는 무엇일까? 민주국가 국민들의 다양한 여론은 국가정책결정에 중요한 요인이라고 할 수 있다. 한 연구조사에 따르면, 국민여론은 경제적 문제를 가장 큰 이슈로 제기 하고 있다. 즉, '<그림-1> 18대 대통령 향후 집중 추진해야 할 국정과제'에서 알 수 있듯이 박대통령이 추진해야할 국정과제로 응답자의 35.3%가 '경기 활성화'를 꼽았고 이어 일자리 창출이 18.5%, 안보와 북한 위협관리 17.4%, 복지정책 확대 11.9% 순위였다. 특히 주목 되는 것은 박대통령의 지지율을 끌어올린 주요 요소인 '안보와 북한 위협관리'가 '경기 활성화'와 '일자리 창출'보다 후순위로 밀려나 있다. 그동안 안보 이슈분야에 대해서 잘 챙겨온 만큼 이제는 먹고사는 민

---

47) 이춘복, (2013), p.159.

48) 하영애·윤황, "남북관계의 현황과 과제에 따른 발전방향", 한국평화학회, 『평화학 연구』 제12권 제3호, p.41.

49) 이춘복, (2013), p.161.

생문제에 더 치중에 해 달라는 여론으로 요구하고 있는 것이다.

05. 한중양국의 외교안보분야의 협력방안모색

첫째, 한중간의 상호호혜외교의 지속적인 실천이다. 외교는 사람이 한다. 양국은 2008년부터 '전략적 협력 동반자 관계'라고 서로를 규정했지만 이 말이 공허했던 이유는 기존 중-한 지도자간에 성의를 갖고 얼굴을 맞대며 전략적 구상을 깊이 논의하기 어려웠기 때문이다.[50]

〈표-4〉 한·중 양국 정상 회담 후 외교안보분야 주요합의사항

분야	내용
정치 협력 증진	- 국가안보실장(한국)과 외교 담당 국무위원(중국)간 대화체제 구축 - 외교장관 상호 교환방문 정례화 및 핫라인 가동 - 외교차관 전략화를 연 1회에서 2회로 확대 - 정당 간 정책대화 설립지원 - 국책연구소 간 합동 전략대화 연례 개최
영사분야 협력 증대	- 한중 외교관 여권 소지자 비자면제협정 체결(6.27일 체결) - 상호 비자 면제범위 확대 노력 - 양국 영사협정의 조속한 체결 - 재외국민 보호를 위해 당국 간 상호협력 강화
지역 및 국제무대에서의 협력 추진	- 한중일 협력 사무국 기능 및 역할 강화 - ASEAN+한중일 등 다자협의체에서의 조율과 협력 유지 - 서울에서 개최하는 세계 사이버스페이스 총회 성공적 추진 협력

출처: 동아일보 2013.6.28

'<표-4> 한중 양국정상 회담 후 외교안보분야의 주요합의 사항'을 살펴보자. 먼저, 고위급 외교안보체제인 대통령 국가안보실장과 중국

---

50) 주펑(朱鋒), "박대통령 訪中과 中의 기대," 『동아일보』, 2013. 6. 24.

의 외교담당 국무위원 간의 대화체재를 제도화 한 것은 상호호혜외교가 이루어 낸 대단히 주목할 사항이다. 한국의 김장수 실장과 중국의 양제츠(梁洁篪)외교담당 국무위원이 카운터파트가 되어 양국의 긴요한 외교안보협력을 논의하게 된다. 그다음 양국은 외교장관 간의 상호방문의 정례화를 추진하고 핫라인을 가동해 전략적 사안에 대한 협의를 강화하게 된다. 또한 외교차관 상호간의 전략대화도 1년에 1회 개최하던 것을 연 2회로 확대하였다. 외교안보대화도 추진하기로 했는데 차관보급 이상의 외교 국방 분야 고위급 대화를 가동하는 것으로 한 · 미간에 운영하는 외교－국방 장관 간 '2+2' 형태로 띨 가능성이 있다.[51] 이처럼 한중양국이 전략대화 채널을 강화한 것은 2008년 한중 정상회담에서 전략적 협력동반자관계로 격상시켰지만 이후 5년간 외교 안보분야에서 한국 및 동북아지역에 대한 깊이 있는 논의가 없는 '무늬만 전략적 동반자'라는 비판이 많았기 때문이다.[52] 또한 재외국민보호를 위한 당국 간 상호협력 강화의 조항은 100만 명에 이르는 재중국한인(在中國韓人)들을 위한 매우 고무적인 일이다. 또한 한중유학생이 중국과 한국에 각 각 6만 5천명, 8만 명[53]이 넘는 현실을 감안하면 양국의 교육, 문화, 민간외교를 위해서라도 꼭 필요한 조치라고 하겠다. 더욱 중요한 것은 이러한 양국 정상의 회담과 합의사항의 내실화와 실천화에 달려있다. 문헌의 창조는 제1창조일 뿐이고 진정한 창조는 실천을 통해 이루는 제2의 창조를 말한다. 이와 같이 조금 시간이 걸리더라도 실질적 창조를 이루어야 할 것이다. 모처럼

---

51) 『동아일보』, 2013. 6. 28.

52) 『동아일보』, 2013. 6. 28.

53) 사단법인 한중여성교류협회 초청으로 방한하여 "제4차 한중일 3국 여성대회"에서 격려사를 한 중국의 여성 부총리급 구슈렌(顧秀蓮)과의 인터뷰에서. (2011. 9. 25. 18:00-20:00 경주)

양국의 '복음'무드와 양국통치자들의 합의사항을 외무부, 국방부 등의 관료조직과 외교안보 담당 관료들이 머리를 맞대어 효율적 방안을 마련하고 더욱 구체화 실천화 하도록 해야 한다.

둘째, 중국은 강대국 및 주변국가와 우호적 관계를 유지해야 할 것이다.

앞서 제기하였듯이 중국은 '책임 대국론' 외교의 역할과 공세외교에 직면해 있다. 따라서 한반도 및 세계 각국과 관계를 향상시키기 위해서 시진핑 정부는 '포스트-덩샤오핑의 외교전략'이 필요하다. 정치지도자들은 덩샤오핑의 외교 전략의 핵심이라고 할 수 있는 경제발전에 전념 할 수 있는 안정적인 국제환경을 조성[54]하기위해 강대국 및 한국, 일본을 포함한 주변국가와 우호적인 관계를 유지해야 하는 것이다.

셋째, 정치적, 군사적 긴장관계를 협력관계로 구축시키는 남북 간의 발전은 한국의 한반도 주도외교(KI-Diplomacy)의 하나라고 할 수 있는 경제 분야의 노력으로 이루어져야할 것이다. '<표 5> 북·중 교역액 대비 남북교역액 현황'을 보면, 2005년부터 2011년 6월 까지 남북 교역은 8억 3,279만 달러이다. 이는 전년도 대비 16.2% 감소한 반면, 북·중 교역액은 25억 848만 달러를 기록하여 전년도 같은 기간에 대비 2배 가까운 신장세를 보였다. 이처럼 북·중 교역의 증가에도 불구하고 남북교역이 감소하고 있는 것은 남북관계의 구도에서 멀어지는 북한의 중국으로의 종속을 가속화 시키는 결과를 초래하는 것과 같기 때문에 북한이 중국보다 남한에 경제적 의존도를 확대하

---

54) 조영남, (2013), p.97.

기 위한 차원에서도 남북교역의 확대를 위한 남북관계의 개선에 한 국정부가 적극 나서야 할 필요성을 함의하고 있다.[55] 또한 '한중 FTA'체결논의를 서둘러야한다. '한중 FTA'는 중국 쪽에서 더욱 적극 적으로 추진하는 경향이 있음으로 이를 통해 경제외교를 업그레이드 하고 또한 신 성장 동력을 발굴할 필요가 있을 것이다.

〈표-5〉 북중 교역액 대비 남북교역액 추이

(단위 : 천 달러)

교역관계/ 연도	'05	'06	'07	'08	'09	'10	'11.上
남북(A)	1,055,753	1,349,739	1,797,896	1,820,367	1,679,081	1,912,249	832,786
북중(B)	1,581,234	1,699,604	1,973,974	2,787,279	2,624,608	3,465,678	2,508,479
A/B	66.7	79.4	91.0	65.3	63.9	55.2	33.2

출처: 한국무역협회(www.kita.net), 남북교역통계DB, 중국무역통계DB 자료: 한국무역협회 국제 무역연구원, 『2011년 상반기 남북교역 동향 비교』하영애·윤황, "남북관계현황과 과제에 따른 발전방안", p.40.

넷째, 한중간 사회문화교류를 확대 실천하여 점차적으로 외교안보 교류를 활성화하는 방안이다. 한중양국은 수교 20년 동안 다양한 분 야의 교류활동을 통해 민간부문에서 획기적인 변화발전을 가져왔다. 예를 들면 NGO 단체인 '한중여성교류협회'는 20여 년간 대중국과 다 양한 활동을 추진 해왔다. '양국여대생 한국어·중국어 말하기 대회', '양국 청소년 문화예술교류대회', '한중일 여성대회' 개최 등은 민간 외교차원에서 중요한 역할을 했다고 평가할 수 있다.[56] 또한 한국은 한반도 프로세스에서 민간외교를 중시하였다. 양국의 다양한 분야의

---

55) 하영애·윤황, (2011), p.40.

56) 한중여성교류협회의 대중국활동과 양국여성과의 다양한 활동은 주한 중국 대사의 공로상(2009) 과 중국 부총 리의 표창장(2007)을 받았다. 사단법인 한중여성교류협회 자료집 '15년사의 꿈 희 망 미래(1994-2009)' 중에서.

상호방문, 관련자들의 지속적인 만남, 교류활동의 확대를 통해 양국이 상호신뢰를 얻고 외교안보분야에서도 진정한 동반자관계를 이끌어갈 필요가 있을 것이다.

다섯째, 한-중-러, 유라시아 시대를 여는데 양국이 선도적 역할을 모색해야 한다. 한중양국의 정상들은 경제협력의 실질적 방안으로 현재 양국이 아프리카 외교를 강화하고 있는데 이를 바탕으로 유라시아 시대를 선도하고 양국이 실익을 얻을 수 있는 것도 좋은 방안중의 하나가 될 것이다. 이번에 동북아 최초의 여성대통령 박근혜의 중국방문에 한국의 역대정부에서 가장 많은 기업인 71명을 경제사절단으로 포함시킨 것은 바람직한 현상이며 '박근혜대통령 방중(訪中)자체가 성공'이라는 중국인들의 바램 뿐 만 아니라 한국국민과 양국정부에도 신선한 충격과 보람으로 자리매김 할 수 있는 외교의 실천과 실익(實益)으로 연결되도록 해야 할 것이다.

06. 결론

7월 말이면 박근혜정부와 시진핑 정부가 출범한지 각각 5개월, 7개월이 된다. 특히 최근 한국정부의 외교에 변화가 일고 있다. 박근혜정부의 대북정책인 '한반도 신뢰 프로세스'는 한국주도의 전방위 외교인 KI-Diplomacy와 유기적으로 결합해야 실질적 성과를 이룰 수 있다는 것이다. 왜냐하면, 북한과의 협상에 지친 미국을 이끌며 새로운 돌파구를 찾아야하고, 또한 북한을 감싸온 정책을 바꿔야할지 고심 중인 중국의 정책전환의 명분을 줘야할 나라도 한국이므로 KI-Diplomacy를

통해 외교에서 한국이 주도적 역할을 할 수 있어야 한다는 것이다.57)
예를 들면, 남북문제에 있어서 고도의 경제발전을 이룬 한국 중심으로 통일이 되어야 중국에 경제적으로 이익이 된다는 것을 중국이 알도록 해야 하며, 또한 한국 주도의 KI-Diplomacy를 통해 미국과 중국 등 주변국도 북한에 같은 메시지를 일관되게 보내도록 해야 하며 특히 소원한 관계의 일본과도 상호호혜외교를 적용하여 한반도의 평화를 유지해 나가야 할 것이다.

　본 연구는 외교정책결정 분석요인에 있어서 정책결정자 수준의 결정요인을 통해 한중양국의 외교안보협력 방안을 모색해 보았다. 정책결정자 수준의 결정요인을 최고결정자(대통령, 국가주석), 관료, 여론 등으로 국한하고 특히 통치권자인 박근혜와 시진핑을 중심으로 '상호호혜외교'의 가능성을 고찰해 보았다. 한중관계는 마침내 상호호혜외교의 서막이 올랐고 부분적 성과가 도출되었다. 외교관련 고위급회담으로 한국의 안보실장과 중국의 외교안보국무위원이 회담하도록 하였고, 양국 외교수장의 연례회의가 확정되었으며 외교차관회의는 년1회에서 2회로 확정되는 결실을 가져왔다. 이외에도 외교관들의 비자면제를 6월 27일 당일에 협정한 것은 상호 호혜외교의 실질적 이행이라고 평가할 수 있다. 두 사람의 우호 관계 및 상호호혜외교는 양국의 역사에 획을 긋게 하였다. 진찬룽(金燦榮)교수는 '박대통령에 대한 중국의 여론은 매우 좋은 편이다'고 평가했다. 그러나 시 주석의 한반도 비핵화와 관련하여 "어느 일방이 지역의 평화와 안정을 해치는 어떠한 행위도 반대하고 대화와 협상을 통해 문제를 해결해야한

---

57) "한국주도 외교(KI-Diplomacy)," 『동아일보』, 2013. 3. 29; 『중앙일보』, 2013. 4. 3.

다"고 한말을 인용했다.[58] 한국 국민들과 전문가들은 시 주석이 한반도 핵문제에 대해 좀 더 시원하고 명쾌한 언급을 해주기를 기대했다. 그러나 환구시보에서 지적하는 바와 같이 "한미군사동맹은 여전히 한국 외교의 기축이다. 중국은 한국의 내심을 바꾸려 해서는 안된다." 라는 문구를 중국인들은 새겨볼 필요가 있다. 또한 한국은 시진핑 주석이 모든 문제에 대해 "나는 작은 불로 물을 뜨겁게 하고, 작은 걸음으로 꾸불꾸불한 길을 걸으며, 간혹 가다가 얼음물을 약간 뿌려가면서도 불을 꺼지게 하지 않는다. 3일 지펴서 불을 만들지 않는다. 이것이 내가 채택하는 방법이다."[59] 라는 그의 소신과 원칙을 이해하고 시간을 두고 해결해야 한다. 그러므로 '6자 회담'이나 특히 남북 및 동북아의 가장 뜨거운 감자인 '한반도 핵' 문제에 대해서는 너무 서두르지 말고 시진핑 국가주석과 외교정책결정자들에게 시간적 여유를 주고 공감을 얻어낼 수 있도록 해야 한다. 기다리는 여유, '만만디(慢慢地) 정신'을 받아들여서 실익을 얻을 수 있도록 해야 한다.

　본 연구의 결과 다음 몇 가지를 제의 한다. 첫째, 박근혜의 시진핑 초청 '제2차 한·중 정상회담의 한국개최를 제의 한다.' 한중 상호호혜외교를 위해서는 최고 정책결정자가 자주 만나서 마주보고 대화를 해야 한다. 금년 6월 27일 북경에서 개최된 '제1차 한중정상회담'에서 두 최고정책결정자는 한중양국의 외교와 안보에 관한 적지 않는 사항을 협의하였다. 이 회담결과가 어떻게 추진되고 있는지 확인하고 미비한 사항은 업그레이드하여 또 다시 협정을 해야 할 필요가 있을 것이다. 그러므로 '제2차 한·중 정상회담의 한국개최를 제의 한다.'

58) 진찬룽(金燦榮), "박대통령의 訪中 열매," 『동아일보』, 2013. 7. 3.

59) 夏飛, 程恭羲 共著, (2012), p.68.

박근혜와 시진핑은 또 다시 서울에서 만나 상호호혜외교를 지속적으로 논의해야 할 것이며, 상호호혜외교를 통해 양국의 평화와 번영이 이루어지고 '국민 행복과 인민 부유'의 '두 꿈'이 달성되기를 제의한다. 그 시기는 금년을 넘기지 않는 것이 더욱 바람직 할 것이다. 둘째, 전문가 양성과 외교 관료 확대는 한반도 신뢰프로세스의 중요한 실행이다. 한반도 신뢰프로세스를 통한 한 예로 중국군 유해송환은 중국인들에게 인도적 차원에서도 필요할 것이며, 이는 양국을 더욱 신뢰하는 계기가 될 수 있다. 그러나 한반도 신뢰프로세스를 위해 국내 차원에서 무엇보다 중요한 것은 실질적인 중국전문가를 양성하는 일이다. 박대통령 자신의 경험을 통해 입증되었듯이 중국을 아는 전문 외교관들이 관료로서 역할을 할 때 양국의 상호호혜외교는 더욱 효과를 가져 올 것이다. 셋째, '한중국회의원협회'의 내실화는 급선무이다. 양국 국회의원의 협력을 도모하여 '한중국회의원 협회'의 제도화 및 내실화하고 한중 문화교류의 확산과 민간외교의 확대실행, 양국 유학생 교류확대법 제정을 제의한다.

01. 서론

근래 한중양국은 다방면에서 여성들의 활동이 뛰어나고 있으며 정치참여에 있어서는 더욱 증가하는 추세이다. 한국은 18대 국회의원 중 여성국회의원이 41명이 당선되어 14.2%로써 과거 어느 때 보다도 높은 비율이며, 중국은 입법부의 역할을 하는 두 기구, 전국인민대표대회대표(全國人民代表大會代表)에서 여성대표가 21.33%(11대, 2008년)와 전국정치협상위원회위원(全國政治協商委員會委員)의 여성위원이 16.8%(10대, 2003년)의 비율을 가지고 있다. 이러한 여성의 정치참여의 증가와 더불어 한국에서는 '선덕여왕', '대물'등이 방영되어 커다란 화제를 모았으며, 중국에서는 상영되었던 무 측천의 TV연속극을 교육 방송과 DVD로 제작하여 중국내는 물론 한국의 대학교에서도 시청각자료로 활용되고 있다. 약 1,300여 년 전에 한국에서는 선덕이(632년), 중국에서는 측천이(690년) 각각 신라와 주(周)나라를 통치하였다. 그런데도 선덕과 측천은 여왕과 여제로써 각기 그 나라를 다스려나갔다. 신라 최초의 여왕 선덕과 중국 최초의, 유일무이한 측천 여 황제는 어떻게 리더십을 발휘하여 국가를 다스려 나갔을까? 이러한 학문적 호기심 은 두 여성 지도자를 정치리더십 측면에서 사례연구로 시도해보게 하였다.

선행연구로서 신라여왕과 관련해서는 이배용(2001), 정용숙(1994), 조범환(2000), 신형식(1981), 김기흥(2005)과 하영애(1995) 등의 연구 가 있으며, 측천에 대한 연구로는 黃光任(2003), 劉連銀(2005), 陳嘩暢翠 (2003), 도야마군지(2006) 등이 있다. 그러나 이 연구들은 주로 역사적 측면에서 선덕이나 측천을 다루고 있으며 정치리더십의 시각으로 다 룬 연구는 극히 드물다. 현대사회는 다양한 분야에서 여성이 두각을 나타내는 이 시점에서 두 제왕의 정치리더십을 분석해 보는 것은 두 나라 여성의 정치참여의 활성화차원에서 주목 해 볼 가치가 있을 것 이다. 그러나 고전의 문헌연구는 시간적 제한으로 용이하지 않고 또 한 필자의 역사전문성이 일천(日淺)함으로 측천의 연구는 부분적인 1 차 자료와 최근필자가 북경에서 수집한 연구 자료를 중점적으로 참 고하여 논문을 진행하였다.[1] 따라서 본 연구는 선덕과 측천의 정치 리더십에 대하여 자질론을 중심으로 고찰해본다. 구체적으로 선덕이 신라를, 측천이 중국의 당나라와 주나라를 다스려 나감에 있어서 어 떻게 인재를 등용하고 활용하였으며, 국정운영의 방침을 어떻게 세우 고 어떻게 운영해 나갔는지, 또한 어떤 업적을 이루어 내었는지에 대 해 제왕이 갖추어야 할 원칙을 적용하여 고찰해 본다.

---

1) 측천에 관해서는 필자가 직접 2010년 1월 10일부터 2월 10일까지 북경대학교 도서관에서 19편 의 관련 자료를 찾아 복사하였으며, 여러 서점을 뒤져 2권의 측천무후에 관한 서적을 구했다.

02. 정치리더십의 개념과 리더의 자질론(Traits theory)

1) 정치리더십의 개념

리더십이란 매우 광범위하고 다차원적이며 복잡하기 때문에 쉽게 정의내리기 어렵다. 일반적으로 조직의 목표와 효율을 위해 구성원을 조정하는 것을 리더십이라고 한다. 그러나 정치적 리더십이란 대중의 지지를 얻어서 정치적 목적을 실현시켜 나가는 정치 기술이라고 할 수 있으며 좁은 의미의 민주적 지도자만을 지칭하는 것이 아니라, 지배와 조작적인 대중 통치 수단을 포함하며 넓은 의미의 정치가의 전반적인 기능을 의미한다. 정치적 리더십은 "지도자의 개인특성과 그를 둘러싼 여러 종류의 환경적 요인들 사이의 상호작용"(정윤재, 상호작용: 상2-2요인)으로 설명하기도 한다. 이 논리는 정치적 리더십은 위계적 질서를 기본으로 하는 엘리트주의적 개념으로 해석될 것이 아니라 그 사회의 지도자와 다른 구성원들 간의 '관계 중심적' 개념으로 인식되어야 한다는 것이다. 무엇보다도 정치리더십은 국가의 발전과 국민의 행복을 최고의 가치와 목표로 한다. 때문에 지도자 한 개인의 자질과 특성, 능력을 조망하고 이에 맞추어서 바람직한 지도자의 모습을 도출해내려고 시도하였다. 이러한 시도의 대표적인 인식은 막스 베버(M. Weber)의 연구에서 이상형으로 제시한 카리스마적, 전통적, 그리고 합법적 리더십 유형과 게오르그 짐멜(G. Simmel)이 묘사하는 명망적 지도자의 모습, 정윤재, 쓰루타니(G. Tsurutani)의 민주적, 회전문, 유약한(정윤재, 2003: 64-75; Tsurutani, 1973: 173-180)리더십 유형을 들 수 있다. 베버는 정치권력의 정당성을 기준으로 전통적 리더십, 합법적 리더십, 그리고 카리스마적 리더십으로 리더십의 유형을 분류하였다. 전통적 리더십은 오랜 시일에 걸친 전통의 관습을 배후에 가지며 오랜 역사적 전통에 대한 신뢰가 지도자의 리더십에 정통성의 근거를 부여하는 것이다. 전통적 리더십의 요소는 복종에서 인정되고 있지만 봉건시대 유물인 가부장적 지배와 군주제 지배가 전형적인 것이다. 둘째로 합법적인 리더십은 법규화 된 질서의 합법성과 또한 그것으로 지배권행사의 권리를 부여받은 지도자의 사회적 질서나 규칙에 접합한 리더십이므로 흔히 가장 정당하고 민주적이라고 인정되는 지배방식이다. 마지막으로 카리스마적 리더십은 어떤 절대적인 특정 개인의 신격화, 영웅적 권력, 이상적 모범성이나 계시, 또는 창조된 질서의 신성성 등에 대한 열렬한 신뢰에 기인하는 리더십 형태이다. 카리스마적 리더십은 베버가 말한 대로 지도자 개인의 능력이나 성격을 영웅화하고 절대자를 치켜세우는 리더십으로 때로는 국가나 사회의 절대이념을 만들어 내기도 하며 군부지배 정권하에서 많이 나타나는 리더십이다. 하우스(R. J. House)는 카리스마를 '개인적 능력에 의해서 부하들에게 특별한 영향을 미칠 수 있는 리더'로 기술하면서 카리스마적 리더의 특징적 행동으로 효과적인 역할모범, 능력과 성공을 나타내는 인상을 형성하는 행동, 이념적 목표의 명확한 표현, 추종자들에게 그들에 대한 높은 기대감과 확신의 전달, 동기유발의 행동 등 6가지를 제시하고 있다(House, 1977; 김수영, 2004: 12-13 재인용). 최근의 리더십 유형으로는 민주적 리더십, 변혁적 리더십, 임파워먼트(empowerment)리더십, 서번트(servant)리더십 등이 강조되고 있다. 이러한 리더십 유형들은 공통적으로 리더의 민주성과 비권위성, 헌신성, 변혁성을 강조하며 구성원들의 자질과 능력을 끌어냄으로써 자발적으로 조직에 헌신할 수 있도록 유도한다.

본 연구에서의 정치리더십이란, 국가의 목표와 가치를 위하여 제왕이 추종자들을 유도 조정하여 정치적 역량을 발휘한 것을 말한다. 따라서 신라여왕과 중국여황제가 정치 지도자로서 각기 어떻게 리더십을 발휘해 국가를 통치해 나갔는지 자질론과 리더십 유형을 통해 분석해본다.

2) 정치 리더십의 자질론(Traits theory)

정치적 리더의 특질이나 자질을 일괄적으로 묘사해 내기는 매우 어렵다. 왜냐하면 역사적인 상황과 정치 제도 등의 차이에 따라 정치가의 자질도 달라지기 때문이다. 뿐만 아니라 동서양의 지도자상은 서로 다르다. 서양의 경우, 지도자가 갖추어야 할 자질로는 대체로 체격, 용기, 정력, 지력, 목적의식 등이 있다. 이에 관해서는 선덕 여왕과 측천의 특성에 대해 개인프로파일에서 분석을 시도해본다. 동양의 지도자상은 『대학』이나 『논어』에서 역점을 두고 있는 '수신제가 치국평천하'(修身齊家 治國平天下)가 리더의 몸가짐 내지 통치자 자질의 으뜸 사상이라 할 것이다. 제 경공(齊景公)이 '정치란 무엇을 말하는가?'라고 물었을 때 공자는 정치는 먼저 반드시 명분을 바로 세워야 한다[子曰必也 正名乎](論語, 子路)고 주장했으며 구체적으로는 "군군 신신 부부 자자"[君君 臣臣 父父 子子]라고 하여 역할수행을 강조하였다. 즉, 군주(君主)가 되려면. 군주로서 갖추어야 할 조건을 구비해야 하며 군주의 본분과 소임을 해야 하고, 신하(臣下)는 신하로서의 조건을 구비해야 하고 신하의 본분과 그 맡은 바 소임을 다해야 한다(쑨광더(孫廣德), 1986: 133-138)는 뜻이다. 이 말은 비록 간단하나 군주와 신하로서의 역할에 대한 대단히 바람직한 정의라 하겠다.

이상에서 살펴본 서양의 지도자상과 동양의 지도자상은 비록 시공간을 달리하고 있지만 그 내용면에서는 공통적으로 동서고금의 지도자가 필히 갖추어야 할 자질과 역할을 중요시했다고 하겠다. 본 논문에서는 제왕이었던 두 여성 지도자에 대해 자질론으로 고찰해본다. 따라서 먼저 두 사람이 어떻게 정치지도자로서의 자격을 갖게 되었는지 그 역사적 배경과 성격, 체격 등에 관해 프로파일을 통해 살펴볼 것이다. 그 다음 제왕이 갖추어야 할 9가지의 원칙 중에서 몇 가지에 대해 고찰하고자 한다. 구체적으로 자제력과 정서적 안정성(修身), 국정수행을 위한 지식(尊賢), 통치의 으뜸인 인재등용(敬大臣, 體君臣)으로 다루어본다.

03. 선덕과 측천의 정치리더십 비교

앞에서 제기한 군주의 자질론을 중심으로 두 지도자의 프로파일을 비교해보자.

1) 선덕과 측천의 프로파일 비교

선덕은 신라 26대 진평왕의 맏딸로서 진평왕이 죽은 후 아들이 없어 그 뒤를 이어 신라 27대왕으로서 취임한다. 632년에 즉위하여 647년까지 16년간 신라를 통치했다. 선덕은 덕만 이라는 이름을 가지고 있었으며 성격과 성품을 살펴보면, 선덕여왕은 너그럽고, 인자하며 사리에 밝고 민첩하였다고 삼국사기에 전해진다(선덕왕, 2007: 113). 우리에게 많이 알려진 지기삼사(知機三事)를 통해 알 수 있듯이(선덕왕, 2007: 113), 그녀는 예리한 통찰력과 선견지명을 가지고 있었다. 선덕의 국정수행을 보면 생활이 어려운사람, 과부 등에 조세 면제 등 전국적으로 선정을 베푸는 일이며 여왕을 사모하는 청년에게도 따뜻하고 인정스럽게 대한 것 등에서 그의 성격을 짐작할 수 있다. 선덕은 결혼했으며 배우자는 음갈문 왕이다. 당시 여왕과 여황제의 모습이나 체격은 어떠했을까? 건강한 신체나 체력요건은 동서양의 지도자가 갖추어야할 중요한 요건중의 하나이다. 선덕여왕의 용모에 대해서는 미인으로 묘사되고 있다.

측천은 어떠한 자질을 가졌는가? 측천은 성은 무(武), 이름은 조(照)이다. 측천은 병주(幷主) 문수(文水)사람으로서 624년에 태어났으며 아버지 무사확(武士彠)은 태종 때 예부상서(禮部尙書)를 지냈다(則天皇后, 1975: 115). 14세 되던 때에 미모가 뛰어나 발탁되어 입궁하며 당 태종의 후궁인 재인(才人: 정 5품 해당)이 되었지만(則天皇后, 1975: 115), 태종에게는 특별한 관심과 사랑을 받지 못하였다. 측천의 성품은 총명하고 사물에 대한 반응이 민첩하며, 특히 결단력이 강한 것으로 보여 진다. 구당서에서는 그녀에 대해 '소다지계'[素多智計](則天皇后, 1975: 115)로 표현하고 있는데 지혜와 계략, 전략이 뛰어나다고 볼 수 있겠다. 태종이 죽자 감업사로 가서 일생을 보내게 되었는데 당 고종의 부인인 왕 황후의 요청으로 다시 궁에 돌아오게 되고 고종의 후궁이 되었다가 나중에는 황후가 된다. 690년에 주(周)나라를 세우게 되고 주나라의 시조(始祖)로서 705년까지 15년간을 통치하게 된다. 이를 아래의 <표-1>로 요약해볼 수 있다.

〈표-1〉 선덕여왕과 측천여왕제의 프로파일 비교표

구 분	선덕여왕	무 측천 여황제
왕조 / 년대	신라 27대왕 (재위 632-647)	주(周) 태조 (재위 690-705)
성 / 이름	김(金) / 덕만(德曼)	무(武) / 조(照)
성품	너그럽고, 인자함. 사리에 밝음, 민첩함. 지기삼사(知己三事)	'素多智計', 총명, 냉혹함, 강한추진력.
용모 및 체격	미인형	대장부 골격 / 미인형
배필	갈문왕	당 태종 이세민(후궁) 당 고종 이치 (후궁 / 황후)

출처: 『삼국사기』권제5 신라본기 선덕왕; 則天皇后, 1975: 참고 후 필자 작성.

(1) 선덕의 국정운영과 교육

현대의 교육 체계와는 달랐던 그 당시 선덕은 불교승려들의 가르침이나 의견을 청취하고 이를 국정에 반영하였다. 당시 신라 왕실에서는 불가문(佛家門)의 영향을 많이 받았다. 예를 들면, 아버지 진평왕의 휘(諱)는 석가의 아버지와 같은 백정이었고, 어머니의 이름은 석가의 어머니와 같은 마야(摩耶)였다. 물론 진평왕의 실제적인 아우들도 백반(白飯), 국반(國飯)이란 휘를 가지므로 아예 석가가문을 현세에 옮겨놓은 것과 같았다. 덕만이 라는 휘 역시 불교 경전 속에 등장하는 명칭이며 그 자신 내물왕 계 김 씨 순수혈통의 소유자였고 부왕의 직계장녀였다. 따라서 선덕은 은연중에 불교식의 가정교육을 받았다고 볼 수 있으며 이러한 불교중심의 왕실가정교육은 선덕, 진덕, 진성 세 여왕 중에 선덕이 불교문화창달에 가장 커다란 공적을 쌓은 것과 무관하지 않을 것이다(하영애, 2005: 166). 실제로 선덕여왕은 당 나라에 가서 불법을 탐구하고 돌아온 자장법사(慈藏法師)의 의견에 따라

황룡사 9층탑을 세우고 국가를 보호하였다(하영애, 2005: 166). 그러나 이 탑을 세우게 된 동기는 "신인 도사가 말하기를 당신 나라는 여왕이 주인이니 덕은 있으되 위엄이 없으므로 귀국하여 황룡사에 9층탑을 세우면 주위 9개국이 항복하고 왕권은 안정되리라"[神人云汝國以女爲主有德無威…]는 뜻에 따라 왕은 9층탑을 건립하고 1층은 일본, 2층은 중국, 3층은 오월 등 각층마다 하나의 국가를 지칭하였으며 이들 제국을 항복 시키려는 웅대한 생각을 갖고 있었다(삼국유사, 1976: 황룡사 9층탑). 또한 선덕여왕은 국가통치권자로서 교육에 많은 관심을 가지고 왕족 자제들을 당나라의 국감(國監)에 보내 입학시키고 교육시킨 것으로 보아 교육의 중요성을 의식하고 중점적으로 추진하였다(선덕왕, 2007: 114). 그리고 선덕은 몸이 아플 때 도첩[승려들에게 자격을 부여하는 것]을 내리고 백고좌(百高座)를 하여 몸이 나았다는 기록을 볼 때 불교를 통해 몸과 마음의 정서적 안정을 얻었다고 할 수 있겠다.

선덕은 또한 국가안위를 위해 군사력을 강화하였다. 당시 신라의 국외 지지기반은 중국 당나라였으며, 선덕은 당태종과 당 고종으로부터 군사 지원을 받아 고구려와 백제의 침략을 물리쳤다. 삼국사기에 의하면 13년에 당태종이 현장(玄奬)을 시켜 고구려에 천자의 문서를 전하여 신라와 전쟁을 끊기를 권하였으며, 계속되는 고구려의 신라 침범에 그 이듬해인 14년 5월에 선덕여왕을 도와 직접 고구려를 정벌하였다는 기록을 볼 수 있으며, 대당(代唐)교섭 이후 청병은 신라에 의해 독점되었다(하영애, 2005: 116). 선덕 왕 11년 8월, 12년 9월, 진덕 왕 2년 겨울 등 여러 번 신라가 당나라에 청병(請兵)한 사실로 미루어 볼 때 당나라는 신라의 통치 지지기반에서 중요한 역할을 했음을 알 수 있다.

(2) 측천의 국정운영과 다양한 정책방침

측천의 국정수행 능력은 어디서 비롯될까? 자료의 한계가 있어 충분하지는 않지만 측천은 국정수행을 위해 끊임없는 현자(賢者)찾기로 고심한 것을 알 수 있다. "짐은 밤잠을 자지 않고 전심전력을 다해 치국의 법을 사고한다. 고생스러움을 겁내지 않으나 천하가 넓으니 한 사람이 교화할 수 있느냐? 필히 천하의 모든 현재능사(賢才能士)가 공동으로 국가의 기구를 보좌해야한다. 5품 이상의 문무관원은 각자가 자신이 이해하는 인재를 추천해 달라"며 신하들에게 요청하고 동시에 8가지 부류의 인재2)를 제시하도록 하였는데(黃光任, 2003: 112-114 참고), 이 각각의 인재들과 더불어 측천은 당에서 주(周)나라를 세우고 국정을 통치해나간다. 이에 대해서는 인재등용 부분에서 다시 논의하겠다.

정치지도자는 정치적 안목과 기술을 가져야한다. 정치 기술이란 국민들의 지지를 늘리고 반대를 줄임으로서 그러한 안목을 구체적 행동프로그램으로 전환시키는 능력이라고 할 수 있다. 측천은 과거제도를 통해 폭넓게 인재를 국정에 참여시켰다. 과거제도(科擧制度)는 수나라에서부터 시작하여 당 나라 초기에는 진일보 발전하였다. 그러나 측천무후의[당시 고종의 황후로서] 정치참여시기에 특히 중요한 발전을 하였다. 고시 과목이 증가하였고, 모집 인원수가 증가하였으

---

2) 棟梁의 인재, 용병과 적의 책략을 가진 자, 수신과 덕을 가진 자, 부모에게 효도 하는 자, 유가의 소행을 간직 하고 있는 자, 문사·약사의 소양을 가진 자, 강직하고 아부하지 않는 자, 청렴결백을 고수하는 자. 이러한 재능을 가진 8개 부류의 인재는 각각 천자와 같이 국가를 이끌어 갈 수 있다고 강조하고 있는 점이 아주 돋보인다.

며 무후는 또 전시(殿試)를 처음으로 개설하였는데 그 이후 각 조대에서 효율적으로 계승발전 하였다. 과거제도 중 특히 진사제(進士制)는 학식 있고 우수한 선비들을 입신케 하는 제도로서 시대적인 발전을 가져왔는데 많은 능력 있는 지방의 인재들을 정치무대에 등용시켰다. 예를 들면, 측천이 실천한 과거제도를 통해 재상에 오른 사람은 27명이며 유명한 집안이나 다른 배경을 가지고 재상이 된 자는 겨우 3명에 불과 했다(黃光任, 2003: 48). 이외에도 '무거'(武舉)를 창설했는데, 군사인재를 선발하여 국방력을 강화하였다. 또 '남선'(南選)을 개설하였는데 이는 변방의 낙후된 지방에서의 개발과 인재를 찾기 위함이었다. 이러한 새로운 제도들은 모두 당시에 열렬한 지지를 얻었다. 측천은 국정수행에 있어서 과거제도, 건언12사(建言12事),3) 자거(自舉) 등 긍정적인 제도뿐만 아니라, 혹리(酷吏), 고밀(告密) 등 해당자의 입장에 따라서는 잔인한, 그러나 자신의 꿈과 목표를 이루기위해서는 수단이나 방법을 가리지 않는 정책이나 제도들을 또한 동시에 추진해나갔다. 그리고 측천은 자신이 가지고 있지 않는 타인의 장점과 건의에 대해 신분의 고하를 막론하고 받아들이고 자신의 국정수행에

---

3) 상원(上元) 12월 27일 측천은 고종에게 그 유명한 12가지의 정치방침, 즉 (建言12事)를 제안 하게 된다(黃光任, 2003: 48-50). 이는 1. 농업장려, 부세경감[勸農桑, 薄賦役], 2. 경사부근의 백성 조세와 부역금지[給復三輔地], 3. 대외 용병정지, 도덕으로 천하 교화[息兵, 以道德化天下], 4. 음란행동의 일률금지[南北中尙禁浮巧], 5. 대형토목공사 줄여 예산과 노동력 절약[省工費力役], 6. 언론의 공개[廣言路], 7. 예언의 두절[杜絶豫口], 8. 왕과 공, 즉 신분이 높은 사람 제외하고 모두 노자(老子)를 공부 할 것[王公以下皆習老子], 9. 아버지가 살았더라도 어머니가 죽었을 경우 3년간 상복을 입을 것[父在爲母濟喪3年], 10. 674년 이전의 훈관으로 관리를 임명 받은 자는 그 관직인정[上元前勳官以經告身者无追核], 11. 중앙관직 8품 이상 자 녹봉증가[京官8品以上益崇人], 12. 문무백관 임직 오래된 자 중 재능이 많고 지위가 낮은 자 빠른 승진가능[百官臨事久, 才高位下著, 得進紛申滯]. 이 12가지 내용은 과연 측천이 비범한 정치재능을 발현해내었다고 할 수 있으며, 고종과 많은 백성들이 크게 기뻐하였다. 고종은 이 정치방침의 건의서를 받은 뒤 용안이 크게 기뻐하며 즉각 명을 내려 실시하도록 하였으며 이는 자연히 각 급 관원은 물론 서민계급(庶族階級)의 커다란 호응을 받았다. 백성들은 다투어 서로 이에 대해 얘기하였으며 경사부근에는 환호하는 소리가 번개처럼 크게 울렸다고 기록되고 있다(黃光任, 2003: 45). 특히 측천은 자주 자기 자신이 근검절약하는 의복을 착용 하였으니 이는 당시에 보기 드문 귀한 사례라고 하겠다.

적용했다. 측천의 수신에 대해서 논한다면 역시 불교를 통해 마음의 안정과 자제력을 얻었다고 하겠다. 그는 "짐이 어렸을 때 불가에 귀의하고 싶었다"[朕愛自幼齡, 歸心彼岸]라는 말을 여러 번 했으며, 이러한 불교는 통치의 여론 기제와 정신적 지주가 되었다. 불교에 대한 교육과 사상을 습득하게 된 측천은 다양한 정책을 개시하였다. 그는 우선 '화엄종'(華嚴宗)을 제창하고 화엄경 60권을 번역하게 하였다. 이외에도 대운경(大云經), 대승입방가경(大乘入防咖經) 등을 번역하고 수많은 사찰을 건립하고 미륵불을 건립하였다. 측천은 자주 신교 낙양에서 무차대회(無遮大會)를 거행하고 불교 행사의 하나인 보시(布施)를 거행했다. 무차대회는 남녀, 귀천, 상하 구별 없이 모두가 평등하게 부처의 은혜를 받는다는 의미의 법회인데, 수레 열대에 동전을 싣고 뿌려서 마음대로 줍게 한 것이다. 사람들이 몰려 사상자가 나기도 했지만 성대하게 치러졌던 듯하다. 이는 측천의 대중성, 공개성을 보여주는 대목이며 측천이 사람들의 마음을 사로잡은 이유는 이러한 부분에 있을 것이다. 즉 측천은 과거제도, 불교정책, 건언12사의 정책방침, 불교의 생활화와 민심정치 등으로 그의 국정운영을 펼쳐나갔다.

(3) 선덕과 측천의 인재등용과 그 활용

정치지도자가 통치권을 가지고 있어도 실제로 그 통치권이 발휘되기 위해서는 신하를 적재적소에 배치하고, 또 그 신하가 가지고 있는 능력을 국가와 군주를 위해 발휘할 수 있게끔 해야 한다. 동시에 군주의 신하 장악력은 또한 대단히 중요하다. 왜냐하면, 통치권자에게는 그를 보필할 수 있는 우수하고 훌륭한 참모가 필요하며 그들과 더불어 국사를 논함으로서 인재등용은 통치 기반의 중요한 핵심이기 때문이다. 그러나 그러한 능력 있는 신하나 참모일수록 다른 한편 그에 대한 국민의 신임과 인기가 통치권자를 초월하지 않도록 해야 하는 보이지 않는 권력암투가 또한 상존하고 있음으로 정치지도자에게 있어 인재등용과 동시에 신하 혹은 엘리트장악력은 대단히 중요하게 요구된다고 하겠다. 선덕과 측천은 가히 용인술의 귀재라고 할 수 있다. 두 사람의 용인술에 대해 제왕이 가져야 할 원칙 중에 경대신[敬大臣, 대신을 공경]과 체군신[體君臣, 군신을 보살핌]을 적용하여 고찰해본다.

① 선덕의 용인술

선덕은 김춘추와 김유신을 등용하였다. 김춘추에게는 대외 및 외교의 임무를 맡기고 김유신 장군을 비롯한 많은 장군들을 적재적소에 배치하는 등 위엄과 자상함과 뛰어난 용인술로 백성들을 보살폈다. 선덕은 신하를 부림에 있어 책임완수의 중책을 맡김으로 목숨을 걸고 충성 할 수 있게끔 했는가하면 또한 부하 장수가 적진의 위태로움에 빠져 있을 때 그를 위해 결사대를 급파하여 목숨을 구해 오게하는 군주로서의 용맹과 커다란 관용을 함께 지니고 있었다고 하겠다. 예를 들면, 대장군 김유신이 이웃 나라 백제를 쳐서 7개성[加兮城, 聲熱城 등]을 함락시키는 등 계속 전쟁터로 진격하다가 어느 날 집 앞을 지나게 되는데, 타 지역에서 적군이 기습하는 급박한 상황에 이르자 선덕여왕은 사람을 보내 유신에게 이르기를 '나라의 존망(存亡)이 공(公)의 일신(一身)에 달렸으니 수고로움을 꺼리지 말고 가서 싸워주기 바란다'(선덕왕, 2007: 117)라고 부탁하니, 비록 집 앞을 지나면서도 식구들을 만나지 않고 곧장 적진으로 나아가 결국 이기게 된다.

또한 재상이라고 할 수 있는 김춘추는 고구려에 가서 고구려왕과 협상 중에 항명하여 옥에 갇히게 되었다. 이에 선덕여왕은 '결사대(決死隊) 일만 명'을 급파하여 갇혀있는 충신 춘추를 구하게 되는데 이는 여왕이 인재를 소중히 할 줄 알았으며 그들에게 죽음을 두려워 않고 여왕께 충성할 수 있는 마음을 갖게 한 뛰어난 용인술을 발휘했다고 하겠다. 선덕여왕의 리더십에 대해서 "측근위주의 통치행태를 낳았다"고 하는 지적이 있다(김기홍, 2005: 12). 하지만 이 측근위주의 정치에 대해서는, 리더십의 유형 중에 권위주의적 리더십보다도 민주주의적 리더십이 성원의 능력을 인지, 조정하고 집단에의 참여를 확대하기 때문에 선덕이 문(文)과 무(武)의 인재를 적절히 기용해서 국정운영에 참여시킬 수 있었다는 점은 또한 선덕의 리더십의 강점이라고 본다.

② 측천의 용인술

측천의 인재등용은 그의 집권 시기 만큼이나 다재다양하다. 현인능사의 전략과 불교승려의 지위변화 및 북문학사의 기용으로 파악해 본다.

가. 현인능사(賢人能事)의 전략

동서고금의 제왕뿐만 아니라 크고 작은 단체와 조직의 수장들은 그 조직을 이끌어 나가야할 구성요원이 필요하다. 새로운 제국 주나라를 이끌고 갈 조정에 어떤 사람을 등용시킬까? 주 제국이 주어진 것이 아닌, 자신이 창업주였기에 주의 태조, 측천황제의 국가조직에 동참하여 주 제국을 이끌어갈 창업요원들의 선정은 매우 중요하고

의의가 막중하였다. 자료 '武則天傳'에 따르면, 측천황제는 당나라가 주나라로 바뀐 비상시기의 집권초기에는 근친과 직접 신임하는 사람 중심으로 정권을 유지하였다. 이러한 사람들은 기실 학식이 없고 전술도 없는 무리였다. 이들은 조정내외의 관원과 백성들에게 위협적이었으며, 또한 이들은 문란한 정치와 형벌을 남용하였고 재물을 탐하고 매관매직하고 사리사욕을 채웠다(劉 連銀, 2005: 264). 그러므로 측천은 그 후, 일에 대해 부족하고 실패의 여지가 있는 형편없는 사람들은 역시 절대로 가볍게 등용하지 않았다(劉連銀, 2005: 264). 측천은 주나라를 창건한 후에도 15년간 집권하였으므로 당나라까지 합치면 50년간 전 중국을 통치하였다. 정치지도자에게 지위와 권한이 주어졌지만 그것을 지킬 수 있는가 없는가 하는 것은 대단히 중요하다. 측천은 그 권좌를 지키기 위하여 다양한 '제도'와 많은 사람을 등용하여 통치해나갔다. 또한 자신이 꿈꾸어왔던 그 목표를 향해 통치자로서 이에 어긋날 때는 잔인하도록 강력하게 권력과 결단력을 발휘하여 가장 가까운 사람들이라도 가차 없이 희생시켰다고 할 수 있다. 예를 들어 그는 즉위한 후 얼마 되지 않아 갓 임명한 1개월 된 검교내사(檢校內史) 종진객(宗秦客)이 탐관의 죄로 상소를 받게 되자 그의 공로가 얼마나 많으냐를 불문하고 준화현으로 추방하였다.[4] 또한 종진객을 통해 측천에게 잘 보이려고 술수를 꾸미던 내사형문위(內史邢文偉)를 아부 죄로 좌천시키기도 했다. 또한 측천은 정무를 효율적으로 하기위해 즉위 이듬해인 천수 2년 6월, 측근이 아니지만 소위 '용인능사'(用人能事)의 철학으로 능력 있는 사람들을 기용했다. 예를 들

---

4) 종진객은 측천을 도와 '측전문자(則天文字)'를 만든 장본인이다.

면, 동년 9월에는 락주사마의 적인걸(狄仁杰)을 지관시랑으로 기용하고, 동관시랑 배행본과 함께 평장사를 맡게 하였다(劉連銀, 2005: 265). 측천은 적인걸을 극히 총애한 것 같다.[5] 황제에 오른 측천에게 차기 후계자 문제는 상당히 중요한 일이었고 측천은 자신의 후계자로 무씨 중에서 황태자를 내려고 했었다. 적인걸은 이 문제에 대해 극히 반대하였다. 그는 '군신일체'(君臣一體)를 들어 반대하였는데 [군주인] 측천의 의견도 중요하지만 특히 재상의 역할을 맡고 있는 [신하인]자신과 군신일체가 되어야 하기 때문에 자신의 의견을 따라 달라는 것이었다.[6] 측천도 결국에는 적인걸의 의견에 동의하였다. 뿐만 아니라 측천은 그에 대해 '꿔라오'[國老: 나라의 스승]라고 불렀다는 것을 보면 적인걸을 굉장히 아끼고 극진히 대한 것을 알 수 있다. 그러나 아이러니하게도 주나라의 마지막 재상 장간지(張柬之) 역시 적인걸이 추천한 사람이었는데(狄仁杰, 1975: 2895), 그의 주동으로 황권을 물려주게 된다.

나. 불교승려의 지위변화 및 북문학사의 기용

불교와 관련하여 측천은 어떠한 사람을 등용 했는가? 선덕여왕도 그러하지만 특히 측천은 불교와 운명적으로 밀접한 관계에 있었다. 이미 어렸을 적에 '3대 이후 무씨 여성이 황제가 된다'는 설이 태종으로

---

5) 적인걸은 장수 원년(692년) 래준신(來俊臣) 때문에 무고한 죄로 옥에 갇혀 극형을 당할 번한 적이 있었는데 측천은 그가 큰 그릇임을 알고 잠시 팽택(彭澤, 강서성)의 영(令)으로 좌천시켰다(劉連銀, 2005: 266-267)가 그 후 당의 북쪽 변방을 어지럽히던 유목 민족을 소탕하고 성과를 올린 적인걸을 하북지구의 유주(幽州)도독으로 전임시키고, 이후 신공원년(697년)에 재상으로 임명시켰다.

6) 무(武)씨를 후계자로 했을 때, 여황제가 돌아가신 후 조카인 무씨가 제사를 지내겠느냐? 그렇지 않다. 아들인 이 씨를 후계자로 해야 아들이 그 어머니를 위해 제사를 지낸다며 강력하게 이 씨를 후계자로 주장하였다.

하여금 그녀를 재인(才人)으로 입궐시켰지만 더 가까이 하지 않은 요인이 되기도 하였으며, 특히 감업사에서 3년 동안 '여승' 이었던 측천이었기에 불교와는 특별히 뗄 수 없는 관계이다. 그러한 측천이 주 제국의 황제가 된 것이다. 측천은 우선 불교승려의 지위를 크게 향상 시켰다. 먼저 당 황실은 공식적인 회합에서 '도선불후'(道先佛後)라고 해서 늘 도교의 도사 쪽이 승려 앞줄에 서게 했었다. 태종과 고종이 개인적으로 불교를 숭상했었고 또한 현장(玄奬), 삼장(三藏)도 탄원했던 일이지만 이 '도선불후'의 위치는 바뀌지지 않았다. 그러던 선례가 측천 여 황제 즉위 후 이 위치가 바뀌어진데서 얼마나 측천황제가 불교에 강력한 힘을 발휘했는지 짐작이 간다. 뿐만 아니라 측천은 국가적 차원에서 불교를 경제적으로 많이 지원하였으며, 백성들에게 '고기'와 '생선'을 상당기간 먹지 말도록 하였고, '무차 대회'를 직접 참여하여 불교행사를 하는 등 실제적으로 불교의 교리를 실천에 옮겼다.

측천황제가 등용한 사람들 중에 북문학사(北門學士)들이 있다.[7] 처음에는 이들의 관직이 높지 않았으나 문인의 재능을 가진 북문학사들을 기용, 활용함으로써 점차 측천의 정치지위가 공고해졌고 따라서 이 북문학사 중에서 재상으로 중용하는 등 많은 자가 높은 벼슬을 갖기도 하였다. 북문학사의 대표적인 사람들은 유위지(劉褘之), 원만경(元萬頃), 주사무(周思茂), 묘신객(苗神客), 호초빈(胡楚賓), 범이빙(范履冰)등이 있다. 측천은 이들을 통해 서적편찬과 정권강화의 역할을 맡겼다. 이들은 9000권을 편찬하였는데 대표적으로는 열여전, 신괘(臣

---

7) 북문학사가 나타난 계기는 675년경으로 고종이 와병으로 측천에게 섭정을 맡기고자 했으나 대신들의 반대로 뜻을 이루지 못한 측천은 자신의 정치기반이 아직 역부족인 것을 실감하고 자신을 보좌하고 지지해줄 강력한 집단이 필요했으며 그 결과 북문학사가 만들어졌다.

軌)를 들 수 있다. 측천은 신하들을 장악하기위해 신하들에게 요구하는 덕목을 주 내용으로 하며 특히 군주와 신하는 하나의 몸과 같다는 '군신동체'(君臣同體)를 신쾌에서 강조한 것이다. 북문학사 중 대표적 인물로 유위지는 그 직위가 중서문하3품(中書門下3品)으로 재상에 올랐다. 그러나 그는 측천의 정치권력뿐만 아니라 통치자의 직(職)까지 위협하는 직격탄을 날리는 우를 범했다. 그는 말하기를 "태후는 이미 우매한 중종을 폐하고 총명한 예종을 세웠는데, 어찌 임조청제를 하는 것인가? 예종에게 정권을 돌려주어 천하를 안정시키는 것만 못한 것이다"[太后旣能廢昏立明, 何用臨朝稱制? 不如還政, 以安天下之心]. (劉褘之傳, 1970: 2848). 이것은 당연히 측천여황제로부터 분노를 사고 또한 뇌물수수와 허경종의 첩과 사통하였다는 죄목으로 사사(賜死)되었다. 통치자의 권위뿐만 아니라 '황제의 직'- '통치권'을 내놓아야 한다는 이런 상황이라면, 이런 신하라면 군주와 신하가 함께 국사를 논할 수가 없을 것이다. 측천은 정치기반이 약할 때는 '북문학사'의 힘을 활용했지만 이미 확고한 정치권력을 실행할 수 있는 시기에서는 이들의 지나친 비평과 관여, 직권남용에 대해 철저하게 숙청함으로써 정치지도자로서 과감한 결단력을 발휘하였다.

04. 선덕과 측천의 주요업적과 정치리더십 평가

우리는 앞부분에서 선덕과 측천이 제왕으로서 갖추어야 할 4개 원칙을 가지고 국가의 지도자로서 이를 어떻게 운영하고 각 국가에 적용하였는가를 살펴보았다. 막스 베버는 지도자의 정치권력의 정당성에 근거 하여 전통적 리더십과 카리스마적 리더십, 그리고 합법적 리더십으로 피력한바 있다. 그렇다면 선덕과 측천은 어떠한 리더십을 가진 지도자였을까?

우선 정치리더십을 평가함에 있어서 무엇보다도 중요한 것은 그들의 업적을 가지고 평가해야한다. 또한 역사인물 평가의 표준과 원칙은 그들이 당시사회의 발전을 촉진했는지 아니면 늦추었는지의 역할에 근거해야한다는 주장도 있지만 이는 그렇게 용이한 것만은 아닌 것이다. 먼저 선덕과 측천의 주요업적들을 살펴보고 그들이 가진 정치리더십의 특징이 무엇인지 찾아보자.

1) 선덕여왕-전통적 덕치(德治)의 정치리더십 발휘

선덕은 16년간 신라를 이끌었다. 최초여왕으로서 우선 '여주불능'이란 당나라 태종의 내정간섭에 맞서 불교를 운용하여 이를 극복했다. 자장의 건의를 받아들여 황룡사 9층탑을 건립함으로써 호국불교로서 뿐만 아니라 불교문화 창달에 적지 않는 업적을 남기게 된다. 25개의 사찰건립이 선덕의 재위 시에 건립된 것으로 연구되고 있으며 특히 신라하대에 갈수록 선덕여왕에 대한 신라인들의 인식은 긍정적이었고, 후일 고려태조 역시 선덕의 업적을 높이 평가하여 개경과 평양에 사찰을 건립한데서도 이를 입증한다고 하겠다. 뿐만 아니라 적지 않는 불교적 생활 문화 예를 들면, 100명의 고승을 모아 불법을 강좌 하는 백고좌, 연등행사 등의 관습은 오늘날에도 여전히 한국인들에게 실천되고 있다. 둘째, 인재등용의 탁월함이다. 국가를 운영함에 있어 조직력은 필수적이며 정치지도자의 인재활용은 지도력의 성패를 좌우한다. 선덕은 김춘추, 김유신을 등용하고 김춘추를 외교방면에, 김유신을 군사방면에 배치시킴으로써 그들의 능동적인 우수함을 이끌어내었다. 이러한 선덕의 김춘추와 김유신의 활용에 대해 여왕의 리더십측면으로 보지 않고 각자의 처한 환경의 요인, 즉 김유신은 멸망해가는 가야국의 국권존립의 필요에 의해, 김춘추는 당시 신라의 순수왕족혈통인 성골이 아닌 진골 출신으로 명실상부한 왕족이 되기 위한 각자의 요구에 의해 이루어졌다는 주장이 있다. 그러나 이는 마키아벨리가 말하는 군주의 행운(fortuna)과 같이 군주에게 행운이 주어졌을 때 이를 지킬 수 있어야 하는 것이 또한 군주의 능력인 것이다. 비록 두 장수가 뛰어났다고 해도 최종결정권은 여전히 군주인 선덕이 해야 하는 직무인 것이며, 선덕은 자비롭고 유연한 정치리더십을 발휘하여 이를 극복했다고 하겠다. 또한 후일 신라삼국통일의 주역인 김유신은 바로 선덕이 기용한 명장으로서 고구려와 백제를 물리치고 외세로부터 국가를 보위 하였으니 김춘추(후일 무열왕)와 김유신과 같은 인재등용으로 신라삼국통일의 기초를 마련했다고 하겠다. 셋째, 선덕의 재위는 직간접적으로 '신라적 여성정치문화'를 만들어 내었다. 베버가 주장한 정치권력의 정당성을 가진 선덕의 왕위계승은 전임 왕이 아들이 없었던 사실 외에도 모계계승의 유풍과 당시 사회문화적 배경의 영향을 받았다고 할 수 있으며,8) 이러한 신라적 여성정치문화는 27대의 선덕을 이어 바로 28대 진덕(眞德, 647-754) 여왕이 왕위를 이었고, 그 후 240여 년 뒤 신라 셋째 여왕인 51대 진성(眞聖, 887-897)의 왕위계승에도 영향을 미쳤다. 진성여왕의 왕위계

---

8) 신라의 성 문화는 왕족뿐만 아니라 '처용가'에서도 알 수 있듯이 상당히 개방적이었다.

승 시 전임 정강왕(定康王)의 유언-옛 선덕여왕의 사례와 같이 진성도 왕이 될 수 있다-에 따라 즉위하였다. 만약 선덕여왕이 정치를 잘못하였다면 그를 이은 두 여왕의 탄생은 어려웠을지도 모른다.

위와 같은 불교문화의 창달, 탁월한 인재등용, 그리고 신라적 여성 정치문화의 창조는 선덕의 대표적인 업적이라고 할 수 있다. 특히 선덕여왕에 대한 신라인들의 인식은 긍정적인 평가를 받았으며, 고려시대 뿐만 아니라 현대사회에서 그의 리더십은 더욱 주목받고 있다.[9] 우리는 이러한 선덕의 정치리더십을 전통적 덕치(德治)의 리더십을 발휘하였다고 평가내릴 수 있겠다.

2) 측천 여 황제-카리스마적 정치리더십 발휘

측천의 업적은 긍정적 측면과 부정적 측면으로 구분해 볼 수 있다. 먼저 그의 업적 중에서 긍정적인 측면은 다음과 같다.

첫째, 측천은 과거제도를 발전시켰다. 그는 '전시'(殿試)를 창설했고, 무거[武擧]를 창설하여 군사인재를 선발했다. 무엇보다 '진사'(進仕)는 과거에서 가장 핵심이라고 할 수 있는데 측천이 집권한 50년 동안 진사로 등용한 사람이 1,000여 명에 달했으며 이는 정관시기(貞觀時期-태종집권기간)에 선발한 인원 205명과 비교할 때 커다란 차이를 보인다고(劉連銀, 2005: 376-377) 할 수 있으니 측천의 집권 시기에 과거를 통한 관료제가 크게 발달 했다는 것을 증명한다고 하겠다. 측천이 시행한 일련의 과거제도의 개혁은 청조말기까지 채택되었다(劉

連銀, 2005: 377). 둘째, 측천은 역대 황제들처럼 백성들의 부민정책에 관심을 가지고 특히 농업의 발전을 중시하였다. 앞에서 논의된 12개 정치방침 중 제1항목 '농업장려와 세금경감'에서 명시 한 것처럼 측천은 본인이 쓴 '조인본업기'(兆人本業記)를 주현관리들에게 시행하라고 명을 내렸다. 이는 고대 역사상 황제 자신이 쓴 유일한 농업저서로서 농업경제발전으로 국고를 충족하자는 내용으로서 그녀는 695년 전국적으로 1년 동안 조세를 면제시켰으며 락주(洛州)는 2년 동안 부역을 면제시켰다(劉連銀, 2005: 374). 고종시기 380만호(萬戶)가 증가하여 여황제의 말년에는 615만호로 되었으니 거의 배가 증가한 것이다 (劉連銀, 2005: 375). 또한 측천은 변방의 빈번한 용병으로 군량을 절약하기위해 군사둔전제도를 시행하여 군량미 수송 등의 어려움과 부역을 감소시킴으로서 사회와 국민생활안정에 기여하였다. 셋째, 다양한 인재선발의 의지(意志)로 치국(治國)의 근간을 마련하였다. 측천이 국가통치를 위해 가장 고심한 것은 다방면의 현인(賢人)을 찾는 일이었다. 국가운영의 지식을 그는 이 현인을 통해서 일구어 냈다. 이 현인을 구하기 위해 그는 "밤잠을 자지 않고 치국의 법(法)을 사고(思考)한다" 고도 했다. 정치지도자에게 가장 중요한 것이 역시 '사람'임을 보여주는 대목이다. 그가 50년의 긴 정치를 한 장수(長壽)의 비결이 바로 사람을 잘 선임하여 방방곡곡에 자신의 꿈을 심고 이상적인 정치를 실현하기 위해서 자신의 분신(分身)을 찾고 그들로 하여금 자신의 역할을 대행시키는 것이었다. 측천은 이러한 현인을 찾으려는 의지로 유불도(儒佛道) 삼종 종교인, 도인(道人), 예술인, 군인, 농업인, 비천한 사람 등 실로 많은 사람들을 찾아내었다. 그러나 그는 모순되게도 또한 참으로 많은 사람들을 직·간접적으로 주살하였다. 이는 그가 원하던 현인을 찾지 못해서 일까? 아니면 현인이되 능사(能事)하지 못해서 일까? 그는 또 사람을 선택할 때 그 사람의 재능의 그릇을 선택하고 현재(賢才)를 구해서 적당한 업무를 주어야한다[尋求賢才務求適當]고 했다. 그렇다면, 적재적소에 배치할 인재, 현재를 찾지 못했기 때문에 없애고 또 새로운 현재를 찾았을지도 모른다. 그는 "추천한 명현(名賢)이 적지 않으나 짐이 기대하는 현자는 아직 만족스럽지 않다"고 했으니 끊임없는 현재를 구하고, 없애고 또 구하면서 신 현재를 찾고 또 찾았던 모양이다. 이와 같은 측천의 인재선발의 의지는 정치지도자가 국가를 통치하면서, 치국에 있어 '제대로 된 사람, 정치지도자와 함께 할 사람'이 얼마나 중요한가를 통감케 한다고 하겠다.

넷째, 불교중흥과 당대 문화 예술의 초석을 마련하였다. 측천의 불교 숭상은 불교발전에 커다란 원동력이 되었다. 그는 불교건축물로서 '명당'과 '천당'을 건축하였으며 안국사, 경복사, 소성사, 태평사, 위국사 등을 비롯하여 현재 낙양의 용문석굴(龍門石窟) 등 불상을 많이 세웠다. 또한 측천은 수많은 경전을 만들었으며 또한 '삼교주영'이란 서적을 편찬함으로서 유교, 불교, 도교, 삼교의 각 주장을 집대성하였다. 화엄경 60권(卷)을 번역하고 대운경, 도덕경을 제창하였으며, 시·문학·도자기, 불교건축, 예술 등 당대 문화사상의 새로운 경지를 이루어 내는데 기여하였다.

이와 같이 측천의 치적중 적극적이며 긍정적인 측면을 살펴볼 수 있었다. 그러나 50여 년 간의 오랜 집권기간에 측천의 실정(失政)이라고 할 수 있는 소극적인 측면 또한 간과 할 수 없다. 첫째, 혹리횡행(酷吏橫行)으로서 혹리는 측천의 전제통치의 산물이며 내부투쟁의 도구이다. 측천은 서경업(徐敬業)과 이원가(李元嘉) 등이 군사를 일으킨

후 그 전제통치를 견고하게 하기위하여 혹리로서 엄격한 형벌로 다스렸다. 측천은 혹리를 활용하여 당의 이 씨 종실, 반대파를 숙청하고 그 후에 측천의 언행과 정치를 반대 안하는 종실 역시 생존할 수 없는 상황으로 몰아갔다. 이런 시정잡배 같은 무례한 출신의 혹리들은 측천의 지지와 종용 하에 대량의 사면을 받고 각종 잔혹한 형벌로 사람을 사지에 몰아넣었다. 대신 수 백 명과, 자사(刺史), 장군 등 그 수를 헤아릴 수 없다(鄭玉琦, 2010: 116). 조정의 모든 사람들은 만나면 서로 대화를 나누지 않았고 목 인사를 나누는 국면을 조성했다. 둘째, 사회불안과 '까오미'(告密)정치의 폐해이다. 측천의 통치 시기 수차 국부지역에 소규모적 농민과 소수민족의 반항투쟁이 발생했다. 이는 봉건전제 제도의 계급삭탈과 억압의 필연적 결과라고 할 수 있다. 측천의 근 50년의 통치기간으로 말하면 사회질서는 비교적 안정되었다고 말할 수 없으며 계급모순 역시 비교적 완화된 것이 없다(鄭玉琦, 2010: 116)는 지적이다. 무엇보다도 '까오미'의 공포정치를 시행하여 상호 불신하며, 하인이 무고한 주인을 고발하는 등 그 폐해 또한 적지 않았으니 측천은 수많은 사람을 직간접적으로 주살하였다. 그녀의 목표 달성을 위하여 수단과 방법을 가리지 않고 추진한 결과이기도 하다. 하우스에 의하면 카리스마적 리더는 권력동기와 자신감이 강하고 능력 있고 강한 이미지를 심어주며, 리더를 추앙하고 동일시하게 만들며, 부하에 대한 기대감과 신뢰감을 마음속에 심어줌으로써 부하의 성취욕구와 리더에 대한 충성심을 이끌어낸다. 측천은 강한 카리스마를 가진 정치가였다. 자신의 이상과 꿈을 가지고 권력을 쟁취하였다. 측천은 14세에 후궁으로 들어와 태종과 고종 두 왕을 모셨고 30여년을 정치가로서 경험을 통해 제왕의 역할을 할 수 있도록 값비싼 황제수업을 받고 그 경험을 바탕으로 스스로의 힘으로 여황제로 취임을 한 것이다. 그는 또한 많은 사람을 기용하고 그들의 재목에 맞게 벼슬을 주고 활용함으로서 부하들로 하여금 자신을 추앙하고 따르게 했다. 또한 스스로 모범을 보이며 근검절약을 생활화하였다.

이상에서 알 수 있듯이 측천은 과거제도의 발전, 농업발전의 시행, 다양한 인재선발, 불교중흥과 문화예술의 장려 등 괄목한 만한 정치업적을 남겼다. 또한 그녀는 27명의 재상과 1,000여 명의 진사를 등용하는 인재중용의 정치를 펼쳤다. 뿐만 아니라 수많은 사람들을 끊임없이 기용하고 파면하는 현인능사의 카리스마적 정치리더십을 발휘하였다.

05. 결론

정치리더십은 국가의 목표와 가치를 추구하기위해 제왕이 추정자들을 유도 조정하여 정치적 역량을 발휘하는 것이다. 선덕의 국왕 재임 시(632-647) 본인과 백성들에게 가장 중요한 국가적 목표와 가치는 국가안위를 위한 일이었다. 당나라의 내정간섭과 주변의 백제와 고구려의 침입에 대해 선덕은 군사력을 강화 하였고 결국은 국가를 거뜬히 지켜내었다.

또한 당나라와는 초기의 위기관계에서 교류를 빈번히 하여 16년간 재임 시 11회의 조공사를 당나라에 파견하였고(하영애, 2005: 167) 관리들을 국자감에 보내 교육을 시켰다. 이러한 빈번한 외교적 활동과 군사적 관계향상은 후임 진덕 여왕 때에 '라－당 외교'의 근간을 마련했다고 하겠다. 선덕은 신라 27대 왕으로 26대 진평왕의 대를 이어받아 신라를 다스렸으며, 정치권력의 정당성을 부여받고 최초의 여성국왕으로서 훌륭하게 국가를 다스려나감으로써 전통적 덕치의 정치리더십을 발휘하였다.

측천은 재임 시기에 따라 그의 목표와 가치도 달랐다. 당태종과 고종의 아내로서의 시기에는 내조자에도 채 머무르지 못했고 고종의 왕후 때에도 반역자에 의해 '폐후'의 위기를 가졌기에 생사(生死)가 큰 목표이자 가치이기도 했을 것이다. 그 후는 주 제국의 건설을 목표와 이상으로 삼고 값비싼 황제수업을 치루고 권좌에 올랐으며 주황제로 재위(690-705)하였다. 그는 자신이 등용한 수많은 현재능사의 일꾼들과 더불어 괄목할 만한 국가대업을 완성하였다. 과거제도를 통한 관료제도의 확장, 건언12사(建言12事)의 정치방침, 당대의 다양한 건축과 불상, 시, 예술, 문학으로 문화적인 도약, 유불교 삼교의 집대성, 무차대회를 통한 대민정치 등이 대표적이다. 그러나 혹리횡행, 고밀(密告) 등은 측천을 평가할 때 권모술수, 교활한 정치가로 평가되는 부정적 측면이기도 하다. 총괄하면, 측천은 베버의 이상적 리더십인 카리스마적 리더십을 유감없이 발휘하였고 특히 일 잘하는 인재를 중시하는, 현인능사의 카리스마적 정치리더십을 독특하게 발휘하여 중국 전역을 통치해 나갔다.

이러한 측천의 무덤은 중국의 섬서성 서안시와 가까운 함양시 건릉(乾陵)에 당 고종과 함께 묻혀있다. 그러나 흥미로운 것은 무측천의 비석에 관한 것이다. 소위 '무자비(無字碑)'는 '비석에 글자가 없다'는 말인데 이에 관해 두 가지의 해석이 있다. 하나는 측천이 자신이 죽으면 비석에 한 자도 새기지 말라는 유언에 따랐다는 것이며, 다른

(사진1)   (사진2)

하나는 측천의 그 많은 치적을 어떻게 다 기록 할 것이며 특히 중국
의 유구한 역사에서 (많은 남성이 있는데) 유독 여성 통치자의 공적
비를 기록한다는 것이 바람직 하지 않다[10]는 것이다. 더욱 놀라운 것
은 '무자비'의 앞면에는 글씨가 하나도 없지만 뒷면에는 수 많은 글
씨가 새겨져있을 뿐만아니라 그 글씨를 종횡으로 긁은 흔적이 선명
하게 남아있는 것이다. (사진1 참고) 따라서 이 '무자비'에 관해서 누
가? 왜? 무슨 이유로 썼다가 다시 지우려 했는지에 대해 역사적 과제
로 남아있다. 한편 선덕 여왕의 후손들은 매년 대구의 부인사와 경주
에서 선덕여왕의 추모행사와 더불어 다양한 연구를 하고 있다. (사진
2 참고)

본 연구의 결과, 두 국왕의 정치리더십의 공통점으로 다음과 같은
결과를 도출하였다.

첫째, 국정운영의 지적보고(知的寶庫)로써 불교활용이다. 선덕은 왕
위를 등극 한 후에 '여주불능'이란 외세의 억압에 호국불교로 대응하

---

10) 북경대학교 역사학과 쉬카이 교수와의 인터뷰. 2011. 2. 8. 북경대 연구실.

여 승리하였고 이는 전화위복으로 신라불교문화를 창건하게 된다. 측천의 정치는 불교와 더욱 불가분의 관계이다. 입궁하기전의 '무씨 여성 왕 등극'의 설화와 주나라의 황제 즉위 전에 출현된 불교적 '신비로움'11)은 그의 연출로 보는 시각도 있지만 무엇보다도 측천은 '유불도'의 서열을 불교우선으로 승려들의 지위를 향상시켰으며, 수많은 경전을 번역하여 정치와 국정운영에 활용하였고 또한 불교건축과 문화를 궤도에 올렸다. 즉, 두 국왕은 모두 제왕의 현자를 찾는 지식의 보고를 불교를 통해 이루고 이를 국정에 운영하였다. 둘째, 인재등용에서 탁월한 리더십을 발휘하였다. 선덕은 김유신, 김춘추를 기용하여 군사와 외교방면에 활용하였으며 후일 이들은 신라삼국통일의 기초를 쌓은 장군과 국왕이 되었다. 측천은 현인능사의 카리스마적 정치리더십으로 수많은 인재를 등용했고 파면했다. 그의 재임기간에 27명의 재상을 등용하고, 북문학사들을 또한 기용하였으며, 과거제도를 통해 수많은 지방 서민들도 등용하였는데 이들 중에는 당대의 재상뿐만 아니라, 당 현종시기의 '개원의 치'(開元之治)에 주역을 담당하는 이들도 있었다.12) 측천은 지속적으로 자거(自擧), 신궤, 백료신계 등을 통해 인재를 구하고 특히 일 잘하는 현인을 끝없이 등용하고 통치에 부적합 할 때에는 가차 없이 파면하였다.

선덕과 측천의 정치리더십의 공통점의 또 하나는 두 여성도 남성과 같이 최고통치권자로서 국가를 운영하였다는 점이다. 이 공통점은

---

11) 낙양의 낙석 강에서 나온 돌에 새겨졌다는 내용의 글귀, 즉 '성모가 세상에 내려와 제왕의 업을 영원히 번창시키리라'[聖母臨人 永昌帝業].

12) 측천의 통치기 에는 과거 출신자가 대거 등용되었는데, 요숭(姚崇, 650~721), 송경(宋璟, 663~737) 등이 대표적이다. 이들은 현종(玄宗) 시대의 '개원의 치'(開元之治)를 이끈 인물들이다. http://100.naver.com/100.nhn? docid=833758(검색일 : 2011. 1. 24).http://100.naver.com/100.nhn? docid=833758 (검색일: 2011. 1. 24).

남성독무대인 정치무대에서 우리 여성도 국가를 운영할 수 있다는 긍정적사고와 한중양국 여성의 정치참여에 자긍심을 높일 수 있게 한다. 선덕과 측천의 정치리더십의 다른 점은, 인재등용에 있어서 선덕은 인자하고 자비롭고 덕과 유연한 리더십으로 신하를 다스렸다고 할 수 있으며, 측천은 50년이란 장기간 통치기간에 관료, 농민, 서민, 비천한 사람 등 다양한 인재를 선발하고 심지어 신분이 천박한 사람까지도 여러 방법과 교육으로 개조시켜 적재적소에 활용하였다는 차이를 발견할 수 있었다.

선덕과 측천의 정치리더십이 현대여성들에게 시사 하는 바는 무엇인가? 현대사회는 '남녀평등'의 기치아래 제도적, 환경적 여건의 변화로 다소 개선되고 있으나 여전히 형식적 평등과 실제적 평등의 차이가 존재하고 있다. 이런 시점에 선덕여왕이 신라에서, 측천이 당과 주나라에서 실질적으로 발휘해온 정치리더십은 한중 양국여성들은 물론 현대인들에게 시사하는 바가 크다고 할 수 있다. 끝으로 또 하나는, 필자를 포함하여 무 측천에 대하여 가지고 있는 일반적인 선입견은 '무서운 정치가', '악녀' 혹은 '독한 여성'이였다. 이러한 선입견은 이 연구를 통해 인식의 변화를 가져왔다는 점이다.

01. 서론

여성은 어떤 리더십을 가져야 할까? 리더십은 크게 일반적 리더십과 정치리더십으로 구분한다. 일반적으로 리더십은 조직성원들이 추구하는 이상과 가치를 실현하기 위하여 지도자가 구성원들을 유도하는 것을 의미한다. 이러한 리더십은 국가나 조직의 목표와 가치를 위하여 수단과 방법을 가리지 않고 지도자가 추종자들을 유도 조정하는 정치적 리더십과는 차별화 된다고 할 수 있다.

지난 2012년은 세계적으로 60여개 국가에서 국가 통치권자를 뽑는 선거를 했다. 동북아 국가만 해도 미국, 중국, 일본, 대만 그리고 한국이 여기에 해당되었다. 이 국가의 최고통치권자를 뽑는데 있어서 미국의 여성대통령 후보 힐러리는 오바마에게 패했으며, 대만의 여성총통(대통령)후보 차이잉원(蔡英文)는 현임 총통 마잉지우(馬英九)에게 패하여 2등을 하였으나, 한국의 박근혜 후보는 문재인 후보와 첨예한 접전을 벌린 끝에 여성대통령에 당선됨으로서 대한민국의 최초의 여성대통령이 탄생하였다. 마치 선덕이 신라 제27대 여성국왕으로 즉위한 후 1380여년이 지난 뒤였다. 이러한 한국여성대통령 탄생을 두고 민주주의 국가의 선두를 달리고 있는 미국에서는 차기에는 여성대통령이 나올 것을 기대한다는 여론이 있는가[1]하면 대만에서는 한국은 되는데 대만은 왜 안 되는가? (한꿔 커이 다이완 뿌커이마? 韓國可以臺灣不可以嗎?)[2]라고 학자들이 많은 관심을 나타내었다. 이렇게 한국에서 초대 여성대통령이 탄생한 배경에는 박근혜 후보의 아버지를 대통령으로 둔 정치가문의 영향, 원리원칙을 강조하는 이미지와 후보자 특성에서 앞장섰으며 특히 문재인과 안철수의 야당후보연대와 야당의 선거전략 부재가 실패의 커다란 원인으로 분석할 수 있다. 그러나 무엇보다도 중요한 것은 한국의 여성유권자들이 선거초반전부터 압도적으로 여성후보인 박근혜를 지지하였으며 이러한 추세는 선거 당일인 2012. 12. 19. 선거이후 투표결과에서도 나타났다. 즉 여성유권자들이 여성대통령을 탄생시켰다고 하겠다.[3] 최근에 다수 국가에서 여성 통치권자가 탄생하였으며, 철의 여인으로 불리는 영국의 대처 전 수상, 국무장관을 멋있게 역임하고 차기 대통령 선거에 출마의지를 강하게 표출하고 있는 미국의 힐러리 등 그야말로 21세기는 여성시대를 맞이하고 있다고 해도 과언이 아니다.

본 문에서는 핀란드 여성대통령 타르야 할로넨, 독일의 첫 여성 총리 앙겔라 메르켈, 제4차 북경 세계여성대회와 천무화, 중국 전국부녀연합회 펑페이윈(彭佩云), 한국 야당정치인 박순천, 영국의 마거릿

---

1) 미국 워싱턴 방문 후 학자들과의 인터뷰. Washington D.C. 2013. 8. 26. 오후 2시-3시.
2) 대만 담강 대학교 아시아연구소 학술세미나 후 戴萬欽 부총장의 대화중에서. 2011. 3. 15.
3) 하영애, 제18대 대통령 선거-여성이슈를 중심으로, 한국동북아 학회 발표논문. 2014. 7. 참고.

대처 수상 등 여성 지도자들을 중심으로 이들 지도자들의 리더십을
고찰해 본다.[4]

02. 유럽 타르야 할로넨의 결단력의 리더십

타르야 할로넨(Tarja Kaarina Halonen)은 1943년 전통적인 노동자
거주 지역 헬싱키의 칼리오(Kallio)에서 태어났으며 헬싱키 대학에서
법학을 전공하였으며, 졸업 후 핀란드 노동조합인 SAK의 변호사 로
일하는 등 시민단체에서 다양한 활동을 하였다. 1971년 29살의 할로
넨은 급진좌파인 사회민주당의 당원이 되었다. 1974년 국무총리였던
칼레비 소르사(Kalevi Sorsa)의 추천으로 총리실 의회담당비서 활동을
했는데 이것이 그녀로 하여금 정계의 실질적인 측근들과 인연을 맺
는 계기를 만들어 주었다. 2000년 대선에서 할로넨은 최다득표를 하
였지만 50%를 넘지 못해 결선투표를 치른 뒤 51.6%의 지지를 얻어
최초 여성 대통령이 되었다. 핀란드는 다당제와 단원제를 중심으로
하는 의원내각제를 운영하면서도 6년 임기의 그리고 1회에 한해 중
임이 가능한 대통령 선거는 직선제로 뽑는다. 한국과는 달리 핀란드
는 내정은 주로 총리가 담당하고 대통령은 외교, 국방 등 대외정책을
주관하는데 2000년 3월에는 대통령의 권한을 더욱 축소하고 국회 및
내각의 기능을 강조하는 방향으로 헌법 개정이 이루어 졌다.

'카르페 디엠(Carpe diem : 때를 놓치지 말라)' 할로넨 대통령이

---

4) 본문 중에서 타르야 할로넨, 앙겔라 메르켈, 마거릿 대처에 관해서는 다음 저서를 참조하였다.
고은 외 다수저자, 『그녀들은 무엇이 다른가-세계여성 지도자』 명인문화사, 2006.

2002년 한국을 방문했을 때, 그가 한국의 여성들에게 강조한 말이다. 자신이 꿈꾸는 목표를 이룰 때까지 기다리기만 한다면 아무것도 달성할 수 없으니 지금 이 순간을 소중히 생각하고 당장 자신이 할 수 있는 일을 찾아 행동하라고 강조하였다. 그는 여성에게 당당함을 강조한다. 이를 그는 실천에 옮겼으니 할로넨은 대통령 임기 중에 결혼을 한 인물로 유명하다. 대통령이 된 후인 2000년 8월 26일, 그녀는 15년 동안 오랜 파트너로 일해 왔던 6살 연하의 펜티 아라야르비(Pentti Arajarvi) 박사와 백년가약을 맺었다. 그녀에게 이 결혼은 첫 번째 결혼이었으나 이미 젊은 시절에 그녀에게는 딸 안나가 있었고 남편 아라야르비도 아들이 있었다. 이일은 핀란드 사회풍토는 그다지 지탄받는 일은 아니었지만, 지도층에서는 흔한 일도 아니어서 보수주의자들의 곱지 않는 시선을 받아야 했다. 무엇보다도 현임 여성대통령의 결혼으로 세계는 사랑에 빠진 한 여성으로서 할로넨의 인간적이고도 당당한 면모를 볼 수 있었다.

할로넨의 6년간의 국정활동에 대해 한 여론조사에서 국민들은 대체적으로 성공적이었다고 평가했다. 그녀만의 특징적인 요소를 정책에 일관되게 반영시켰고, 여성들의 권익을 신장시키는 등 남녀평등을 이루기 위해 적극 노력했기 때문이다. 할로넨은 항상 국민들의 여론을 존중하고 귀를 열어두었으며 유연함과 결단력을 조화롭게 활용하여 사회에 꼭 필요한 정책들을 구상하고 추진해 나갔기 때문이라고 하겠다.

03. 독일 앙겔라 메르켈의 유연한 리더십

2005년 독일은 여성총리 앙겔라 메르켈의 등장으로 떠들썩한 한해를 보냈다. 퀴리 부인과 같은 과학자가 되기를 희망한 평범한 젊은 과학자가 동독출신에, 재혼한 경험이 있으며 자녀도 없는 여성이라는 난점을 가지고도5) 독일 최초의 여성총리가 되었기 때문이다. 앙겔라 메르켈이 어린 시절 부터 정치인을 꿈꾸었던 것으로 보이지는 않았다고 한다. 학창시절의 친구나 선생님 모두가 그녀가 정치를 택하였을 때 놀랐다고 표현하였다. 그러나 앙겔라는 어렸을 적부터 정치에 관심을 가지고 동독에 살면서도 서독의 내각 구성원들의 이름을 줄줄 외우기도 했고 서독의 시사프로그램도 열심히 시청했다. 그의 가정은 가난했다. 따라서 대학생활하면서 결혼을 하였다. 당시 동독에서는 결혼을 해야 집과 일자리를 구할 수 있었기 때문에 1977년 물리학자 울리히 메르켈(Ulrich Merkel)과 결혼하면서 메르켈이라는 이름을 갖게 되었다. 그리고 4년 만에 이혼을 했다.

1989년 베를린 장벽 붕괴이후 독일 통일이 될 것 이라는 동료과학자의 얘기를 듣고 정당의 일반당원으로 정치활동을 시작하게 된다. 후일 동독의 개발부 장관 대변인의 추천으로 동독정부의 홍보담당자로 발탁되었는데, 그녀는 타고난 유머감각과 정확한 보고능력을 가졌다는 언론의 호의적인 평가를 받았다. 그리고 1990년 10월 3일 동서독은 통일이 되었다. 앙겔라 메르켈은 기회를 놓이지 않았다. 동독정부의 공보담당자였던 메르켈은 작센주 사회부 장관이었던 한스 가이

---

5) 고은 외 다수저자, "독일의 앙겔라 메르켈 총리", 『그녀들은 무엇이 다른가-세계여성 지도자』, 명인문화사, 2006. p.85.

슬러에게 자신을 헬무트 콜(Helmut Kohl)총리에게 소개시켜달라고 하여 기민당의 '정당통일 파티'에서 콜 총리와 둘이 처음으로 만나게 되었다. 이 첫 만남 이후 그녀는 내각에서 여성 장관의 비율을 높이고자 했던 콜 총리의 의도와 일치하여 장관직에 임명되었다.[6]

메르켈장관은 양성 평등법을 통과시켰고, 동서독의 다른 낙태법을 토론과 협상을 통해 만들어내었다. 그는 어려운 난제를 타파하고 여성총리가 되었다. 가장 어렵고 중요한 관건의 하나는 자신을 장관으로 임명하고 정치적으로 키워준 콜 총리에게 비판을 하지 않으면 안 되는 일이었다. 메르켈은 당의 정치적 생존과 발전을 위하여 콜의 잘 못을 비판하며 스스로의 길을 만들어 냈다. 본격적인 정치적 독립은 1999년 콜의 비자금 스캔들로 인해 시작되었고 1년 후 콜 총리와 결별하였다. 특히 그녀는 콜의 정치 비자금 문제에 대한 명백한 진상규명을 요구했고, 콜과 같은 백전노장 없이도 당이 스스로 독립하여 자발적 길을 가야한다고 주장했다. 결코 쉽지 않는 일이었으나 그는 헤쳐 나갔다. 그리고 결국은 승리하였다. 2000년 4월 10일 기민당 전당대회에서 96%의 지지를 받아 독일 최초의 여성 당수로 선출되었고, 2005년 총선결과 기민-기사당 연합이 35.2%, 사민당 34.2%를 획득하여 어느 쪽도 승리하지 못하였고 결국 기민-기사연합과 사민당이 연합하여, 사민당 당수인 슈뢰더와 메르켈 간에 연합정부가 시작되었고, 최종적으로 사민당이 총리직을 기민-기사연합에게 양보하고, 대신 8개 부처의 장관직을 맡는 것으로 협상이 마무리 되었다. 그리고 이 대연합 정부의 총리를 메르켈이 이끌게 되었다. 흔히 우리는 시대

---

6) 고은 외 다수저자, "독일의 앙겔라 메르켈 총리", 『그녀들은 무엇이 다른가-세계여성 지도자』, 명인문화사, 2006. pp.94-95.

가 영웅을 만든다고 한다. 동서독 통일의 시대적 요청으로 앙겔라 메르켈이라는 여성 총리가 탄생했다고 할 수도 있다. 그러나 그는 그 직을 맡을 수 있도록 초기에 능력을 갖출 수 있는 다양한 준비를 하였다. 그 대표적 시작이 자신을 콜 총리에게 소개 해 달라고 할 수 있었던 용기와 그 기회를 놓치지 않았기에 가능했다. 또한 비록 그 직을 맡았다고 하더라도 수행할 수 있는 자격을 구비하지 않았다면 불가능 했을 것이다.

04. 중국 천무화의 행동하는 리더십

중국여성 천무화(陳慕華)는 1994년 한국의 김장숙정무장관 (제2실)(현 여성가족부의 전신)의 초청으로 한국을 방문하였다. 이는 한중수교이후 공식적으로 한국을 방문한 최초의 최고위직 중국여성이라고 할 수 있다. 그는 중국이 제 4차 세계여성대회를 베이징에 개최하기로 하고 이웃나라 한국에서 여성 지도자들을 많이 참석할 수 있도록 협의차 한국을 방문하였다. 그 결과 제4차 북경여성대회는 한국에서 정부기구(GO, Governmental Organization)에서는 김영삼 대통령 영부인 손명숙 여사와 김장숙 정무 제2장관 등 50여명이 참석하였고, 비정부기구(NGO, Non Governmental Organization)에서는 한국여성단체협의회 이연숙회장과 한국여성정치문화연구소 김정숙 이사장(현 사단법인 한국여성단체협의회 회장), 한중여성교류협회 하영애 회장 및 수많은 여성단체와 여성학자, 교수, 전문가 등 650여명이 참석하여 나이로비 등 그 이전 세계여성대회의 30-40명과는 참석 규모에서 커다란 변화와 열정을 가져왔다. 기실 제4차 세계여성대회는 전 세계여성을 북경에 모이게 하였으니, 미국의 대통령 영부인 힐러리 여사를 비롯하여 한국 등 수많은 영부인들이 참석하였으며 전체참석자수는 GO가 15,000여명, NGO가 30,000여명 총 45,000여명이 참석한 역사상 유례없는 커다란 규모의 세계적 여성대회였다. 이 대회는 '여성의 눈으로 세계를 보라 (Through women's eyes in the world)'라는 캐치프레이즈를 가지고 10여일 전 세계의 뉴스와 이목을 북경으로 고정시켰으며, 최종적으로 북경행동강령(北京行動綱領, The flatform of Beijing) 12개 항목을 발표하였다. 이 12개 항목은 여성과 교육, 여성과 정치참여, 여성과 빈곤, 여성과 성폭력, 여성과 건강, 여자아이 등 12개 항목으로 모든 나라에서 이 항목들을 실행할 수 있도록 한 뒤, 매년 3월 미국에서 개최되는 유엔여성지위위원회에서 각 국가별로 이행상태를 보고하도록 하였다. 이 12개 항목과 이행결과는 오늘날 전 세계여성들의 지위와 양성평등에 실질적인 향상을 가져오도록 하는데 기본적인 법규노릇을 하였다. 그 결과 한국에서는 '한국여성기본법'이 제정되었고 또한 '여성발전기금'이 만들어 졌으며 특히 '여성주간(매년 7.1-7.7)'이 제정되어 여성들의 권리향상에 실적적인 발전을 가져왔다. 뿐만 아니라 중국, 일본, 대만 등 동북아여성들의 권리신장과 법규제정에 괄목한 할만 변화와 발전을 가져왔다고 하겠다. 이 세계4차 여성대회를 총지휘한 여성중의 한사람이 바로 중국의 중화전국부녀연합회 주석이며, 중화인민공화국 전국인민대회 상무위원회 부위원장(부 총리급)인 천무화였다. 그는 당시 78세의 연령에 장군같은 체격을 가졌으며 행동하며 실천하는 리더십을 발휘하여 이 대회를 성공시켰다. 사회주의 국가 중국에서도 이 대회이후 여성의 지위에 변화를 가져왔으며 후일 일본 사민당의 여성당수 도이 다까고를 비롯하여 많은 여성들은 1995년 제4차 세계여성대회의 성공과 성과를 잊지 못하며, 이 대회를 개최한 천무화의 행동하는 리더십을 극찬한다.

05. 중국 펑페이윈의 책임감, 의리의 리더십

한중수교 10주년을 맞이한 2002년은 그간의 양국의 다양한 결실을 점검해 볼 수 있는 해 이기도 했지만 무엇보다 한국과 중국의 여성들을 상호 이해할 수 있는 중요한 계기가 되었다. 한 사례를 살펴보자.

사단법인 한중여성교류협회(중앙회 회장 하영애)에서는 수교 10주년에 양국여성들의 상호교류를 위해 당시 전국부녀연합회 주석 펑페이윈(彭佩云)에게 편지를 보냈다. 몇 개월이 지나 소식이 없던 부녀연합회에서 회신이 왔다. 그 내용 중에는 한국에서 보내온 편지를 부녀연합회의 10개의 부처, 예를 들면, 국제부, 조직부, 아동부등에 이 편지를 돌려가며 본 뒤에 어떻게 행사를 할 것인지 구체화 하느라고 늦었으며 우리 모두는 양국여성들이 힘을 결합하여 '10주년 행사를 개최하기로 결정했다'는 것이었다.

사실 필자는 당시 너무 오랫동안 회신이 없기에 부녀연합회와는 하지 않고, 북경대학교 교수들과 논의하여 북경대학과 공동으로 할 생각을 가지고 있던 터라 약간 놀라기도 했었다. 왜냐하면 전국부녀연합회는 중국에서 가장 큰 수 억 명의 조직을 가지고 있으며 GO와 NGO을 겸하고 있는 엄격하게는 국가 기구인데, 수적으로도 조그마한 NGO인 한중여성교류협회에서 단지 의지만을 가지고 A4 5장의 긴

편지를 정성스럽게 자필로 써서 보내긴 했지만 불가능할 수도 있지 않을까 생각했었는데 펑 주석은 그 기대를 저버리지 않았다.

드디어 2002년 8월 19일 중국 전국 부녀연합회 건물인 건국반점(호텔)에서 한중여성교류협회와 중국 전국부녀연합회 공동으로 [한중여성경제 및 청소년 문화예술대회]를 개최하였으며 한국에서는 110명이 중국북경의 이 행사에 참석하였다. 펄스위트 소년소녀합창단 30여명과 함께 당시에 그 행사가 얼마나 성공적이었나 하는 것은 중국의 인민일보(人民日報)와 한국의 동아일보, 여성신문에서 크게 보도되었던 것을 통해 가름할 수 있다. 나중에야 안 일이었지만 펑주석은 당시 해외에 나갈 계획이 있었는데 한국여성들과의 북경에서 개최하기로 한 이 약속 때문에 다음으로 미루었다고 한다. 그는 고위급 지도자들이 하기에 쉽지 않는 책임감으로 감기로 연신 콧물을 닦으면서도 아침행사부터 저녁만찬 그리고 밤늦게까지 이루어진 양국의 청소년 문화예술까지 모두 관람하고 젊은이들을 격려하였다.

2012년 후베이성(湖北省) 우한(武漢)에서 북경대학과 아시아여성연합이 공동주최한 "제6회 아시아여성포럼(亞洲婦女論壇, Sixth Asian Women's Forum)"에 80세가 넘은 펑페이윈 주석은 참석하여 기조연설을 함으로서 건재한 모습을 보였으며 10여 년 만에 필자와는 다시 만나 수교10주년 행사에서의 감사한 마음을 다시 전할 수 있었다. '북경대학 대외부녀연구중심(北京大學 對外婦女研究中心)'의 명예주석, 중국 전국부녀연합회 전 주석으로 그는 많은 중국의 여성단체, 학자, 청소년들에게 존경과 칭송을 받는 책임감과 의리 있는 리더십은 비록 국적을 달리하지만 존경하는 여성 지도자로서 한국여성들에게도 커다란 타산지석의 교훈을 준다고 하겠다.

06. 한국 박순천의 카리스마적 정치리더십

　서구 여성 지도자의 경우나 대만 여성정치인의 경우7) 남편이나 아버지의 죽음으로 정치에 입문하는 사례가 빈번한데 이와 같은 경우를 '미망인 승계(widow's succession)'라고 한다. 이와 달리 박순천이란 정치지도자의 정치입문은 다양한 여성단체를 조직했던 경험이 크게 작용했다고 할 수 있다. 예를 들면, '대한여자 청년단'(1949.2) 단장으로 선임되었고 '대한 애국부인회'(1949.5) 총본부 회장을 6년간 역임하였고 반탁운동에 앞장섰으며 비상 국민회 주비회, 기미독립선언기념 전국대회 준비 위원회, 독립금 헌성회 등 각종 정치모임에 여성대표로 참여했다. 그는 국회의원으로 당선되자마자 '축첩 반대법규', '여성근로자들의 60일간 유급휴가'를 발의하고 통과시킴으로서 소위 '박순천 법규'를 마련하였으며 여성단체 활동을 통해 '각자 이름쓰기 운동', '색 버선 신기'등 여성들의 비인간적인 생활상을 개선하였다. 황영주는 박순천 자신이 이 나라의 여성으로 태어나서 몇 사람에 불과했던 일본유학에 최고학부를 나온 선구자로서의 경륜과 사명을 어디까지나 여성들의 개혁과 지위향상을 위한 계몽지도에 두었다는 주장은 타당한 것으로 보인다는 연구결과를 밝히고 있으며8) 특히 박순천은 이승만 대통령의 독재에 대항하여 항변하고 탄압에 대해 적극적으로 항의하였으며, 조직의 지도자의 마음먹기에 따라 그

---

7) 현재 대만 입법부 (입법부는 한국의 국회에 해당함)입법위원이며 부의장(국회 부의장에 해당)은 8선의 여성입법위원으로서 아버지의 영향을 받아 정계에 진출하였으며, 고웅시의 입법위원 구의영(邱義榮)은 아버지가 4살 때부터 정치참여 하기를 독려하였고, 고웅에서 출마하여 가장 최연소의 국민대회대표(國民大會代表)로 선출되었으며, 현재는 재선 입법위원으로 활약하고 있다. (대만 국회방문 및 필자와의 인터뷰 중에서, 2013. 1. 10.)

8) 황영주, "한 여성정치가의 경우: 박순천 의원", 『국제문제논총』 제14집, 1987. p.104.

조직이 와해 될 수 있는 위급한 시기에 이를 거부하고 '국회 속개'의 연설을 통해 이 사실을 동료의원들과 국민들에게 소상히 알리게 되었다.

박순천은 정치사회면에서 많은 성과를 남겼다. 민주당 당수로서 박정희대통령과의 영수회담을 통한 한국 국교회복 및 베트남 파병문제에 대한 담판은 그녀의 정치적 능력을 나타낸다. 역대 지역구 출신 중 정치적 영향력과 지도력을 발휘한 지도자는 임영신(1, 2대), 박순천(2, 4, 5, 6대), 김정례(11, 12대)를 들 수 있는데9) 이중에서 박순천은 한국여성정치지도자 중 가장 오랫동안 정치에 참여한 5선의원이며 지역구에 4번—2대 대한애국부인회 (서울 종로갑구), 4, 5대 민주당 (부산 동구 갑), 제6대 민주당(서울 마포), 제7대 신민당(전국구)를 1번을 당선했었다. 그는 야당 정치인이었으며 정당정치를 중요시했다. 특히 민주당에 참여하여 최고의원을 4차례 역임하였고 민주당 고문을 했다. 무엇보다도 남성정치중심에서 6개 정당을 통합하여 통합 야당의 민중당 당수를 맡아 한국정당사에서 '초대 여성야당 당수'를 기록하였고 남성들을 설득, 소통, 화해하였다. 뿐만 아니라 박정희 대통령과 여야 영수회담에서 보여준 그의 정치적 능력과 역할은 뛰어났다고 평가 할 수 있다. 특히 그는 민주주의의 가치관을 실천하기 위하여 대통령뿐만 아니라 어느 누구와도 타협 하지 않았다. 최정순은 그에 대한 연구에서, 해암(박순천의 호)선생은 반독재 민주화의 투쟁성과 타의 추종을 불허하는 도덕성, 특히 공평무사한 공정성이 주는 카리스마와 적극적인 당내활동으로 민주당 최고위원이 될 수 있

---

9) 서경교, "여성의 정치참여와 한국의 여성정치지도자" 한국정치학회 하계학술회의 발표논문 (1996)

었다. 당내의 신파로 분류되고 있으나 본인은 당파를 부인하고, 당파의 이익보다는 민주적인 당과 국가를 중시하는 도덕성을 보여주었다. 해암선생은 목적가치로서의 민주주의와 행동양식가치로서의 민주주의를 동시에 구현하는, 절차민주주의에도 투철한 의회민주주의자였음을 알 수 있다고 평가하였다. 10)

예나 지금이나 여성 지도자의 성공에는 남편의 내조가 절대적이라고 할 수 있다. 박순천의 성공 뒤에는 남편의 내조가 있었다고 보여진다. 오랜 정치지도자 생활을 한 박순천에게는 초창기에는 여성 지도자나 단체의 회원들이 정치자금을 도와주어 정치자금에는 큰 어려움이 없었으나 20여 년간의 야당정치인 생활에는 어려움이 없을 수 없었다. 남편 변희용은 아내 뒷바라지를 위해 집을 옮겨 선거비용에 보태었으며11) 젊은 시절 박순천을 도와 12년간 함께 야학을 하면서 부인에게 정신적인 물질적인 도움을 준 반려자이다. 그는 4.19 혁명 때 당시 성균관대학교 교수로서 교수시국선언을 주도하였으며 그 덕분에 4.19는 성공할 수 있었다. 이러한 공헌으로 그들은 각각 사후 2011년에 부부합장으로 4.19묘역에 안치되었다.

이처럼 박순천은 정치적으로는 야당정치인으로, 한국 최초의 여성 야당당수를 역임하였으며 이승만 대통령의 독재에 투쟁하였고 또한 여성단체의 존립을 위하여 과감히 대한부인회의 회장직을 내려놓는다. 특히 민정을 위해 박정희 정부와 투쟁하였으며 여야영수회담에서는 한일연합과 월남전파병의 중요성에 대해 해당 정당당원의 사표를 받아내는 강직한 정치지도자의 역할을 추진해나간다. 그러면서도 정

---

10) http://blog.daum.net/_blog/hdn/ArticleContentsView.do?blogid=0NU41&articleno=4 (검색일: 2014. 4. 7).
11) 최정순, 『박순천 정치리더십 연구』, 국민대학교 박사학위 논문, 2007. 참고.

당을 위하여 각 정당이 연합하도록 중재역할을 하며 모성적 정치리더십과 전통적 덕치의 리더십을 발휘하고 야당의 존립을 위해 민주적 정치역량을 과감히 체현하였다. 한국의 정치사에서 박순천의 민족주의와 야당여성정치인으로서의 카리스마적 정치리더십은 국내외의 정치를 꿈꾸는 후진들에게 큰 귀감이 될 것이다.

07. 영국 마거릿 대처의 원칙중시 리더십

철의 여인으로 잘 알려진 영국의 마거릿 대처수상은 어떤 리더십을 가졌을까? 마거릿 대처는 영국 보수당의 326년 역사 이래 처음이며 유일한 여성당수였고, 유럽전체에서 첫 번째 여성수상이었다. 그는 또한 세 번의 총선에 연임됨으로써 20세기 최장수 수상이라는 기록을 가지고 있다. 그녀의 일생에서 아버지 알프레드(구두 수선공의 아들, 그랜덤의 시장 역임)의 영향은 정치, 학문 모든 면에서 멘토였다. 특히 그녀의 아버지는 지방의회의 선거운동, 선거인 명부, 후보 지명 등 정치와 선거의 개념에 대해 가르쳤으며 마을에서 열리는 지방의회 연설회의에 마거릿을 보냈고 내용을 요점 정리하여 말하도록 훈련시켰다. 그때는 여성이 대학을 가는 것조차 흔치 않는 시대인데 아버지의 이러한 교육방식은 매우 진보적인 것이었다. 이러한 그의 가치관과 사고는 그의 인생은 물론 여성관에서도 드러난다. 그녀는 "여자는 공부를 하지 않고도 잘살 수 있다. 결혼을 잘하면 되니까 라고 생각하는 것은 아주 큰 잘못입니다. 여성도 멋진 일을 할 수 있는 자질을 갖추어야 하며 결혼 후에도 자신의 일을 갖고 충실해야 합니다."12)

그가 오늘날의 대처수상으로 있기까지 많은 선거에서 낙선하였고 10년만인 1959년 8월 선거에서 마침내 승리하여 의회에 진출하게 된다. 그러나 영국은 성공하는 정치가들의 대표적인 공통점이 뛰어난 유머감각이며 처칠은 대표적이었다. 그리고 그것은 보수당 일수록 요구되는 것이었다. 하지만 대처는 유머감각이나 푸근한 인간미가 턱없이 부족했고, 일밖에 모르는데다가 생활 반경도 좁은 그야말로 재미없는 사람이었다. 그러나 대처는 이러한 자신의 단점을 뛰어난 순발력과 빈틈없는 예리함으로 완전히 역전시켰다.

1976년 영국이 선진국 최초로 IMF 국제구제 금융을 받았으며, 1979년 총선이 실시되었을 때 끝없는 파업에 신물이 나고, 높은 세금으로 휘청대던 국민들에게 법의 질서와 감세를 내세우며 열정적인 유세활동을 하는 그녀에게 1979년 5월3일 개표결과는 그가 이끄는 보수당이 339표를 얻어 268석을 얻은 노동당을 제치고 압승하였다. 이런 그는 포크랜드 전쟁에서 영국의 자존심을 회복함으로써 그의 명성을 다시 한 번 떨쳤다. 그의 유머감각 혹은 재치를 소개해보면, 한번은 그녀가 수상으로 당선 된 후 기자회견에서 한 미국인 기자가 "스스로를 간디여사(인도 독립후의 초대 여성 수상)와 같다고 생각하십니까?" 라고 묻자 대처는 단번에 "아니요, 전 저를 마거릿 대처라고 생각 합니다"라고 대답했다. 보통 "영광입니다"라고 할 수도 있을 텐데 그는 당당하며 자신감이 넘쳤다. 또 이 자리에서 "여전히 여성 당수에 대해 회의적인 사람들에게 뭐라고 말하겠느냐"라는 질문에 "저에게 기회를 줘 보시죠." 라며 웃어넘겼다.

---

12) 고은 외 다수저자, "영국의 마거릿 대처 수상", 『그녀들은 무엇이 다른가-세계여성 지도자』, 명인문화사, 2006. p.221.

대처의 강경정책에 반발하여 탄광노조의 파업이 1년간 진행되었지만 뚝심과 원칙으로 전 노조원이 파업을 포기하고 직장에 복귀했다. 그녀는 또한 국민들에게 더 이상 정부에 의존 하지 말고 스스로 일어서라는 'DIY(Do it yourself)'정신을 일깨워 주었다. 이는 성실한 중산층을 최우선으로 하는 대중자본주의를 낳게 되었고, 대처의 대표적인 정책인 국유산업의 민영화(당시 영국은 사회주의 국가를 제외하고는 세계에서 국영기업이 가장 많은 나라였다)와 공영주택 민간 소유화로 구체와 되었다. 이러한 대처리즘의 원칙주의 리더십은 대처를 오랫동안 비판했던 작가 앤서니 샘슨 조차도 "유럽 경쟁국들과 비교할 때 영국 경제가 내 평생, 적어도 50년대 이후 내가 기억하는 그 어느 때 보다도 건전하다는 것은 놀라운 일이다"라고 칭찬할 정도였다.

08. 결론

앞에서 우리는 국내외 여성 지도자들의 다양한 리더십을 고찰해보았다. '카르페 디엠(Carpe diem : 때를 놓치지 말라)'는 할로넨의 결단력의 리더십, 앙겔라 메르켈의 강하면서도 유연한 리더십, 천무화의 행동하는 리더십, 펑페이윈의 중국의 여성단체, 학자, 청소년들에게 존경과 칭송을 받는 책임감과 의리의 리더십, 대처 수상의 원칙중시의 대처리즘의 리더십, 박순천의 민족주의와 야당여성정치인으로서의 카리스마적 정치리더십은 우리 모두에게 여성 지도자로서의 남다른 일면을 보여준다고 하겠다.

특히 박순천은 갓 돌 지난 아기를 떼어놓고 대만으로 유학 가는 필자를 격려하면서 "나도 그랬지. 아기 재우면서 책 읽다가 잠들어 버리면 이튿날 책한테 그렇게 미안 할 수가 없었어"라고 회고했다.[13] 7 남매를 키웠던 박순천(원래 이름은 명연, 일본경찰에 붙잡히지 않으려고 순천댁 이란 가명을 사용했으나 후일 이름이 됨)에게는 "치마를 입어서 여자지 그는 남자정치인 이상이야"라는 수식어가 늘 따라다녔다. 한국의 정치사에서 첫 여성당수를 기록하고 '육아휴직'과 '축첩 반대'를 주장하며 소위 '박순천 법'을 통과 시킨 5선의 국회의원을 지낸 박순천의 카리스마적 리더십은 21세기 여성정치시대에 많은 시사점을 나타낸다고 하겠다.

동북아 국가에서 옛 여성 지도자들의 리더십을 되돌아보면, 신라 선덕여왕은 호국불교를 비롯하여 불교문화를 창달하였고 16년간 신라를 통치함으로서 전통적 덕치의 정치 리더십을 발휘하였으며 중국의 측천 여 황제는 중국의 역사에서 당(唐)나라에서 35년간 정치를 하였으며 주(周)나라를 설립하여 15년간 통치를 함으로서 무서운 여성, 악랄한 여성군주였으나 현명하며 능력 있는 참모를 찾아내었으며 재임기간 중 수많은 재상을 등용시킨 현인능사(賢人能事)의 카리스마적 정치리더십을 발휘하였다고 평가할 수 있다.

'21세기 선덕 리더십 여성아카데미'에 참가한 우리들은 어떠한 리더십을 가져야 할까. 우선 이러한 교육에 참여할 수 있는 마음가짐에서 여느 여성들과는 다른 리더십을 향유할 수 있는 자세를 가지고 있다고 평가할 수 있다. 할로넨 대통령의 '카르페 디엠 – 때를 놓치지

---

13) 박순천은 육영수여사 추모사업회 이사장으로 재직하였다. 미국 유학생에게만 장학금을 지급하다가 처음으로 동남아지역의 장학생을 선발한 뒤, 필자에게 장학금을 지급한 자리에서 젖 먹이 애를 두고 떠나는 엄마유학생을 격려하면서. 1981. 1. 15. 14:00 이사장실.

말라!'는 결단력의 리더십, '스스로 일어서라(Do it yourself)'는 대처리즘의 리더십과 같이 이러한 멋진 기회에 꿈꾸고 사랑하고 행동하는 열정을 가지고 자신에 맞는 리더십을 답습하고 발굴 해보는 것은 어떨까?

(21세기 선덕 리더십 여성아카데미, 경주 특강 2014년 9월 12일)

제2부

동북아 여성의 정치참여

01. 서론

여성장관에 관한 연구는 21세기 각 분야에서 여성의 사회진출과 더불어 양성평등과 여성의 지위향상에 중요한 연구 분야라고 할 수 있다. 한국은 1948년 여성의 참정권이 부여되었고 이승만 정권은 당시 '여자국민당' 당수였던 임영신을 상공부 장관에 임명하여 첫 여성장관이 나왔다. 그 후 여성장관임명은 역대 대통령의 역량과 재량권에 비례하여 임명되곤 하였다. 여성장관들은 어떠한 경로를 통해서 내각에 참여하게 되는가? 국회나 지방의회의 여성의원들은 선거를 통해서 선출되지만 내각의 여성장관은 임명권자의 고유 권한이기 때문에 대통령의 의지여하에 따라 각 정부마다 여성장관의 임용 수는 차이가 났다.

유엔은 정치 행정 분야에서의 여성의 참여정도를 나타내는 여성권한 척도(GEM: Gender Empowerment Measure)를 통해 세계여성의 지위를 측정하였다. 이 여성권한 척도는 여성 장관과 차관 및 관리직 여성비율, 여성 국회의원 비율, 전문기술직 여성비율 그리고 남녀소득비 등을 평가요소로 활용하여 정치 경제 분야에서의 여성참여 정도를 지표화한 것이다. 그런데 한국은 2010년 전체 64개국 중 61위로 최하위 수준이다.[1] 이처럼 한국의 여성권한 척도를 낮춘 가장 큰 요인은 비록 여성국회의원의 비율은 2012년 선거결과 15.7%라는 여성 국회의원의 선거사상 가장 높은 비율을 가져왔지만 장차관에 있어서 여성비율이 낮기 때문이라고 하겠다. 그러므로 필자는 본 연구에서 여성장관에 주목하고자한다. 프랑스는 내각과 국회의원 지방의회의원에 '남녀동수 의석제도'를 적용하여 양성평등사회를 실현하고 있으며 스웨덴, 노르웨이 등에서 여성내각 각료는 40%에 이르고 있다. 한국이 여성대통령을 선출하였지만 공공부문의 정책결정과정에서 핵심적 결정자인 장관임용에서 여성장관은 극소수이다. 따라서 한국의 양성평등실현과 여성의 지위향상을 위하여 여성장관의석을 궤도에 올리도록 노력하는 것은 시급하다고 하겠다.

그러므로 본 논문에서는 각 부처의 여성장관의 임용에 대해 구체적으로 고찰해본다. 또한 임용된 여성장관들은 각 부처에서 어떠한 역할을 했는지 그 역할유형에 대해서도 모색해본다. 2012년 한국은 최초의 여성 대통령을 탄생시켰고 국민들은 여성 정치 활성화에 대한 기대를 표출하였다. 왜냐하면 당시 대통령 후보들은 '내각에 여성 장관 임용확대'를 공약으로 내걸었기 때문이다. (하영애, 2014:

---

1) 김민정, 2010. "한국여성과 정치-여성의 정치참여 발전방안", 『3.8세계여성의 날 기념 대토론회, 여성! 베이징 그리고 15년』, 한국여성단체협의회 발행 자료집, 2010, p.22.
    최근 이 GEM은 각국의 상황을 고려하여 새로운 불평등지수(GII: Gender Inequality Index)를 개발했으나 여전히 중요한 지표로 각국의 정치참여에 고려해야한다. 황인자, "UNDP 여성권한지수가 뭐기에", 『여성신문』, 1132회[오피니언], 2014. 4. 29. 참고.

359-361), 그러나 현 정부에는 역대 정권에서 여성장관임명이 최하위 수준이다.

본 연구는 다음 몇 가지를 다루고자 한다. 제 II장에서는 이론적 배경과 선행연구를, 제 III장에서는 전체 여성장관들의 재임기간을 고찰하였다. 재임기간에 있어서는 역대 정부별 여성장관의 재임기간을 비교하고, 각 정부별로 재임기간이 길었던 장관과 짧았던 장관을 살펴볼 것이다. 특히 보건사회부와 여성가족부를 비교해본다. 이를 통해 우리나라 여성장관들이 부처별로 어느 정도 안정성 속에서 자신의 역할을 수행하였는가를 살펴볼 수 있을 것이다. IV장에서는 여성장관들의 임용과정과 경력배경 그리고 역할들을 다룬다. 임용과정에는 주요경력, 직전경력, 정치인 경험여부를 부처별로 분석하고자 한다. 주요경력은 장관이 되기 이전에 주로 활동하였던 분야를 중심으로, 직전경력은 장관으로 임용되기 바로직전의 경력을 중심으로 분류하였다.

현재 정치학차원에서 여성장관의 배경과 역할에 관한 연구는 없는 실정이다. 기존의 연구들이 장관의 임용을 고찰함에 있어서 '역대 대통령'이 장관을 선택한 기준이라면, 본 연구는 역대 여성장관으로 임용된 각 부처의 여성장관들이 어떻게 임용되었는지에 대해 '여성장관'의 입장에서, 어떤 동기와 기준에 의해 임용되었는지를 인터뷰를 통해 고찰해본다. 그리고 이들은 각 부처의 장관으로 어떠한 활동과 업적을 일구었는지 역할유형을 통해 살펴보고, 그 임명동기 및 기준과 역할유형관계를 조명해보고자 한다.

연구방법은 문헌분석법을 중심으로 하고 부분적인 설문조사를 하였다. 초대 이승만 대통령부터 현재 박근혜 정부까지 여성장관은 총

40명이다. 재임기간 등의 인구사회학적 배경에서는 문헌자료를 중점으로 39명(현직 여성부장관 1명 제외)을 고찰하였다. 설문조사는 직접 인터뷰를 통해 진행하였는데 시간적 제한과 환경적 제한으로 14명을 대상으로 하였다. 방문인터뷰의 기간은 2014년 8월과 2015년 1월에 집중적으로 이루어졌다.

02. 이론적 배경과 선행연구

내각은 한 국가의 최고지도자인 대통령이 국가를 운영해나가는 실제적 기구로서, 구성원인 장관의 충원은 그들의 능력과 더불어 정부의 정책이 국민들의 권익이나 생활에 영향을 미칠 수 있기 때문에 대단히 중요하다.

우리나라의 남성장관에 관해서는 다음의 연구가 있다. 김광웅은 장관의 자질과 역할에 관해 일반적으로 고찰하고 약간 명의 실제사례를 제시하고 있다. (김광웅, 1994) 안병만은 제1공화국에서부터 김영삼 정부초기(1948-1993)까지의 장관들을 다루고 있으며 출생, 교육, 경력배경에 중점을 두고 있다.(안병만, 2001) 이시원·민병익 등은 역대장관들의 재임기간에 대해 인구사회학적 분석에 초점을 두고 있으며 (이시원·민병익, 2002) 김호균은 장관역할에 관한 분석틀을 만들고 장관의 승계와 부처행정변화 관계, 장관의 역할고찰, 장관직무수행조건을 통해 한국의 장관들에 대한 광범위한 연구를 하였다. 그러나 여성장관에 관해서는 김명자 장관 1명을 사례로 다루고 있다. (김호균, 2004) 박종민은 제3공화국부터 제6공화국(1963-1993)까지 30년

간의 장관선택에 대한 지역적, 직업적, 교육적 배경을 분석하고 있다.(박종민, 1996) 이처럼 전체장관들에 대한 연구는 나름대로 진행되고 있지만 여성장관에 관한 연구는 극히 미약하다. 지금까지 여성장관에 관한 연구는 장관보다는 정무(제2)실의 행정기구 개편에 중점을 둔 연구가 있으며 (강현희, 2000, 김정희, 1997) 최근에는 조윤선 장관과 윤진숙 장관에 대한 언론 보도 프레임에 대한 비교연구가 있을 뿐이다. (권형섭, 2014)

한국의 여성국회의원비율은 제헌시기 0.5%부터 30여 년간 겨우 2.1%를 유지해오다가 제도개선의 영향으로 점차 향상하였으며 2012년 선거 시에는 15.7%의 비율로서 역사상 가장 많은 높은 기록을 보였다. 특히 제4차 북경여성대회 이후에는 한국여성국회의원의 증가비율이 중국보다 상승하기도 하였고 (하영애, 2010: 294-299) 장관들 중에는 국회의원을 역임한 후 그 경륜을 바탕으로 장관에 임용되는 자들이 적지 않았다. 따라서 본 연구에서는 여성장관의 임용과정과 역할에 대해 고찰하고자 한다. 먼저, 인구사회학적 배경에서 역대 여성장관의 재임기간, 학력사항, 취임연령에 대해 고찰해본다. 재임기간의 장단(長短)에 따라 그 정부가 얼마나 안정적이었는지 볼 수 있는데, 비록 여성장관이 몇 개의 부서에만 국한하고 있어서 대표적이지는 않지만 이를 통해 우리나라 여성장관들이 부처별로 어느 정도 안정성 속에서 자신의 역할을 수행하였는가를 살펴볼 수 있을 것이다. 학력배경은 한국사회에서 장관직을 수행하는데 필수적 요건으로 나타나고 있다.(박종민, 1996: 47) 특히 한국 여성들은 교육정도가 상당히 높은데 내각에 참여하는 여성장관들의 학력배경은 어떠한가를 고찰해본다. 경력배경은 여성장관의 임용과정에서 빼놓을 수 없는 중요한 요소라고 할 수 있는데 일반적으로 장관에 관한 많은 연구들은 경력배경으로 학력을 다루고 있다. 한 연구에 따르면 한국의 장관은 관료출신36%, 군인출신25%, 학자출신17%, 법조인 출신이 7%로 나타났으며 특히 관료출신의 이러한 비율은 약 30년간 지속성을 보이고 있다.(박종민, 1996: 52) 정의창의 연구는 한국은 대통령이 겸직하였던 정당의 총재가 공천의 전권을 행사하였기 때문에 국회의원들은 대통령에게 절대 충성하였다고 피력하고 있다.(정의창, 2014: 95). 그렇다면 한국여성들은 어떠한 경력 배경을 가지고 장관으로 임용되었는가? 한국은 여성들이 오랜 기간 가부장적 전통사회에서 억압을 받고 생활해 왔으며 특히 정치 분야는 남성의 독(独)무대였다. 1948년 참정권을 얻고 나서 초대 국회에서 여성은 200명중 보궐선거를 통해 겨우 1명이 당선되었고2), 역시 내각에서도 여성 1명이 장관에 임용되었으나 며칠이 지나도 여성장관에게 결재 받으러 오는 남자 부하직원이 없는 상황3)이 한국여성정치사의 현실이었다. 그러나 여성단체, 여성학자, 여성문제에 관심 갖는 학자들을 통해서, 그리고 이들의 부단한 투쟁을 통해서 여성정치참여는 제도적 개선을 가져오고 있다. 그럼에도 불구하고 내각 각료 중에 여성장관 수는 다른 나라와 비교하면 여전히 열악한 상황이다. 그러므로 이 분야에 관심을 갖는 차세대 여성 정치후보자들을 위해 어떠한 경력배경이 여성장관 임용에 도움이 되고 있는지 그 상관관계를 고찰해 볼 필요가 있다.

---

2) 당시 임영신이 안동에서 보궐선거에 당선되어 200명 중 최초의 여성 국회의원 1명으로 기록 된다.

3) 초대 여성장관으로 상공부장관을 역임했던 임영신은 취임 후 일주일이 지나도록 여성장관에게 결재를 받으러 오지 않자 본인은 여성이지만 남성 못지않게 고생스런 일들을 많이 했다고 호통친 이후에야 남자직원들이 결재 받으러 왔다고 술회하였다. 출처: 조선일보, "새로 쓰는 대한민국 70년 (1945-2015)"
http://news.chosun.com/site/date/html_dir/2015/02/12/2015021200353.html (검색일: 2015. 4. 14).

장관의 임용에 관하여 M. J. Wyszomirski는 미국 역대 대통령들이 내각을 구성한 다양한 사례를 제시하고 있으며 또한 그 기준을 4가지로 구분하고 있다.(Margaret Jane Wyszomirski, 1989:45-57) 미국의 루즈벨트(Franklin Delanore Roosevelt, 제32대)대통령은 직접후보자 리스트를 작성하기 위해 폭넓은 상담을 하였고, 정치적 반대상황의 후보자와의 협상을 위해 비공식적인 보좌관을 활용하기도 하였다. 특히 루즈벨트 대통령은 여성 사회학자인 프란시스 퍼킨스(Frances Perkins)을 내각에 임명하는 등 임기 중 8명의 여성을 내각에 임명하였다. 반면에 80년대의 두 대통령 중 카터(Jimmy Carter, 제39대)와 레이건(Ronald Wilson Reagan, 제40대)은 여성각료를 단 한명도 임명하지 않았다. (Margaret Jane Wyszomirski, 1989: 54-66) 미국의 각 대통령들은 내각의 장관들을 무엇을 중심으로 입각 시켰을까? 이에 대해 좀 더 구체적으로 고찰해보자. 케네디(John Fitzgerald Kennedy, 35대)는 '엘리트 계급'을 찾는 것을 강조하였고, 장관후보자 추천 검증 및 후보자 발견을 위한 "Talent Hunt"로 불렸던 채용시스템을 개발했다. 그는 유명한 후보자의 정보를 얻으려고 했고 내각구성원에서 개인적으로 많은 후보자들과 면접했다. 닉슨(Richard Milhous Nixon, 제37대)과 레이건은 정치적 전략요소를 반영한 '행정적 인력배치'전략, 즉 행정능력을 장관 임명의 요건으로 택했으며 레이건 대통령은 부처의 이익만을 위하는 관료체계의 포로가 아닌 내각 정부에 대한 그의 믿음에 뜻을 같이 할 수 있는 행정가를 원했다. 특히 그는 익숙한 사람이 아닌 새로운 사람을 원했고 여성이나 흑인에게도 관심을 두었다.(Margaret Jane Wyszomirski, 1989:56-58)

이상을 요약하면, 미국은 장관을 임용함에 있어서 1)정치적 자산

조언가(political operations assistant) 2)정책설계보좌관(expert policy adviser) 3)행정가 혹은 조직 관리자(departmental administrator) 4)상징적 대표성(representative link) 등으로 장관을 임용하였음을 볼 수 있다.

본 연구에서는 한국 여성장관들의 임용과정을 고찰함에 있어서 각 정부에서 임용된 여성장관들에게 설문조사를 통해 임용을 고찰해본다. 즉 입각동기, 경력배경 항목 등을 적용하여 정책전문성, 정치적 자산, 상징적 대표성 및 정치적 보상 4가지를 기준으로 하였다.

한편, 장관이 재임기간동안 어떠한 부문에 역점을 두고 활동했는지를 기준으로 장관의 역할유형을 고찰할 수 있는데(김호균, 2004: 143-232 ; Bruce W. Headey, 1975: 69-73 ; Mattei Dogan, 1975: 40) 이들은 역할유형을 정책 설계형(policy initiator), 정책 선택형(policy selector), 조직 관리형(executive ministers), 대사형(ambassador ministers), 소극형(minimalists) 의 5가지 유형으로 구분하고 있다. 첫째, 정책 설계형은 장관자신의 정책목표의 설정과 정책집행을 위한 정책프로그램의 탐색작업 등을 직접 챙기는 스타일이라고 할 수 있다. 둘째, 정책 선택형은 기존 부처정책의 틀(frame work)에서 일하는데 대체로 만족하는 스타일의 장관이 해당된다. 이 유형은 장관이 자신의 역할을 공무원이 제출한 정책대안 중에서 하나를 선택하는 쪽에 중점을 두는 스타일이다. 정책 설계형과 정책 선택형은 두 가지를 묶어 정책설계 및 선택역할로 명명하기도 한다. 셋째, 조직 관리형은 정책의 개발이나 선택보다는 주로 부처조직의 인사나 조직의 운영, 조직원의 사기제고, 외부 압력 배제 등 조직의 내부적 관리에 상대적으로 많은 관심과 시간을 투입하는 유형을 말한다. 넷째, 대사형은 부서정책의 대외홍보, 타 부처와의 업무조정, 이익집단 설득조정, 부처의 위상 강화

등 외부관계자와의 접촉을 통해 부처업무를 추진하는데 상대적으로 많은 시간을 할애하는 유형이다. 외부관계자란 정당이나 의회관계자, 언론, 다른 부처, 이익집단 관계자 등이 해당된다. 다섯째, 소극형은 정책문제나 조직내부관리, 부처업무와 관련된 대외접촉에는 별관심이 없으며 자리를 지키는 유형을 의미한다고 할 수 있다.

이러한 역할유형은 한국이 여성장관에 관한 역할유형의 연구가 전무한 상황에서 본 연구에 있어 유용한 자료로 적용할 수 있다고 하겠다. 따라서 본 연구는 여성장관의 역할을 고찰함에 있어서 김호균의 문헌을 적용하여(김호균, 2004: 49-50) 정책설계 및 선택 역할 유형, 조직관리 역할유형, 대외관계 역할유형, 소극역할 유형의 4가지로 고찰해본다.

03. 역대 여성장관의 재임기간과 배경 분석

1) 여성장관의 현황과 재임기간

각 부처의 장관은 해당분야의 행정을 지휘 감독하는 권한과 책임을 가지고 있을 뿐만 아니라 국무회의 구성원으로 정부의 주요정책 방향과 정책의 내용을 심의하는 역할(이시원·민병익. 2002: 53)을 수행하고 있으며, 동시에 정부활동의 핵심적인 위치에서 국가발전에 중추적 역할을 하고 있다.

초대 이승만 정부에서 부터 현재 18대 박근혜 정부에 이르기까지 여성장관은 총 40명이었다. 여성장관에 관련된 부처는 여성가족부가 중심이겠으나 역대 부처의 여성장관을 보면 상공부 장관 1명, 무임소 장관 1명, 여성가족부 19명(정무장관(제2)실 8명, 여성특별위원회 3명, 여성부 8명 포함) 보건사회부 장관(8명), 환경부 장관 (4명), 문교부 장관 (2명), 법무부장관(법제처장 1명 포함 2명), 문화관광부 장관 (공보 처장 1명 포함 2명), 해양수산부 장관(1명)등으로 구성된다. 현재 여성가족부는 여러 번 직제를 개편하여 오늘에 이르렀다. 초창기는 정무장관(2)실, 그다음에는 여성특별위원회, 그리고 여성부, 여성가족부, 여성부를 거쳐 다시 현재의 여성가족부로 되었다.

이에 관하여 좀 더 구체적으로 고찰해보자. <표-1>를 통해 역대 정권에서 각 대통령들이 여성장관을 임명한 현황을 볼 수 있다. 이승만 정부에서는 3명을 기용하였는데, 임영신 상공부장관을 한국의 첫 여성장관으로 임명한 후에 김활란을 공보 처장에 박현숙을 무임소장관에 각각 기용하였다. 최규하 정부에서는 문교부장관에 김옥길을 임명하였고 그는 여성으로서 처음으로 문교부장관직에 6개월간 역할을 하였다. 전두환 정부에서는 보사부장관에 김정례를 임용하였다. 노태우 정부에서는 오늘날 여성부 전신이라고 할 수 있는 정무장관(제2)실에 4명을 기용하였는데 조경희, 김영정, 이계순, 김갑현이다. 그 후의 정권부터 여성장관의 임용 숫자는 활성화되기 시작하였으며, 김영삼 정부에서는 전임 대통령의 두 배에 달하는 8명의 여성장관을 기용하였다. 보건복지부 장관에 2명, 교육부 장관, 환경처 장관 각 1명, 정무장관에 4명 등 8명이다. 김대중 정부에서는 역대 가장 많은 9명의 여성을 장관으로 기용하였다. 신낙균 문화관광부장관을 비롯하여 여성특별 위원회 위원장을 3명 임용하였고 보건복지부 장관, 환경부 장관, 여성 가족부 장관 등 골고루 여성을 기용하였다. 노무현 정부에서는 6명을 임명하였다. 정부의 핵심부서중의 하나라고 할 수 있는 법무부장관에 여성 1명을 기용하였는데 검사출신인 강금실을 초대여성 법무부장관으로 임명하였다. 그 후에는 법제처로 직제가 개편되었고 이화여대 출신의 김선옥을 법제처장으로 발탁하였다. 노무현 전 대통령이 인권변호사 출신이었던 영향으로 내각 각료에 법무장관 1명과 법제처장까지 포함하여 2명의 여성을 임용함으로서 역대 정부에서 볼수 없는 법률전문성에 의해 여성을 발탁한 것을 알 수 있다. 그 외에 보건복지부, 환경부에 여성각료를 임용하였고 여성부는 여성가족부로 개편하는 변화가 있었다. 이명박 정부에서는 여성부장관 3명, 보건복지부 장관 2명 등 임기 중 5명을 임명하였다. 박근혜 정부에서는 여성가족부 장관 2명과, 해양수산부 장관에 최초로 여성장관 윤진숙을 임명하여 3명의 여성장관이 임명되었으나 2015년 5월 현재 1명뿐이다.

위에서 알 수 있는 바와 같이 한국의 여성장관은 정무장관(제 2)실, 보사부장관, 환경부 장관, 교육부 장관, 법무부 장관, 문화관광부 장관 등에 임명되었다. 그러나 외무부 장관, 기획재정부 장관, 노동부 장관, 국방부 장관 등 흔히 내각의 핵심각료에는 여성장관이 임명된적이 없음을 알 수 있다. 한편 18년 동안 집권하였던 박정희 정부에서는 여성장관을 한명도 임명하지 않았다. 이와는 달리 노무현 정부에서는 내각수장에 한명숙을 기용함으로서 대한민국 역사상 최초의 여성총리가 임명된 적이 있다.

재임기간의 장단기는 정부의 각 부처에 안정적인 직무수행을 가져올 수 있다. 역대 정부에서 여성장관의 평균 재임기간은 어느 정도일까? 이에 관해서 아래의 '한국 역대정부의 여성장관 현황 및 재임기간'을 통해 몇 가지로 고찰해본다.

〈표-1〉 한국 역대정부의 여성장관 현황 및 재임기간 (2015.5. 현재)

연번	성명	직위	재임기간	역대정부
1	임영신(任永信)	상공부장관	1948.8.4~1949.6.6	이승만 정부 (3명)
2	김활란(金活蘭)	공보처장	1950.8.15~1950.11.26	
3	박현숙(朴賢淑)	무임소장관	1952.10.9~1954.6.30	
				박정희 정부 (0명)
4	김옥길(金玉吉)	문교부장관	1979.12.14~1980.5.22	최규하 정부 (1명)
5	김정례(金正禮)	보건사회부 장관	1982.5.21~1985.2.19	전두환 정부 (1명)
6	조경희(趙敬姬)	정무장관(제2)	1988.2.25~1988.12.4	노태우 정부 (4명)
7	김영정(金榮禎)	정무장관(제2)	1988.12.5~1990.3.18	
8	이계순(李季順)	정무장관(제2)	1990.3.19~1991.12.19	
9	김갑현(金甲現)	정무장관(제2)	1991.12.20~1993.2.25	
10	권영자(權英子)	정무장관(제2)	1993.2.26~1994.12.23	김영삼 정부 (8명)
11	황산성(黃山城)	환경처장관	1993.2~1993.12	
12	박양실(朴孃實)	보건사회부 장관	1993.2.26~1993.3.7	
13	송정숙(宋貞淑)	보건사회부 장관	1993.3.8~1993.12.21	
14	김장숙(金長淑)	정무장관(제2)	1994.12.24~1996.8.7	
15	김숙희(金淑喜)	교육부 장관	1993.12.~1995.5	
16	김윤덕(金胤德)	정무장관(제2)	1996.8.8~1997.8.5	
17	이연숙(李嬿淑)	정무장관(제2)	1997.8.6~1998.3.2	
18	신낙균(申樂均)	문화관광부장관	1998.3~1999.5	김대중 정부 (9명)
19	주양자(朱良子)	보건복지부 장관	1998.3~1998.4.28	
20	윤후정(尹厚淨)	여성특별위원회 위원장	1998.3.6~1999.3.19	
21	김모임(金慕妊)	보건복지부 장관	1998.5~1999.5	
22	강기원(姜基遠)	여성특별위원회 위원장	1999.3.19~2000.5.9	
23	손 숙(孫 淑)	환경부 장관	1999.5~1999.6	
24	김명자(金明子)	환경부 장관	1999.6~2003.2.27	
25	백경남(白京男)	여성특별위원회 위원장	2000.5.9~2001.1.28	
26	한명숙(韓明淑)	여성가족부 장관	2001.2.27~2003.2.27	

---

4) 보사부 관련자료 : www.mw.go.kr 역대 장관 중 여성장관 부분, (검색일: 2014. 7. 20).

5) 여성가족부의 역대장관 등에 관해서는 여성가족부 홈페이지 검색 및 담당부서에서 제공한 자료

27	강금실(康錦實)	법무부 장관	2003.2.27〜2004.7.29	노무현 정부 (6명)
28	김화중(金花中)	보건복지부 장관	2003.2.27〜2004.7.1	
29	한명숙(韓明淑)	환경부 장관	2003.2.27〜2004.2.16	
30	지은희(池銀姬)	여성부장관	2003.2.27〜2005.1.4	
31	장하진	여성가족부 장관	2005.1.5〜2008.2.29	
32	김선옥	법제처장	2005.1.5〜2007.4.19	
33	변도윤	여성부장관	2008.3.13〜2009.9.29	이명박 정부 (5명)
34	백희영	여성가족부 장관	2009.9.30〜2011.9.16	
35	전재희	보건복지부 장관	2008.8.6〜2010.8.29	
36	진수희	보건복지부 장관	2010.8.30〜2011.9.16	
37	김금래	여성가족부 장관	2011.9.16〜2013.3.11	
38	조윤선	여성가족부 장관	2013.3.11〜2014.6.14	박근혜 정부 (3명)
39	윤진숙	해양수산부 장관	2013.3.11〜2014.2	
40	김희정	여성가족부 장관	2014.7〜현재	
1	한명숙(韓明淑)	초대 여성총리	2006.4.19〜2007.3.7	노무현 정부

출처 : 행정자치부(2010), 『여성과 공직』외 다양한 자료 4)5)6)7) 분석 후 필자 재구성.

첫째, 비록 초기정권에서 여성장관의 숫자는 많지 않았지만 재임 기간을 살펴보면, 이승만 정부는 평균 12개월, 최규하 정부 6개월, 전 두환 정부 32개월(1명), 김영삼 정부 12.4개월이다. 김영삼 정부에서 는 내각에 8명의 여성장관이 임명되었으나 보사부에 임명된 박양실 장관은 값비싼 핸드백을 가지고 다닌 것이 사회여론화 되어 10일간 장관직을 수행한 최단기 재임장관이 되었다. 이는 김영삼 정부에서 평균재임기간이 낮은 연유라고 할 수 있겠다. 김대중 정부에서는 9명 의 여성장관이 평균 12.2개월을 기록하였다. 김대중 정부에서 최장수 3년8개월 재임기간을 기록한 김명자 환경부장관과 단기 2개월 재임

를 참조함.

6) 안병만, "정권교체와 정부업무의 안정성 및 연속성 확보 ", 『한국 행정연구』, 제10권 제4호 (2001 겨울 호), pp.19-20.

7) 박정희 정부의 여성장관에 관해서는 김호균, 『한국의 장관론 연구 – 역할과 직무수행을 중심으로』, (파주: 한국학술정보), p.328.

기간을 기록한 주양자 보사부 장관이 있다. 노무현 정부에서는 평균 23개월, 이명박 정부에서는 평균 20.2개월을 기록하고 있다. 박근혜 정부는 조윤선 여성가족부 장관이 16개월을 역임하고 청와대 사회수석으로 자리를 옮겼으며(최근 사임), 후임에 김희정 여성가족부장관이 2014년 7월 취임하여 직무를 수행 하고 있는 중이다. 둘째, 재임기간의 장단기로 볼 때 김대중 정부의 김명자 환경부 장관이 44개월(3년8개월)로 가장 장수한 여성장관이었으며, 그 다음이 노무현 정부의 장하진 장관이 38개월(3년2개월), 전두환 정부의 김정례 보사부장관이 34개월(2년10개월)동안 업무를 수행하였다. 그 외에도 2년 이상 업무를 수행한 장관으로는 노무현 정부의 김선옥 법제처장이 28개월, 지은희 여성부장관이 24개월, 이명박 정부에서 전재희 보사부장관이 27개월, 백희영 여성가족부장관이 24개월, 김대중 정부의 한명숙 여성가족부장관이 24개월 동안 재임하였다. 한명숙 장관은 김대중 정부에서 여성부 장관을 역임한 후, 다시 노무현 정부에서는 환경부장관을 1년간 수행함으로써 역대 40명 여성장관 중 유일하게 여성가족부 장관과 환경부 장관의 두 분야에 여성으로써 장관직을 수행하였다.

종합적으로 역대 여성장관의 재임기간을 분석하면, 여성장관 40명 중 39명(현임 여성부장관 제외)이 총653개월의 직무를 수행하였으며 평균재임기간은 16.7개월이다. 즉 역대 여성장관은 평균재임기간은 16.7개월로서 이는 역대 정부(이승만부터 김대중 정부)의 전체 장관 평균 재임기간 13.9개월과 비교하면(안병만, 2001: 19-20) 비교적 높다고 할 수 있다. 이에 관해서는 뒷부분 여성장관의 활동과 역할에서 다시 논하겠다.

2) 여성장관의 인구사회학적 배경

인구사회학적 배경 분석에서는 학력, 취임연령, 출신지역을 역대 정부별로 살펴보고자 한다. 학력의 경우는 여성장관의 학력이 어느 정도인가를, 취임연령의 경우는 어느 정도의 연륜이 있는 인물이 여성장관으로 임용되었는가를, 출신지역의 경우는 역대 정부별로 여성장관임용에 있어서 지역적 편향이 어느 정도 존재하였는가를 살펴볼 수 있기 때문이다. 그러나 본 연구의 인구사회학적 배경분석에서는 자료의 제한과 시간적 한계로 파악된 여성장관으로 제한한다.

〈표-2〉 역대 여성부 장관의 학력 현황

연번	성명		학력사항	경력사항
1	조경희		· 이화여전 문과	▶ 한국수필가협회 회장 ▶ 정무장관(제2)실 장관
2	김영정		· 이화여대 영어영문학과 · 美 인디애나대 역사학 박사	▶ 제12대 국회의원 ▶ 정무장관(제2)실 장관
3	이계순		· 서울대 영어교육과 · 美 미쉬간대 영어학 석사	▶ 전문직 여성클럽 한국연맹회장 ▶ 정무장관(제2)실 장관
4	김갑현		· 서울대 법학과 · 중앙대 석사	▶ 대한 YWCA연합회 회장 ▶ 정무장관(제2)실 장관
5	권영자		· 서울대 불문과 · 이화여대 교육학 석사	▶ 정무장관(제2)실 장관 ▶ 제15대 국회의원
6	김장숙		· 서울대 약학과 · 동국대 복지행정과 석사	▶ 제12 · 13대 국회의원 ▶ 정무장관(제2)실 장관
7	김윤덕		· 성균관대 법률학과	▶ 제8 · 9 · 10대 국회의원 ▶ 정무장관(제2)실 장관
8	이연숙		· 이화여대 교육학과	▶ 정무장관(제2)실 장관 ▶ 제16대 국회의원
9	윤후정		· 이화여대 법학 석사 · 美 Northwestern University The school of Law 법학 박사	▶ 이화여대 총장 ▶ 대통령직속 여성특별위원회 위원장

10	강기원	• 서울대 법학과 • 美 예일대 법학 석사	▶ 한국여성변호사회 회장 ▶ 대통령직속 여성특별위원회 위원장
11	백경남	• 동국대 정치외교학과 • 獨 뮌헨대학 국제정치학 박사	▶ 대통령자문 정책기획위원회 간사위원 ▶ 대통령직속 여성특별위원회 위원장
12	한명숙	• 이화여대 불문학과	▶ 제16대 국회의원 ▶ 여성부장관
13	지은희	• 이화여대 사회학 석사	▶ 한국여성단체연합 공동대표 ▶ 여성부장관
14	장하진	• 이화여대 사회학 박사	▶ 한국여성연구소장 ▶ 여성가족부장관
15	변도윤	• 중앙대 사회개발학 석사	▶ 한국여성인력개발센터연합회 회장 ▶ 여성부장관
16	백희영	• 서울대 식품영양학과(3년 수료) • 하버드대(미) 영양학 박사	▶ 대한 가정학회 회장 ▶ 여성가족부장관
17	김금래	• 이화여대 사회학 • 숙명여대 여성정책학 석사	▶ 제18대 국회의원 ▶ 여성가족부장관
18	조윤선	• 서울대 외교학 • 콜롬비아 대(미) 로스쿨	▶ 제18대 국회의원 ▶ 여성가족부장관
19	김희정	• 연세대 대학원(박사과정수료)	▶ 제15대, 19대 국회의원 ▶ 여성가족부장관

출처 : 여성가족부 장관실 자료제공. 2014. 8. 3; 동아일보, 2014. 7. 개각기사 참조 작성.

첫째, '학력배경은' 역대 정부별, 부처별로 고찰하기는 용이 하지 않다. 그러나 여성가족부에서 파악되고 있는 역대 장관 총 19명 (정무장관(제2실) 8명, 여성특별 위원회 위원장 3명, 여성가족부 8명 포함)대한 학력사항을 <표-2>를 통해 고찰해보면, 박사학위 7명, 석사학위 8명, 학사학위 4명이다. 이들 중에는 미국, 독일 등의 박사들을 비롯하여 해외유학파가 37%(7명)나 된다. 구체적으로는 이화여대(9명), 서울대(7명), 성균관대(1명), 동국대(1명), 중앙대(1명) 순이다. 즉 대학에서 영문학, 법학, 외교학, 교육학, 사회학을 전공한 출신들이 한국 여성장관으로 뽑히고 있다고 할 수 있으며 비교적 여성관련 직무를 수행할 수 있는 분야라고 할 수 있다. 그러나 전공 분야가 여성사회를 총괄할 수 있는 분야와 동 떨어지는 측면도 없지 않다. 예컨대, 서울대 식품영양학과를 3년 수료하고 미국하버드대에서 영양학 박사를 취득한 백희영 장관은 여성 가족부장관 취임당시 전문성이 없다는 비평이 제기 되기도 하였다. 둘째, '취임연령'은 어느 정도의 연륜이 있는 인물이 장관으로 임용되는가를 살펴 볼 수 있는데, 여성 장관의 경우 설문인터뷰에 응한 14명의[8] 역대 장관들과 최근에 임명된 장관 3명 등 17명에 관해서 보도된 자료를 가지고 고찰해 본다. 한국 여성장관 17명의 평균 취임연령은 56.5세 즉 평균 57세 연령이라고 볼 수 있다. 그러나 보건복지부 출신 8명의 여성장관들의 취임연령은 평균 59.2세로 나타나[9] 비교적 관련 분야의 경륜을 많이 가지고 있는 것으로 볼 수 있다. 그러나 여성 가족부 장관에 임명된 조윤선 장관은 47세였고, 김희정 장관은 43세로 최연소 장관으로 기록되었으며, 이는 역대 한국 정부의 남녀장관 모두의 평균연령 53세와 비교하면 커다란 차이를 보인다고 하겠다. 이는 동시에 젊은 여성들의 정치 참여의 적극적인 한 측면을 볼 수 있다. 셋째, '출신 지역의' 경우는 널리 분포되어있으며, 전남과 전북 각각 1명, 경북 1명, 경남 2명, 황해도 2명, 평안남도 1명, 강원도 2명, 충청도 1명, 부산 1명, 서울 2명으로 분류되었다. 즉 총 14명 중 경남 2명, 강원도 2명, 서울 2명 외에 전국에 골고루 분포되었다고 하겠는데 역대 정부에서 여성장관의 경우 지역편향에 대해서 두드러진 차이를 찾아보기 쉽지 않다고 하겠다. 또한 설문에 응한 역대 여성장관들은 대부분이 각 출신지역에서 대부분 서울로 본적을 옮겨와 거주 지역은 서울에서 살고 있었다.[10]

---

8) 인터뷰관련 <표-3의> 자료 참조.

9) 김정례55세, 박양실58세, 송정숙57세, 주양자68세, 김모임63세, 김화중59세, 전재희59세 진수희 55세 등 보사부의 여성장관의 평균연령은 59.2세로 나타났다. www.mw.go.kr 참고.

10) 박종민의 연구 "한국에서의 장관선택의 기초: 변화와 연속성"는 임명권자와 역대 장관의 출신 지역의 동일성을 비교하였으나, 여성장관의 경우 워낙 적은 수라서 전국적인 분포만 살펴본다.

04. 여성장관의 임용과정과 역할유형

1) 여성장관의 임용과정과 직전경력배경

여성장관의 임용과정 분석에서는 동시에 주요경력에 대해 살펴보고, 특히 장관이 되기 이전에 활동하던 분야를 중심으로 직전 경력이 장관 임명에 어떠한 영향을 미쳤는지를 고찰해 본다. 이에 관해서는 필자가 전임 장관들과 직접 만난 후 작성한 '<표-3> 인터뷰에 응한 역대 여성장관 명단과 현황' 자료를 통해 고찰해본다. 14명의 전임 여성장관들과 1시간에서 3시간까지 많은 대화를 했으나, 지면 관계로 그 내용을 최대한 요약 정리한다.[11]

〈표-3〉 인터뷰에 응한 역대 여성장관의 명단과 취임연령 및 주요경력현황

장관성명 (역대 정부)	부처명	취임 연령	주요경력	방문일시 및 기타
김정례 (전두환 정부)	보건사회부 장관	55세	여자청년단 조직 국 국장 여성주보 사장, 여성유권자연맹 중앙본 부위원장, 입법회의 의원. 제11대, 12대 국회의원(2선 의원) (성북, 민주정의당)	2014. 8. 7. 14:30-17:30
전재희 (이명박 정부)	보건복지부 장관	59세	행정고시 합격(13회) 노동부 부녀소년과장, 국장. 경기 광명시장 2선. 한나라당 부대변인, 정책위 부의장 제16대, 17대, 18대국회의원(3선)	2014. 8. 8. 13:00-13:30 (후일 보건복지 부로 바뀜)

---

11) 역대 여성 장관의 총수는 40명이나 6명(작고4명, 김희정 장관과 조윤진 청와대 사회 수석 2명 – 당시 설문 조사시)을 제외하면 34명이다. 34명 중에 연락이 가능했던 (일부는 연락이 안 되는 사람도 있으며, 각각의 사정으로 일정을 잡지 못한 사람도 있음. 이들을 제외한) 인터뷰에 응한 14명을 대상으로 일정을 잡고 면담하였다.

진수희 (이명박 정부)	보건복지부 장관	55세	17-18대 국회의원 국회교육/정무/운영/여성가족/기획재 정위원회 위원. 17대 대통령직인수위원회 정무 간사 재단법인 여의도연구소 소장	2014. 8. 8. 16:00-17:00
김장숙 (김영삼 정부)	정무장관 (제2)	61세	약사 및 약국 경영 제12대 국회의원 제13대 국회의원	2014. 8. 6. 11:00-12:00
이연숙 (김영삼 정부)	정무장관 (제2)	62세	제16대 국회의원 방송인, 심야토론 사회자 주한외교사절 탐방대담 라디오 재치문답 고정패널 한국여성단체협의회 회장	2014. 8. 7. 11:20-12:40
김윤덕 (김영삼 정부)	정무장관 (제2)	60세	국회의원(지역구 2선, 전국구1선)한국 여성개발원장	2015. 1. 15. 10:00-12:00
강기원 (김대중 정부)	여성특별 위원회 위원장	57세	변호사 한국여성변호사회 회장	2014. 9. 1. 11:00-11:40
백경남 (김대중 정부)	여성부장관	59세	대통령자문 정책기획위원회간사 여성정책심의위원회 심의위원 외교통상부 외교정책자문위원	2014. 8. 7. 09:00-10:40
한명숙 (김대중 정부	여성 가족부 장관	57세	한국여성단체연합대표 80년대 여성운동가	2014. 8. 6. 자료제공 (해외출장)
변도윤 (이명박 정부)	여성부장관	61세	한국여성인력개발센터연합회장 노동부근로여성보호위원회 YWCA시민단체 24년Staff 재단법인 서울여성 대표	2014. 8. 7. 13:00-14:40
김금례 (이명박 정부)	여성가족부 장관	59세	한국여성단체협의회 사무총장 한나라당 여성국장 서울여성재단 상임이사	2014. 8. 8. 14:00-14:50
한명숙 (노무현 정부)	환경부장관	59세	한국여성단체연합대표 80년대 여성운동가 여성가족부 장관	2015. 1. 9. 10:00-10:40
김명자 (김대중 정부)	환경부장관	55세	국가과학기술자문위원, 초대과학기술위 원회 민간위원, 대학교수	2015. 1. 9. 17:00-18:30
윤진숙 (박근혜 정부)	해양수산부 장관	59세	한국해양수산개발원 해양정책본부장. 정 책자문위원. 해양수산부 정책평가위원	2015. 3.26 11:00-13:30

여성장관의 임용에 대해서 가장 정확하게 알 수 있는 것은 임명권자인 각 정부의 대통령으로서 그들에게 물어봐야 알겠지만 현실적으로 불가능하다. 따라서 각 정부에서 장관으로 임용된 역대 여성장관들 중 인터뷰에 응한 14명에 대해 입각의 동기를 고찰해본다. 먼저 설문 항목 중에서 "귀하는 어느 정부 때 입각하시게 되었으며, 입각의 주요 동기는 무엇이라고 생각하십니까?"(문항 1), 또한 "입각하시기 전의 중요한 경력은 어떤 것이 있으며 이 중에서 어떤 경력이 입각에 큰 도움이 되었다고 생각하십니까?"(문항 2) 라는 답변내용에 대해 상징적 대표성, 정책전문성, 정치적 자산, 정치적 보상의 4가지로 분류해보았다.

(1) 상징적 대표성과 여성계 활동 경력

(이연숙): 한국여성단체협의회(약칭 여협) 회장으로서 전국여성대회를 개최하고 김영삼 대통령과 영부인을 행사에 초청하였는데, 대회사를 하면서 여협의 과거 1년간의 활동과 미래 1년 동안의 활동 예정사항을 제시하였다. 당시 여협 행사에 참여한 전국의 여성 지도자들은 3,500-4,000여명으로서 규모와 업적 그리고 미래 비전에 대해 대통령께서 크게 고무 되신 것 같다.[12] 이연숙장관은 당시 전국규모의 가장 큰 여성단체조직의 수장을 영입함으로서 여성대표가 갖는 '상징적 대표성'에 의해 입각되었다고 할 수 있다.

(한명숙): 여성부 승격은 여성계의 오랜 숙원이었다. 80년대부터 여성운동의 씨앗을 뿌리고, 90년대 한국여성단체연합 대표 출신으로 여

---

12) 이연숙 장관과 필자 인터뷰 2014. 8. 7. 11:20-12:40. 용산 집무실에서.

성운동을 이끌어온 상징성 등이 고려되었다고 생각된다.13) 한 명숙 장관은 김대중 정부에서 여성운동의 활약으로 초대여성부 장관이 되었다.

(강기원): 변호사로 재직하고 있었으며 특히 한국여성변호사회 회장으로서 여성관련 업무의 능력을 인정받아 이루어 졌다고 할 수 있다.14) 김대중 대통령은 여성법조인이 드문 내각에 그를 여성법률문제의 전문가로 입각시켰다고 볼 수 있다.

(김금래): 그간의 전문성과 여협 등 여성계 활동의 경력에서 큰 도움이 된 것 같다.15) 김 금래 장관은 여협에서 오랜 기간 사무총장을 역임하였고 그 후 한나라당의 여성국장과 서울 여성재단의 상임이사를 역임한 경험이 여성부 장관으로 되었다. 즉 '정책 전문성'이 여성부 장관입각의 주요 관건으로 보여 진다.

(2) 정책 전문성과 다양한 위원회 위원 경력

(백경남): 외무고등고시위원, 대통령자문 정책기획위원회 간사위원, 외교통상부 외교정책자문위원 등을 통해서 알려진 것 같다. 또한 왕성한 학술 활동을 하였는데 많은 저서를 보고 임명권자와 참모들이 섭외를 해왔다고 생각한다. 대학졸업 후 부터 여성문제연구회 간사 역할을 하는 등 이희호 여사와 함께 여성운동에 헌신하였던 점은 입각에 약간의 도움이 되었다고 생각한다.16) 백경남 위원장은 정부

---

13) 한명숙 장관실 자료제공 2014. 8. 6.
14) 강기원 여성특별위원회 위원장과의 인터뷰, 2014. 9. 1. 11:00-11:40. 화곡동에서
15) 김금래 장관과의 인터뷰 2014. 8. 8. 14:00-14:50.
16) 백경남 여성특별위원회 위원장과의 방문인터뷰 2014. 8. 7. 09:00-10:40. 평창동 자택에서.

의 다양한 분야에서 자문위원을 한 전문성을 인정받은 '정책 전문성'
이 입각에 근간이 되었다고 하겠다. 그러나 영부인과 과거에 일한 경
험과 인연도 한몫 했다고 할 수 있겠다.

(전재희): 지역구에 당선되고 나서 보사부 장관으로 입각되었다. 아
마 보건복지위원으로 있었던 그 경력이 가능했던 것 같다.[17] 특히 전
재희 장관은 행정고시출신으로 행정의 전문성과 정치적 경륜이 뛰어
났다. 즉 그녀는 여성으로서 드물게 구청장1호와 시장1호를 기록하여
행정력과 정치력을 두루 갖추었다. 따라서 전재희 의원의 장관입각은
임명권자에게 '정책 전문성'의 요건을 충족하고 있었다고 보아도 좋
을 것이다.

(윤진숙): 여성으로서 최초의 해양수산부 장관이 된 윤진숙은 이
분야의 전문가로 발탁되었다. 그는 당시 한국해양수산개발원에서 정
부정책평가위원, 장관정책자문위원을 하였고 특히 여성으로서는 최
초의 해양 정책 본부장을 역임하는 등 10여 년간 그 분야의 경력을
인정받아 박근혜 대통령이 기용하였다.[18] 그럼에도 불구하고 당시
언론들은 '미혼인 후보자'(중앙일보, 2013.2.18.), '여성에 미혼'(조선
일보, 2013.2.19.)이라는 수식어를 사용하여 남성 주위적 사고에서 직
무역량과 관련 없는 결혼유무로써 시작부터 윤장관 후보를 비판하였
다.(권형섭, 2014: 39) 뿐만 아니라, 이러한 언론의 기조는 세련된 조
윤선 장관과 비 세련된 윤진숙 장관을 비교하는 문장들을 적지 않게
보도함으로서 윤진숙 장관이 그의 전문 능력을 크게 발휘하지 못하

---

17) 전재희 장관과의 전화인터뷰 2014. 8. 8. 13:00-13:30.
18) 전문성으로 입각하게 되었다고 생각한다. (박근혜 대통령) 직접 전화하셨고 강하게 거절 못하는 성
   격에 업무를 맡게 되었다. 윤진숙 장관과의 인터뷰 2015. 3. 26. 11:00-13:30. 올림픽 파크텔에서.

는 걸림돌로서 부정적 이미지를 높였다고 할 수 있다.

(3) 정치적 자산과 정치경륜

(김장숙): 해외에 나가있을 때인데 어르신(김영삼 대통령)이 직접 전화를 하셨다.[19] 김장숙장관은 본인은 짧게 임명동기를 얘기했지만, 그 자신이 약사출신으로 오랫동안 약국을 경영하였으며 이미 12대 및 13대 국회의원의 정치적 경험을 가지고 있는 2선 국회의원이었다. 김영삼 대통령은 입법가로서의 '정치적 자산'과 여성으로서의 '상징적 대표성'을 가진 김장숙을 정무 제2장관에 임용하였다고 볼 수 있겠다.

(김정례): 광주 사건이 일어나고 나서 이를 해결하기 위한 시기였다. 어느 날 나를 불러서 갔을 때 내가 열변을 토하였고 전두환 씨는 10-20분 정도 얘기를 했다. 그 후 그가 계엄사령관이 되고, 나는 입법회의 위원으로 위촉되었다. 지금 생각해보면, 광주사건 관련하여 주도적으로 얘기한 것이 전 대통령에게 각인 되었던 것 같다.[20] 전두환 대통령의 김정례 장관에 대한 입각은 좀 독특하다고 할 수 있다. 학문도 짧은[21] 그녀를 왜 내각에 등용시켰을까? 그녀는 "치마만 입었지 남자이상인 올곧은 정치가" 박순천을 존경하였고 그가 가지고 있던 가치관의 영향을 받았다.(하영애, 2014:248) 이러한 그녀의 소신은 당시 천하를 위협하는 계엄사령관에게 굽히지 않는 명연설로 자

---

19) 김장숙 장관과의 방문인터뷰 2014. 8. 6. 11:00-12:00.

20) 김정례 장관과의 방문인터뷰 2014. 8. 7. 14:30-17:30. 명륜동 자택에서.

21) 김정례 장관은 정규교육을 많이 받지 못하였다. 그럼에도 불구하고 보사부업무추진을 위해 현장을 발로 뛰는 열정을 가지고 문제를 해결하였으며, 장관시절 업무수행을 위해 퇴근 후 업무를 집에 가져와 밤을 세우며 공부하였다고 한다.

신의 주장을 피력할 수 있는 용기가 있었기 때문으로 추정할 수 있겠다. 그녀가 11대 및 12대 국회의원을 역임한 정치적 경험과 민족주의에 대한 뚝심은 임명권자가 군인출신인 전두환 정부에 꼭 필요한 '정치적 자산'의 역할을 기대할 수 있었을 것이다.

(전재희): 임명권자가 대통령 후보 시에 보건복지와 교육에 관한 공약을 함께 만들었던 것이 도움이 된 것 같다.[22] 전재희 장관의 경우는 보건복지위원의 경력과 이명박 대통령이 대선후보시절 보건복지에 관한 선거공약을 함께 만드는 정책입안자의 역할을 한 것이 두드러진다고 하겠다. 따라서 전재희 의원의 장관임명은 임명권자에게 '정치적 자산'의 요건을 충족하고 있었다고 볼 수 있겠다.

(한명숙): 노무현 정부에서 환경부 장관으로 임명되었다. 그의 임명 배경에는 전임 김 명자 장관의 추천이 있었으며 또한 초대 여성부장관의 정치적 경륜은 '정치적 자산' 의 범주에 들 수 있다. 이러한 그의 보기 드문 '두 번 장관'의 행운은 노무현 정부에서는 초대 여성총리로 임명됨으로써 한국 정치사상 여성이 각료의 수장이 되는 첫 사례를 기록하였다.

(김명자): 1997년에 국가과학기술자문위원회 위원, 1999년 초대 국가과학기술위원회 회원, 민간위원 등 대통령 자문위원을 10여년 하였다. 그는 과학을 전공한 교수였지만 오랫동안 각종 정부위원회의를 통해 그의 전문성을 인정받았으며 분야가 다른 부처에 임명된 점으로 볼 때 '정치적 자산'으로 임명기준을 보는 것이 타당하다고 하겠다.

(김윤덕): 당시 야당의원을 하였는데 많은 장외행사 때 하루 만에

---

22) 전재희 장관과의 전화인터뷰 2014. 8. 8. 13:00-13:30.

큰 연설을 하거나 심지어 밤 12시에 "나라에 관한 중요한 일이니 내일 김 의원이 연설을 좀 해 달라"고 하면 뜬눈으로 세운 뒤 이튿날 연설하였더니, 후일 청와대에서 여자로서 용기 있는 사람이라는 후담이 있었다고 하였다. 그 후 많은 세월이 지난 뒤 대통령(김영삼) 요청을 받은 적이 있다. 무엇보다도 여성장관의 임명에는 국회의원 경력, 연설 잘하는 '간 큰 여자' 등이 배경이 되었다고 생각한다.[23] 그의 임명은 '정치적 자산'의 범주에 포함할 수 있겠다.

(4) 정치적 보상과 선거 캠프활동

(변도윤): 서울시의 여성프라자 대표로 재직하는 중, 이명박 후보가 서울시장으로 당선되어 함께 일했던 임명권자와의 인연과 그 당시의 업무능력을 인정받았다고 생각된다.[24] 변도윤 장관의 임용은 초야생활을 하던 그를 내각으로 요청한 점에서 '정치적 보상'에 의한 임명으로 볼 수 있겠다.[25]

(진수희): 무엇보다도 직접 (이명박)선거캠퍼에서 (대변인)활동한 것이 도움이 된 것 같다.[26] 임명권자의 후보시절 선거캠퍼에서의 대변인 활동은 '정치적 보상'측면이 강하게 고려되었다고 하겠다.

---

23) 김윤덕 장관 방문 인터뷰 2015. 1. 15. 10:00-12:00. 자택에서.

24) 변도윤 장관 방문 인터뷰 2014. 8. 7. 13:00-14:40. 용산 집무실에서.

25) 변장관은 촛불시위 전후의 어느 국무회의 때 이명박 대통령을 보면서 눈물이 났다고 한다. 그는 임명권자의 정치적 보상으로 내각 각료가 된 일원으로서 임명권자와 공감하는 점이 많았다고 하였다.

26) 진 수희 장관과의 인터뷰 2014. 8. 8. 16:00-17:00. 프라자 호텔 커피숍에서.

2) 여성장관의 주요활동과 역할유형

이렇게 임용된 여성장관들은 어떠한 역할을 수행했을까? 문헌자료 등 객관적인 자료를 통한 장관의 역할측정은 현실적으로 어렵다. 또한 이미 역임한 여성장관들의 하루 일정표에 대한 자료를 보존 하고 있는 부처도 없다. 따라서 장관들의 개별인터뷰와 보도된 자료를 통해 재임 시의 역점사항과 활동을 고찰하여 장관들의 역할을 모색해 본다. 이에 관해 "장관 재직기간 중 어떤 업무에 중점을 두고 활동하셨습니까? 가장 큰 업적은 무엇이라고 생각하십니까?"(문항3, 문항4)라는 설문을 하였고, 각 장관들과의 인터뷰 내용을 앞서 논의한 4개 역할유형으로 분류해 보았다.

(1) 정책설계 및 정책선택 유형

(김금래): 아동성폭력, 사회문제 방지를 위한 법 개정 그리고 여성은 일과 가정 양립을 위한 제도적으로 뒷받침했다고 생각한다. 그리고 '친고죄 폐지'를 통해 성폭력 방지를 위한 제도를 마련하였다. 김금래 장관은 여성관련 다양한 법규를 제도적으로 정착시킴으로서 '정책 설계 및 선택역할유형'으로 분류할 수 있겠다.

(이연숙): 제1차 여성정책 기본 계획수립, 국무회의에서 여성관련 의식화 발언으로 남성 각료설득. 즉 매주 화요일 열리는 국무장관회의에서 당시 고건 총리는 각료회의가 끝나기 전에 꼭 "이 장관, 할 말 없어요?" 라고 물었고 또한 장관들의 업무보고나 성과 보고 때 "외교관 중에 여성외교관은 몇 %인가요?" 하는 식으로 여성문제를 이슈화하여 자연스럽게 여성문제에 관심을 가지게끔 하였다. 이연숙 정무

제(2)장관의 활동 중에 '제1차 여성정책 계획수립'이 한국여성의 권리, 지위향상의 근간을 마련했다고 할 수 있으며 '정책 설계 및 선택역할유형'에 속한다고 볼 수 있겠다.

(전재희): 4대 보험을 변화시켜야겠다고 생각하고 통합작업에 착수했다. 특히 노인요양급여를 안착시켰다. 또 다른 하나는 고용보험 4개에 대해 '징수통합'을 시켰다. 뿐만 아니라 '사회복지통합망'을 구축하였다. 보건복지부가 주는 독거노인, 기초생활보호대상자, 교육서비스 등 대한민국 국민에게 다주는데 통합복지관리 시스템으로 한 사람의 백그라운드를 보면 다 나올 수 있도록 하였다.[27] 전재희 장관은 고용보험에 대한 징수통합과 사회복지통합망을 구축하는 등 '정책설계·선택역할 유형'에 속한다고 할 수 있겠다.

(변도윤): '경력단절여성을 위한 경제활동촉진법'을 11월부터 시행하도록 하였다. 또한 '여성폭력피해자 보호법' 시행의 두 가지의 법률화를 꼽을 수 있다. 당시 법무부장관이 휴머니스트로서 인본주의적 사고와 배려를 많이 해준 덕분으로 두 법률을 여성부 법으로 만들 수 있었다. 또한 여성부 예산을 28% 늘리게 되었다.[28] 변도윤 장관은 '경력단절여성을 위한 경제 활동촉진법'과 '여성폭력피해자 보호법 시행' 등의 법제화를 통해 '정책설계 및 선택역할 유형'으로 분류할 수 있겠다.

(백경남): 여성부 신설 작업을 위해 언론 칼럼 등을 통해 필요성을 홍보하다. 예를 들면, "각 분야 중간층에 여성 포진해야"(조선일보, 2000.5.10), "여성빈곤층 감싸야 참 민주주의"(한국일보, 2000.5.10) 등

---

27) 전재희 장관과의 전화 인터뷰 2014. 8. 8. 13:00-13:30.
28) 변도윤 장관과의 방문인터뷰 2014. 8. 7. 13:00-14:40. 용산 집무실.

밤늦도록 글을 썼고29) 여·야, 언론사까지 설득시켜 여성부를 만들었다. 백 경남 장관은 여성부신설의 기초 작업을 위해 "작은 여성부 신설제안"(한국일보, 2006.6.1.)을 했고 또한 그의 전문 어학실력을 발휘하여 '독일 경비행기'에 초점을 맞추어 작은 정부의 효력을 제시하였으며, 특히 UN에 가서도 적극적으로 발표하는 등 여성부설립에 혼신의 노력을 다해 일하였다. 무엇보다도 여성부가 신설되기까지 정책수립의 숨은 공적과 산파적 역할을 볼 때 '정책설계 및 선택역할유형'으로 분류하는 것이 바람직하겠다. (김장숙): 1994년에 중국의 천무화(陳慕華) 부녀연합회 주석(中華全國婦女聯合會 主席)이 다녀간 후에30) 1995년 북경 제4차 세계여성대회 영부인(손명순)을 비롯한 약 700여명의 한국대표단이 참석을 하였고, 그 이후 '한국 여성발전기본법'을 통과시켰다. 또한 여성주간(7.1-7.7)을 설정하게 되었고, 여성부 중심으로 일 년 중에 이날을 경축하여 다양한 여성 분야의 업무를 개선해나가게 되었다. 이듬해(1996) 유엔여성지위위원회에서 한국은 국가보고를 통해 여성발전기본법 채택을 알리게 되었고 이는 많은 국가들로 부터 찬사와 부러움을 한 몸에 받기도 하였다.31) 김장숙장관은 오늘날 한국여성의 권익향상과 지위향상의 근간이 된 '한국 여성기본법'을 제정하는데 큰 역할을 하였으며32) '정책설계 및 선택형 유

---

29) 각 언론에 여성, 여학생, 양성평등, 등 30여 편의 내용의 글을 기재하였다. 『백경남(白京南) 연보』, "자유와 학문의 길은 하나이다." 2005년 11월 책자 참고.

30) 1994년 중국의 부총리 급이며, 중화전국부녀연합회 주석 천무화(陳慕花)일행이 김장숙 장관을 방문하였으며 1995년 제4차 세계여성대회가 북경에서 개최되는데 따른 많은 업무협조 요청과 다양한 의견들을 협의하고 담화하였다. 당시 필자가 외무부의 요청으로 공식적인 통역을 하게 되었다.

31) 1996년 필자는 한국여성단체협의회 국제관계위원장으로 한국여성 NGO 대표단 4명 중의 한사람으로 유엔 여성지위위원회 회의에 참가하여 현장에서 이러한 분위기를 직접 파악할 수 있었다.

32) 백경남 여성특별위원회 위원장은 필자와의 대화 중에서 여성기본법 제정에 관해 김장숙 장관의 노고를 대단히 높게 평가하였다.

형'으로 분류할 수 있겠다.

(김명자): 새만금 사업과 낙동강, 금강, 영산강 등 '3대강 수계 특별법' 제정이 가장 역점 사업으로 생각한다. 그러나 주위사람들이나 시민들은 '천연가스버스'(CNG버스)를 더욱 큰 업적으로 보는 경우가 많다. 당시에 수질관리 대책 규제를 위해 돈 낸다는 것은 대통령 할아버지도 안 된다는 풍조였는데 이를 통과시켰다. 폐전자 제품 등을 생산재활용으로서 생산자가 수거해서 분해 후 자원화 하였으며 재임 후 9개월 되었을 때 북경에 환경기술 산업을 만들었다.(서울 신문, 2003.3.28) 물론 김명자 장관은 여성장관 중에서 가장 장수한(44개월) 장관으로서 무엇보다 재임기간 중 직원들의 인사정책을 통해 수백명을 적재적소에 배치함으로서 주위에 찬사를 받았으며 성공한 여성 장관으로 자리매김 하고 있다. 그러나 본 연구의 역할유형에 따르면, 김명자 장관은 적지 않는 생활환경문제 수돗물 문제, 버스환경문제, 3대강 수계특별법 제정 등 다양한 정책집행을 한 점을 보아 '정책설계 역할유형'으로 파악해도 좋을 것이다.[33]

(2) 조직관리 역할유형

(진수희): 보사부는 크게 보건의료와 사회복지로 구분할 수 있다. 보건 의료 쪽은 국민편익이 중요하다고 생각하였다. 예를 들면, '가정 상비약'을 편의점에서 팔게 하였다. '기초생활보장제도'의 기준이 엄격해서 사각지대가 발생했다. 기준을 완화시켰더니 복지수혜자가 늘

---

33) 이에 관해 그는 리더십이나 전문성 어느 하나 보다 종합적인 통찰력를 강조했는데 즉, "즉 합리성과 감성 그리고 논리적, 효율성을 필요로 한다. 국민의 마음을 읽어야 하고 사람의 마음을 읽어야 한다. 협치(協治)가 필요하다" 고 설명하였다. 김명자 장관과의 인터뷰 2015. 1. 9. 17:00-18:30. 프레스센터 19층.

어나 양육수당과 육아수당이 많아지다 보니 예산도 늘고 수혜자들도 늘었다. 그러나 행정력이 부족하였다. 현장에 다니면서 파악하여 이 상황을 국무회의 때 논의하고 대통령의 재가를 얻어 7000명의 복지공무원 수(TO)를 충원하였다.[34] 진수희 장관은 대외업무에서도 실제적인 역할을 많이 하였으나 무엇보다도 수천 명의 복지공무원을 충원한 것은 큰 업적으로서 '조직관리 역할유형'으로 분류할 수 있겠다.

(김윤덕): 여성발전 기본법에 기초하여 여성발전기금 150억을 만들었다. 또한 여성차별 철폐를 위한 협약 의정서를 채택하는 것은 지난 95년 개최된 北京 세계여성회의 후속조치 중 가장 시급한 과제라고 생각하였고 한국정부는 여성의 인권증진에 가장 효과적인 형태를 갖출 수 있는 협약 의정서 채택에 적극 협조해야한다고 주장했다. 김윤덕 장관의 업적으로 北京세계여성회의 이후 우리나라가 취한 여성발전 기본법제정, 성차별 개선위원회 설치, 여성발전 기금 설치, 여성정보센터 설치[35] 등을 들 수 있다. 그러나 그는 인터뷰에서, 여성발전기본법은 이미 전임들에 의해 이루어져 있었고 나는 여성발전기금 설치에 최선을 다하여 큰 금액을 확보하였다[36]고 술회하였다. 김장관의 이러한 업적을 통해 '조직관리 역할유형'으로 구분할 수 있겠다.

(3) 대외관계 역할유형

(김정례): 노인복지, 근로여성복지, 장애자 복지 등에 힘썼다고 생각한다. 약사파동, 의사파동이 일어나 서울시내 약방이 문을 닫으니

---

34) 진수희 장관과의 인터뷰 2014. 8. 8. 16:00-17:00. 프라자 호텔.

35) 조선일보 1996. 8. 8. http://news.chosun.com/svc/content_view/content_view.html?contid=1997031170064, (검색일: 2015. 1. 17).

36) 김윤덕 장관과의 인터뷰 2015. 1. 15. 10:00-12:00. 자택에서.

까 서울시 약사회장 잡아넣으라는 지시가 나왔었다. 과거에는 어떤 사태가 나면 담당국장이 나갔다. 그러나 나는 직접 약사회, 의사회 나가서 대화하였고 부하 직원들과도 가까이 지냈다.37) 김정례 장관은 보건복지부라는 부처의 업무성격에 따라 약사회, 의사회, 의료관련 대외업무가 적지 않았고 그는 과거 국장들이 하던 대민 관계역할을 장관이 직접 발로 뛰면서 호소함으로서 사태를 수습하였다. 이러한 그의 역할은 '대외관계 역할유형'으로 분류할 수 있겠다.

(강기원): 대통령 직속 여성특별위원회 위원장으로서 (김대중) 대통령께 국정개혁과제 보고회의에서 여성정책 추진계획을 밝혔다. 또한 시행을 앞두고 있는 '남녀차별금지 및 구제법'을 위해 시행령을 제정하고 세부규정을 마련해 공청회를 가졌으며, 남녀평등의식 확산을 위해 사회 각 분야에서 기여도 높은 인물과 프로를 선정, '남녀평등 상'을 시상하였다. 지식기반사회의 여성인력 육성 방안으로 각 분야에서 여성 신지식인을 발굴－홍보하였다.38) 또한 롯데호텔서 열리는 '(LAW)아시아 서울총회'에서 남녀차별 금지 법률에 대해 발표하였다.39) 그는 임기 중에 남녀차별금지 및 구제법의 시행40)에 적극적으로 노력하였다. 법률을 제정하기도 하였지만 이를 대내외로 홍보하

---

37) 그는 재작년 11월12일에 88세로 미수를 맞이하였다. 30여년이 지났는데 보사부장관 당시의 국과장들 45명의 명의로 '축 88세 미수, 김정례' 라는 패를 받았다고 필자에게 보여주며 당시 그는 국장들뿐만 아니라 과장들의 브리핑을 많이 받았고, 지금까지도 그들과 지속적인 만남을 하고 있다고 설명하였다.

38) 1999. 4. 12. http://news.chosun.com/svc/content_view/content_view.html?contid=1999041270426 (검색일: 2015. 1. 18).

39) 1999. 9. 7. http://news.chosun.com/svc/content_view/content_view.html?contid=1999090770343 (검색일: 2015. 1. 18).

40) 강원도 내 군 단위 지역의료보험조합에 근무하는 한 여성이 경력, 업무능력에서 뛰어남에도 불구하고 여성이라는 이유로 입사 후 16년 동안 승진에서 매번 탈락했다는 주장을 받아들여 시정토록 권고했다.1999.10. 14. http://news.chosun.com/svc/content_view/content_view.html?contid=1999101470376) (검색일: 2015. 1. 12).

고 국제학술회의에 발표하는 등 대외관계역할유형으로 볼 수 있겠다.

(한명숙): 초대 여성부 장관이 된 한명숙은 여성부 설립 과정에 대해, 정부조직법 개정, 여성부 직제 제정, 여성부 직제 시행규칙 제정 등을 통해 여성부를 설립하였다. 그는 초대 여성부가 출범한 후 국제 여성문제에 관심을 가졌다. 국내에 활동하고 한중여성교류협회(韓中女性交流協會) 등 중국관련 여성단체들과도 유대를 돈독히 하여 여성 관련 다양한 주제의 세미나를 개최하였다. 이는 동북아 여성문제가 정부차원에서 논의되었다는데서 중요한 의의를 찾을 수 있으며 후일 여성부가 반관반민의 역할을 하고 있는 중화전국부녀연합회(中華全國婦女聯合會)와 공동으로 개최한 다양한 활동[41]의 단초를 마련했다고 평가할 수 있다. 그의 이러한 활동들을 통해 '대외관계 역할유형'으로 분류할 수 있겠다.

(4) 소극적 역할 유형

현 박근혜 정부에서 해양수산부 장관으로 기용된 윤진숙 장관은 해양 정책 본부장 등 '해양수산부'분야에 10여 년간 근무한 전문가였다. 연구가(研究家)체질이었던 그에게 정치적 업무수행이 중심인 장관은 무리였던 것 같다[42]고 회고하였다. 업적과 재임기간은 상관관계가 있다. 취임 10개월간의 해양수산부에서 장관 역할을 총괄하면, 비록 '해운보증기금' 확정, 지방 공무원(사무관)승진, 노동환경개선의 업적이 있으나 앞서 논의했던 언론보도의 부정적 이미지로 인하여

---

41) 2007년 중국전국부녀연합회 초청으로 한국에서 여성부 장관과 여성관련 단체의 NGO 대표 34 명이 중국을 방문하고 문화 교류 및 학술교류를 진행하였고, 그해 가을 다시 중국 부련의 대표 단 일행이 한국에 와서 다양한 교류 및 세미나행사를 개최하였다.

42) 윤진숙 장관과의 인터뷰 2015. 3. 26. 11:00-13:30.

그는 맡은 역할을 수행하지 못하였으므로 소극적 역할 유형 범주에 속한다고 하겠다.

위에서 논의된 여성장관의 주요활동을 고찰해보면 다양한 활동들을 하고 있어서 엄격하게 한가지로만 구분하기는 용이하지 않지만 4가지의 유형에 따라 한국 여성장관의 역할유형을 아래 <표-4>과 같이 분류해 볼 수 있겠다.

<표-4> 한국 여성장관의 역할유형

역할유형 분류	해당 여성 장관
정책설계 및 선택 역할유형	이연숙, 김금래, 전재희, 변도윤, 백경남, 김장숙, 한명숙(환경부), 김명자
조직관리 역할 유형	진수희, 김윤덕
대외관계 역할 유형	김정례, 한명숙(여성부), 강기원
소극적 역할 유형	윤진숙

05. 결론

본 연구는 우리나라 역대 여성장관의 임용과정과 역할에 관해 중점적으로 고찰해 보고자 하였다. 먼저, 한국의 이승만 정부에서부터 현재 18대 박근혜정부의 내각에 임명된 여성장관은 총 40명이었다. 이들 중 김희정 여성 가족부 장관은 현직에 있기 때문에 제외한 나머지 39명에 대한 여성장관의 평균재임기간은 16.7개월이었다. 이는 역대 정부(이승만 부터 김대중 정부)의 전체 장관 평균 재임기간 13.9개월과 비교할 때 약 3개월 정도 높게 나타났음을 알 수 있었다.

둘째, 한국의 여성장관은 어떻게 임용되어 왔는지를 고찰하였다.

임용의 동기나 기준으로 정책전문성, 정치적 자산, 상징적 대표성, 그리고 정치적 보상의 4가지로 기준을 정하고 14명의 역대 여성장관을 인터뷰하였다. 이들을 임용의 동기나 기준으로 구분해보면, '정책전문성'의 범주에 의해 임용된 장관들은 백경남, 전재희, 김금래, 김윤덕, 윤진숙 등 5명이며, '정치적 자산' 범주에 임용된 사람은 김정례, 김명자 김장숙 3명의 장관으로 볼 수 있었다. 또한 '상징적 대표'로 임용되었던 사람은 이연숙, 강기원, 김장숙, 한명숙 등 4명의 장관들이다. 그리고 정치적 보상으로 임용된 사람은 변도윤, 진수희 2명의 장관으로 고찰할 수 있었다.

셋째, 본 연구의 이론 부분에서 논의하였던 바와 같이 여성장관의 주요활동에 따라 한국의 14명의 여성장관의 역할유형을 4가지로 분류해 보았다. 즉 정책설계 및 선택역할 유형에는 이연숙, 김금래, 전재희, 변도윤, 백경남, 김장숙, 한명숙(환경부) 등 7명의 장관이, 조직관리 역할유형에는 진수희, 김명자, 김윤덕 3명의 장관이, 그리고 대외관계 역할유형에는 김정례, 한명숙(여성부), 강기원 3명의 장관이 그 범주에 속한다고 하겠다. 해수부의 윤진숙 장관은 현 박근혜 대통령으로부터 그 분야에서 10여 년 간의 경력을 인정받아 전문가로서 임용되었으나 정무적 감각이 미진하고[43] 정치사회화의 중요한 한 항목인 언론매체에 대해 부적절한 대응으로 그가 가진 역량을 다 발휘하지 못함으로써 소극적 역할유형으로 구분하였다.

한국의 여성장관들은 임명권자가 원했던 역할기대에 많이 근접했

---

43) "장관은 '정치적 감각'이 있어야 하는데 연구만 좋아하던 사람이 거절 못하는 성격에 큰 중책을 맡게 되어 어려움이 있었다"고 윤장관은 힘들었던 상황을 토로하였다. 윤진숙 장관과의 인터뷰 2015. 3. 26. 11:00-13:30

다고 볼 수 있었다. '정치적 자산'의 범주에 임명된 김정례, 김명자, 김장숙 장관은 각자가 그 부처에 전문성이 없이 임명되었으나 오히려 잠재적 기능(latent function)을 발휘하였다. 예컨대, 김명자 환경부장관은 임기 중 공정한 인사관리로 부처의 직원 300여명을 승진발령 시켜 부서내부는 물론 언론의 좋은 평가를 받았다. (서울신문, 2003. 3. 28.) 또한 보사부 김정례 장관은 역대 여성부장관들의 높은 학력, 박사학위 7명, 석사학위 8명, 학사학위 4명[44])과 비교하면 학력에서 큰 차이가 나지만, 그러한 자신의 부족한 점을 보완하기위해 국장은 물론 담당과장급 공무원들에게까지 직접브리핑 하게하고 퇴근 후 업무자료들을 집에 가져가서 밤늦도록 공부하였다. 또한 약사 의사 분쟁에 대해서도 과거 장관들과 달리 발로 뛰는 열정을 보이며 문제점을 해결해 나감으로써 '대외관계 역할유형'으로 오래도록 좋은 평가를 받고 있다. 상징적 대표성으로 임명되었던 이연숙, 강기원, 김장숙, 한명숙 장관들 역시 재임기간 중에 역동적인 활동을 하였다[45]. 이연숙은 여성정책기본계획수립의 정책을 기획 설계하였고[46] 강기원은 '남녀차별금지 및 구제법'을 제정 시행하였으며 또한, '여성창업 및 여성벤처기업 박람회'개최, '남녀평등 상'제정 등의 실질적인 역할을 하였다.

김장숙은 1995년에 개최된 북경 제4차 세계여성대회에 주무장관으로 큰 역할을 하였다. 그가 재직 시 가장 어려웠던 일로 영부인을 북경 국제행사에 참석하게 하는 일이었다고 회고했던 것처럼, 당시 영

---

44) 총 19명의 여성부 장관들의 학력을 분석과 관련하여 여성 가족부 관련 부서에서 자료제공. 2014. 8. 3.

45) 그러나 한명숙은 여성 가족부 및 환경부 장관의 두 부처의 장관을 역임하였지만, 총리시절의 금품수수관계로 현재 재판이 진행 중이다.

46) 『1998-2002 제1차 여성정책기본계획』, 정무장관(제2)실 발행, 1997. 12.

부인이었던 손명순 여사를 비롯하여 한국에서 GO와 NGO여성 700여 명이 참석함으로써 그간 세계여성대회 중 가장 많은 인원이 참석하였고 좋은 성과를 가져왔다. 이듬해인 1996년 김장관은 유엔에서 개최된 [유엔여성지위위원회]에서 한국이 북경대회이후 실천한 '한국여성발전 기본법'의 통과(1995.12)를 보고함으로서 참석한 많은 국가의 여성대표들로부터 발 빠른 움직임으로 이루어낸 실적들에 대해 환호를 받았으며 국내적으로는 '여성주간(매년 7.1-7.7)을 정하는 등 (하영애, 2005 : 95-100) 한국여성의 지위향상에 근간을 마련하였다.

여성장관들이 취임하기전의 직전경력을 살펴보면, 크게 3가지로서 즉 국회의원출신, 전문위원회와 각종위원회 출신, 그리고 여성분야 전문가로서의 경력으로 구분할 수 있었다. 정치가의 경력이 여성장관 임용과정에 주효했던 사람들로는 국회의원을 지낸 김정례, 전재희, 진수희, 김장숙 장관을 들 수 있다. 전문위원으로는 백경남, 김명자 두 사람으로서 두 장관은 교수로 재직하고 있었으나 교수직으로 인해서보다는 앞의 논의에서 볼 수 있듯이 정책기획위원, 국가과학기술위원 등 각종 위원회에 적극적으로 참여한 것이 임명의 주요인이라고 밝힌 점은 차세대여성정치후보자가 참고할 가치가 있다고 생각한다. 끝으로 이연숙(여협 회장), 강기원(여성 변호사 회장), 한명숙(여성연합 공동대표), 김금례(여협 사무총장, 한나라당 여성국장)장관은 여성 분야의 전문가로서의 경력이 내각의 여성장관으로 임용되는데 크게 작용하였다고 할 수 있겠다.

앞서 고찰한 바와 같이 한국 여성장관은 김대중 정부(9명), 김영삼 정부(8명), 노무현 정부(6명) 등으로 꽤 많이 임명한 것을 알 수 있었다. 반면에, 박근혜 정부에서는 본인이 여성임에도 불구하고 여성장관을 3명 임명하였고 현재는 고작 1명(5.9%)이다. 이는 유럽국가의 내각에 여성장관이 50%를 차지하고 있고 아시아에서도 20%상회하는 점과 비교하면[47] 한국의 현실은 형식적으로만 양성평등이지 내각의 정치참여는 아직도 요원하기만 하다.

---

47) 프랑스는 50%, 특히 네델란드의 경우 62.5%이며 아시아의 일본이 22.2%, 인도 22.2%, 대만 18.2%이다. http://gb.cri.cn/42071/2015/03/12/3245s4898487.htm. (검색일: 2015. 5. 10).

01. 서론

한중양국은 일찍이 걸출한 여성들을 배출하였다. 한국의 박순천과 중국의 송칭링(宋慶齡)은 동시대를 살면서 한국과 중국의 여성정치사에 커다란 공헌을 하였다. 박순천은 독립운동과 계몽운동에 참여하였으며 많은 여성관련 단체를 조직하였다. 또한 그는 여성으로서 드물게 5선의 국회의원을 역임 하였으며 정당정치에 심혈을 기울였고, 민중당 당수를 역임하였다. 송칭링이 추구하는 사회운동은 중국의 국부(國父) 쑨중산(孫中山)의 혁명 사상을 중국에 실현하는 것이었다. 이 사상은 송칭링 자신의 이상과 신념체계이기도 했으며 이를 위해 끈임 없이 노력하고 투쟁하였다. 박순천에 관한 연구는 최정순의 박순천 정치리더십 연구, 황영주의 한 여성정치가의 경우: 박순천 의원, 노영희의 박순천과 일본, 박순천 자신이 한국일보에 연재한 '나의 이력서' 등이 있다.[1] 송칭링은 청 제국시대에 태어나서 신해혁명을 거쳤고, 5.4 사회운동, 국제사회의 힘을 모아 평화의 사상을 중국에 적용하려고도 했다. 일본의 중국침략의 한가운데서 그의 이상과 신념을 실천에 옮기기 위해 노력하였고 국민당과 공산당이 합작하여 제국시대의 유물에서 물러나 새로운 사회운동을 펼치는 것을 이념으로 삼았다. 즉 3대 혁명이념(삼민주의-민족주의, 민권주의, 민생주의) 을 펼쳐 중국의 사회운동을 실현해보고자 하였다. 송칭링에 관해서는 중문으로는 宋慶齡選集, 宋慶齡紀念集, 서신, 강연 등을 비롯하여 최근에는 쑨중산과 송칭링에 관한 전문사이트가 개설되어 있다. 헌팅턴(Samuel P. Huntington) 은 정치발전과 사회발전은 분리할 수 없는 쌍둥이 자매와 같다. 왜냐하면 정치발전은 다방면의 사회변천중의 한 면이기 때문이다. 또한 정치와 사회구조는 환경의 변화를 받아 발전하며 이 두 가지는 하나라도 부족해서는 안 되기 때문에 이 두 가지는 상호 뗄 수가 없다[2]고 말한다. 특히 정치운동과 사회운동 역시 불가분의 관계가 있다. 그러므로 본 문은 박순천과 송칭링의 정치사회운동을 함께 고찰하고자 한다.

02. 이론적 배경 : 정치사회운동의 4 요소

사회운동(social movement)이란 한 사회에서 사회변동의 제 양상을 저지하거나 영향을 미치고자 하는 사람들의 광범위한 집합적 행동을

---

1) 최정순, 『박순천 정치리더십 연구』, 국민대학교 박사학위논문, 2007; 황영주, "한 여성정치가의 경우: 박순천 의원", 『국제문제논총』 제14집, 1987; 노영희, 『박순천과 일본』, 『한림 일본학 연구』 제7집, 2002; 박순천, "나의 이력서", 『한국일보』, (1974. 11. 29-1975. 1. 11) 등이 있다.

2) Samuel P. Huntington, *Political Participation in Developing Country* (Cambridge : Harvard University press, 1976), p.4.

말한다. 그것은 처음에는 비공식적으로 시작한다. 기든스(Giddens)에 의하면 사회운동은 첫째, 민주적 운동으로서, 정치적 권리를 유지하거나 형성하는 데 관심을 가지며 둘째, 노동운동으로서, 노동현장의 방어적인 통제와 경제 권력의 보다 일반적인 분배를 변화시키는 데 관심을 갖는다. 더욱 중요한 것은 평화운동으로 민족주의와 군사력의 광범위한 영향에 도전하는 여성운동을 들 수 있다3)고 피력한다. 일반적으로 어떤 사회운동은 가치(values), 규범(norms), 구조(structure), 그리고 인간행위(human behaviors)라는 네 가지 요소를 포함하게 된다. 첫째, 가치는 사회운동의 한 요소로서 사회공동체의 구성원으로서 인간이 추구하게 되는 요구(needs), 태도 혹은 욕구(desires)와 관련된 목표 또는 이 목표와 관련된 사물이라고 할 수 있다.4) 이러한 가치는 종종 많은 사람들의 그에 대한 수용이나 혹은 변혁을 거친 다음에 하나의 관념의 형성을 매개로 성취될 수 있다. 박순천의 정치사회운동의 가치관은 여성의 지위향상 추구, 민주주의 실천, 애국심(나라사랑)으로 피력할 수 있으며, 송칭링의 정치사회운동에 대한 가치관은 혁명이념, 아동과 농민의 복지향상과 남녀평등, 국제사회에서의 나라사랑으로 고찰 할 수 있으며 그의 이 가치관은 '中國民權保障同盟' 등의 조직체계를 통해 성취됨을 볼 수 있다. 둘째, 사회운동의 규범(norms)적 요소는 일종의 규칙(rule), 표준(standard), 혹은 행동양식(pattern for action)을 의미한다.5) 박순천의 정치사회운동의 규범은 민주주의와 애국애족, 정의심 등에 중점을 두고 있다고 할 수 있다.

---

3) http://search.naver.com/search.naver?where=nexearch&query=(검색일: 2013. 10. 6).

4) Louis Schneider, *Institution* in Julius Gould and William L. Kolb(ed), A Dictionary of the Sciences (1974) (臺北: 馬陵出版社, 民國64년), p.338.

5) Louis Schneider, op. cit., pp.15-20.

송칭링의 사회운동에 있어서 규범의 핵심적 사례라고 할 수 있는 신·구 삼민주의, '3대 정책', 각종 강연, 서신 등을 통해 송칭링이 국민당 좌파로서 시작하여 혁명동지를 돕고, 여성을 자각시키며 종국에는 중국공산당으로 하여금 혁명적 승리를 가져올 수 있는 정치적 역할을 고찰하게 된다. 셋째, 조직구조는 사회운동의 중요한 요소이다. 사회과학에서는 여러 가지 조직과 역할에 대한 정의가 있는데 가장 보편적인 정의를 개략적으로 살펴보면, 조직 또는 조직체계(Organization)란 특정한 목표를 추구하기 위하여 의도적으로 구성된 인간 활동의 지속적인 체계를 일컫는다.6) 박순천은 조직을 통해 힘을 가질 수 있다는 것을 경험적 사실을 통해 알고 있었다. 그는 자신의 가치관인 여성의 지위향상(추구), 민주주의 (실천), 애국심(나라사랑)등을 위해 건국부녀동맹의 창립, 독립촉성애국부인회 결성 및 대한부인회를 결성 하였고 특히 언론의 중요성을 인식하고 부인신문(婦人新聞)을 창간하였다. 송칭링은 중국민권보장동맹(中國民權保障同盟)의 결성, 국민당 중앙집행위원회 위원, 국제 반 제국 동맹 대회 (國際 反帝同盟大會)등 다양한 조직을 만들고 그의 이상을 펼쳐나간다. 넷째, 인간의 행위이다. 앞에서 말한 가치, 규범, 조직구조는 모두 사회운동의 정태적 요소이다. 이러한 요소들만 가지고는 그 사회운동이 제대로 기능을 발휘할 수가 없을 것이다. 그러므로 필히 인간이 개입되어 직위를 가지고 역할 행위의 각종 활동을 할 때만이 비로소 조직체계에 동태적현상이 발생하며 나아가 그 기능을 발휘하게 된다.7) 즉 사회운동을 포함한 하

---

6) Fremont E. Kast and James E. Rosenzweig, *Organization and Management : A Systems Approach* (New York : McGrow-Hill Book Co, 1970), pp.170-171.

7) Louis Schneider, op. cit., pp.15-20.

나의 조직체가 그 기능을 발휘하느냐 못하느냐 하는 것은 실제로 어떤 직위의 어떤 사람의 행위와 상당한 관계가 있다고 할 수 있다. 비록 똑같은 제도나 법규라 할지라도 그 집행자가 어떤 사람인가에 따라 긍정적 기능과 심지어 잠재적 기능(latent function)을 발휘하기 때문에 어떤 인물인가에 따라 결과적으로 다른 효과가 나타난다.

03. 한중의 시대적 상황과 박순천과 송칭링의 가치관 형성

가치관은 어떻게 형성되는가? 이는 한 사람이 자라온 환경, 교육적 배경, 시대적, 국가적 환경에 영향을 받는다. 당시 한국과 중국의 시대적 배경과 관련하여 개략적으로 살펴보면, 박순천은 한국이 일제의 지배 하에서 겪게 되는 수많은 고통을 몸소 겪게 되고, 일본에 유학까지 하였으나 심지어 일본 경찰에 계속 쫓겨 살게 되면서 본래의 이름인 '박명련'을 사용하지 못하고 가명으로 '순천 댁'을 사용하였고 이는 후일 자신의 이름으로 되는 운명적 삶을 살게 된다. 그러나 한국이 광복이후 민주주의 국가로서의 정체성을 갖게 되었고 박순천은 정치인의 생활을 하는 한편 언제 부터인가 검은 치마에 흰 저고리 등 한복을 입는 것이 생활화 되었다. 송칭링은 일찍이 부모의 도움으로 미국에 유학하여 영어를 유창하게 하였으며, 쑨중산의 삼민주의 사상을 자신의 혁명이념으로 전수받고자 하였으며 그의 영어비서로 출발하여 결혼까지 하게 된다. 그러나 당시 중국이 놓여있는 국민당과 공산당이라는 양당사이에서 송칭링으로 하여금 하나를 선택해야만 했으며 송칭링은 그의 동생 송미령과 장제스가 대만으로 갈 때 함께 가지 않고 중국본토에 남았다. 왜냐하면 이는 그가 혁명적 사상을 강화하고 쑨중산의 이념을 유지계승 시킬 수 있는 정치사회운동의 역할에 충실할 수 있는 중요한 전환점이 되었기 때문이다.

1) 박순천의 가치관의 형성

박순천의 가치관은 여성의 지위향상 추구, 민주주의 실천, 나라사랑 및 애국심으로 피력 할 수 있다. 첫째, 여성의 지위향상 추구이다. 우선 그녀의 고등교육의 영향과 아버지, 남편의 다양한 지원 그리고 수많은 독서에서 찾을 수 있겠다. 당시로서는 보편화 되지 않은 여성임에도 아버지의 영향으로 서당을 다녔고, 여학교 교육을 받았으며 교사생활을 하였고 일본으로 유학하여 일본여자대학교를 졸업하였다. 사회학부 시절 일본인 야마카와 기쿠에(山川菊榮 1890-1980)씨를 만난다. 특히 그는 이미 그 시절에 여성노동자를 위한 생리휴가 및 60일 산후휴가의 법규와 남성위주가 아닌 여성을 고려한 '간통 법'을 제정하며 소위 '박순천 법'을 통과시켰다.

둘째, 민주주의 실천이다. 어떤 사람이나 조직은 시대배경의 영향을 받는다고 할 수 있다. 1898년생인 박순천은 12살인 1910년에 담벼락에 붙은 벽보에서 한일합병 소식을 듣게 되었고 아버지의 상투가 잘려나가고 그것을 본 어머니가 대성통곡을 하는 모습 등을 통해 그의 생애에서 항일민족운동과 반독재민주화 투쟁의 '반항적 생애'를 살게 하였으며[8] 3.1운동은 총 7,509명의 사망자(일본 측 통계 536명)

---

8) 최정순(2007), p.25.

를 내고 15,961명의 부상자 발생, 피검된 사람은 46,948명이었다.[9] 마산만세 시위를 주도하여 검거된 후 도피생활을 시작했으며 이때 박순천은 1년 징역인 중형을 선고받았다.[10] 이 민족주의운동은 또한 민주주의운동으로 반영되어 전개된다. 즉 그 후 박순천은 이승만의 개헌에 반대하였고, 제1대 국회의원 출마 시 종로구에서 비록 떨어졌지만 2대에 다시 자신이 원하는 종로구에서의 출마를 고수하여 당선되었으며 국회의원시절에 남성중심의 국회를 빗대어 '홀아비 국회'로 비판하였다.

세 번째의 그의 가치관 형성은 나라사랑, 애국심이라고 할 수 있다. 애국심은 한 민족이 타국으로부터 능멸당할 때 일어난다. 일찍이 일제시기에 박순천은 여학교 교사로서 한국교사의 급여 12원과 일본교사 급여 24원에서 왜 차별을 받아야 하는가에 대해 저항하였으며, 급료차별폐지운동을 전개하였다. 그 후 다시 유학을 떠났고 일본에서 남편 변희용을 만나고 귀국하여 시골 고령에서 살았지만 항상 일본 경찰이 감시와 창씨를 강요하는 통에 만주로 갈 생각까지 했다고 한다. 그러나 일본인 소마부인이 보내온 "나무 잎은 그 나무의 뿌리에 떨어지지 않느냐"라는 편지글을 통해 자기나라를 떠나는 법이 아니라고 타일렀는데 대해 감동받았다고 한다.[11] 동아일보 논설위원이었으며 평소 박순천에게 비판적이었던 송건호는 신동아에 게재한 박순천과의 대담글 「박순천 씨」에서 "박순천 할머니에게서 받은 강한 인상은 민족과 나라에 대한 한없는 사랑과 민족과 나라를 위해서는 독

---

9) 최정순(2007). pp.25-26.
10) 황영주는 1년 6개월간 마산 형무소에서 옥고를 치르다 고 하는 반면, 최정순은 도피 중 결석재판에서 1년 징역 선고를 받았다고 제기한다.
11) 박순천 "나의 이력서" 15, 1974년 12월 3일자.

선이 있을 수 없다는 굳은 집착의 일면이었다."고 소감을 밝히고 있다.

2) 송칭링의 가치관의 형성

송칭링의 가치관을 혁명의 실천, 아동과 여성의 복지향상, 국제무대에서의 나라 사랑으로 고찰할 수 있다.

첫째, 쑨중산으로 부터 혁명운동의 사상적 가치관을 형성했다. 즉 쑨중산이 주창하는 삼민주의－민족, 민생, 민권－의 사상을 혁명운동과 함께 추구하는 것이었다. 쑨중산의 40여년에 걸친 혁명운동의 실패와 좌절을 가장 가까이서 보필하며 협력했던 송칭링은 결혼 10년 동안 그의 행동, 사상, 정책 등을 누구보다도 정확하게 알 수 있었다. 쑨중산의 서거 후에 그녀는 "선생과 결합한 것은 중국혁명과 결합한 것이다. 나는 그의 유지를 계승하여야 한다. 그러기 위해 志先生之志, 行先生之行."12)이란 일관된 태도를 견지하였다.

둘째, 아동과 여성의 복지 향상이다. 중국 전통의 비인간적인 봉건 예교 속에서 송칭링의 여성운동은 어떻게 전개해야 했을까? 우선 쑨중산의 여성에 관한 사고나 사상에서 고찰해보면, 쑨중산은 많은 강연 중에 남녀평등과 여성의 참정권을 주장했으며13) 따라서 이는 송칭링으로 하여금 중국의 여성들이 '남녀평등권'을 가져야한다고 인식하는데 큰 도움을 주었다. 송칭링은 농촌여성운동에도 관심을 가졌

---

12) 李雲, "30年代在宋慶齡同志身邊兩年", 『宋慶齡紀念集』(北京 : 人民出版社, 1982), p.205

13) 쑨중산은 강연에서 "중국의 혁명 후에는 여성들이 쟁취하지 않더라도 참정권을 줄 것이니 의회 내에 여성의원을 설립할 것이다" 고 하였으며 이는 후일 대만의 여성당선할당제 채택의 근간이 되며 중화민국헌법 제134조에도 명문화되어있다. 하영애, 『대만지방자치선거제도』(서울: 삼영사, 1991), p.57; 河暎愛,『臺灣省縣市長及縣市議員選擧制度之硏究』, (臺灣 臺北: 文思哲出版社, 1989), 제1-2장 참고

으며, 아시아 및 세계여성들과 교류하면서 그들에게서 사상과 제도를 답습하였으며 다양한 현대식의 여성과 아동시설물을 참관하였다.[14] 1950년대 중반, 아시아 여러 나라를 공식방문 했을 때 송칭링은 정부가 주최한 리셉션이나 중국과의 우호단체에 의한 초대연회에 참석하는 것 외에 반드시 여성들과의 회합을 가졌다. 또한 인도, 버마(미얀마), 파키스탄, 인도네시아 등 국가의 공식방문을 통해 중국여성의 활동을 아시아 국제무대에 적극적으로 끌어내려는 점에서 큰 역할을 하였다.

셋째, 국제무대에서의 나라사랑이다. 송칭링의 정치사회운동에서 빠질 수 없는 것이 중국혁명운동과 관련한 국제적 인맥과 그 활동이라고 하겠다. 그는 중국을 위해 실로 수많은 세계적 인물들을 만났다. 대표적으로 소련의 스탈린(Stalin), 에드가 스노우(Edgar Snow), 호지명(胡志明), 버나드쇼(Bernard Shaw), 브로딘(Mikhail Borodin), 요페(Adolph Abramovich Joffe), 이스라엘 엡스타인(Israel Epstein) 등 그 수를 헤아릴 수 없다. 그들 중에 그가 추구하는 사회운동－삼민주의와 '3대 정책'에 대한 혁명적 실천을 위해 수많은 만남과 교류와 대화를 통해 뜻을 함께 하고, 이의 실천을 위해 조직을 만들었으며 함께 행동하였다.

---

14) 이스라엘 엡스타인(Israel Epstein) 저, 이양자 옮김 (1998), p.272.

04. 박순천과 송칭링의 사회정치운동을 위한 조직형성과 그 역할

1) 박순천과 송칭링의 개인 프로파일

〈표-1〉 박순천과 송칭링의 개인프로파일

구분	박순천(朴順天)	송칭링 (宋慶齡)
생년월일	1898년 음력 9월10일 출생	1893년 1월27일 출생
가족배경	부:朴在衡 모: 金春烈 (무남독녀)	부: 宋嘉樹 모: 倪桂珍 형제자매 : 6명중 둘째 딸 딸3명(宋靄齡, 宋慶齡, 宋美齡) 아들3명(宋子文, 宋子良, 宋子安)

학력	- 부산진 일신여학교 졸업
	- 일본 여자대학 사회학부 졸업
	  (1926년)
		- 상해 中西女塾
		- 1905년5월 미국
		  wesleyan college 입학

결혼	남편 변희영 (일본 유학) 성균관대 총장역임	남편 1915년 쑨중산(孫中山, 혹은 孫文, 孫逸仙 의 명칭을 가지고 있음) 중화민국 임시 대통령 역임
사망	1983년 서거	1981년 88세 서거
기타특징	자녀 7명(3남 4여)	자녀 무

출처: 박순천, 송칭링의 다양한 자료를 가지고 필자 작성

<표-1>에서 볼 수 있듯이 박순천은 1989년 음력 9월 10일 아버지 박 재형과 어머니 김 춘렬의 무남독녀로 태어났다. 원래는 이름이 명련(命蓮)이었는데 독립운동 때 도피생활하다 얻게 된 '순천 댁'이라는 별칭을 사용하였으며 후일 이 이름 '순천'으로 계속사용하게 되었다[15]. 부산 일신여학교를 졸업하였고, 일본에 유학하여 일본여자대학

---

15) 박순천, '가명 박순천', "나의 이력서" 6, 『한국일보』, 1974. 11. 22.

(日本女子大學) 사회 학부를 1926년에 졸업하였다. 28세에 역시 독립운동에 동참하였고 동경유학생이던 변희용과 결혼하여 7남매를 두었다.

송칭링은 1893년 1월 27일 아버지 송쟈수(宋嘉樹)와 어머니 니꿰이젠(倪桂珍)의 6남매 중 둘째 딸로 태어났다. 송칭링의 결혼은 앞서 보았듯이 중국의 임시 대통령이기도 했던 쑨중산과 결혼함으로서 그의 철학과 이념을 더욱 내재화하였다. 그는 1905년 5월에 미국 조지아주의 Wesleyan College에서 문학부 철학을 전공하였으며 잡지 the wesleyan 문학편집을 맡았고, Harris Literary Society의 통역비서를 담당하였다.

2) 박순천의 사회정치 조직형성과 그 실천

박순천은 여성의 지위향상과 민족주의, 민주주의를 향한 자신의 이상을 추구하면서 정치참여와 사회운동에 매진하게 된다. 주요 조직 형성과 그 실천으로 여성 단체조직과 반탁, 계몽운동전개, 교육을 통한 사회운동 전개, 다양한 정치조직 참여와 민주주의의 실천으로 고찰할 수 있다.

(1) 여성 단체조직과 반탁, 계몽운동전개

박순천은 실로 많은 단체에 참여하였다. 조선여자유학생 단체인 여자 학 흥회 조직 (회장 최 진상, 총무 박순천), 3.1독립운동 동참, 신탁반대, 독립촉성애국부인회(1946. 4. 5)결성, 대한부인회(1948. 4. 6) 조직, 부인 신 보사 창간(1947)을 비롯하여 다양한 여성단체를 조직하고 자신의 가치관에 따라 정치사회운동을 추진해나간다. 1948년 4월

6일에는 서울시부인회와 통합 및 확대 개편하여 '대한 부인회(大韓婦人會)'로 발족하게 되고 초대회장으로 선출되었다. 그는 이 기간 동안에 전국적으로 여성들에게 '내 이름 쓰기'를 전개하여 문맹률을 개선하였고 특히 대한 부인회는 '색 버선 신기', '폭 넓은 치마나 화려한 옷 안 입기', '통일이 될 때 까지 옷고름 달지 않기'등의 신생활운동을 전개하였다. 이는 여성계몽 운동으로 보도될 만큼 높은 호응도를 보였다.16) 그는 또한 '여성운동을 효율적으로 전개하기위해'17) 1947년 '부인신문'을 창간하고 발행인을 맡았다. 그는 '부인신문'의 창간호 발행을 위해 9일 동안 밤낮을 가리지 않고 심혈을 기울인 결과 '대한부인회 전국총회'날에 부인신문을 선보일 수 있었으며 '이는 우리 여성 운동사에 있어서 중요한 발전의 계기이며 동시에 오랜 "꿈의 성취"라고 기뻐했다.'18)

(2) 교육을 통한 사회운동 전개

박순천의 활동 중에 교육에 종사한 점을 뺄 수가 없다. 박순천에게는 일본여자대학 동창생이며 동아일보 여기자로 활약하고 있던 황신덕과 박 승호(朴承浩)가 있었는데 1937년 동아일보가 정간되는 사태를 맞이하자 학교를 설립하기로 결심하고, 일본유학시절 하숙을 했던 소마 콧코(相馬黑光 : 1876-1955)를 찾아가게 된다. 소마 씨의 도움으로 1940년 10월 경성가정여숙(京城家庭女塾)을 설립하고 황신덕이 교장을 맡았고 박순천은 독립운동을 한 전적이 문제가 되어 부 교장으

---

16) 『서울신문』, 1949. 11. 24.
17) 『한국 언론재단』, 신문과 방송 066호 박순천 "나의 기자 시절" (1976). p.95
18) 『한국 언론재단』, 신문과 방송 066호 "나의 기자 시절" (1976). p.95-96.

로 경제문제를 담당하게 된다.[19) 이 경성가정여숙은 오늘날의 중앙
여자중고등학교로 발전하였으며 그는 1947년에 학교법인 추계학원
(秋溪學園)이사를 역임하였다. 또한 정계를 은퇴한 뒤 1972년에는 경
기도 안양 근명 여자 상업학교(槿明女子商業學校)이사장을 역임하였
다. 그는 또한 서울 광진구에 있는 '육영재단의 육영수 여사 추모 사
업회' 이사장을 역임하였는데, 이 사업회에서는 미국으로 유학 가는
학생들에게 장학금을 지급하다가 80년부터는 대만 등 아시아국가 유
학생들에게 장학금을 지급하기 시작했으며 박순천은 특히 결혼을 하
고 유학을 가는 여학생들에게 학문의 중요성을 강조하고 격려하였
다.[20) 박순천은 남편 변희용과 같이 12년 동안 야학을 지도하기도 하
였다.

(3) 다양한 정치조직 참여와 민주주의의 실천

본문에서는 그가 정치인으로서 여성의 권익과 '민주주의의 실천'
을 위해서 어떠한 활동을 했는가를 고찰해본다. 박순천은 왜 여의사
나 교육자가 아닌 정치인이 되었을까? 그는 어렸을 적에 처음에는 여
의사가 되고 싶어 했고 그 후에는 여성 항공인이 되고 싶어 했다. 그
러나 본인이 원했던 두 가지 직업을 이루지 못하고 정치인으로서의
길을 가게 된다. 그는 자신의 정계진출에 대해, 자신이 정치에는 관여
하지 않으려고 결심했던 사람이었는데 '대한부인회'를 탄압해서 그
것 때문에 정치에 발을 들여놓았다며 자신의 의지와 무관하게 정치

---

19) 『한국일보』, 박순천, "나의 이력서" 16, 1974년 12월 4일, "家庭女塾설립"편 참조.

20) 1980년 대만에 유학 가는 여학생들에게 장학금 지급과 격려를 하였다. 1980. 2. 20. 14:00-15:00
육영수 여사 추모 사업회 이사장 실.

인이 된 자신의 입장을 밝히고 있다.[21) 그의 정치생활은 제헌국회 (1948년)때 종로 갑 구에 출마한 것에서 시작하였다. 당시 종로 갑구에 출마 하였고 낙선하였으나[22) 제2대에 다시 같은 지역에서 무소속으로 출마하여 당당하게 당선하였다. 그 후 그는 1958년 4대 국회의원, 1960년 5대 국회의원, 1963년 6대 국회의원으로 거듭 당선되어 여권신장, 민권수호, 민주주의의 실천을 위해 부단히 노력하였다. 특히 그는 남아선호사상, 가부장제도, 남성권위주의가 판을 치는 당시에 소위 '박순천 법'을 통과시켜 여성의 권익과 지위향상에 실질적인 효과를 가져왔다.

그는 이승만 대통령, 박정희 대통령 등과 대응하면서 한국의 정치 민주화를 위해서 야당 정당인으로서 다양한 조직을 결성하고 적극적으로 동참하였다. 이승만은 국회에서의 재선가능성이 불가능해지자 이른바 '발췌 개헌안'을 통과시켰다.[23) 이러한 자유당의 독재정치에 맞서 박순천은 이승만 정권과 결별하고 1955년에 민주당(民主黨) 창당에 참여하였고, 민주당 중앙위원회 부위원장에, 그리고 1956년에는 민주당 최고위원으로 선출된 이래 네 차례 연임되었고 정치권의 핵심적인 역할을 하게 된다. 특히 그는 여성정치인이 극소수였고 정당 정치가 궤도에 오르기 이전의 정치발아기(政治發芽期)에 한국국회에서 정당 정치인으로서 역할을 함으로써 한국정치사를 바꾸는데 크게 기여 했다. 또한 민주당 최고위원, 민주당 당대표의 활동을 통해 민주주의 정착을 위한 다양한 투쟁을 하였고 1965년 마침내 여성정치인

---

21) 노영희, (2012), p.48.

22) 제헌 국회선거(1948) 시 여성후보는 총 18명이었으나 모두 낙선하였고 그 후 임영신이 경북 안동보궐선거에서 당선하여 초대국회의원은 총 200명 중에 여성이 1명이 되었다.

23) 민준기 외 지음, 『한국의 정치: 제도 과정 발전』 (서울: 나남출판사, 2011), pp.232-233.

으로서 '민중당(民衆黨) 당수'를 맡음으로서 '치마를 입었으나 남성 정치인 이상'이라는 말이 나오게 되었으며 한국 정당정치사에 새 이 정표를 세웠다. 정당의 존재이유는 정권을 교체하고 정치권력을 확고 히 하는 것이다. 그는 정당의 당수로서 대통령후보로 출마할 수 있었 음에도 불구하고, 양심의 정치, 정의의 정치를 위해 그 자리를 윤보선 에게 넘겨주는 진정한 정치인으로서의 모습을 보인다. 그 후 박정희 정부가 출범하고 1965년 7월 20일 박순천은 민정당 당수로서 박정희 대통령과 여야영수회담을 하여 정국을 정상화시키는 등 강인함과 함 께 유연함을 보여줬다. 그는 정치조직에 직접 참여하였고 특히 정당 정치에 있어 양당체계를 성립시킴으로서 민주주의의 이상을 실천하 였다.

3) 송칭링의 정치사회운동 조직과 그 활동

송칭링의 조직과 활동은 '中國民權保障同盟'의 결성과 혁명운동, 아 동·농민의 권익과 남녀평등을 위한 투쟁, 국제적 혁명조직과 사회활 동 세 가지로 고찰할 수 있다.

(1) '中國民權保障同盟'의 결성과 혁명운동

송칭링은 사회운동에서 매우 급진적인 면을 보이고 있다. 혁명의 목적에 대하여 송칭링은 "혁명의 목적은 인민의 생활조건 개선을 위 한 것"이라고 하면서 민생개선을 혁명적 목적으로 설정했다. 연속되 는 측근들에 대한 사건이 일어나자 1932년 12월 그녀는 다음과 같은 동맹의 임무를 설명했다. 첫째, 중국의 정치범 석방과 현행의 감금,

고문, 처형 제도에 반대하기 위해 투쟁한다. 우선 그 대상은 수많은 무명의 정치범들이다. 둘째, 정치범에 대한 법률적 변호와 그 밖의 지원을 제공하며, 나아가 감옥의 상황을 조사하고 국내의 인권유린 사실을 공표함으로써 여론을 환기시킨다. 셋째, 언론·출판 및 집회, 결사의 자유를 위한 인권을 요구하는 투쟁을 지원한다.24) 그 후 송칭링은 노동운동지도자의 한사람인 떵중샤(鄧中夏)의 구원활동을 적극적으로 펼쳤으나 무위로 끝나고 말았다.25) 비록 동맹은 6개월 동안 존속했지만 그 업적은 매우 컸다. 앞서 언급한 활동 외에도 동맹은 활동그룹을 북경에 파견하였다. 이 그룹은 애국적인 항일 운동으로 인해 수감되어 있던 정치범들을 석방시키는데 성공했다. 그들 가운데는 북경대학 교수로서 1919년 5.4 운동 때 학생활동가였던 쉬더싱(許德珩), 기자출신의 류쭌치(劉尊棋)26)를 비롯하여 저명한 여류작가이자 여권 운동가인 띵링(丁玲)이 국민당에 의해 유괴된 사실에 대해 전 세계적 주의를 환기시켜 그녀의 생명을 구했다. 이처럼 동맹은 중국에서 자행되는 백색테러에 대해 중국 및 외국의 여론을 환기시킴으로써 성공을 도모할 수 있었다.

물론 이 과정에서 송칭링에게 생명의 위협을 느끼는 수많은 간계와 음모 암살계획이 추진되었지만 만일 송칭링이 사망하게 될 경우 전국적인 항의뿐만 아니라 국제적으로도 강렬한 항의가 빗발칠 것이었기 때문에 쟝제스와 반대파들은 이러한 음모를 취소시켰다.27)

---

24) "中國民權保障同盟的任務'(1932.12)", 『宋慶齡紀念集』(北京 : 人民出版社, 1982), p.56.

25) 떵중샤(鄧中夏)는 1933년 9월 33세의 나이에 총살되었다. 그는 중국노동조합 서기부의 주임으로서 쑨중산과의 회담에 참여하여 제1차 국공합작을 촉진시킨 인물이었다.

26) 쉬더싱(許德珩)은 석방된 후 동맹의 북경분회(지회)에 가입했다. 류쭌치(劉尊棋)는 그의 회고록에서 구출활동과정에서 보여준 송칭링의 품격과 행동의 기민함을 묘사하고 있다. 人民日報, 1981. 6. 4. 劉尊棋, '宋慶齡同志 感謝你的救援'.

(2) 아동·농민의 권익과 남녀평등을 위한 투쟁

송칭링의 아동과 여성을 위한 사회운동은 어떻게 펼쳐나갔을까? 그는 여성농민 아동들의 권익을 위해 국외 탐방 시 새로운 시설을 참관하였으며 이를 중국에 도입하였다. 송칭링의 활동을 크게 두 가지로 구분할 수 있다.

첫째, 토지개혁으로 여성농민의 실질적 평등을 쟁취했다.

송칭링은 한 기고문에서 "모든 여성들은 힘을 모아 단결하여 대내적으로 토지개혁을 서둘러 완성하여 경제건설을 강화하자"[28]고 주장하였다. 인민공화국에서 기본적 인권으로서 '공동강령'이 규정한 남녀평등을 실현하기 위해서는 토지개혁이 기본적인 작용을 하는 것이었다. 지주의 소유물은 남녀성별에 관계없이 1인을 기준으로 얼마씩 농민들에게 분배되었다. 중국 농촌여성들은 역사상 처음으로 합법적인 소유자가 되었으니 당시 중요한 생산수단이었던 경지, 가축, 농기구 등의 전체의 반을 여성이 소유하게 되었던 것이었다.[29]

둘째, 아동과 여성들을 위해 제도와 현대식 시설들을 도입하였다.

송칭링은 아시아 및 세계여성들과 교류하면서 그들에게서 사상과 제도, 잘 만들어진 다양한 현대식의 여성과 아동시설물을 참관하였고 전 생애에서 아동들에 대한 수많은 글을 발표하였으며 많은 아이들을 초대에 설날을 함께 보냈다.[30] 1950년대 중반, 아시아 여러 나라

---

27) 이스라엘 엡스타인(Israel Epstein)은 다음과 같이 적고 있다. "최종적으로 이 음모를 취소시켜 버린 것은 분명 장제스였다. 자신을 더럽히고 싶지는 않았던 것이다." 이스라엘 엡스타인(Israel Epstein) 저, 이양자 옮김, (1998), p.365.

28) 상해, 『해방일보』, 1950. 6. 1.

29) 이스라엘 엡스타인(Israel Epstein) 저, 이양자 옮김, (1998), pp.273-274.

30) '什么是幸福', 『宋慶齡紀念集』(北京: 人民出版社, 1982), pp.331-332; 兒童合影, 『宋慶齡紀念集』(北京: 人民出版社, 1982), p.13.

를 공식방문 했을 때, 송칭링은 정부가 주최한 리셉션이나 중국과의 우호단체에 의한 초대연회에 참석하는 것 외에 반드시 여성들과의 회합을 가졌다. 인도, 버마(미얀마), 파키스탄, 인도네시아 등 국가의 공식방문을 통해 여성의 활동을 아시아 국제무대에 적극적으로 끌어 내려는 점에서 큰 역할을 하였다. 그는 1951년 스탈린 국제평화상으로 받은 상금 10만 루블 전액을 이 병원에 기증하여 새로운 병동의 건축비로 사용케 하였다.[31] 이외에도 그녀는 아동관련 구제 사업을 평생 진행해 나갔다. 1910년 코펜하겐에서 열린 국제사회주의 여성대회에서 Clara Zetkin 의 제안으로 3월 8일을 '국제노동여성의 날'로 선언하였는데 중국에서는 1924년 국민당 부녀부(당시 송칭링이 婦女 部 長)가 이날을 정식으로 '여성의 날'로 정하였으며, 특히 그는 여성들이 혁명에 참가하기를 적극 주장하였다.[32]

(3) 국제적 혁명조직과 사회활동

송칭링은 1927년 9월 모스크바에 다시 도착하여 각계군중의 환영을 받고 '중국목전의 형세', '부녀와 혁명,' '청년과 혁명' 등을 발표하면서 '3대 정책'을 강조하였다. 그해 12월 브뤼셀에서 열린 [國際 反帝同盟大會]에서 명예의장에 선출된다.[33] 이어서 1928년 독일에서 [國際 反帝大同盟]을 설립하고 부회장에 선임되었으며, 1929년 8월 [國際 反帝大同盟] 제2회 대회가 개최된 독일에서 재차 대회명예의장에 선출되었다. 그리고 마침내 1932년 12월 18일 중국에서 [중국민권보장동

---

31) 이스라엘 엡스타인(Israel Epstein) 저, 이양자 옮김, (1998), p.273.

32) '論中國女權運動' (1927.3.8.), 『宋慶齡紀念集』 (北京: 人民出版社, 1982), pp.16-17.

33) 이양자, 『송칭링연구 - 정치. 사회활동과 그 사상』 '송칭링 年譜 중에서', pp.261-262

맹]을 조직하고 송칭링은 주석에 취임한다. 이 [중국민권보장동맹]의 중앙위원회위원으로 프랑스(Norman France), 클라크, 엡스타인 등 평소에 그를 도와주었던 외국인들이 함께 동참하였다. 그는 또한 1939년 홍콩에서 '에드가 스노우'와 함께 중국공업합작사(中國工業合作社) 국제위원회를 조직하였다.

<표-2>를 통해 알 수 있듯이 역대 중국 사회에서 그는 다양한 정치 조직에 참여였다. 또한 한국의 국회이라고 할 수 있는 全國人民代表大會(2期)때는 인민대표의 上海代表(국회의원)로 피선되었다. 1965년1月에는 72세의 연령으로 第3屆 全國人民代表大會 第1次 會議에서 중화인민공화국 부주석에 재차 당선되는 등 실로 다양한 정치적 역할을 하고 있음을 볼 수 있다.

<표-2> 송칭링의 주요 정치사회 조직과 활동

년 도	조직 참여 및 역할	비고
1921년(28세)	5月, 孫文, 中華民國非常大統領에 취임	7월중국공산당창당. 8월 '婦女評論' 발간.
1928년 (35세)	독일에서 國際反帝同盟成立, 부회장에 선임됨. 독일에서 1년간 체류(王炳南, 鄧演達 등)	10월,南京國民政府성립, 主席蔣介石
1932년 (39세)	12/18, <中國民權保障同盟> 조직, 主席에 취임. 副主席 채원배, 총간사 양전(=楊杏佛).	
1936년(43세)	12月, 西安事變 발생, 송칭링은 쟝제스에 대해 내전정지, 抗日행동을 조건으로 석방할 것을 주장.	
1949년(56세)	10/1, 中華人民共和國 開國大典 참가. 중화인민정부 부주석 피임. <中華全國民主婦女聯合會> 명예주석에 추대됨.	
1951년(58세)	11月, 中國人民保衛兒童全國委員會主席.	
1959년(66세)	4月, 中華人民共和國 副主席당선. 全人代大會(2期)上海代表피선	
1967년(74세)	1967. 11~1975. 1. 國家主席(代理)	문화혁명기간
1981년(88세)	5/15, 中國 中央 政治局 회의- 中國共産黨 正式黨員[34]으로 결정	

출처: 이양자, 『송경령연구』, pp.257-275 참고 후, 필자 재정리.

05. 박순천과 송칭링의 정치사회운동에 대한 평가

앞에서 논의하였듯이, 정치 사회운동의 구성요소로 가치관, 규범, 조직, 인간행위를 제시하였다. 박순천의 가치관은 여성의 지위향상 추구, 민주주의의 실천, 나라사랑·애국심을 들 수 있고, 송칭링의 가치관은 혁명운동의 사상적 가치관 형성, 아동·여성의 복지향상, 국제무대에서의 나라사랑으로 고찰해보았다. 이 가치관에서의 두 사람의 공통점은 두 사람 모두 여성의 권익과 지위향상에 가치관을 두고 있으며 각 국가에 대한 나라사랑이 크게 두드러진다. 이 가치관에서의 큰 차이점은 박순천은 민주주의를 실천하기 위하여 선거에 직접 참여하였으며 처음 종로구에 출마하려고 할 때 이승만이 타 지역을 권하자, 선거출마에 대해서 후보자의 자유를 무시하고 간섭 하는 것에 대해 분노하면서 이를 계기로 이승만과 갈라서게 된다. 박순천은 처음에는 낙선하였으나 그의 의지대로 제2대 국회의원선거에서도 종로구에 출마하였고 당선되었다. 그리고 그는 정당정치를 중시하였다. 반대로 송칭링은 쑨중산이 주장하는 3민주의(민생, 민권, 민주)의 사상을 중시하고 제국주의를 반대하는 혁명이론을 철저히 신봉하고 사상적으로 무장하였다.

그들은 가치관과 규범을 가지고 각각이 추구하는 많은 조직을 형성하였다. 박순천은 건국부녀동맹의 창립, 독립촉성애국부인회 결성 및 대한부인회를 결성 하였고 이들을 통해 반탁, 계몽운동을 전개하

---

34) 이 위대한 중국 여성은 唐 나라에서 35년간의 정치적 역할을 통하여 周 나라를 세웠던 여성 황제 우쯔티엔(武則天)이 죽고 나서 그의 남편 唐 高宗 리쯔(李治)와 함께 묻친 것과는 달리, 그가 죽으면 쑨중산과 함께 묻어달라고 하지 않고 부모와 50여 년 동안 그를 돌보아 주던 보모 이연아가 있는 가족묘지에 묻어달라고 하여 현재 상해의 공원에 안장되어있다.

였으며, 특히 여성단체의 조직에서는 당시에 '색 버선 신기', '통일이 될 때 까지 옷고름 달지 않기 운동 전개', '내 이름쓰기'를 전개 하여 문맹률을 개선하는 등 생활을 개선하였고 이는 당시 언론에서도 주목을 받았다. 또한 교육에도 관심을 기울여 1940년에 경성가정여숙을 설립하는데 중추적 역할을 하였으며, 정계은퇴 뒤에는 1972년에 안양 근명 여자상업학교 이사장을 역임하였으며 '육영재단 육영수 여사추모사업회' 이사장을 역임하여 주부 유학생들에게 장학금과 본인이 자녀 7남매를 키우면서 어려웠던 점을 들려주면서 물심양면의 지원으로 해외 유학을 독려하였다. 즉 교육관련 조직을 통해 사회운동을 전개하였다고 하겠다. 나아가 자신이 추구하는 정당정치의 실현을 위하여 다양한 정치조직에 참여하여 민주주의를 실천하였다.

조직에서의 유사성 및 공통점으로는 그들 두 사람은 조직이 자신들의 이념과 가치관을 이행하는데 커다란 도움이 된다는 것을 알았고 조직을 적극 활용하였다는 점이다. 예를 들면, 박순천은 여성들의 권익과 여성들만의 목소리를 낼 수 있도록 하기 위하여 '부녀신문'을 창간하였고, 6개의 야당 정당들을 통합하여 야당의 힘을 뭉치게 할 수 있었으며, (의도한 것은 아니었지만) 그 결과 박순천은 초대 여성 야당 당수가 되었다. 송칭링 또한 여성의 권익과 남녀평등을 위한 끊임없는 사회운동을 전개하였으며 특히 국제적 인맥 및 혁명조직을 통해 중국의 혁명이 성공하는데 정치적 역할을 했다.

이상에서 알 수 있듯이 필히 인간이 개입되어 직위를 가지고 역할 행위의 각종 활동을 할 때만이 비로소 조직체계에 동태적현상이 발생하며 나아가 그 기능을 발휘하게 된다. 인간행위에 있어 박순천과 송칭링의 차이점을 고찰해보면, 박순천은 민주국가의 가장 중요한 민의를 대변하는 국회의원, 정당인, 그리고 회장, 신문사 발행인의 직위를 가지고 다양한 활동을 역동적으로 추진해 나갔다. 우선 이승만 대통령과의 정치적 갈등은 야당국회의원 활동을 하는 계기가 되었고, 특히 1965년 민주당 당수로서 박정희 대통령과의 영수회담을 통한 한국 국교회복 및 베트남 파병문제에 대한 담판은 그녀의 정치적 능력을 나타낸다[35]고 하겠다. 또한 여성 국회의원으로서 역대 지역구 출신중 정치적 영향력과 지도력을 발휘한 지도자는 임영신(1, 2대), 박순천(2, 4, 5-6대), 김정례(11, 12대)를 들 수 있는데 [36] 이중에서 박순천은 한국여성정치지도자 중 가장 오랫동안 정치적 활동을 한 5선 국회의원이었을 뿐만 아니라, 여성으로서는 쉽지 않는 지역구에서 4번 당선된 인물이었다. 이러한 경력과 기록은 우리들이 익숙하게 들어온 "박순천은 치마만 입었지 남자의원 이상이야"라는 평가를 받는 데서도 알 수 있다. 즉 박순천은 야당통합과 정당 민주주의를 실천해온 "올곧은 사람"[37]으로 선구자적 정치인으로 평가내릴 수 있으며 계몽운동과 반탁운동으로 여성의 생활개선과 지위향상에 적지 않은 공헌을 하였다. 그는 여성 항공인 이나 여교사가 되려는 소박한 꿈에서 벗어나 정당 정치인으로서 다양한 역할행위를 함으로써 한국의 정치사회에 긍정적 기능은 물론 그 이상의 잠재적 기능(latent function)을 발휘했다고 평가할 수 있다.

반면에 송칭링은 그가 추구하는 혁명사상을 실천하는데 역점을 둠으로서 그의 활동무대는 소련, 독일, 프랑스 등 세계 각 국에서 일하

---

35) 황영주, p.107.
36) 서경교, "여성의 정치참여와 한국의 여성정치지도자" 한국정치학회 하계학술회의 발표논문, (1996).
37) 한승주 교수의 토론발언에서. 2014년 한국정치학회 춘계학술회의, (2014).

였으며, 소련의 스탈린, 에드가 스노우, 호지명, 버나드쇼, 브로딘, 요페, 이스라엘 엡스타인 등을 직접 만나고 많은 서신을 주고 받았으며 적극적으로 교류하였다. 또한 그들과 함께 그가 추구하는 사회운동-삼민주의와 '3대 정책'에 대한 혁명적 실천-을 위해 조직을 만들었으며 함께 행동 하였다. 그녀는 이러한 국제사회의 활동으로 스탈린 국제평화상을 획득하기도 하였다. 그의 조직은 혁명무사들을 탈출시키고 사상자가 나기도 했으며 혁명과 사회주의를 실천하고자 투쟁하였으며, 송칭링 본인도 누군가가 자신을 죽일 수도 있다는 위협을 받기도 하였다. 다양한 우여곡절이 있었지만 결국 그는 모택동의 새로운 중국-자신의 사상의 스승이자 정신적 지주이며, 남편이며 동시에 중화민국의 임시대통령까지 역임한 중국의 국부(國父) 쑨중산의 3민주의 와는 다른-중국 공산당에 협조하고 1949년 10월 1일 중화인민공화국 성립(成立)일에 부주석으로서 천안문 광장의 무대에 모택동과 나란히 서게 된다.38) 그의 정치적 활동은 후일 중국에서 어떠한 직위에 올랐는가? 그는 중국인민정부의 부주석, 정치협상회의 전국위원회 부주석, 전인대상무위원회 부위원장(국회 부의장), 중화인민공화국 부주석을 역임하였으며, 중화인민공화국 명예주석에 등록되는 가장 높은 정치적 지위를 갖기도 하였다.

송칭링은 죽기 얼마 전에 공산당원 가입의 승인이 나게 된다. 그러나 송칭링은 그의 여동생이며 대만 장개석 총통의 영부인 송메이링과 역사적, 사상적으로 돌이킬 수 없는 장막이 쳐지게 된다.

이러한 사실들은 박순천과 송칭링의 역할행위를 통해 민주주의와

---

38) 장롱·존 할리데이 저(Jung Chang, Jon Halliday), 이양자 역, 『송경령 평전』 (2011), p.136.

공산주의의 두 이데올로기의 차이를 나타냄과 동시에 그들 두 사람이 동시대(박순천 1898년생, 송칭링 1893년생, 다섯 살 차이)의 사람이지만 시대적, 역사적, 국가적으로 처한 환경적 영향으로 인하여 추구하는 가치관이 달랐고 조직구조 또한 달랐으며 인간의 역할 행위까지 다른 커다란 차이점을 시사하고 있음을 알 수 있다.

06. 결론

박순천과 송칭링은 동시대에 태어나 각 각 한국과 중국사회의 다양한 분야에서 많은 업적을 이루었다. 박순천은 계몽운동으로 여성의 지위향상에 기여했고 야당통합과 정당민주주의를 실천했던 선구자였다. 송칭링은 혁명사상 실천과 국내외 정치조직 참여로 중국발전에 기여하였고 아동복지, 여성의 정치사회 지위향상에 노력하였으며 국제 반제국주의 사회운동가로 활동하였다. 박순천과 송칭링의 공통점은,

첫째, 가치관의 확립과 실천이다. 두 사람은 각각 일본 및 미국에서 고등교육을 받았으며 이러한 교육의 영향은 자신의 이상과 가치관을 확립하였고 이를 실천하기 위한 다양한 조직체를 만들고 적극적으로 노력하였다. 박순천은 애국부인회를 비롯한 여성단체조직과 정당을 형성하였으며 송칭링은 민권동맹을 위시한 많은 단체를 조직하고 실천하였다. 또한 박순천이 여성의 지위향상과 교육에 집중하는 반면, 송칭링은 아동, 농민의 복지문제에 그의 이상을 펼치는 것을 볼 수 있었다.

둘째, 통합과 조정 중립적 역할을 발휘하였다. 두 사람은 각 국가

의 정당 사이에서 '통합야당'과 '국공합작'에 대해 통합과 조정 및 중립적 역할을 하였다고 평가할 수 있다. 박순천은 이승만을 존경했지만 자유와 민주주의를 신봉했던 그로써는 이승만과 결별하기도 했고 또한 박정희와도 선을 긋고 집권여당과 맞서는 야당의 정당을 선택한다. 그는 6개의 야당정당을 통합하고 조정역할을 하였다. 그 정당의 통합과정에서 박순천은 민중당의 당수로 선임됨으로써 한국정당사에 한 획을 긋게 된다. 송칭링은 제2차 국공합작시기 국민당과 공산당 사이에서 중립적 입장을 견지하고 國共(국민당과 공산당) 양 정당의 합작을 이끌어냄으로서 내전을 피하고 중국으로 하여금 혁명적 평화의 길을 가도록 하게 된다.

박순천과 송칭링의 가장 커다란 차이점으로는, 국가체제와 환경적 영향을 받았다.

두 사람은 각 국가가 처한 체제와 환경적 영향을 받았다고 하겠다. 즉 민주주의와 공산주의의 국가체제의 배경과 영향으로 박순천은 민주주의를 답습 실천하였고 송칭링은 혁명주의를 답습 실천하였다. 따라서 박순천은 민주주의를 실천한 여성정치인, 여성정치인 중에 가장 장수한 5선 의원으로서 지역구 4선, 전국구 1선의 기록을 가지고 있다. 그는 한국의 여성정치인으로서 여성의 지위향상에 많은 역할을 하였을 뿐만 아니라, 한국의 야당정치인으로서 한국의 정당정치와 민주주의를 계도에 올리는데 큰 역할을 하였다. 송칭링이 추구하는 정치사회운동은 쑨중산의 혁명사상-삼민주의사상을 중국에 실현하는 것이었다. 이 삼민주의 사상은 동시에 송칭링 자신의 이상과 신념체계이기도. 했으며 말년까지 이의 실현을 위해 끊임없이 노력하고 투쟁하였다.

이 처럼 두 여성은 20세기의 한국과 중국에서 뛰어난 여성 지도자들이었다. 특히 박순천은 민주주의의 가치관을 가지고 척박한 한국 정치사에서 여성정치운동가로 혁명 사상을 실천한 사회운동가로서의 역할을 수행하였다. 박순천은 역대 한국의 진정한 정치인, 사상 첫 여성야당 당수, 투철한 의회민주주의자로 평가 받고 있다. 송칭링은 반평생을 여성과 아동을 위한 사업을 펼쳤고 중국 사회주의에 깊은 관심을 기울여 빈민구제와 복지사업에 헌신한 혁명가였다. 이러한 그녀에게 많은 중국여성들은 '중국의 위대한 여성'으로 평가 하였으며39) 또한 해외에서는 '그녀는 중국혁명에 크게 공헌한 역사적 인물 가운데 한사람이다.'40) 라는 높은 평가를 받는다.

---

39) 그러나 훌륭한 어머니는 아니었다. 2011년 한국의 [한중여성 국제세미나]의 주제로 '양국의 미래의 어머니 像'에 대해 중국학자를 모색하는 중에 현대의 많은 중국여성들은 가장 '위대한 여성'으로서는 송칭링을 꼽았지만 '훌륭한 어머니'로서는 적합하지 않아서 중국 측 주제는 '여성의 사회참여'라는 폭넓은 의미의 다른 주제를 선정하였다. 왜냐 하면, 송칭링과 쑨중산은 결혼하여 10년(1915-1925까지) 밖에 함께하지 못했다. 1922년 廣州에서 陳炯明이 반란을 일으켜 위급한 시기에 송칭링은 '중국은 나는 없어도 되지만 당신은 없어서는 안 된다(中國可以沒有我, 不可以沒有你)'며 쑨중산을 먼저 위급하게 피신시켰는데 그 후 그녀는 유산을 하였고 생전에 아이를 낳지 못했다. 그 후 1925년 쑨중산이 사망함으로 두 사람 간에는 친자녀를 두지 못했다.

40) 장룽·존 할리데이 저(Jung Chang, Jon Halliday), 이양자 역, (2001), pp.10-11.

하영애* · 오영달**

01. 서론

대만은 동북아 국가들 중에서 가장 먼저 여성 부총통을 선임하였
고, 나아가 내각에서도 많은 수의 여성각료를 선임해왔다. 그리고 그
동안 중앙과 지방 등 역대 각종 선거에서 80년대 말 이미 총 4,699명
의 여성의원을 배출하였다. 그만큼 대만 여성들의 적극적인 정치 참
여와 활약은 주목할 만하다. 이러한 대만 여성들의 적극적인 의회진
출 이면에는 독특한 여성당선할당제도[대만에서는 '푸뉘빠오장'(婦女
當選保障名額制度)라고 부름]를 법에 보장하고 있기 때문이다. 뿐만 아
니라 이러한 제도에서 한 걸음 더 나아가 성별비례원칙제도가 실행
되고 있다. 이러한 제도적 변화들은, 여성당선할당제도는 여성에게
한정된 의석수의 당선을 보장할 뿐이지 보다 더 넓은 의미의 성 주류
화의 관점(mainstreaming a gender perspective)에서 볼 때 형평적인 '정

* 경희대학교 후마니타스 칼리지 교수(제1저자)
** 충남대학교 정치외교학과 교수(교신저자)

치참여'를 제대로 보장하지 못한다는 점증하는 인식 때문이다. 즉 당선보장제도는 국회 등 각종 민의기구(民意機構)의 구성원을 선출하는 선거에서 여성이 최소 10% 비율로 당선되도록 하고 있는데 비해 성별비례원칙은 4분의1 즉 25%의 비율로 당선될 수 있도록 하고 있다. 이러한 제도적 변화를 위해서는 대만 여성단체들의 적극적인 활동이 주효했는데 특히 1990년대 후반에 있었던 대만 총통 선거 시부터 중요한 영향을 미치기 시작했다. 2000년 대선기간에도 여성단체연합회는 내각 각료 그리고 총통이 직접 임명하는 대법관, 고시위원, 감찰위원의 각 4항목 중에 1명은 여성에게 배분되도록 요구하였는데 당시거의 모든 총통 후보들은 이를 승낙하였었다. 특히, 천수이벤(陳水扁)은 50여 년간의 국민당 1당 체제하에서 야당 후보로서 2000년 총통으로 당선된 후에 내각 구성원의 4분의 1을 여성으로 임명함으로써 그의 후보 때 약속을 지켰다. 그러나 이러한 변화가 정치의 핵심적 행위자인 정당들 내부에서 제도화되기까지는 여성계의 지속적인 노력과 희생을 필요로 했다.

2004년 8월 대만에서는 여성의 의회진출 향상을 위한 또 하나의 중요한 선거제도 개혁이 있었다. 이는 '전국구 입법위원 1/2정당공천제(全國不分區立法委員1/2 政黨提名)'인데[1] 국회의원 선거에서 전국구 여성의원의 2분의 1을 정당이 공천하도록 하는 제도로써 또 한 번의 헌법수정을 통해 여성의 정치참여와 의석증가에 놀라운 변화를 가져왔다.

2013년 1월말 현재 대만 국회의 여성의원 의석수 구성 비율은

---

[1] 대만의 입법원(立法院)은 한국의 국회에, 입법위원(立法委員)은 한국의 국회의원에 해당된다. 이후 본 논문에서 입법원은 국회로, 입법위원은 국회의원으로 표기한다.

33.6%로서 동북아의 국가들 중에서 가장 높은 수준이다. 이는 대만 사회가 여성당선할당제와 성별비례원칙제도를 도입한 데서 큰 추동력을 얻은 것이다. 뿐만 아니라 대만여성들이 정당한 시민권에 기초하는 사회적 책임성, 가치 및 덕성을 담지 하는 역량을 증진하는 데 있는 것이다.[2] 본문은 대만의 여성당선할당제와 성별비례원칙제의 도입에 있어서 여성단체들의 헌신적 노력과 그러한 제도적 도입이 대만여성들의 국회 진출에 미친 영향에 대하여 좀 더 심층적으로 논의하고자 한다. 나아가 2004년 '전국구 국회의원 1/2정당공천제'의 제도 개혁 후 국회에 들어온 제 7, 8대 전국구(不分區) 및 지역구 여성 국회의원들의 주요 입법 활동에 관하여 고찰해본다.

연구방법은 문헌연구에 중점을 두고, 최근 대만의 의정현황과 여성 국회의원들의 적극적인 의정활동을 파악하기 위해서 2013년 1월 중순에 해당 국회의원들을 방문, 설문 인터뷰를 통해 얻은 자료들을 활용하였다.

02. 이론적 논의

오늘날 여성의 적극적인 의정 참여는 각 국가에서 점증하는 추세라고 할 수 있다. 이러한 맥락에서 유엔 개발계획(United Nations Development Programme)은 1995년 북경에서 개최한 제4차 세계여성회의를 계기로 발표한 여성권한척도(Gender Empowerment Measure,

---

2) 오유석, "2010 지방선거 남녀동수 실현을 위한 제도개선방안과 전략", 『2010 지방선거 '남녀동수' 어떻게 실현할 것인가?』, 토론회 자료집, 2010 지방선거 남녀동수 범여성연대, 2009, pp.11-12.

GEM)의 지표로서 어떤 국가의 여성들의 정계진출정도, 즉 국회의원 수, 행정 관리직 여성 비율을 중요한 요소로 포함하고 있다. 이와 관련하여 여성의 적극적 의회참여를 위해서는 선거제도를 어떻게 구성, 운용하는가의 문제가 중요하게 된다. 왜냐하면, 한 국가에 있어서 여성의 정치참여 정도와 선거제도는 중요한 상관관계를 갖기 때문이다.

제도와 관련하여 존 스튜어트 밀(J. S. Mill)은 다음과 같이 피력하고 있다:

> 일체의 정치제도는 인간에 의해 만들어진다. 그것이 제도로서 제정되고 존재할 수 있는 것은 인류의 희망이나 염원에 기초하고 있기 때문이다. 하나의 정치제도가 국가공동체에 주어졌을 때 그것이 유지, 변화, 발전되기 위해서는 그 공동체 구성원인 국민들이 그것을 최소한 배척, 거부하지 않고 수용적이어야 하는데 이는 그러한 제도가 구성원들의 필요에 부응할 때 가능하다.[3]

이처럼 여성의 정치참여를 증진하기 위해 마련된 다양한 제도들, 예를 들면 당선할당제, 정당비례대표제, 성별비례제 등은 서로 차이가 있음에도 불구하고 한국을 비롯하여 노르웨이, 벨기에, 영국 등 여러 국가에서 시행되고 있다. 이러한 제도의 도입과 발전은 그러한 국가들의 공동체 구성원으로서 여성학자, 여성단체, 많은 유권자들이 연대하여 압력단체를 형성하고 관련 정당에 편지쓰기 등의 노력과 나아가 경우에 따라서는 투쟁을 통해 성취된 것이다.

정치제도와 그 변화의 요인에 대한 이상의 논의를 요약하면 다음과 같이 말할 수 있다. 첫째, 제도의 형성과 발전은 기존의 관련 정치

---

3) John Stuart Mill 著 郭志嵩譯, 『論自由及論代議政治』(臺北: 協志工業叢出版公司, 民國63年), pp.106-107.

사상이나 이념의 영향 속에서 일어나며, 또한 기존의 제도와 규범과의 연관성 속에서 변화를 지속한다. 둘째, 제도는 당시 지도적인 인물들의 영향을 받게 되는데, 사상가나 학자나 시민단체 같은 지도적인 행위자들은 제도의 이념을 도출하고, 행정인원은 이러한 이념에 기초하여 제도를 기획·제정·집행하며, 그 제도는 또 이해당사자인 사회대중(여성, 여성단체)의 인식과 반응이라는 환경 속에 놓이게 된다.[4] 셋째, 특정제도는 당시 사회세력 혹은 정치세력의 영향을 받을 수 있다. 넷째, 어떤 국가에 존재하는 기존 제도 혹은 새 제도는 기타 국가의 기존 혹은 새 제도에 영향을 미칠 수 있다. 특히 여성의 정치참여에 관한 훌륭한 제도의 사례들은 타 국가의 여성의 정치참여 증진과 제도 형성에 영향을 미치게 된다.

03. 대만의 여성 관련 선거제도의 변화

대만의 현·시(縣·市)의회 선거와 국회의원 선거에서 점점 더 많은 여성들이 진출하고 있는 현상은 여성의 역량 신장이라는 측면에서 크게 바람직한 현상으로 이해되고 있다. 이러한 대만 여성들의 정계진출 향상은 바로 대만에서 실행되고 있는 선거제도의 변화와 밀접한 관련이 있다.

---

4) 陳德禹, 『中國現行公務人員考選制度的探討』(臺北: 五南圖書出版公司, 民國71年), p.24.

1) 초기헌법에 명시된 여성당선할당제도(婦女當選名額保障制度)

여성과 남성이 동등하게 선거에 참여할 경우 여성은 조직, 자금, 경력 면에서 대체로 불리하다. 이러한 현실을 감안하여 대만은 일찍이 헌법에 여성에 대한 당선할당제 조항을 규정하였다. 즉 중화민국 헌법 제134조는 "각종 선거에서 반드시 여성당선정수를 규정하고 그 방법은 법률로 정한다(各種選擧, 應規定婦女當選保障名額, 其辦法以法律定之)"라고 명시하고 있다. 이 모법에 기초하여 대만은 각종 선거법규에 이 규정을 명문화 하고 있다. 예를 들면, 대만성 각 현·시 의회조직규정(臺灣省 各 縣·市 議會組織規定) 제2조 2항은 "구역 선거 각 선거구에서 반드시 선출될 당선자 수를 정하고, 매 10명 중 최소한 반드시 여성의원 1명을 둔다. 남은 수가 5명 이상 혹은 그 숫자가 10명 미만 5명이상일 때 모두 최소한 반드시 여성1명을 둔다(區域選擧各選擧區應選出之名額, 每滿10名至少應有婦女1名, 餘數在5名以上 或名額未滿10名而達5名以上者, 均至少應有婦女1名)"라고 명시하고 있다. 즉, 여성의 정치참여를 촉진하기 위하여 민의기구 구성을 위한 선거에서 최소한 10% 내지 20%를 여성이 당선될 수 있도록 명문화하고 있는 것이다. 이 제도를 제의할 당시에 여성의원 당선 정수를 20%로 요청하였는데 그 이유는 당시에 전국적으로 고등교육을 받은 자 중에 여성이 약 100분의 20 즉, 20%를 차지하고 있었기 때문이다.[5]

대만에서 이러한 당선할당제가 도입될 수 있었던 것은 쑨중산(孫中山)의 남녀평등권과 송메이링(宋美玲), 우즈메이(吳智梅), 류순이(劉純

---

[5] 梁雙蓮, "臺灣婦女的 政治參與現況與發展,"『女性知識分子與臺灣發展』세미나 발표논문, 中國論壇社. 民生報 共同主辦, 民國67년, 2월. p.75.

一)의원 등 여성 지도자의 실천이 뒤따랐다. 이들은 총 1,221명의 지지자 명단을 제출하였고 개정헌법을 통과시키기 위해 혼연일치된 투쟁을 전개했었다. 당시 이러한 의견에 반대한 사람으로는 대만성(省)성 주석 천청(陳誠), 후스(胡適) 등이 있었는데 후스의 학생 루어징지엔(羅靜建)은 각종 연회장에까지 찾아가 후스를 설득하여 여성당선할당제를 담은 헌법초안을 심의할 때 찬성도 반대도 하지 않도록 하는데 성공했다. 이처럼 설득과 반대자들까지 함구무언하게 함으로써 드디어 1946년 중화민국 헌법에 '각종 선거에서 여성의원의 당선 정수를 반드시 규정하고 그 방법은 법률로 정한다'라는 조항이 삽입될 수 있었다. 또한 희생이 따르기도 하였다.[6]

그러나 일단 어떤 제도가 도입되었다 할지라도 그 제도가 지속될 것인가 아니면 폐지될 것인가 여부는 국민 대중이 그 제도를 어떻게 받아들이느냐에 달려있게 된다. 이 제도의 존폐여부에 대해 1980년대[7] 그리고 최근에 연구조사가 있었는데 그 결과 이 제도가 여전히 필요하다는 의견이 지배적이었으며, 심지어 지속적으로 강화, 발전시켜야 한다는 주장도 강하게 나타났다.[8] 그리하여 대만은 이제 '여성당선할당제'를 넘어 양성평등정치의 실현을 위한 '성별비례원칙제'라는 진일보한 제도 도입을 추구하게 되었다.

---

6) 하영애, 『지방자치와 여성의 정치참여』(서울: 삼영사, 2008), pp.42-145.
7) 1980년대의 한 설문조사에서 학자, 정치가, 기자 등 존속을 견지하는 의견이 많았는데 특히 국립대만대학교의 웬송시(袁頌書) 교수는 여성의 정치참여기회 향상을 위해 이 제도의 존속이 바람직하다는 의견을 강력히 피력하였다. 河暎愛, 『臺灣省縣市長及縣市議員選擧制度之硏究』, p.492.
8) 최근의 자료로서 許翠谷, '影響我國女性政治參與之因素分析-以第4代女性立法委員爲例', etd.lib.nsysu.edu.tw/ETD-db/ETD_search_c/view_etd?URN=etd_0723102_095125(검색일: 2012. 11. 23.)

2) 1/4성별비례원칙제의 쟁취

여성학자들과 여성단체들은 약50년 간 실행되어온 '초기의 여성당
선할당제'가 새로운 시대의 정치현실상황과 제대로 부합되지 못한다
는[9]데 의견을 모으고 1995년 국민당 중앙부녀회(婦公會)가 발표한
'부녀정책백서'의 실시방안을 건의하게 되었다. 여기에서 여성 지도
자들은 여성당선할당 비율을 100분의 40으로 높이고 유럽 여러 국가
들의 사례처럼 주요 정당들의 당내 후보자 공천 방안에서도 여성당
선할당 정수의 비례를 도입하자고 주장하였다. 그러다가 1996년 말
오랫동안 민진당 내에서 '1/4성별비례제'를 주장해오던 부녀부 주임
펑완루(彭媛如)가 까오슝(高雄)에서 피습을 당하자 여성단체들은 그의
뜻을 유지 계승하는 차원에서 적극적인 운동을 전개하여 '1/4부녀당
선정수보장안(婦女當選定數保障案)'을 가까스로 '헌법수정안'에 넣을
수 있었다. 그러나 해당 항목의 조문은 최종 단계에서 꿔따(国大)를
지배하는 다수 남성의원들의 반대로 인하여 통과되지 못하였다.[10]
1999년 헌법 수정 논의가 재개되었을 때, '1/4부녀당선정수보장안'은
다시 각 정당의 소수자보호 정책과 관련된 공유 의제 중의 하나가 되
었다. 여성단체들 역시 '1/3성별비례원칙'을 '1/4부녀당선 할당제'의
관점으로 대신하였다.

대만의 정치에 있어서 '여성당선 할당제'를 채택하든지 아니면 '성
별비례원칙제'를 채택하든지 간에 여성의 정치참여와 정계진출에 관
한 제도적 실행은 대체로 네 가지 영역에서 이루어진다고 할 수 있다.

---

9) 黃長玲, "從婦女保障名額到性別比例原則-兩性共治的理論與實踐", pp.71-72.

10) 상게서, p.74.

즉, 여성들이 정무관(장차관)으로 임명되는 경우, 각종 민의대표기구의 선거에 출마하는 경우, 정당의 공천을 받는 경우 그리고 정당의 당직자로서 임명받는 경우 등이다. 그 중 현행 헌법 규정의 적용을 받는 경우는 민의대표를 선출하는 선거에서 당선되는 것이고 나머지 3개의 영역에서 여성이 참정의 기회를 얻을 수 있는 경우는 정당공천의 확보와 선거법의 적용을 통해서이다. 이 문제와 관련하여 <표-1> '여성정계진출 영역 중 여성당선할당제와 성별비례원칙 적용상황'은 보다 종합적인 고찰을 가능하게 한다.[11] 첫째, 정무관직의 임명에 있어서는 성별비례와 관련하여 아무런 법령규정도 없기 때문에 2000년 총통선거 기간에 여성단체들은 연합하여 여성정책에 대하여 후보자들의 서명을 받았다. 이 여성정책과 관련하여 여성단체들은 8개의 정책지표를 제시하여 그 중에 총통이 임명할 수 있는 내각각료와 대법관, 고시위원, 감찰위원 4명 중 1명을 여성으로 해줄 것을 요구하였다. 천수이벤은 총통에 당선된 후 내각의 전체 각료 중에 여성 각료를 4분의 1비율로 배분, 임명하였다. 그러나 대법관, 고시위원 그리고 감찰위원은 이미 임기가 정해져 있었기 때문에 여성단체들의 요구를 수용하는 데 어려움이 있었다. 둘째, 민의기관 대표로서의 당선 부분은 이미 헌법에 규정되어 있었고 그에 따라 최초의 모든 선거에서 여성의원 후보자에게 반드시 최소한 10% 비율로 당선을 할당함으로써 자연적으로 여성들의 정치참여에 중요한 영향을 미쳤다. 이에 관해서는 뒤에 다시 논의하겠다.

---

11) 당선할당제와 1/4성별비례원칙제도 모두를 폭넓게 '여성당선할당제' 속에 포함시킬 수 있다. 그러나 구체적인 이해를 위해 <표-1>을 참고할 필요가 있다.

〈표-1〉 여성정계진출 영역 중 여성당선할당제와 성별비례원칙의 적용상황

적용 범위		현재 여성참여 비율	여성당선할당제/성별비례원칙 적용 유무	관련 법규 혹은 기타 근거
정무관급은 충통 임명직	내각 각료	약 1/4	1/4성별비례원칙	충통선거 때 승락
	행정원정무위원회	1/6	무	
	감찰위원	1/2	무	
	고시위원	1/9	무	
	대법관	1/17	무	
민의 대표의 당선	입법위원	약 1/5	1/10여성당선할당제	헌법 제134조 (1946년 제정)
	* 국회의원 (입법위원)	약 1/3	"전국구 국회의원1/2정당공천제도"	헌법수정 증보 제5조(2004년)
	타이뻬아시, 까오슝시	타이뻬이시: 약 1/3, 까오슝시: 약 1/9	현재: 1/7여성당선할당제 미래: 1/4여성당선할당제	지방제도 법
	현시의원	약 1/6	현재: 1/10 여성당선할당제 미래: 1/4 여성당선 할당제	지방제도 법
	향진시민대표	약 1/6	현재: 1/10여성당선할당제 미래: 1/4여성당선할당제	지방제도 법
선거에서 정당공천	국민당		1/4 불분구 입법위원당선할당	국민당 국회의원 공천방법
	민진당		1/4 성별비례원칙	민진당 공직인원 공천방법
	신당		무	
	친민당		무	
정당 당직	국민당		1/4 여성당선할당제	국민당 당규
	민진당		1/4 성별비례원칙	민진당 당규
	신당		무	
	친민당		무	

출처: 黃長玲, "從婦女保障名額到性別比例原則-兩性共治的理論與實踐," p. 76.
*국회의원(입법의원)자료는 2004년의 헌법 수정조문을 추가로 명시함.

셋째, 제도적 개혁 노력은 정당의 공천 부문에서 찾아볼 수 있다. 이러한 면에 있어서 민진당은 집권당으로 있을 때 먼저 선례를 남겼다. 민진당은 공직인원 후보자의 공천방법으로 전체의 1/4성별비례원칙제도를 적용하도록 하였다. 민진당이 1/4성별비례원칙을 적극적으로 적용한 배경에는 민진당의 전 부녀부 주임 평완루의 헌신과 희생이 자리하고 있다.[12] 평완루는 대만 여성운동단체 중 가장 활발했던 푸뉘신쯔(婦女新知) 출신으로 1994년 민진당에 입당하여 민진당 부녀발전위원회 주임이 되었는데 "1/4성별비례원칙 조항"을 추진하기 시작했다. 1/4성별비례원칙 조항 도입의 당위성을 설득하며 당내의 적극적인 연대서명을 위해 뛰던 평완루는 심지어 "펑 1/4"로 불릴 정도로 헌신적이었다.

1998년 1월 현·시의원 선거에서 민진당은 처음으로 이 1/4성별비례원칙제도를 적용하여 후보 공천을 하였다. 선거 결과 민진당은 현·시의원 중 총 18석을 차지했는데 그 중 15석을 여성이 차지함으로써 여성의 정치참여 효과가 크게 나타났다. 그럼에도 불구하고 1/4성별비례원칙 조항을 포함하는 헌법 수정안이 상정되었지만 여성을 경시하는 분위기가 강하게 남아있는 상황에서 부결되고 말았다.[13] 그 후 신당(新黨)은 1998년의 입법위원 선거 시 1/3여성당선보장 정수를 채택, 적용하였다. 한편 국민당은 이 선거에서 패배한 후 2000년 6월의 임시 당대표대회에서 당 규정을 개정하여 전국구 국회의원의 후보 공천 시 1/4의 비율에 대한 여성당선보장정수안을 채택하였다.

넷째, 정당당직자 임명 시의 성별비례제 채택에 대해서 민진당은

---

12) 黃長玲, "從婦女保障名額到性別比例原則-兩性共治的理論與實踐", p.75.
13) 『中國時報』, 民國 87년(1998년) 7월 20일.

1997년 9월 민진당 전국당대표대회에서 당내 직무자에 대하여 1/4 성별비례원칙을 적용하기로 하였고 국민당은 1/4 여성당선할당제를 국민당 당규에 명문화 하였다.

대만여성의 의회진출을 위한 독특한 선거제도인 여성당선할당제도와 1/4성별비례제도는 그냥 주어진 것이 아니다. 이 제도의 도입과정에는 많은 사람의 다양한 노력을 통해 이루어졌다. 그 후 2004년 8월에 헌법 수정안이 통과되면서 '전국구 국회의원 1/2공천제도'의 도입을 통해 2008년의 국회의원 선거에서 대만의 여성 국회의원 비율은 30%를 선회하게 되고 결과적으로 여성의원들의 의회진출향상에 획기적인 증가를 가져오게 되었다.

04. 대만 여성의 의회 진출 현황과 7, 8대 여성의원의 의정활동

대만은 위에서 논의한 것처럼 쑨중산을 비롯한 정치지도자들의 소신과 여성 지도자들의 헌신적 노력으로 선거제도를 개혁함으로써 여성들이 정계에 진출할 수 있는 기회를 확대할 수 있었다.

1) 대만 여성국회의원의 의회 진출 현황

일반적으로 여성들은 남성들에 비하여 결혼과 육아 및 가정생활의 이중부담으로 인하여 현실정치에 진출하는 데 많은 어려움이 있는 것이 사실이다. 비록 학력이 높더라도 자아기대감이 높지 않을 수 있고 혹은 사회적 책임에 대해서도 어려움을 느끼며 특히 오랫동안 남성의 독무대로 인식되어온 정치현장에 대해 흔히 무관심하게 된다. 이러한 맥락에서 여성의 특수한 입장을 고려한 바람직한 선거제도가 존재하지 않는다면 여성들이 정치에 참여하기 위해 아무리 열심히 노력한다 해도 남성들처럼 의회에 많은 의석을 확보하기가 어려울 수밖에 없다. 이러한 이해를 바탕으로 대만에서 여성당선할당제와 성별비례원칙제도, 전국구 1/2정당공천제 등이 적용된 국회의원선거에서 여성의 의회진출 현황을 논의한다.

중화민국 49년(1960)에 쟝제스(蔣介石) 정부는 본토에서 대만으로 도읍을 옮겼다. 그 후 민국(民國)58년(1969년)에 최초로 '증액 입법위원(增額立法委員)' 선거를 실시했다. 여기서 '증액(增額)'이라는 용어를 사용하는 이유는 대만에서는 그때까지 중국 대륙에서 선출된 의원들이 종신으로 의원직을 유지하고 있었고 오랫동안 이들의 사망이나 결원이 발생할 경우 등에 한해서만 선거를 실시하였기 때문이다. 따라서 국회의원 선거에서 뽑을 수 있는 인원은 많지 않았다. 증액국회의원 중 여성의원 당선자 수도 최초의 1969년 선거에서는 1명(9.1%)에 그쳤다. 1972년 4명(11.1%), 1975년 4명(10.8%), 1980년 7명(10%), 1983년 8명(11.3%) 그리고 1986년 7명(9.6%)[14]에 머물러 한 자리 숫자이긴 했으나 여성 국회의원들의 비율은 당선할당제의 영향으로 평균 10% 비율을 유지했다고 하겠다. 주목할 것은 여성후보자 인원수인데 일반적으로 선거에서는 후보자가 많을 때 당선자도 많아지는 경향이 있기 때문에 후보자의 수도 중요하다. 당시 증액선거처럼 극

---

14) 하영애, 『지방자치와 여성의 정치참여』, p.156.

소수 인원을 뽑는 국회의원선거에서 대만의 여성 후보자수는 불규칙하기는 하지만 초기 16%를 비롯하여 평균 10%를 나타내고 있는데 이는 여성 국회의원을 최소한 10% 당선시키도록 하는 '여성당선할당제도'를 바탕으로 여성들이 적극적으로 경선에 임할 수 있었기 때문이다. 또한 실제 여성 국회의원이 그만큼 당선되었다. 그러나 이러한 인원 구성비율의 여성 국회의원들만으로는 국회에서 여성들의 목소리를 제대로 낼 수 없는 것이 엄연한 현실이었다. 따라서 그 후 국회의원 선거가 '증액 숫자'에서 벗어나고 대만사회에서 1992년부터 최초로 전면적인 국회의원선거가 실시되면서 여성의원의 수가 증가함과 동시에 여성의원들의 의정활동도 더욱 활발해지기 시작했다.

특히 '<표-2> 전면 국회의원 선거 후 여성 국회의원 후보자와 당선자 현황'에서 볼 수 있듯이 대만에서 여성의원들이 그들의 역할을 제대로 수행하게 된 것은 '성별비례원칙제도'가 적용된 이후라고 할 수 있다. 2000년 야당이었던 민진당의 천수이볜 후보가 총통에 당선되어 정권교체가 이루어졌고 2001년 제5대 국회의원 선거에서 총 225명 의원 중에 여성의원이 50명이나 당선되어 22.2%를 차지하였다. 이것은 당시에 민진당을 중심으로 많은 여성단체가 활발히 여권신장 운동을 전개하면서 1/4성별비례원칙제의 적용을 강력하게 요구한 결과 각 정당들이 여권신장 정책에 관심을 갖게 되었고 결국 민진당과 국민당에서 여성들이 많은 수로 공천을 받을 수 있었기 때문이다. 이렇듯 선거제도의 개혁을 통해 여성들의 의회진출이 향상되고 있음을 알 수 있는데 대만은 또 한 번의 선거제도의 개혁으로 동북아에서 가장 높은 여성의원 비율을 보여주게 되었다.

<표-2> 전면 국회의원 선거후 여성 국회의원 후보자와 당선자 현황(1992-2012)

년대	역대	후보자			당선자		
		남성	여성	비율(%)	남성	여성	당선비율 (%)
1992년	2대	-	-		161 명	17명	9.5
1995년	3대	347 명	50 명	12.6	141 명	23명	14.0
1998년	4대	412 명	86 명	17.3	182 명	43명	19.1
2001년	5대	474 명	110 명	18.8	175 명	50명	22.2
2004년	6대	396 명	96 명	19.5	178 명	47명	20.9
2008년	7대	302 명	121 명	28.6	79 명	34명	30.1
2012년	8대	279 명	131 명	31.9	75 명	38명	33.6

출처 : 臺灣 立法院 (http://zh.wikipedia.org/wiki) 자료와 주한 대만대표부
신문조(新聞組)의 자료(2004-2008)를 바탕으로 재구성.

2004년 선거에서 여성의원의 당선비율은 20.9%로 약간 하락했으나, 2008년 1월 12일 7대 선거에서 여성 국회의원 수는 무려 10% 상승한 30.1%를 나타내었다. 이러한 괄목할 만한 결과는 바로 여성을 고려한 선거제도의 개혁에서 그 중요한 원인을 찾을 수 있다. 즉, 헌법증보 수정조문 제 5조(憲法增修條文第5條)는 "[전국 불분구 입법위원 선거에서 각 정당의 당선명단 중에, 여성의원 의석을 2분의 1보다 낮게 해서는 안 된다(全國不分區立法委員, 各政黨當選名單中, 婦女不得低於 1/2)]"라고 명문으로 규정하고 있는 것이다.[15] 이러한 조항은 대만 국회에서 남녀평등을 논의할 수 있는 근간을 제공하였다. 특히, 이러한 조항에 힘입어 국회의 여성의석 비율은 지속적으로 상승하였는데 2012년 1월 14일 실시한 제 8대 선거에서 여성 국회의원이 38명 당선되어 전체 의석수의 33.63%를 나타냈다. 이러한 결과는 역대 대만의

---

15) 또한 선거법규에 '소수민족과 여성의 보장제도'를 명문화 하고 있는데, 즉 소수민족과 여성의 참정 권리를 보장하기 위하여 각 급 민의대표 선거에 원주민과 여성후보자의 최저당선수를 법규로 보장한다.
少數族群與婦女的保障", web.cec.gov.tw/files/11-1000-37-1.php. (검색일: 2012. 11. 8).

국회의원선거 중 가장 높은 여성국회의원수를 나타내는 것이다. 뿐만
아니라, 이는 현재 동북아의 한국, 중국, 일본 세 나라 중에서 가장 높
은 비율을 나타내는 것이기도 하다. 왜냐하면, 중국은 제 1대와 제 2
대 국회의원(人民大會代表) 선거에서 여성의원의 비율이 12%였으며 3
대부터는 평균 20%를 유지하였으나 최근까지 21.3%[16]에 머물러 있
기 때문에 관련 학자들과 여성의원들의 지속적인 비판의 대상이 되
고 있다.[17] 일본의 여성국회의원은 2010년에 상원의원 242명중 여성
의원은 42명으로서 17.4%, 하원은 480명중 여성의원은 54명으로
11.3%의 비율을 나타내고 있다.[18] 한국에서 여성들의 국회 진출기회
도 점차 향상되어 2012년 4월 11일 선거에서는 15.7%로서 한국선거
사상 가장 높은 비율을 나타냈지만 대만 여성들에 비교하면 한참 못
미친다는 것을 부인할 수 없다.

2) 7, 8대 여성의원의 주요 의정활동

한 국가의 주요 정책은 입법기구를 통해서 공식적으로 수립되
기 때문에 민의대표 중에서 국회의원의 역할이 중요시되지 않을
수 없다. 현재 대만의 국회의원 총수는 113명이다.[19] 이는 지역구

---

16) 하영애, "韓中 양국여성의 의회진출과 사회참여에 관한 제도론적 고찰", 『의정논총』 제5권 1호,
    (서울: 한국의정연구회, 2010), p.285.

17) 于芳, "中國婦女參政: 問題, 成因及對策," 『南昌大學學報(人文社會科學報)』, 第40卷 第5期 (2009年 9月),
    p. 22.; 陳秀榕委員과 吳曉靈委員의 발언에서도 강한 비판의 어조가 나타난다. "關于人大代表的擴乏
    性-人民代表大會審議 摘登(三)", <中華人民共和國全國人民代表大會和地方各級人民代表大會選擧法修正案
    (草案)>審議發言, 中國人大网 www.npc.gov.cn (검색일: 2009. 11. 12).

18) "IPU, Women in National Parliament," 2010년 자료. http://gsis, kwdi, re, kr.(검색일: 2013. 4. 10).

19) 1992년과 1985년의 국회의원 수는 불규칙하고 1998년부터 2004년 까지는 총 225명이었으나 2004
    년 헌법수정을 통해 '국회의원 절반감축'으로 2008년(제7대)부터 국회의원 총 수는 113명이다.

국회의원 73명, 전국구 국회의원 34명(남 17명, 여 17명), 소수민족 국회의원 6명으로 구분할 수 있다. 이중에 7, 8대의 전국구와 지역구 여성의원 중 국회 회기 중인 시간적 제한 속에서도 인터뷰에 응했던 8명을 중심으로 그들의 정계입문 배경과 주요 의정 활동을 중심으로 논의한다.

(1) 7, 8대 여성 국회의원의 정계입문 배경

전국구 국회의원들은 정당의 공천을 통해서 정치에 입문하게 된다. 다시 말하면, 본인이 원해도 각 정당이 공천하지 않으면 국회의원이 될 수 없는 것이다. 그것도 당선권 안에 들어가는 순위를 받아야 의원이 될 수 있는 것이다. 이러한 전국구 국회의원들의 정계진출과 관련하여 개인 및 가정 배경에 대한 설문조사를 하였다. 왜냐하면, 80년대의 대만 여성의원들의 대부분은 정치가문의 영향을 받아 정계에 진출했는데 예를 들면, 시아버지, 남편, 어머니의 후광 등이 중요했다. 따라서 설문 및 인터뷰 문항에 "당신의 정계진출의 동기는 무엇입니까?(你進出政界, 動機如何?)"라는 질문을 했는데 그에 대한 답변을 살펴보면, 민진당의 유메이니(尤美女) 의원은 변호사로서 공천을 받았고, 황수잉(黃淑英) 의원은 여성단체의 추천으로 그리고 국민당의 홍셔우주(洪秀柱) 의원은 고등학교 교사출신의 교육 경험 외에 다년간의 정치경험(6선 의원 후에 2회 연속 전국구 국회의원으로 공천 받은 경우임)으로, 그리고 역시 국민당의 뤄수레이(羅淑蕾) 의원은 회계사로서 발탁되었다.[20]

---

20) 뤄수레이 의원은 입법부의 예산 관련하여 회계사가 꼭 필요하다는 친민당의 당수 쑹추이의 권유로 6대 의원으로 들어왔다. 전임자가 임기 2개월을 남기고 그만 두게 된 결원에 들어와서 7

나머지 4명의 지역구 의원 중 국민당의 쉬신잉(徐欣瑩)의원은 친구의 권유 및 어머니 병환 때문에21) 루슈옌(盧秀燕) 의원은 기자출신으로 영입되었고, 민진당의 이예이진(葉宜津) 의원은 본인이 열정과 이상으로 국민에게 봉사하고자 정치참여를 했으며, 반대로 까오슝의 추이룽(邱議瑩) 의원은 전형적인 정치가문 출신이다. 그녀는 4살 때부터 아버지로부터 정치에 관심을 가지라는 분부가 있었고 이를 피하기 위해 대학에서는 상과와 호텔관광을 전공했다고 한다.22) 그러나 결국 25세 때 가족의 권유로 출마하여 최연소 국민대회대표(國民大會代表)로 당선된 경력이 있으며, 5, 6대에 국회의원에 당선하였고 7대에는 낙선한 뒤 제8대에 다시 당선되었다. <표-3>를 통해 이들 국회의원들의 배경을 이해할 수 있다.

〈표-3〉 대만 여성 국회의원 중 인터뷰에 응한 각 의원의 배경

성명	정당	방문 인터뷰 일시	이력 및 경력
尤美女	민진당	2013. 1. 8. 오후 5시-6시	・변호사 출신 ・제8대(전국구)
黃淑英	민진당	2013. 1. 9. 오후 2시-4시	・제6대, 7대의원(전국구) ・현. 대만여인연선 이사장
邱議瑩	민진당	2013. 1. 10. 오후 2시-3시	・국민대회대표 역임 ・제5대, 7, 8대의원(지역구)

대는 전국구를 하였으나, 8대 선거에서는 타이베이 시(市) 제3지역구에서 장경국 총통의 아들을 물리치고 당당히 지역구의원으로 자리를 굳혔다. (2013. 1. 15. 오후 2시-3시 뤄수레이 의원과 인터뷰).

21) 쉬신잉(徐欣瑩)의원은 NASA에 합격 후 유학가려고 준비하고 있었는데 어머니가 암에 걸려 유학을 포기하고 간호하면서 내정부에 3년간 근무하게 되었고 친구들의 권유로 신죽현(縣)의 현의원으로 당선된 것이 계기가 되어 현 의원 2선 후에 제8대 국회의원에 최고 득표로 당선한 경우이다. (2013.1.10. 오후 3시-3시 50분, 쉬신잉 의원과 인터뷰)

22) 증조부, 조부, 아버지 모두가 정치인이었다고 한다. (2013. 1. 10.오후2시-3시, 추이룽 의원과의 인터뷰)

徐欣瑩	국민당	2013. 1. 10. 오후 3시-3시55분	· 내정부 3년근무 · 신죽현 16-17대 현의원 역임 · 8대 의원(지역구)
洪秀柱	국민당	2013. 1. 10. 오후 4시-5시	· 제1,2,3,5,6대(지역구) · 4대, 7-8대(전국구) · 국민당 당 주석 역임 · 현재 국회부의장
葉宜津	민진당	2013. 1. 10. 오후 5시10분-5시40분	· 여성운동가 출신 · 제8대(지역구)
羅淑蕾	국민당	2013. 1. 15. 오후 2시-3시	· 회계사 · 6대-7대(전국구) · 제8대(지역구)
盧秀燕	국민당	2013. 1. 15. 오전 10시30분-11시30분	· TV기자 출신 · 성(省)의원 (10대) · 제8대(지역구)

출처: 여성 국회의원들 방문 후 인터뷰 자료정리.

(2) 7, 8대 여성 국회의원의 의정활동

7, 8대 여성국회의원의 의정활동은 다양하나 여기서는 의원이 된
이후 의안발의와 중점적으로 추진한 활동들을 중심으로 살펴본다. 첫
째, 의정활동에 관해서는, "국회의원기간 중에 어떤 의제에 가장 중
점을 두고 발의 하였으며 논의하였습니까?(立法過程中著重那樣議題的
討論與辯證?)라는 질문에서 그들은 다양한 입법 활동을 제시하였다.
홍셔우주 의원은 제1대 국회의원부터 현재 8대까지 8선으로 연임하
고 있는 최장수 국회의원으로서 국회부의장을 맡고 있다. 그가 발의
하고 시행한 법률은 대단히 많으며 특히 교육개혁, 교사자질 향상, 교
사의 권익, 아동학대, 의약분업, 보건 위생 등과 관련되는 것으로 대
표적인 법안은 1. 교육경비편성 및 관리법 부분조문 수정안(育經費編
列與管理法部分條文修正草案)、(時間: 2008.11.28.) 第7屆第2會期, 提案編
號 1605委8567; 2. 교육인원 임용조례부분 조문수정 초안(教育人員任用

條例部分條文修正草案)、(時間: 2002.4.23.) 第5屆第1會期, 提案編號 1221 委4023; 3. 국제법 제20조 수정초안(國籍法 第二十 條 修正草案) (時間: 2000年11月14日) 第4屆第4會期, 提案編號: 院總字 第940號 委員提案 第 3306號 등이다.

뤼수레이 의원은 주류가격을 현실화 하였다. 미주(米酒)는 원래 한 병에 20위엔(한국 대 대만 화폐는 30:1 정도임) 하던 것이 180위엔으로 오르게 되었다. 중국음식의 요리 특성상 가정에서 음식을 만들 때 이 미주를 많이 사용하는데 가격이 너무 인상되자 시장에서 가짜 미주가 활개를 치는 형국에서 "주세법 제8조 수정초안"을 입법원 총 1746호 위원제안 제8765호로 발의하였다. 뤼의원의 적극적인 주장으로 미주의 1병당 가격이 50위안 이상 초과할 수 없도록 한 이 법안이 4시간의 협상 끝에 통과되어 시중가격에 비해 130원을 절감할 수 있게 하였다.23) 또한 루어 의원과 루슈옌 등 7명의 국회의원이 중·저 소득 가정의 세금부담을 덜어주기 위해 '소득세법 제5조와 제66조의 9항 삭제조문 수정초안'을 제출하여 국민들의 부익부 빈익빈의 불공평한 세제를 축소함으로써 대만의 빈부격차를 줄이는데 중요한 역할을 하였다.24) 유메이니 의원은 법률위원회에서 활동하고 있는데 그를 중심으로 한 19명의 국회의원들이 연대서명으로 "유선방송TV법 부분조문 수정초안(有線放送TV法部分條文修正草案)"을 제출, 2012년 11월 1일 협상을 거쳐 2012년 12월 26일 통과시켰다. 이예이진 의원 등 28명의 의원이 제안한 '방송, TV법 부분조문수정초안(放送, TV法部分條文修訂草案)이 2012년 10월 18일 통과되었는데 '방송, TV의 프로그

---

23) 『聯合晩報』, 民國98년 2009. 4. 16.
24) 立法院 제7대 제3회기 제2차 회의 議案 관계문서 (院總 제225호 委員提案 제8763호).

램 중에 본국자체의 프로그램을 100분의 70이하로 할 수 없으며, 특히 골든타임에 본국에서 제작한 작품이 100분의 50이하여서는 안 된다'는 내용이다. 쉬신잉 의원은 '동물보호법 제22조의 3항목과 제25조의 2항목 수정안[25])과 '은행금리 및 신용카드의 이율을 낮추는 안'에 대해 "민법 제205조 수정 초안'[26])등을 발의하여 이미 3독을 통과하였으며 곧 실행될 예정이다. 이상의 의안발의 및 실행을 통해 대만 여성국회의원들은 단지 '여성관련' 의안에 국한되지 않고 국민 생활 전반에 걸친 안건들에서도 중요한 기여를 하고 있음을 알 수 있다.

둘째, 여성관련 제도에 관한 질문사항으로, "여성당선할당제나 1/4 성별비례원칙제도에 대해서 어떤 의견을 가지고 있습니까?'(有關女性當選保障名額制以及1/4性別比例原則制度, 如何看?)"라는 질문에 대해 유메이니 의원은 "당연히 찬성한다, 그렇지 않으면 여기(국회)에 들어올 수 없었을 것이며 인민을 위해서 어떤 역할도 할 수 없었을 것이다"라고 답하였다. 이예이진 의원도 "당연히 100% 찬성한다. 심지어 프랑스나 스웨덴에서 채택하고 있는 '남녀동등 의석제도(50/50)' 역시 적극적으로 지지한다. 왜냐하면 남녀가 각각의 특질이 있기 때문에 여성에게 50%를 부여하는 것은 여성의 가치를 위해 대단히 바람직하기 때문이다"[27])라고 하였다. 이들 외에도 대부분의 의원들이 이 제도에 대해 적극 지지의사를 표명하였다. 그러나 8선의 경력을 가진 국회의원으로서 현재 대만 국회의 부의장인 홍셔우주 의원은 "여성할당 및 성별비례원칙보다 자신의 실력과 능력이 중요하다"고 역설했

---

25) 立法院 院總 제1749호, 委員提案 제13022호.
26) 立法院 院總 제1150호, 委員提案 제13079호.
27) 이예이진 의원과의 인터뷰(상동).

으며, 이례적으로 '행운'도 따라주어야 한다[28]고 강조하였다. 이는 마키아벨리가 말하는 군주의 행운(fortuna)으로서 정치인에게 중요시된다는 것을 의미하는 것이다.

셋째, "남녀국회의원의 의정태도와 안건발의에서 다른 점이 있는가? 있다면 그 차이는 무엇인가?(觀察男女立法委員間政態度與提案是否不同?有,差異是?)"라는 질문에 대하여, 추이룽 의원은 "남녀의 의안제의에 약간의 차이가 있어 다투는 경우가 있다. 그러나 그럴 경우 최대한으로 남성의원을 설득시켜 합의를 이끌어낸다"고 하였으며, "국회 의정활동과 관련하여 남녀의 차이가 있는 것은 아니지만 여성들을 경시하는 태도가 각 정당에 여전히 남아있다. 민진당은 이점에서는 좀 더 개방적이고 국민당은 좀 더 보수성을 가지고 있다"[29]고 하였고 홍셔우주 의원은 "커다란 차이를 발견하기 어렵다"고 하였다. 추 의원은 체력의 한계에도 불구하고[30] 국민당 정부를 비판하는 대규모 가두 행진에 열정적으로 참여함으로써 민주진보당의 진보적인 의정활동과 국회의원으로서의 역할수행에 최선을 다하는 것으로 보였다.[31]

대만 여성국회의원들을 방문 인터뷰한 결과를 종합적으로 요약하면, 대만의 전국구 여성 국회의원의 입법 활동과 역할은 높은 평가를

---

28) 그는 한국의 박근혜 여성대통령 당선인에 관한 화제로 대화를 나누다가 8선 의원의 경험으로 차기 대선에 도전할 계획이 없는지 묻자, "실력과 능력을 갖추고 있어야 무슨 일이든지 주어진 역할을 할 수 있다. 또 하나 중요한 것은 행운이 따라야 한다"고 하였다. (2013. 1. 10. 오후 5시 10분-5시50분, 홍셔우주 국회부의장 집무실에서 인터뷰)

29) 黃長玲 교수와의 인터뷰 (상동).

30) 추이룽은 국회의원에 당선된 후 종양으로 6개월간 병원에 입원했다가 다시 국정에 복귀하였으며, 지역구인 까오슝과 타이베이를 오가며 활발히 정치활동에 임하고 있다.

31) 마잉주(馬英九) 총통의 실정을 비판하는 야당의 대형 가두시위[火大流行]. 10만 명이 모였다는 이 가두시위에 추이룽 의원은 그 중앙에 동참하고 있는 모습을 볼 수 있다. 『聯合報』, 民國102년 (2013). 1. 12.

내릴 수 있다. 혹자들은 여성당선할당제도 하에서 여성들의 국회의석이 불로소득처럼 주어졌기 때문에 이들 여성의원들은 남성의원들보다 국회의원으로서의 역할이 부족하다고 생각할 수도 있지만, 실제로 이들에 대한 필자의 인터뷰 결과 이들 의원들은 모두 자신의 영역과 전문분야에서 민생법안, 시민의 세제개혁, 부녀문제, 교통, 치안 등 다각적으로 국민을 위해 노력하고 있고 법안통과, 시민의 청원사항의 해결을 위해 결혼할 겨를이 없이[32) 국회의원의 역할을 수행하는 것으로 파악되었다.

05. 결론과 시사점

하나의 새로운 선거제도는 기존의 선거제도를 바탕으로 하여 제정된다. 대만은 여성당선할당제를 처음부터 헌법에 명문화하였다. 이 제도는 50년이 경과하면서 많은 여론과 연구결과에 따라 수정보완을 거쳤으나 그 핵심은 여전히 초기제도에 토대를 이루고 있다. 국민들 또한 이 제도를 배척하기보다는 적극 받아들임으로써 그것이 지속적으로 유지되며 여성들의 권익을 증진하는 기틀이 되고 있는 것이다. 또한 하나의 제도가 등장, 정착되는 과정에서 인간행위의 역할이 중요한 것처럼 쑨중산의 여성 정치참여를 위한 남녀평등권 사상, 송메이링의 이에 대한 적극적 지지와 실행노력, 그리고 유순이 국회의원

---

32) 뤼수레이 의원은 본인을 비롯한 많은 국회의원들이 미혼상태인 점에 대하여 실제로 의정 일을 하다보면 너무 바빠서 결혼, 가정, 양육 등을 병행할 수가 없어서 결혼을 하지 못하고 있다는 심정을 털어놓았다. (2012. 1. 15. 오후 2시-3시, 뤼수레이 의원과 인터뷰)

과 펑완루 민진당 여성부 주임의 노력과 희생을 통하여 여성당선할 당제가 도입되고 유지, 발전될 수 있었음을 알 수 있었다.

당선할당제, 1/4성별비례대표제, 특히 최근 헌법수정을 통해 이루어낸 '전국구 국회의원 1/2정당공천제'는 명실상부하게 대만여성의 정치참여에 획기적인 변화를 가져왔다. 특히 현재 대만 여성들의 국회 진출은 이 제도의 실행 전과 비교할 때 약 10%가 상승하는 괄목할 만한 성과를 이루어 대만의 전체 국회의원들 중 여성이 1/3을 차지하게 되었다. 특히 7, 8대 국회의원들 중에 이 제도에 의해 국회에 진출한 전국구 여성 국회의원들의 입법 활동과 역할을 심층적으로 살펴볼 때 그들은 민생문제, 세금감소, 교육, 교사권익, 여성생활 등 국민들 삶의 향상에 크게 기여하고 있음을 고찰하였다. 또한 전국구 국회의원으로 당선된 뤄수레이 의원은 그가 입법 발의하여 시행하게 된 법규로 인해 불이익을 받게 된 이익단체들의 위협[33]에도 불구하고 다수 국민을 위해 독신의 몸으로 헌신하는 모습을 통해, 진정한 국민의 대표자로서의 바람직한 국회의원 상을 확인할 수 있었다.

대만 여성들의 정치참여는 이웃나라인 한국과 일본, 중국과 비교하더라도 단연 앞서고 있으며 여타 세계의 선진국들과 비교해도 자긍심을 가질만하다. 특히 유럽 국가들이 실행하고 있는 남녀동등의석 제도와 비교할 때 대만 여성들의 의정 진출 향상을 위한 제도는 안정화 되어가고 있다고 하겠다. 왜냐하면, 프랑스는 의회에 있어서 제도적으로 '남녀동등의석 수 1/2'을 이루어 내었으나 그 실행과정에서

---

33) 뤄수레이 의원은 석유, 전기와 관련하여 국영사업, 타이띠엔(臺電) 등의 거센 반대에도 불구하고 예산을 삭감하는 등 소신껏 일을 처리하자 이익단체들이 많은 군중 앞에서 뤄 의원을 난처하게 하고, 심지어 전화로 위협하며 공포심을 조장하기까지 했다고 하였다. 뤄수레이 의원과 인터뷰 (상동).

여성의 의석비율이 오히려 하락하고 있기 때문이다. 프랑스에서 이와 관련된 법규에 따르면 각 정당들은 여성에 대하여 1/2 공천을 하지 못할 경우 벌금을 내도록 하고 있는데, 정당들은 오히려 벌금을 내면서 여성을 공천하지 않고 있는 실정이라는 것이다.[34] 한국은 국회의원 선거에서 각 정당이 여성을 30% 공천하도록 하고 있으나 프랑스처럼 정당에 금전적인 불이익을 가하는 것도 아니고, 정당법에 겨우 '노력사항'으로 명시하였기 때문에 실효성 없는 '솜방망이 법규'에 불과한 실정이다.

그럼에도 불구하고 대만에 있어서 여성들의 의정진출 기회를 향상시키기 위해서 도입된 제도들과 관련하여 여전히 보여 지는 몇 가지 과제를 지적할 수 있다. 첫째, '전국구 국회의원 1/2정당공천제도'가 보완될 필요가 있다. 즉 정당의 공천에 있어서 이 제도의 적용은 '선거민의 투표율 5% 이상을 득표한 정당'에만 한정되기 때문에 득표율 5% 미만의 정당은 이 제도의 적용을 받지 못한다. 그리하여 현재 이 제도는 거대 정당인 국민당과 민진당 에서만 여성 의원후보를 당선시킬 수 있고 군소 정당들은 전혀 이 제도의 적용을 받지 못하기 때문에 많은 비판을 받고 있는 것이다.[35] 따라서 그 개선방안으로 각 정당의 득표율 기준을 5%에서 2~3%로 낮출 필요가 있다. 그렇게 해야만 군소정당을 통한 여성의 정치참여기회도 실질적으로 열릴 수 있기 때문이다. 둘째, 민의대표 선거 외에 정부 고위 관직 진출의 세부분에서도 여성의 비율이 향상되어야 한다. 앞의 논의에서 명확해진

---

34) 김은희, "프랑스 여성과 정치, 그리고 동수법제정", 『프랑스문화예술연구』제13집 (2005), p.4.

35) 王業立교수 방문, 2013. 1. 8. 9시20분-10시. 대만대학교 정치학과장실; 黃長玲 교수와의 인터뷰 (상동).

것처럼 여성할당제는 각종 민의대표 선거에만 적용된다. 그러나 나머지 총통의 내각 각료임명이나 정당공천, 정당의 주요간부 임명의 경우에도 일정한 비율이 여성에게 할당될 때 정치 분야에서 실질적 양성평등이 이루어질 수 있기 때문이다. 셋째, 교육훈련을 통한 여성 정치지도자의 양성이 시급하다. 정치현장에서 여성의 지위와 역할은 어떤 국가의 사회전체에서 여성의 지위를 나타내는 척도가 된다. 대만 여성은 지속적인 정치참여 향상을 위해 대학이나 대학원의 학교교육을 통하여 차세대 여성 정치지도자로서의 능력을 배양하고, 나아가 여성단체들도 다양한 교육 프로그램을 통해 여성 지도자를 꾸준히 양성해야 한다. 대만의 더 많은 여성들이 정치에 대한 전문능력을 적극적으로 배양하고 경험을 익히며 그를 바탕으로 보다 적극적으로 정치현장에 참여할 때 그들은 미래의 대만 나아가 아시아를 이끌어 나갈 수 있을 것이다.

01. 서론

제17, 18대 한국국회에서 여성의원이 39명과 41명이 당선되어 각각 13.5%와 13.7%을 나타냄으로서 한국정치사 이래 가장 높은 비율을 차지하였다. 이는 다양한 제도도입에 따른 것이다. 반대로 중국 전국인민대표대회 여성대표(이하 약칭 전인대 여성대표)는 과거에 비해 전인대 여성대표수가 낮은 비율을 나타내고 있으므로 각계에서 법적 제도적 장치를 요구하고 있는 실정이다. 이러한 현실 상황은 여성의 의회진출에 있어 제도의 중요성을 재확인시켜준다. 그러나 한국여성의 의회진출은 과거보다는 향상되었다고 할 수 있으나 그 실질적인 권력핵심에는 여전히 극소수 일뿐이다. 또한 중국에서는 여성시장(市長)500명-600명이 회의를 했다고 보도하지만 기실 이중에는 정직(正職)보다는 부직(副職)이 절대다수를 차지하는 실정이다. 이러한 양국여성의 정치현실에 1995년의 북경대회는 전 세계 여성들의 권익과 의회참여의 정당성을 부여함으로써 커다란 역량을 발휘하였다.

즉, 1995년 북경에서 개최된 세계 제4차 여성대회는 북경행동강령 (Platform for Action of Beijing)을 제정하고 여성의 정치참여와 정책결정 등 12개 이행항목을 결정하고 세계 각국이 1996년부터 이를 시행한 후에 매년 3월 유엔에서 개최하는 '유엔 여성지위위원회'에서 그 결과를 발표하도록 함으로서 각 국가는 남성독주의 정치무대에 빨간 불이 켜지는 새로운 제도의 변혁을 맞게 된다.

여성의 정치참여란 일반대중여성들의 정치의식·사회의식·역사의식 등을 고양시키고 여성정치지도자를 양성하여 의회와 내각은 물론 행정 각 부서에 이르기까지 여성이 적극적으로 참여 하는 것을 의미한다. 이처럼 여성의 정치참여는 다각도로 논의 될 수 있으나 구체적으로는 유권자로서의 정치참여와 지도자로서의 정치참여로 나눌 수 있다. 20세기 초에 대부분의 국가에서 여성도 남성과 같이 투표권을 행사하게 됨으로서 뒤늦게나마 유권자로서는 동등권을 갖게 되었다. 그러나 지도자로서의 여성의 의회참여는 대단히 열세하며 특히 권력핵심에서의 여성의 참여는 극소수에 불과하다. 여기에서의 권력핵심은 정책을 결정하는 핵심구성원을 말하게 되는데 누가 정책을 결정 하는가? 일반적으로 정책결정의 공식주체로서 대통령, 국회의원, 고급 행정 각료를 포함하는 행정기관을 들 수 있고 비공식주체로는 이익집단·정당·언론기관 그리고 개인으로서의 국민 등을 들 수 있다.

일반적으로 중국여성의 사회진출은 높은 것으로 알려져 있는데 의회진출은 어떠한가? 특히 세계 제4차 여성대회 이후 많은 나라에서 여성의 정계진출은 향상되었고, 여성정치의 사각지대라고 할 수 있는 한국에서도 괄목할만한 성과를 가져왔다. 그러면 대회를 주최한 당사

국인 중국여성들의 의회진출은 어떠한 변화를 가져 왔는가? (특히 95
년 전후를 비교하여 증가 하였는가 감소하였는가?) 이러한 문제들은
필자로 하여금 학문적 호기심을 갖게 되었고 양국여성의 의회진출에
관해 제도적 고찰을 시도하게 되었다. 또한 1995년 북경에서 개최된
제4차 세계 여성대회에서 제정된 북경행동강령의 이행조치라는 '강
력하고도 실질적인 제도'를 통해 각국에서의 여성의회진출과 여성의
사회참여에 어떠한 변화를 가져왔는지 고찰 해 본다. 연구의 논의를
위하여 북경행동강령의 이행에 대한 배경을 살펴보자.

유엔은 지난 35년간 멕시코(1975), 코펜하겐(1980), 나이로비(1985),
북경(1995)에서 네 차례의 세계여성회의를 개최하였다. 특히 1985년
나이로비회의 에서는 '2000년을 향한 나이로비 여성발전 미래전략'
(Nairobi Forward-Looking Strategies for the Advancement of women to
The Year 2000)' 372개항을 채택하고 세계 각 국이 이 전략을 이행 할
것을 촉구하였다.[1] 1995년의 세계 제4차 북경여성회의는 그 참석인원
수와 규모면에서 전 세계의 이목을 끌었다. 미국의 영부인 힐러리 여사를
비롯하여 한국 등 수개 국가의 영부인들이 참석하였고 GO(Governmental
Organization)15,000여명과 NGO(Non-Governmental Organization) 30,000여
명 총 45,000여명이 참석하였으며 한국에서도 700여명이 참석하였다.
수많은 워크샵이 연일 개최되었으며 GO와 NGO의 의견을 수렴하여
'북경행동강령'을 채택하였다. 이 '북경행동강령'은 '전략목표와 조치
(strategic objectives and actions)'에 초점을 두고 있다. 즉, 나이로비에
서의 '2000년을 향한 나이로비 여성발전 미래전략'의 종합평가와 검

---

1) 강선혜외 1명, 『북경행동강령 이행조사 보고서 2000』, (서울:한국여성개발원, 2000), 연구배경과
   의의.

토에 근거하여 2000년까지 남녀평등이 실현될 수 있도록 12개 관심 분야에서 '2000년을 향한 나이로비 여성발전 미래전략'의 이행을 촉진하기 위한 전략목표와 행동계획으로 구성되었다.[2] 뿐만 아니라 이 북경행동강령은 국가적, 지역적, 국제적 차원에서 발전계획과 여성 통합을 목표로 하는 행동계획과 미래전략을 채택하였고 이러한 여성 향상을 위한 행동계획과 공동목표는 전 세계를 하나로 결집시키는 역할을 하였다.[3]

그렇다면, 북경행동강령이라는 국제규범이 어떠한 경로를 통해 국내에 영향을 미쳐 국내 정치의 제도적 변화에 이르게 되었는가? 또한 1995년 12월 「여성발전 기본법」제정이 북경행동강령의 영향을 받아 제정된 것과 어떤 상관관계가 있는가? 이에 대해 『북경행동강령 이행 보고서』조사연구에 따르면, 한국에서는 북경세계여성회의의 후속으로 가장 먼저 취해진 조치인 '여성의 사회참여 확대를 위한 10대 과제'를 1995년에 채택하였다.[4] 이 10대 과제중의 하나로 「여성발전 기본법」을 제정하는 계기가 된다. 즉, 「여성발전기본법」이 제정되게 된 것은 대통령 자문기구인 세계화추진위원회가 21세기 세계화·정보화시대를 맞아 국민의 삶의 질을 향상시키고 여성의 사회적 역할과 지위를 향상시키기 위하여 "여성의 사회참여확대를 위한 10대 과제"를 마련하였는데, 그 과제 중 하나로서 「여성발전기본법」(가칭)의 제정추진을 1995년 10월 대통령에게 보고한 것이 결정적 계기가 되었다.[5]

---

2) 강선혜외 1명, 『북경행동강령 이행조사 보고서 2000』, pp.1-2.

3) http://blog.daum.net/nowetalk/6426551

4) 강선혜외 1명, 『북경행동강령 이행조사 보고서 2000』, p.125.

특히 북경행동강령은 12개의 구체적인 항목6)을 정했는데 본 논문에서는 북경행동강령 중에 권력 및 의사결정과 여성(7항)과 여성향상을 위한 제도적 장치(8항) 두개 항목에 대하여 중점적으로 고찰해본다. 왜냐하면, 북경행동강령의 이 두개항목의 전략적 조치를 통해 각국 여성의 의회진출은 향상 되었으며 한국의 '비례대표 공천할당제' 역시 그러한 맥락에서 제도화되었고 학계와 여성단체들의 끈질긴 여론화, 행동화, 단결화로 이루어내었기 때문이다.

02. 이론적 논의

우리는 제도를 연구할 때 가치 · 규범 · 구조와 인간행위 4요소를 필히 분석하지 않으면 안 된다. 이들 요소 중 가치와 인간행위는 실질요건이라 할 수 있으며, 규범과 구조는 형식요건이라고 할 수 있다. 첫째, 사회과학중 가치(Values)에 관한 보편적인 용법은 인간의 주관에 따른 필요(needs), 태도 혹은 욕망(desires)과 상관된 목표 또는 이 목표와 관련된 사물이라고 말할 수 있다. 가치관은 많은 사람들이 받아들이거나 혹은 변혁을 거친 다음에 왕왕 하나의 제도의 형성 혹은 발전의 힘으로 조성될 수 있다. 따라서 본 논문과 관련하여 가치를

---

5) http://blog.daum.net/nowetalk/6426551

6) 북경행동강령은 총 6장 361항으로 구성되어있다. 제1장 임무의 기술, 제2장 세계적 구도, 제3장 주요관심 분야, 제4장 전략목표와 행동, 제5장 제도적 조치, 제6장 재정적 조치이다. 12개 관심 분야 항목은 (1)여성과 빈곤, (2)여성과 교육훈련, (3)여성과 보건, (4)여성에 대한 폭력, (5)여성과 무력분쟁 (6)여성과 경제 (7)권력 및 의사결정과 여성 (8)여성향상을 위한 제도적 장치 (9)여성의 인권 (10)여성과 미디어 (11)여성과 환경 (12)여아 이다. 한국여성개발원 발행, 『유엔여성지위위원회 50년과 한국활동10년』, 1977. pp.185-191:정책자료95-7, 『유엔 제4차 세계여성회의 참가 보고서 (1995. 9. 4-15, 북경』, 정무장관 (제2실) 발행.

말하면 하나의 선거제도 즉, 당선할당제도나 정당비례대표제도의 탄생은 사회대중의 가치관(받아들이느냐 혹은 배척하느냐)에 의한 영향을 받지 않을 수 없다. 둘째, 규범(norms)은 일종의 규칙(rule), 표준(standard), 혹은 행동양식(Pattern for action)을 일컫는다. 본 연구의 주제는 의회진출에 관한 제도적 고찰이다. 그러므로 규범은 정부기구가 제정한 법률위주가 된다. 즉 헌법, 신·구 선거법규, 각종 법칙과 세칙이 연구범위가 된다. 셋째, Gabriel A. Almond와 G.B. Powell Jr.은 『Comparative Politics』에서 구조(structure)에 대해 언급하기를 政治體系의 기본단위의 하나가 곧 政治役割이며, 또한 한 組織의 역할은 곧 하나의 구조라고 역설한다. 그들은 또한 하나의 구조(예를 들면 입법구조)는 일련의 상관적이고 상호적인 역할로 만들어지며, 정치체계는 서로 聯動의 구조이다(예를 들면 입법기구와 선거민, 압력단체와 법원)7)라고 제시했다. 넷째, 인간의 行爲: 앞에서 말한 가치·규범과 구조는 모두 제도의 정태적 要素이다. 이러한 요소들만 가지고는 제도가 제대로 운영되기 힘들며, 그 기능을 발휘할 수가 없을 것이다. 그러므로 필히 人間이 개입되어 직위를 가지고 역할행위의 각종 활동을 執行해야만 비로소 제도체계에 動態的現象이 발생하며, 나아가 기능을 발휘하게 된다.

이처럼 Mill역시 정치제도가 근거 없이 제정되는 것은 아니라고 말했다. 그것은 인류의 뜻에 의해서 특정의 역사와 사회배경에 기초를 두어야하며 그리고 제도에 영향을 미치는 사회대중의 받아들임과 지지적인 행동에 달려있다고 보았다. 여성의 의회진출에 관한 다양한

---

7) Gabriel A. Almond and G. Bingham Powell, Jr., *Comparative Politics: System, Process, and Policy*, 2nd(Boston: Little, Brown and Co., 1978).

제도들, 예를 들면 할당제, 정당비례대표제도 등은 한국을 비롯하여 노르웨이, 벨기에, 영국 등 각 국가에서 제정시행하고 있으며 이러한 특정한 제도를 한국이 도입한 이후 한국여성의 의회진출이 향상되었다. 그것은 여성학자, 여성단체, 많은 유권자들이 연대하여 압력단체의 세력을 형성하고 정당에 편지쓰기 등 수십 년간의 노력과 투쟁에 의해 얻은 것이다.

이상의 논의에서 알 수 있듯이 어떤 제도라도 하나의 시공적 차원에서 볼 때 어느 일면에서는 과거 제도의 영향을 받을 뿐 아니라 그 후에 나온 제도의 영향을 받으며 동시에 기타 병존하는 제도의 영향을 받기도 한다.

03. 각 국가 여성의 의회진출에 제도적 근거

여성의 의회진출에 있어 제도(institution)는 지대한 영향을 미친다. 특히 한 국가적 차원에서 여성문제는 다른 국가의 여성의 문제이며 이 문제를 여론화 법제화 규정화 할 수 있는 것은 제도(화)를 통해서만이 가능하다고 할 수 있다. 이러한 의미에서 각 국가의 좋은 제도는 타 국가에서 타산지석의 효과로 답습하고 있으며 여성의 의회진출이 낮은 국가에서는 쿼터제, 할당제, 비례대표 정당명부제 등의 정치제도를 통해서 여성의 대표성을 확대 시키고 있다.

<表-1> 부분국가와 지역의 정당규정 중의 성별비례지표

국가 / 지역	정당명칭	성별비례지표
노르웨이(Norway)	노동당	정당 공천시 어느 한 성(性)이 최소한 40%이하가 되어서는 안됨.
스웨덴(Sweden)	사민당	
독일(Germany)	사민당	여성40% 비율
	녹색당	여성40% 비율
이탈리아(Italy)	다수정당	여성20%-40%
오스트리아(Austria)		
네델란드(Netherlands)	노동당	여성20%
프랑스(French)	노동당	여성20%
칠레(Chile)	민주당	정당 내에서 남녀 대표의 비율이 60%초과 할 수 없음.
세네갈(Senegal)	24개정당	여성25%
	1개정당	여성30%
대만(Taiwan)		헌법134조에 규정. 모든 선거에 여성최소10%할 당. 성(省)의원 25%.

출처 :유엔사무총장의 보고, "審查和評估<北京行動綱領>的執行情況", 유엔경제사회이사회 자료정리.

<표-1>에서 살펴보면, 북유럽국가들 중에서 노르웨이, 스웨덴, 독일은 여성이 40% 비율로 정당에 참여하고 있다. 이탈리아에서는 20~40%, 오스트리아, 네델란드, 프랑스에서는 여성이 20%로 정하고 있고 세네갈은 24개 정당에서 25%, 1개의 정당에서 30%로 명문규정하고 있다. 그러나 동북아의 국가 중 이러한 특별한 제도를 갖고 있지 않는 나라들, 예를 들면 일본과 한국은 국회의원과 지방의원 비율에서 각각 2-3%, 0.1% 수준에 머물고 있었다. 각 국가에서는 여성들의 의회진출을 확대하기위해 국가의 주요한 법규와 정당법에 여성관련 각 종 제도를 명문화하고 이의 적용을 위해 의회의원들과 여성단체 정부가 협력과 연대를 통해 법규화하고 있다. 예를 들면, 노르웨이는 1988년 수정한 '남여평등법'중에 정부와 시정위임위원회 중에 성별비율을

명문화하였다. 또한 노동당 법규에 모든 선거와 공천에 있어서 여성과 남성을 최소한 각각 40%로 선출해야한다고 규정하고 있다(In all elections and nominations at least 40% of each sex must be elected). 또한 대만에서는 여성당선할당제도(婦女保障名額制度)에 대해 세계에서 유일하게 헌법 제134조에 "각종 선거에서 여성의 당선(當選) 숫자를 반드시 규정하고 그 방법은 법률로 정한다"라고 규정되어 있다. 대만의 이 여성당선할당제도는 모든 의회의원(立法委員, 市議員, 縣議員)에 최소10%가 적용되고 있고 성(省)의원은 25%까지 적용되고 있다. 이 독특한 선거제도의 영향으로 대만은 이미 오래전에 여성의원과 여성시장 등 총 4,699명의 의원을 배출하였으며, 천수이볜(陳水扁) 정부는 여성부총통을 비롯하여 여성 10명을 내각에 임명함으로서 동북아의 여성 선거사에 신기원을 마련하였다.8) 한국에서는 1948년의 제헌국회부터 1990년대 초까지 여성국회의원의 비율이 겨우 2.1%로서 타국가의 이러한 높은 의회진출은 학계와 여성단체의 부러움의 대상이었으며 이를 극복할 수 있는 방안으로 당선할당제의 제도화 도입이 강하게 요구되었고 당시 가장 큰 이슈였다.

특히 주목할 것은 1995년 제4차 세계여성대회이후에 각 국가는 여성의 의회참여에 대한 다양한 법규를 제도화 명문화 하였다는 점이다. 또한 북경여성회의가 끝난 5년 후인 2000년에 유엔은 각 국가들의 북경행동강령 이행여부를 점검하기위한 회의를 개최하였다. 이는 "여성 2000: 21세기를 위한 성평등, 발전과 평화"라는 주제로 2000년 6월 5일부터 9일까지 뉴욕에서 유엔특별총회 고위급회의를 개최하여

---

8) 하영애, 『대만지방자치선거제도』, (서울 : 삼영사, 1991), p.4. ; 하영애, "대만권력구조에서 여성의 정치참여와 활동", 한국국제정치학회 발표논문, 2000. 12. 14.

북경행동강령의 각 국의 이행사항을 점검하고 2000년 이후의 여성발전방향을 논의하였다.[9] 이결과 우리나라는 제 4차 세계여성회의 이후 종합적인 여성발전을 위한 중·장기 계획을 수립하였고, 남녀평등과 여성의 지위향상을 위한 보다 적극적인 조치들이 수립, 시행되고 있으며, 1999년 3월 개최된 제 43차 유엔여성지위위원회에서 여성정책 추진 모범국가로 선정되는 성과를 거두었다.[10]

무엇보다 각국 여성들의 의회진출과 관련하여 유엔에서 제시하고 있는 여성권한척도(GEM: Gender Empowerment Measure)는 그 나라 여성들의 의회진출에 중요한 근거가 된다. GEM은 유엔이 여성국회의원수, 행정관리직과 전문기술직 여성비율, 그리고 남녀소득차를 기준으로 여성의 정치·경제활동과 정책과정에서의 참여도를 측정하는 것으로서, 이 여성권한척도를 가지고 각국 여성의 정치지위에 적용하여 측정하는 것이다. 중국에서도 여성의 정치사회에서의 평등한 지위는 한 국가의 문명과 진보정도를 측정하는 중요한 지표[11]라고 하며 이를 중요시하고 있다. 자료에 따르면, 한국은 1995년도는 116개국 중 90위였으며, 2008년도는 69위, 2009년도에는 109개국 중 61위를 차지하였다.[12][13] 그러나 국제의원연맹(IPU)가 2010년 3월 5일 발표한 통계자료에 따르면, 조사대상 187개 국가가운데 의회 내에 여성비율이 가장 높은 나라는 아프리카 르완다(56.3%)였고, 2위는 스웨

---

9) 강선혜외 1명, 『북경행동강령 이행조사 보고서 2000』, p.125

10) 강선혜외 1명, 『북경행동강령 이행조사 보고서 2000』, p.125.

11) 何琼, "近十年來國內關于中國婦女參政研究綜述", 『中華女子·學院學報』, vol. 17, No.5 (中國北京: 2005), p.36.

12) 여성부, <우리나라 GEM 변화추이 :2004-2009>, 관련 자료.

13) 이는 여성의원 비율이 지난해 13.7%에서 14.0%로, 여성행정 관리직 비율이 8.0%에서 9.0%로 각 각 오른데 따른 것으로 보인다.

덴(46.4%), 3위는 남아프리카 공화국(44.5%)이다. 중국은 21.3%로서 이탈리아와 같이 55위를 기록했고, 북한은 15.6%로 77위였으며 한국은 14.7%로서 81위(아프리카 가봉과 동일 순위)를 기록하였다.[14]

이처럼 낮은 한중여성의 정치참여와 대표성이 저조한 원인은 주로 제도적 요인에 집중되어왔다. 가장 대표적인 문제로 지적되어 온 것은 선거제도였는데 앞서 논의되었던 것과 같이 비례대표제가 여성의 대표성 확보에 유리하며 소선구제 단순다수대표가 불리한 것으로 나타났다. 그 다음으로 정당의 공천제도가 여성의 대표성을 저해하는 것으로 지적되어왔다.[15] 여성의 대표성은 수치상의 대표성과 좀 더 본질적으로 여성을 대변하고(standing for), 여성을 위해 행동하는 (acting for) 대표성으로 나눌 수 있는데 우선은 '수치상의 대표성'을 가지고 그 다음단계로 '본질적 대표성'을 추구하는 것이 필요하다. 왜냐하면, 의회에서의 여성의 저 대표성(under-representation)은 왜곡되고 불균형적인 정책결정을 낳을 수 있고 사회에 대한 여성 지도자들의 기여의 기회를 봉쇄하게 되어 인적 자원 낭비로 정치발전을 저해하기 때문이다.[16] 여성의 정치참여가 부진한 상황에서 의회참여확대의 필요성이 중요시되는 논거가 바로 여기에 있다.

---

14) http://blog.naver.com/dramo23? Redirect=log8.logNo=101529642, 안명옥의 무지개 나라. (검색일: 2010. 3. 8).

15) 김원홍 · 이현출 · 김은경, "여성의원이 국회를 변화시키는가? : 17대 국회의원 조사결과를 중심으로", 『한국정당학회보』, 제6권 제1호 2007년(통권 10호), p.28.

16) 김원홍 · 이현출 · 김은경, "여성의원이 국회를 변화시키는가? : 17대 국회의원 조사결과를 중심으로", p.29.

04. 한중 양국 여성의 정계진출현황 및 정책변화

1) 한국여성의 정계진출현황

권력구조는 통상 행정수반을 비롯하여 행정부의 장관차관, 정당의 정치인, 의회의원 등을 포함한다. 한중 두 나라의 여성의 정계진출은 어떠한지 본문에서는 입법부의 의회의원을 중심으로 고찰해본다.

(1) 한국 국회의 역대 여성 국회의원 참여현황

한국의 국회의원은 임기가 4년이며, 과거에 유정회 등 약간의 간접 선거를 제외하고는 주민의 직접선거에 의해 선출되었다. <표-2> '역대 한국 여성국회의원과 후보자 현황'에 따르면, 제헌국회인 1948년 5월11일 실시된 선거에서 여성의원은 남성의원 199명의 당선에 비해 1명이 당선됨으로 0.5%이며, 그 후에는 계속 1%를 유지하지 못하다가 28년이 지난 1973년의 제 9대에서 12명이 당선되어 꽤 높은 5.5%의 비율을 보이고 있다. 그러나 그 이후는 여전히 2-3%수준이며, 1991년 제14대 국회에서는 다시 1%로서 저수준에 머물고 있다. 한국의 국회의원 선거방식은 2종류로 나눌 수 있는데 하나는 '지역구 국회의원'으로서 지역주민의 직접선거에 의해 선출되며, 다른 하나는 '비례대표국회의원'으로서 각 정당에서 공천한 '정당비례 명부제'에 의해 지역주민이 선출한다. 13대, 14대국회의원선거를 보면 여성의원은 각각 6명과 5명으로서 모두 비례대표국회의원이며, 지역구의원은 1명도 없으며 의원직을 계승한 의원1명과 보궐선거에서 당선된 의원이 1명 있다. 그러나 1996년의 선거에서 여성의원의 당선인수가 급증

하여 여성들에게 참정의 열기를 가져왔는데 지역구의원에 임진출 의원과 추미애 의원이 당선되었다. 비례대표국회의원은 7명이 당선되었으며 그 후 김정숙 의원과 박근혜 의원이 각각 국회의원계승과 보궐선거로 당선되어 15대 국회의원 중 여성의원은 모두 11명이 되었으며 9대 이후에 여성의원이 가장 많은 해라고 할 수 있다. 그러나 그 비율은 겨우 3.7%로서 앞서 살펴본 북유럽 각 국과 다른 나라에 비하면 열악한 상황은 금치 못한다.

다른 한편, 여성국회의원에 진출한 후보자 수적 증가에 주목할 필요가 있다. 각 여성단체들은 여성들의 정치참여를 위하여 다양한 교육훈련을 실시하였다. 이러한 결과 여성들의 정치에 대한 인식이 변하였으며 후보자수도 증가하였다. 물론 여기에는 만약에 여성이 후보자로 참여 했을 때 최소한의 인원수는 당선될 수 있다는 할당제본연의 뜻도 포함되어 있음으로 여성들에게 자신감을 갖게 하였을 것이다. 즉 1996년인 15대 까지 여성의원후보자수는 2.8%에 머무르다가 16대 5.9%로 약간 상승하였으며 17대에서의 여성후보자수는 11.5%로 무려 5.6%가 높게 나타났다. 이는 계속 상승하여 18대 에서는 16.5%로서 한국여성 국회의원선거 사상 가장 높은 후보자의 비율을 나타낸다.

〈표-2〉 역대 한국 여성국회의원과 후보자 현황(1948년-2008년)

역대	역대선거일	후보자 수			당선자 수		
		총수	여성 수	%	총수	여성 수	%
제헌국회	1948.5.10	948	22	2.3	200	1	0.5
제2대	1950.5.30	2,209	11	0.5	210	2	0.1
제3대	1954.5.20	1,207	10	0.8	203	1	0.5

제4대	1958.5.02	841	5	0.6	233	3	1.3
제5대	1960.7.29	1,518	8	0.5	201	1	0.5
제6대	1963.11.26	976	7	0.7	175	2	1.1
제7대	1967. 6. 8	821	8	1.0	202	3	1.5
제8대	1971. 5.25	698	8	1.1	204	5	2.5
제9대	1973. 2.27	412	12	2.9	219	12	5.5
제10대	1978.12.12	547	12	2.2	221	8	3.6
제11대	1981. 3.25	862	23	2.7	276	9	3.3
제12대	1985. 2.12	611	16	2.6	276	8	2.9
제13대	1988. 4.26	1,219	26	2.1	299	6	2.0
제14대	1991. 3. 24	1,206	35	2.9	299	3	1.0
제15대	1996. 4.11	1,550	43	2.8	299	11	3.7
제16대	2000. 4.13	1,178	69	5.9	273	16	5.9
제17대	2004. 4.15	1,356	156	11.5	299	39	13.0
제18대	2008. 4. 9	1,301	215	16.5	299	42	13.7
총계		19,470	686	3.52	4,368	172	3.94

출처: (1) 제헌국회에서 12대 까지 자료, 『여성연구』,제12호, 여성개발원 발행, 1986, p.39.
　　　(2) 제13대부터 18대까지 자료는 한국중앙선거위원회 제공.

2) 한국의 정당과 여성 국회의원 참여현황

민주주의 국가에서는 선거를 통해 통치권자를 선택하며 또한 정당의 존재가치는 정권을 창출하기 때문에 정당정치의 의의는 실로 중요하다고 하겠다. 미국의 양당은 여성의 정치참여에 무관심한 정당으로 보여 지는 것의 불리한 점을 잘 인식하고 있다.[17] 따라서 여성에게 당 조직을 개방해왔고 여성은 전국적 수준의 지방자치단체에서 지도적 위치에 배치되어있다. 스웨덴과 같이 정당이 그들의 조직 내에서 후보를 지명하는 국가에서라면 이러한 정책은 여성의 정치참여

---

17) R. 달시, 수잔 웰크, 자네트 클라크 공저, 김현자, 주준희 공역, 『여성, 선거, 의회진출』, (서울: 한국여성개발원, 1990), p.214.

증가를 가져올 수 있다. 그러나 미국에서는 정당조직으로부터 공직에 진출하는 경우가 드물고 정당 내에서 역할이 확대된다고 해서 여성 후보의 수가 증가하는 것은 아니다.[18] 한국은 일찍이 야당인 민주당에서 여성 당수 박순천을 배출하였고 집권정당에서 여성총리 한명숙을 배출하기도 했으나 국회의장에 여성이 선임된 적은 아직 없음으로 학자들 중에는 의회의 수장이나 정부 주요부서에 여성부재를 지적하고 있다.

한국의 제16대~18대까지의 국회에서 정당별 여성 국회의원 현황을 살펴보자. 16대 국회의원 273명중 여성의원은 16명으로서 5.9%비율이다. 이를 구체적으로 보면 지역구에서 선출된 의원이 5명이며 중간 승계2명을 포함하여 비례대표로 선임된 의원은 13명이다. 즉 여성의원은 총18명으로서 정당별로 보면, 한나라당이 6명(직선 1명, 비례대표 5명)이며 민주당은 11명(직선 4명, 비례대표 4명)으로서 집권여당인 한나라당 보다 야당의 여성의원수가 훨씬 높다. 민국당은 1명(비례대표)으로 나타났다.

17대 국회의원 선거 때에는 전체의원 299명중에 여성의원은 39명으로서 13.05%였다. 지역구의원이 10명, 비례대표가 29명이었으나 그 이후 중간승계 3명까지 포함하여 총 42명의(14.05%) 여성 국회의원이 활동을 하고 있다. 정당별로는 한나라당이 17명(지역구 5명, 비례대표 11명, 중간승계 1명)이며, 열린 우리당의 여성국회의원은 18(지역구 5명, 비례대표 12명, 중간승계 1명)이다. 새천년민주당은 3명(비례대표 2명, 중간승계 1명)이며, 민주노동당은 4명(비례대표)의 여성

---

18) R. 달시, 수잔 웰크, 자네트 클라크 공저, 김현자, 주준희 공역, 『여성, 선거, 의회진출』, p.214.

의원을 배출하였다. 17대 국회의원 중 정당별로 보면 16대와 마찬가지로 여성국회의원은 집권여당보다 야당인 열린 우리당의 여성의원이 1명 더 많은 것으로 집계되었다.

<표-3>에서 알 수 있는 바와 같이 18대 국회의원 선거결과 총 299명중 여성의원은 41명으로 13.7% 비율을 보이고 있다 그중 한나라당의 여성 의원 수는 22명(직선 14명, 비례대표 11명, 승계 1명)으로 나타났으며, 민주당은 12명(직선 4명, 비례대표 8명)이, 자유 선진당 2명(비례대표), 친박 연대 4명(비례대표), 민주노동당 2명(비례대표)이다. 그 후 18대 국회에서도 역시 여성의원 1명이 중간승계 하여 42명으로 14.05%를 나타내고 있다.19)

〈표-3〉 한국의 제18대 국회 정당별 여성국회 의원 현황

정당명	여성의원총수	지역구	비례대표
한나라당	22	10	12(1)
민주당	12	4	8
자유선진당	2		2
친박연대	4		4
민주노동당	2		2
합계	42	14	28(1)

출처: http://kin.naver.com/qna/detail.nhn?d1id=6&dirId=61402&docId=62985245&qb=

이러한 현황은 다음 몇 가지를 설명하고 있다. 첫째, 여성 국회의원 중 정당별로 분석하면 16대와 17대에서는 야당의원이 더 많은 비율을 보였으나, 18대 국회의원선거에서는 집권여당인 한나라당에서 거의 50%에 달하는 22명의 여성의원이 국회에 참여하고 있음을 알

---

19) 관련자료 http://kin.naver.com/qna/detail.nhn?d1id=6&dirId=61402&docId=62985245&qb=
(검색일: 2010. 4. 17).

수 있다. 둘째, 17대와 18대 국회의원 중 지역구 의원은 14명인데 비해, 비례대표로 선출된 여성의원은 28명으로서 전체의원 42명중 66%를 차지한다. 의회진출에 있어서 여성은 정치사회화 과정에서 남성보다 어려움에 직면하며 경제적, 조직적 측면에서 불리한 상황이다. 따라서 비례대표할당제는 정치참여에 뜻을 두고 있는 능력 있는 여성들이 의회에 도전해볼 수 있는 길을 터주고 있다는 데서 제도가 갖는 중요한 의의를 찾을 수 있으며 여성의원후보자가 주목해 볼만한 가치가 있다고 하겠다.

2) 중국여성의 정계진출 현황

(1) '전국인민대표대회' 여성대표와 '전국정치협상위원회' 여성위원 현황
중국은 전국인민대표대회 대표(全國人民代表大會代表 약칭 전국인민대표)와 전국정치협상위원회 위원(全國政治協商委員會委員 약칭 전국정협위원)이 민주정치의 대표적 역할인 입법부의 역할을 하며 이들이 입법위원의 기능을 갖는다. 전국인민대표와 전국 정협위원은 5년의 임기를 가지고 있다. 그러나 민주주의 국가의 3권 분립이나 정당정치에 따른, 정당 경선 등과는 차이가 있다. "우리 중국대륙은 다당 경선을 하지 않고, 3권 분립이나 양원제를 실시하지 않는다. 우리가 실행하는 것은 전국인민대표대회 일원제이다."[20] 중국의 헌법 제3조에 의하면, '전국인민대표대회는 최고의 국가권력기구이다' 이는 한국의 국회와 유사한 입법기구에 그치지 않는다. 즉 전국인민대표는

---

20) 김영진, "중국 전국인민대표대회 개혁과 협력방안", 『의정논총』 제3권제2호, (서울: 한국의정연구회, 2008), p.173.

헌법 등 기본 법률에 제정 및 수정이나 예산안 의결 이외에도 다른 국가기구들의 최고 책임자들을 선출하는 기능을 수행한다. 전국인민 대표에 의해 선출 또는 인준되는 직책에는 국가주석, 부주석, 중앙군 사위 주석, 최고인민법원장, 최고인민검찰원장, 전국인대 상무위원회 의 위원장, (국가주석의 제청에 의한) 총리, (총리의 제청에 따른) 각 국무위원 및 부장, (중앙군사위원회 주석의 제청에 따른)중앙군사위 원회 부주석과 위원 등이 포함 된다.[21]

그러나 1년에 한번 전국인민대표 회의가 개최되므로 5년 임기 중 에 일반 전국인대 대표는 다섯 번 출석하게 된다. 또한 비록 국가의 최고 권력기구 이지만 공산당이 국가권력을 장악하고 있으므로 전국 인민대표의 기능은 형식적 절차에 그치고 있다.

<표-4> 중국의 '역대 전국인민대표대회의 대표인수와 성별구성'(歷 代全國人民代表大會的代表人數和性別構成)의 여성대표의 통계에 따르면, 제1대인 1954년 남성의원은 1,079명(88.0%)에 비해 여성의원은 147명 으로 12.0%에 불과했다. 이러한 참여율은 1975년에 22.6%로 상승하 여 653명으로 인원수가 늘어났으나 약 30년이 지나면서 오히려 감소 하고 있다. 1993년 제8대 여성 대표 수는 626명으로 남성의원 2,352명 의 79.0%에 비해 21.0%를 현저히 낮아짐을 알 수 있다.[22] 1995년 세 계 제4차 여성대회 이후와 그 이전을 비교해보면, 1998년의 제9대에 서는 여성위원이 650명으로 21.8%, 제10대인 2003년에는 604명으로 20.2%로 더욱 낮아졌으며 제11대인 2008년에는 637명으로서 약간 상

---

21) 김영진, "중국 전국인민대표대회 개혁과 협력방안 ", 『의정논총』 제3권제2호, p.170.; http// www.cnnb.com.cn (검색일: 2010. 3. 13).
22) 『中國社會中的女人和男人-事實和數据(2007)』, 國家統計局和科技統計司, p.107.

승된 21.33%를 나타내고 있다.

〈표-4〉 중국 역대 인민대표대회의 대표인 수와 성별구성

년도 및 代別	인원 수 (명)		성별구성 (%)	
	女	男	女	男
第一代(1954)	147	1072	12.0	88.0
第二代(1959)	150	1076	12.2	87.8
第三代(1964)	542	2492	17.9	82.1
第四代(1975)	653	2232	22.6	77.4
第五代(1978)	742	2755	21.2	78.8
第六代(1983)	632	2346	21.2	78.8
第七代(1988)	634	2344	21.3	78.7
第八代(1993)	626	2352	21.0	79.0
第九代(1998)	650	2329	21.8	78.2
第十代(2003)	604	2381	20.2	79.8
第十一代(2008)	637	2350	21.33	79.7

출처:中國社會中的女人和男人-事實和數据(2007),
國家統計局社會和科技統計司, p.107.

중국의 역대 전국 정협위원 중 여성 정협위원은 1954년 제1대에서 남성 정협위원이 186명으로 93.9%를 차지하고 여성 정협위원은 12명으로 6.1%였다. 이들 숫자는 1978년에는 293명으로 14.7%(남성1695명, 85.3%), 1988년 303명으로 14.5% (남성 1780명 85.5%)등 계속 높은 비율을 유지하여 왔으나 제8대인 1993년에는 193명으로 매우 저조한 9.2%의 수준으로 떨어지는 현상을 보이고 있다.[23] 그러나 1995년 제4차 세계여성대회이후의 제9대 1998년과 제10대 2003년 때에는 여성 정협위원 수가 각각 15.5%와 16.8%를 보여 괄목할 만한 성장을 보여 준다.

―――――――――
23) 『中國社會中的女人和男人-事實和數据(2007)』, 國家統計局和科技統計司, p.108.

그러나 <그림-1> '중국 공산당 당원 성별 구성비'(中國共産党党員性別構成)에 따르면, 여성당원은 1990년도에 14.5%의 꽤 높은 참여율을 (남성당원은 85.5%) 보이고 있으며 2000년의 17.4%, 2006년에는 19.7%로 점차 높은 비율을 나타내고 있으나 헌법에 명시한 남녀평등과는 거리가 있다. 특히 공산당원들의 당원숫자의 여성비율에 비해 고위직인 중국공산당중앙위원이나 후보위원은 여성들을 많이 기용하지 않고 있다고 할 수 있다. 부분적인 자료를 가지고 정당별로 살펴보면, 중국 전국의 29명의 여성 부성장(副省長)중 중국공산당원은 21명이며, 땅와이(黨外)인사는 8명으로서 이는 민주당파의 당원수가 급증 하는 것과 같은 맥락으로 이해할 수 있다.[24] 중국공산당원 이었던 깐수성(甘肅省)의 부성장 한회이(咸輝)와 윈난성(云南성)의 부성장 리장(李江) 등은 모두 18세에 입당한 반면에, 민주당파의 가입연령은 큰 차이로 나타났다. 즉 북경시 부시장 청홍(程紅)은 29세에 중국민주동맹에 가입하였으며, 기타 여성 부성장과 부시장, 부주석 등은 30세-50세 사이에 민주당파에 가입한 것으로 나타났다.[25] 이는 동시에 앞서 설명한 중국공산당 여성당원수가 19%에 그치는 것과 비교할 때 큰 차이가 할 수 있으며 이는 오늘날의 중국공산당의 여성고위직 숫자가 극소수인 문제점과도 무관하지 않다고 할 수 있다.

---

24) 중국은 공산당 외에 민주당파가 있는데 흔히 야당이라고 할 수 있으며 이는 중국국민당혁명위원회, 중국민주동맹, 중국 민주 건국회, 중국민주촉진회, 중국농공민주당, 중국 치공당, 93학사, 대만민주자치 동맹8개를 말하며 이들 당파의 여성당원수가 많아지고 있다. 예를 들면, 중국민주동맹은 2003년과 2004년에 여성당원의 수가 각각 36.2와 36.9로 나타났다. 그러나 2005년과 2006년에는 각각 38.9%와 38.5%로 증가 한 것을 알 수 있다. 『中國社會中的女人和男人-事實和數据(2007)』, 國家統計局和 科技統計司, p.106.

25) 南方都市報, "解密 29名女副省長成長路徑 近半未成年就步入社會", 2010. 3. 9.

〈그림-1〉 중국 공산당 당원 성별 구성(1990-2006)

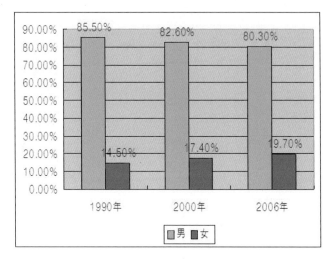

출처: 中國社會中的女人和男人-事實和數据(2007), 國家統計局社會和科技統計司, p.105.

05. 제도적 요인이 양국여성과 의회의원에 미친 영향

양국여성의 정계진출은 한중사회의 여성지위와 여성의 정치에 커다란 변화를 가져왔다. 이 변화와 발전은 자국에서는 물론 타국가의 여성들에게도 적지 않는 영향을 끼치는 계기가 되었으며 무엇보다 제도적인 측면에서 상호보완적인 역할을 하였다. 이는 양국여성의 의회진출 증가, 양국여성의 사회지위 향상에 기여, 양국여성 세력화의 초석마련으로 고찰할 수 있다.

1) 양국여성의 의회진출 증가

권력구조 중에서도 입법부의 기능은 현대 민주사회에서 가장 중요하다고 하겠다. 입법부는 의회의원들로 하여금 정책을 입안하고 의결하는 역할을 하기 때문에 입법, 행정, 사법 3권 중 가장 중요하다고 해도 과언이 아닐 것이다. 한국은 제헌국회에서부터 13대 까지 여성국회의원 수는 총 61명으로 전체의원 2,919명 중 평균 2.1% 수준에 머물렀다[26]. 그러나 14대 부터 증가하다가 16대는 여성국회의원이 16명으로 상당히 높은 비율을 차지하였는데 이는 바로 16대 국회의원선거를 앞두고 정당법에 비례대표제 여성할당 30%를 도입하면서부터 5.9%로 늘어났다. 이 제도는 15대 여성국회의원인 새천년민주당 신낙균(申樂均) 의원 등 48인으로부터 '政黨法中改正法律案'이 제출한데서 비롯되었다. 제안 설명에 나선 신의원에 따르면, 한국 여성정치의 후진성을 강조하고, 한국의 여성의원 비율은 3.7%로 아시아 여성의원 평균비율인 14.9%에도 미치지 못하며 이는 여성의 권익이 검은 차도르로 표현되는 아랍에 비견되는 수준에 불과하다고 역설하였다. 또한 그는 '대통령께서도 여성 비례대표 30% 할당을 이미 여러번 천명하신 바 있어 이제 남은 것은 법제화뿐이라고 할 수 있습니다. 이를 법제화하지 않는다면 그 공약은 진실성에 중대한 흠집이 나고 말 것 입니다. 이에 15대 국회의 모든 여성의원은 이러한 시대적 요구와 공감대를 바탕으로 국회의원 및 시 도의회 의원선거에서 여성을 비례대표로 30% 이상 추천하여야 한다는 내용의 '政黨法中改正法

---

26) 하영애, 『 대만지방자치선거제도』, (서울: 삼영사, 1991), pp.261-262.

律案' 에 대한 수정안을 제출하였습니다.'27)라고 국회의원 및 시 도의
회 의원선거에서 여성비례대표 30%를 추천해야한다고 강조하였다.

특히, 2000년 제16대 총선을 앞두고 321개의 여성단체가 연대하여
총선여성연대를 발족시키고 여성의 정치참여 확대를 위하여 정당에
압력단체의 역할을 하였다. 그 결과 정치권은 2000년 제16대 총선을
앞두고 국회의원 비례대표제, 여성할당 30%를 정당법에 명문화하였
다. 그리고 2002년 제3차 동시 선거를 앞두고 국회에서 여성의 정치
참여 확대를 위하여 광역의회 비례대표제 당선권 범위 내 여성 50%
이상을 공천하고, 광역의회 지역구 할당제 30%를 노력사항으로 공천
할 것을 정치관계법에 명시하였다. 정치권은 2004년 4월 15일 실시한
제17대 총선을 앞두고, 정당법 31조의 개정을 통하여 국회의원 지역
구 30%(노력사항), 비례대표제 50% 여성할당을 명시하였다.28) 따라
서 17대 선거에서 이 제도의 실천을 위해 여성계가 직접적인 운동을
전개하였다. 2003년에 발족한 '총선여성연대'는 제도개선사업을 중점
사업으로 하고 특히 17대 총선 때인 2004년 3월 비례대표 후보선정
기준에 대한 총선여성연대의 제안서를 각 당에 전달했다. 이를 통해
총선여성연대는 그 동안 공천헌금, 밀실공천과 명망가 중심으로 이루
어지던 바람직하지 못한 공천의 관행을 수정하고, 소수자 및 여성, 장
애인 등 소수그룹의 정치진출을 보장하기 위한 비례대표제 본래의
취지를 충분히 살리고, 비례대표 선정에 있어서 투명하고 민주적인
절차가 반드시 지켜져야 한다고 요구했다. 총선연대가 제안한 비례대

---

27) 신낙균 국회의원의 '政黨法中改正法律案'에 대한 제안설명. 제210회 국회 본회의 회의록, 2000.
2. 9. 수요일. 오전.
28) 김원홍, "여성과 정치", 성남여성포럼 발표문, 2010, pp.11-12.

표 후보가 갖추어야할 자질로는 도덕성과 성실성, 전문성, 민주성과 개혁성, 그리고 양성평등의식이었다.[29](이현출 p.14) 이에 못지않게 '맑은정치여성네트워크'는 '여성 100인 국회로 보내기' 캠페인 전개를 선언하였고 결과적으로 17대 총선에서 선출된 39명의 여성의원 중에 지역구 10명, 비례직 29명이 당선되었는데 그중 18명이 맑은정치여성네트워크가 추천한 여성 후보였다는 점은 상당히 주목할 만한 성과라고 하겠다.[30]

이렇게 17대 총선에서 39명이 선출됨으로서 한국 여성국회의원비율은 13.9%로 획기적인 성과를 가져왔으며 이는 한국여성정치사에 새로운 이정표를 마련하였다. 18대 국회의원선거에서도 이러한 강력한 추세에 이어 여성국회의원수가 14.05%를 기록하였다.[31] 이처럼 한국의 여성의원의 의회진출 증가는 비례대표 할당제라는 제도적 개선을 통하여 이루어졌다고 할 수 있다. 하나의 제도는 상관제도의 영향을 받는다. 17대, 18대의 여성의회참여의 증가는 자연히 이루어 진것이 아니다. 90년대 초반부터 학계와 한국여성정치문화연구소, 한국여성단체협의회, 부산여성정책연구소, 한국여성유권자 연맹 등 여성단체 에서는 각종 세미나 학술대회에 여성의 의회참여를 주요의제로 다루었고[32] 특히 당시 대만의 여성당선할당제의 제도도입의 주장과

---

29) 이현출, "여성의원의 의정활동과 성차: 17대 국회의원 조사결과를 중심으로", p.14.

30) 이현출, "여성의원의 의정활동과 성차: 17대 국회의원 조사결과를 중심으로", p.15.

31) 17대 국회의원은 39명이 선출되었으나 후에 보궐선거를 통해 42명으로 증가하였으며, 18대 선거에서는 41명이 선출되었다.

32) 한국여성정치문화연구소 세미나 ' 여성의 정치참여와 의회진출' (1989. 7. 14) ; '여성의 정치참여확대를 위한 전문가 회의' (1998. 6); 한국여성단체협의회 제29회 전국여성대회 (4,000여명참석) 대 주제 : 새 시대의 주역, 여성의 정치참여 (1992. 10.8) ; 부산여성정책연구소 세미나 '한국여성의 정치참여 (1992. 10.14); 한국여성유권자 연맹 주최 '지방자치의 발전과 여성의 정치참여' (1994) ; '여성입후보자에 대한 저해요인 연구 ' (1996); '여성유권자의 정치참여 증대를 위한 원탁토론회' (1999) ; 한국여성정치연구소 '여성의 정치세력화: 현실과 전망' (1992) 등 90年

더불어 국회의원선거에서 여성의원의 의회참여확대를 위한 할당제 20%가 제기되었다.[33] 또한 한국여성단체협의회 등 많은 여성단체에서는 각 정당과 행정부를 비롯한 고위직 정치인들에게 서한을 보내는 등[34] 끈임 없는 요구와 제도개선의 지속적인 결과로 이루어진 것이다.

입법부의 정치참여와 관련하여 중국의 여성정계진출을 논한다면, 양회 중 전인대여성대표수는 1995년 전후를 비교하면 증가하지는 않았다고 하겠다. 오히려 그 비율이 하락했다. 그러나 정협여성위원은 1993년에 9.2% 급하강 하였다가 제9대(2003)와 10대(2008)에 각각 15.5% 와 16.8%로 상승함으로서 정협여성의원들의 정계진출이 크게 증가 한 것을 볼 수 있다. 또한 전인대여성인민대표의 비율을 증가시킬 수 있는 "22%보다 낮지 않도록 한다."는 법적인 제도를 마련한 것은 북경행동강령의 이행결과가 만들어낸 성과이다.

2) 양국여성의 사회지위 향상에 기여

제4차 세계여성대회는 북경행동강령의 이행이라는 '강력하고 실제적인 제도'를 통해 한국여성의 사회지위에도 변화를 가져오게 하였다. 먼저 한국은 북경행동강령 이행을 위하여 1995년 11월 국무총리

代는 가히 여성의 정치참여가 모든 여성단체들의 세미나, 국제회의, 강연의 주요 이슈로 등장하였으며 큰 결실을 맺었다.

33) 당선할당제, 쿼터제도에 관해서는 하영애, 『 대만지방자치선거제도』, (서울: 삼영사, 1991), 하영애, "대만권력구조에서 여성의 정치참여와 활동", 한국국제정치학회 발표논문, 2000. 12. 14. 참고.

34) 정당법 여성30% 할당 명시를 위한 범국민 서명 캠페인, 1999. 9. 16. 한국여성단체협의회 창립 40주년 기념 제36회 전국여성대회(3,000여명 참석)시 서명운동 전개하다 ; 정당법에 비례대표 여성30% 할당 명시 촉구 성명서 발표 및 각 정당에 송부하다 2000. 1. 17.

의 지시로 정부위원회의 여성위원 참여 목표율을 2005년까지 30% 설정하였고, 1995년 12월에 제정된 '여성발전 기본법'에서는 중앙정부와 지방자치단체에 여성위원 참여확대를 위한 연도별 목표를 수립·시행토록 의무화하였다.[35] 이 결과, 1999년 6월에 정부 각 중앙행정기관 관리대상위원회 1,161개 중 여성이 참여하고 있는 위원회의 비율이 중앙행정기관은 67.1%, 지방자치단체는 62.5%로 각각 나타났다.[36] 또한 한국의 '여성발전 기본법'의 제정은 이듬해인 1996년 3월 유엔여성지위위원회에서의 발표를 통해 타국 여성들에게도 널리 알리는 효과를 가져왔다. 뿐만 아니라, 이 법에 근거하여 '여성발전 기금'이 만들어졌으며 한국정부의 여성가족부와 서울시를 비롯한 지방자치단체에서는 수많은 NGO와 여성단체들은 이 발전기금으로 세미나, 교육, 연수, 국제교류 등 각 단체의 다양한 사업을 활성화시키는데 적용함으로서 정부와 민간단체의 유기적인 관계향상과 여성들의 사회참여 및 지위향상에 크게 기여하였다. 특히 북경행동강령 이행상황을 분석한 유엔보고서에 의하면 국가의 원활한 기능에 대한 가장 공통적인 장애물로서 북경행동강령의 전략목표를 달성하는데 적절한 재정적 및 인적자원의 결여를 제시하였다. 이렇게 볼 때, 한국의 여성발전기금 형성은 여성NGO 들과 또한 경제형편이 열악한 단체들에게 재정적 보조를 해준다는 의미에서 중요한 의의를 지닌다고 보겠다. 실로 북경행동강령의 제7항과 8항의 강력한 시행과 적극적 조치로 한국은 다양한 제도적 성과를 가져옴으로서 여성의 사회지위향상에 기여하였다. 관련 법규를 예를 들면, 여성채용목표제 채택, 정부

---

35) 강선혜외 1명, 『북경행동강령 이행조사 보고서 2000』, pp.113-114.
36) 강선혜외 1명, 『북경행동강령 이행조사 보고서 2000』, p.114.

6개 부처에 여성정책 담당관실 설치(1998), '남녀차별금지 및 구제에 관한 법률'(1999)제정, '여성기업 지원에 관한 법률'(1999) 등 이다. 중국에서는 부녀발전권익법(婦女發展權益法)을 제정하는 등 다양한 법규를 마련하였으며 그 일환으로 중국은 한국에서 여자대학교를 답습하여 중국에 여자대학교'中華女子學院'를 설립하였다.[37] 한중여성의 정치와 지위향상에 제도화를 통한 실제적인 영향을 끼쳤다.

3) 한중양국의 여성관련 정책의 변화

양국의 의회에 진출한 여성 외, 다수여성들과 관련한 제도적 장점은 양국의 정책변화를 통해 고찰해볼 수 있다. 1975년 제1차 세계여성대회 이후 35년간 한국여성정책에는 큰 변화가 있었다. 1983년에 [한국여성개발원]이 설립되고 여성정책을 전담하는 오늘의 '여성 가족부'의 전신인 '정무장관실(제2)'이 탄생하여 여성국무위원이 국가의 정책결정과정에 참여하게 되었다. 그러나 더욱 직접적인 것은 1995년 제4차 세계여성대회 이후라고 하겠다. 한국은 정부, 여성단체 등에서 수차의 논의를 거쳐 그해 12월에 "여성발전 기본법"[38]을 제정하였고, 매년, 1년 동안의 여성업무를 결산 보고하고 새로운 다양한 문제를 논의하는 "여성주간" (매년 7. 1-7 까지)이 제정되었다. 이러한 결과, 1998년 제19차 '유엔차별철폐위원회' 회의와 1999년 제43차 '유엔여성지위위원회' 회의에서 높은 평가를 받았고 많은 국가들

---

37) 하영애, 『밝은사회운동과 여성』, (서울: 범한서적, 2005), pp.95-96.

38) 이연숙, "여성정책 주류화에 있어서 여성 지도자의 역할", 여성부 발행, 『동북아시아 여성지도자회의』 자료집, 2001, pp.38-39.

로부터 가장 발전적인 성과를 거둔 나라로 평가받았다.[39) 또한 국가의 중장기 여성정책인 제1차 여성정책 기본계획(1998-2002)의 수립(1997)및 추진을 이 법에 근거하여 시행하였으며 특히 주목할 것은 2001년에는 '여성특별위원회'를 '여성부'(女性部: gender equality)로 승격하여 여성관련 법규를 입법할 수 있는 실권을 갖게 함으로서 여성의 인권, 권익향상, 제도개선 등 여성평등에 관해 실질적이고 긍정적인 발전을 거듭하였다. 한편 여성관련 3대 법규 "모성보호산법", "남녀고용평등법", "고용보험법"을 개정하여 새로운 활력소를 갖게 하였으며 60일간의 산후휴가를 90일로 연장하는 등 관련법규를 개정하여 시행하고 있다.

중국정부는 1990년 국무원에 여성아동공작위원회를 설립했는데 여기에는 24개 정부부문과 5개 비정부기구로 구성되었으며 여성과 아동관련 업무와 사업의 발전을 추진하였다. 또한 2001년에 [중국여성발전강령]을 제정발표하고 이를 [중국사회와 경제발전의 10차 5개년계획]에 포함토록 전국부녀연합회가 꾸준히 노력하고 추진한 결과 정부의 2001-2010계획에 [중국여성발전강령]의 총 목표와 주요 목표가 들어가는 법규가 제정 통과되었다. (2000. 4. 20). 남녀평등관련 법규로는 [중화인민공화국 여성권익 보장법] (中華人民共和國婦女權益保障法)이 제정 통과되었는데 여기에는 중화전국부녀연합회, 전국인대대표, 정협위원, 여성대회 대표들이 의안제안과 건의서를 제출하였고 상무위원회가 중요하게 다루어 이루어졌다.[40) 이 법률의 공포시행은

---

39) 보고서, p.125.

40) 劉保紅, "中國婦女在性別主流化中的 作用", 여성부 발행, 『동북아시아 여성지도자회의』 자료집 pp.108-109.

여성기구가 입법부의 성 주류화를 성공적으로 추진한 사례라고 하겠다. 이 결과 여성기구와 정부 각 부문이 협력하여 여성인권, 국가 공무원의 남녀평등의식을 고취시키고 법 집행의 공정성을 강화 하고 있다. 무엇보다도 한중양국은 여성문제를 전담할 수 있는 기구로 한국의 '여성가족부' 와 중국의 '중화전국부녀연합회'가 건립되어 여성의 권익과 성 평등 문제를 개선해 나가고 있다고 하겠다. 이는 가까운 이웃나라 일본에서는 여성전담기구가 없는[41]점과 비교할 때 장점 중의 하나라고 할 수 있다.

06. 한중 양국여성의 정계진출에 있어서의 문제점과 개선 방안

1) 한중 양국여성의 정계진출의 현주소와 문제점

한국은 비록 18대 국회의원선거에서 총 299명 중 여성의원이 41명을 차지하였고 중간의 계승한 1개 의석수까지 합하여 42의석으로 14.05%의 비율을 나타내고 있다. 이 숫자는 전 세계 평균인 18.8%에 비교하면 아직도 상당한 차이를 나타내고 있다고 하겠다. 또한 이 비율을 다음 선거에서도 계속유지 할 수 있을지도 모르므로 지속적인 의회의원비율을 향상시켜 정치사회에서 여성의 심성을 대변할 수 있

---

41) 2001년 한국의 여성부에서 개최한 '한중일여성지도자 회의' 이후 세 나라는 번갈아가며 이 회의를 지속적으로 추진하도록 하였다. 그리고 그 이듬해 이 회의를 추진하는 과정에서 중국 전국부녀연합회는 최종적인 결정을 보류했는데 그 이유 중의 하나는 일본에 여성전담기구가 없어서 지속적인 논의를 할 수가 없다고 하였으며 결국 그해 회의를 하지 못하였다.

도록 해야 한다.

한국과 중국의 입법위원(국회의원과 전국인민대표)을 1995년을 기준으로 비교해본다면 한국은 1948년 제헌국회에서 총200명 국회의원 중에 여성의원1명으로 0.5%였으며 제14대(1991년) 까지는 평균 1.9%에 불과하여 세계여성지위의 권한 척도에서 최하위에 머물었으며, 2003년에는 70개 대상 국가 중에서 63위에 그쳤다.[42] 그러나 북경행동강령과 이행촉구의 시행이후 실시된 15대(1996)부터 18대(2008)까지 한국여성의 국회의원 비율은 평균 9%를 유지하고 있다. 18대 국회의원을 본다면 13.7%에 이르니 초기의 0.5%와 비교한다면 괄목할 만한 성과를 가져왔다고 하겠다. 중국은 흔히 양회라고 하여 전국인민대표와 전국 정협위원이 입법기능을 수행하고 있다고 하겠다. 전국인민대표는 제 1대(1954)에 총인원 1,072명중 여성대표는 147명으로서 12%의 높은 비율을 나타내었다. 이 비율은 제 8대(1993)까지 평균 18.6%의 높은 비율을 나타내고 있으며 이는 한국의 1.9%와 비교하면 중국은 시작부터 여성문제를 남녀가 함께 논의할 수 있는 최소의 인원이 함께 의회에 입문 한 것이라고 하겠다. 1995년 이후 중국의 여성정치참여율은 어떻게 달라졌을까? 제 9대(1998)부터 제11대(2008)까지 전국인민대표 중 여성대표는 평균 21.11%이다. 그러나 중국의 여성정계진출은 발전했다고 볼 수가 없다. 왜냐하면 앞의 <표-4>에서 살펴보았듯이 중국전국인민대표 중 여성대표의 수는 초기에 12%를 빼고는 계속 상승해 왔으며 심지어 제 4대(1975)에는 여성대표비율이 22.6%까지 상승하였는데 최근에는 오히려 30년 만에 가장 낮은

---

42) 김민정, "한국여성과 정치 – 여성의 정치참여방안", 『3.8세계여성의 날 기념 대토론회, 여성! 베이징 그리고 15년』, 한국여성단체협의회 발행 자료집, 2010. 3. 8. p.22.

20.2%(제11대)로 떨어져 학계와 각계의 비평의 목소리가 높다.

중국은 여성 인민대표의 비율을 확대하기 위한 일환으로 2007년 3월 전국인대에서는 '제11대 전국인민대표대회 명액화선거문제에 관한 결정'(關于第十一屆全國人民代表大會名額化選擧問題的決定)에 따라 제11대 전국인대대표 중 여성대표의 비율을 22%이하로 낮게 해서는 안된다[43] 라고 결정하였다. 이는 중국이 처음으로 전국인대여성대표에 대한 명확한 결정을 내린 것으로 당과 정부가 여성에 대해서, 특히 고위층여성의 정치참여를 중요시한 진일보한 조치[44]라고 평가하고 있다. 그럼에도 불구하고 2008년에 실시한 제11대 전국인대대회대표에서 여성인대대표는 637명으로 21.3%를 기록하여 (남성의원 2381명으로 79.8%) 22%에 미치지 못함으로서 학계의 지적을 받고 있다.[45]

정치협상위원을 살펴보면, 제9대(1998)정치협상위원(남성 1855명, 84.5%) 중 여성정치협상위원은 341명으로 15%였고 제10대(2003)의 정치협상위원은 남성위원이 1863명 (83.2%)중 여성위원이 375명으로 16.8%로서 1.8% 상승한 것으로 나타났다. 그러나 <표-5> '제8대부터 10대까지의 전국인민대표와 정치협상상임위원의 성별구성'(第八代~十代全國人大, 政協常委性別構成)의 여성정치협상 상임위원에 대한 자료를 살펴보면, 고위직이며 요직이라고 할 수 있는 '정치협상상임위원' 중에서 '여성 정치협상상임위원'은 제8대에 9.7%, 제9대에 10.0%, 제10대에 11.4%로서 평균 10.3%에 불과하다. 다시 말하면, 중국여성

---

43) 吳曉靈 委員발언, " 關于人大代表的擴乏性-人民代表大會審議 摘登(三)", <中華人民共和國全國人民代表大會和地方各級人民代表大會選擧法修正案(草案)>審議發言.

44) 吳曉靈 委員발언, " 關于人大代表的擴乏性-人民代表大會審議 摘登(三)", <中華人民共和國全國人民代表大會和地方各級人民代表大會選擧法修正案(草案)>審議發言.

45) 吳玲, 『中國婦女參政及其影響因素分析』, 碩士學位論文, 2005.10. p.16.

의 정계진출은 "三多三少"가 있는데 이는 형식적 직위가 많고, 실제적 직위가 적으며, 副직위가 많고 正직위가 적으며, 黨務부문이 많고 經濟 분야에 적은 것을 말한다.[46] 흔히 모든 요직의 노른자위에는 남성이 절대다수를 차지한다는 이론과 실제상황이 중국도 예외는 아니라고 하겠다.

〈표-5〉 중국 전국인민대표대회 및 정치협상회의 성별구성표(제8대-10대)

性別/類型	第八代 (1993年)		第九代(1998年)		第十代(2000年)	
	人大	政協	人大	政協	人大	政協
女	12.6%	9.7%	12.7%	10.0%	13.2%	11.4%
男	87.4%	90.3%	87.3%	90.0%	86.8%	88.6%

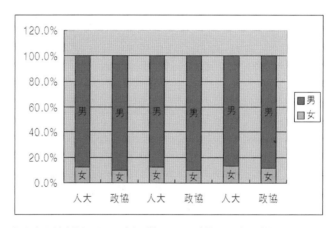

출처: 中國社會中的女人和男人-事實和數据(2007), 國家統計局社會和科技統計司, p.108.

---

46) 吳玲, 『中國婦女參政及其影響因素分析』, 碩士學位論文, 2005. 10. p.21.

다시 말하면, 중국전인대 여성대표에 관해 제도적 보완에 대한 주장이 강하게 대두 되고 있다. 즉, 여성대표의 참여향상을 위해서는 비록 각 국가에서 시행하는 할당제, 정당비례대표와는 그 성격이 다르다고 하더라도 여성의원 할당제(名額制)에 관한 "여성의 의회참여 비율이 22% 이하가 되어서는 안된다"라는 법적요구는 마땅히 실행되어져야 할 것이다.

2) 양국 여성 정계진출의 전략적 발전방안

70, 80년대가 여성정치의 맹아기(萌芽期)라면 90년대-2000년은 여성이 각 방면에서 역할을 할 수 있는 제도적 정착기(制度的定着期)의 기초를 닦았다고 하겠다. 그러나 미래사회에 한중여성의 정치적 성숙기(政治的成熟期)를 위해서는 몇 가지 발전방안이 요구되고 있다.

(1) 양국여성의 의회관련 법률개선을 통한 제도의 정착

여성정치 참여가 높은 국가는 의회에서의 여성비율을 위한 쿼터제, 할당제, 일정비율제도를 정당이나 의회에 적용하고 있다. 그러므로 한중양국의 여성의회의원들의 비율을 최소한 현재보다 상승시켜야 한다. 오효영 위원은 선거법수정안 초안을 심의할 때 중국여성들의 의회참여비율을 현재의 비율에서 25%까지 책정하도록 법률로 규정해야한다고 주장하였다.47) 또 다른 연구에서도 최소 20-25%를 주장한다.48) 이렇게 해야만 여성군중의 요구와 뜻에 부응할 수 있으며 여

---

47) 吳曉靈 委員發言, "關于人大代表的擴乏性-人民代表大會審議 摘登(三)", <中華人民共和國全國人民代表大會和地方各級人民代表大會選擧法修正案(草案)>審議發言. 中國人大网www.npc.gov.cn (검색일: 2009. 11. 12).

성들이 사회참여에 있어서 정책결정과 관리를 심도 있게 할 수 있다. 그는 또 세계의 100여개 국가와 130여개의 정당에서 여성의 정치참여를 통해서 참정인원수를 증가 시켰으므로 이를 위해서 '명액제'를 강력하게 제시하였다. 전국부녀연합회 부주석과 서기를 하고 있는 천시우롱(陳秀榕)위원 역시 중국에서 미래의 여성참정의 수평적이고 유효한 기제는 법률 중에 여성의 비율을 확정해야한다고 강력히 주장하였다.[49] 2004년 한국은 정당법 제31조에 국회의원 전국구의 비례대표제에 여성의원을 30% 할당하도록 '권장사항'으로 명시하고 있다. 지금은 비록 42명으로 14.05%의 비율을 보이고 있지만 차기 선거에서 계속 이 비율을 유지할 수 있을지는 예측불허이다. 중국 역시 그러하다. 비록 전국인민대표의 수를 높여야 한다고 주장한 쟝쩌민(江澤民) 주석이 남녀평등을 중국사회발전의 '제1항 기본국책'으로 천명했음에도 불구하고 법규를 수정하였으나 그 구체적 비율이나 수를 명문규정하지 않고 '적당수량'(適當數量)이란 표현을 명시하여 학계와 여성 지도자들의 강력한 비평을 받고 있다.[50] 그러므로 양국의 정당법이나 선거법규에 명백하게 명문화 해야만 두 나라 여성정계진출이 활성화될 수 있을 것이다.

---

48) 于芳, "中國婦女參政: 問題, 成因及對策", 南昌大學學報(人文社會科學報), 第40卷 第5期, 2009年 9月. pp.21-22.

49) 吳曉靈 委員發言, "關于人大代表的擴乏性-人民代表大會審議 摘登(三)", <中華人民共和國全國人民代表大會和地方各級人民代表大會選擧法修正案(草案)>審議發言. 中國人大网www.npc.gov.cn (검색일: 2009. 11. 12).

50) 于芳, "中國婦女參政: 問題, 成因及對策", 南昌大學學報(人文社會科學報), 第40卷 第5期, 2009年 9月. p. 22.: 陳秀榕委員과 吳曉靈委員의 발언에서도 강력히 비평하고 있다. "關于人大代表的擴乏性-人民代表大會審議摘登(三)", <中華人民共和國全國人民代表大會和地方各級人民代表大會選擧法修正案(草案)>審議發言,中國人大网www.npc.gov.cn (검색일: 2009. 11. 12).

(2) 중국여성들의 여론화와 행동화 요구

앞에서 논의한 바와 같이 한국의회에 여성의원들의 비율이 상승한 것은 선거제도화가 정착되었기 때문이다. 그러나 이러한 업적과 성과는 저절로 이루어진 것이 아니다. 한국은 학계를 중심으로 90년대에 지속적인 연구와 쿼터제 도입을 주장하였으며 여성정치인, 여성단체, 학계가 꾸준히 쟁취해서 이룬 결과이다. 중국도 여성인민대표가 증가하여 여성들의 권익을 증진시키고 여성의 정치사회적 지위를 향상시키기 위해서는 여론화와 제도의 실질적 요소인 '인간의 행동화'를 통해서 이루어야한다. 특히 한국의 '국회여성특별위원회' 같은 기구를 통하여 여성들과 여성단체 학계 등이 연대의 힘으로 쟁취해야 할 것이다. 여성정책을 추진할 수 있는 가장 중요한 힘이 의회여성들의 수적증가라는 높은 답변이 보여주는 것처럼 양국여성의 의회진출을 위해서는 다양한 선거제도가 도입 제정 집행되어야 하며 또한 양호한 선거제도는 지속적으로 정착되어 뿌리내리도록 해야 한다.

(3) 한중양국 여성 지도자는 專門性을 가져야한다.

여성이 의회뿐만 아니라 중앙정부의 핵심기구에 진출하기 위해서는 각국 모두 여성도 반드시 전문성을 가져야 한다. 한국의 초대 여성차관을 역임한 김정숙은 국회의원을 역임한 후 차관에 임용되었으며 그 후 한국정치문화연구소의 활동과 아태지역여성정치총재를 역임하는 등 다양한 능력을 발휘하여 다시 국회의원을 역임한 3선의원이다. 중국의 전인대여성대표와 전국 부녀연합회 부주석과 서기를 지낸 쬐오샤화(趙小華)는 현재 중국문화부 차장(次長: 한국의 차관에 해당)에 임명되어 그 능력을 발휘하고 있다. 앞서 논의했던 한국의 '총선여성연대' 나 '맑은정치 여성네트워크' 등의 여성단체가 후보자들을 추천한 기준에서 전문성을 강조하였으며 이는 동서고금에서도 중요시 되는 지도자의 덕목이다. 이처럼 여성으로서 각국 중앙정부의 요직에 임용된 자 중에는 각 분야의 전문직여성들이 중용됨으로 다양한 분야에서 여성들은 전문성을 길러야 할 필요가 있다고 하겠다.

(4) 교육훈련을 통한 여성정치지도자의 양성이 급선무이다

정치에서의 여성의 지위와 역할은 사회전체에서의 여성의 지위를 나타내는 바로미터가 된다. 한중 여성들은 지속적인 여성정치발전을 위해 대학이나 대학원의 학교교육을 통하여 차세대 여성정치지도자를 배양해야하고, 여성단체에서도 다양한 프로그램으로 꾸준히 여성지도자를 양성해야한다. 정치에 대한 전문능력과 경험을 익히고 보다 적극적으로 정치에 참여하고 미래에 대한 준비를 해야 더 많은 여성들이 미래의 한국과 중국 또한 아시아를 이끌고 나갈 수 있을 것이다.

07. 결론

본 연구는 한국과 중국여성들의 의회진출과 사회참여에 관해 제도론적 접근법으로 고찰해보았다.

첫째, 할당제, 정당비례대표제의 선거제도는 한국여성의 의회진출에 절대적인 영향을 미쳤다. 여성의 의회진출비율이 50여 년간 지극히 낮은 비율에 비해 두 제도를 도입 활용함으로서 여성의원의 수적

지위는 크게 향상되었다. 당선할당제 도입은 16대 국회의원선거에서 총 273명 의원 중 여성의원이 16명 당선되어 5.9%의 성과를 가져왔는데 이는 제헌국회(1948년 0.5%)이후 가장 높은 비율을 나타낸다. 이어서 정당비례대표제의 도입이 적용된 제17, 18대여성의원은 (17대: 39명과 중간승계 3명, 18대: 41명과 중간승계 1명) 각각 42명으로서 14.05% 비율로 62년 만에 가장 높은 여성의원 전성시대를 맞고 있다.

둘째, 특정제도는 두 나라 여성들의 사회지위와 정치지위향상에 직간접적인 영향을 미쳤다고 할 수 있다. 북경행동강령 이행조치의 '강력하고 실제적인 제도'의 영향으로 한국은 1995년 12월에 '여성발전기본법'이 제정되었고 이어서 '여성발전기금'의 시행을 비롯하여 '여성주간(매년 7.1-7.7)'이 선포되어 매년 이를 시행한다. 무엇보다도 '여성발전기금'에 의해 한국의 많은 여성단체에서는 대학생 모의유엔, 양국언어 대회, 외국인 서울문화체험 주부도우미 육성교육 등 다양한 사업을 추진함으로서 참여와 교육을 통한 삶의 질 향상의 기회를 제공하고 있다. 이는 타국 여성들에게도 '닮음'으로 전파되고 있는데 예를 들면, 최근 일본에서는 한국여성지도자를 초청, 한국여성의 발전을 모델화하여 강연회를 개최[51]하는 등 답습하는 움직임이 일고 있어 한국 여성으로서의 자긍심과 아울러 동북아여성들에게 신선한 충격을 주고 있다.

셋째, 하나의 제도는 정치적 세력과 사회적 세력의 영향을 받으며 타제도의 형성과 변화에 영향을 미친다. 한국여성들의 여론, 민심, 제

---

51) 이연숙 전 정무 제2장관(여성부의 전신)은 일본 여성단체의 초청을 받고 한국여성단체가 이루어낸 다양한 제도적 성과들(여성발전기본법 제정, 호주제 폐지 등)에 대하여 강연을 하였으며, 큰 상을 수상하였다. 2010. 3. 26. 롯데 호텔에서 필자와 인터뷰.

도화를 위한 강력한 투쟁정신은 남성독주의 정치무대에서 여성 세력화의 계기를 마련하였다. 중국여성들은 전국인대여성대표 22%의 목표 달성을 위해 한국여성들의 다각적인 행동을 답습함으로서 타산지석의 효과를 가질 수 있을 것이다. 그러나 유엔의 여성권한척도에서 낮은 순위와 세계의회의원 중 여성의원이 한국 81순위, 중국 55순위를 기록하고 있는 현실을 직시해야한다. 이는 G20 개최국의 한국위상에 걸맞지 않다. 또한 '여성이 하늘의 절반을 차지한다(婦女頂起半边天)'의 중국의 캐치프레이즈와도 거리가 멀다. 이러한 관점에서 양국여성의원들은 현재에 머물지 말고 전문성을 길러 정부의 권력기구의 핵심에서 지도력을 발휘하여 정치적 양성평등을 이룰 수 있도록 해야 할 것이다.

한중양국 여성의 정치참여 활성화를 위하여 첫째, 한중양국 여성지도자는 전문성을 가져야 하며, 둘째, 양국여성의 법률정비를 통한 제도화의 정착. 셋째, 중국여성들의 여론화와 행동화 요구. 넷째, 지속적인 교류활동과 적극적인 연대협력 추진. 다섯째, 교육훈련을 통한 여성 지도자의 양성을 제시한다.

그러나 무엇보다도 정치에서 양성평등이 이루어져야 한다. 한중여성의 정계진출은 서구 선진 국가와 비교해 볼 때 여전히 열악한 상황이다. 따라서 여성정치 참여 면에서, 형식적 평등이 아닌 실질적 평등과 권한을 행사할 수 있어야 정치에 있어서 양성평등을 이루어 질 수 있고 또한 진정한 남녀평등이 이루어질 수 있다.

가까운 미래사회에 양국여성의회의원들은 '제도적 파트너'[52]로서 상호교류 하고 닮음을 공유하며 발전적 리더십을 발휘하여 양국여성

---

52) 김영진, "중국 전국인민대표대회 개혁과 협력방안 ", 『의정논총』 제3권제2호, p.186

문제는 물론 동북아 및 세계여성과도 어깨를 겨눌 수 있는 계기가 되기를 기대한다.

제3부

중국 교육, 문화산업, 사회문화교류

Chapter 1 | 중국의 실용주의 중심의 교육개혁이 가져온 경제적, 문화적, 사회적 변화

01. 서론

인간이 살아가는 목적은 명예, 부귀, 사랑, 자아만족을 추구하며 보다 나은 생활, 보다 행복한 생활을 영위하는 것이다. 이러한 인간의 보편적인 목표는 자본주의 국가나 사회주의 국가나 대동소이 하다고 하겠다. 중국은 빈곤, 무 자유, 폐쇄적 사회의 오랜 칩거에서 '교육혁명'의 새로운 시대에 접어들면서 보다 인간다운 생활에 관심을 갖게 되었다.

중국은 마오쩌둥(毛澤東)이 사망하고 1978년부터 덩샤오핑(鄧小平)이 집권하면서 정치개혁과 경제적 개방정책을 단행하여 그 여파는 교육부문에도 변화와 개혁을 일으켰다. 실용주의 중심의 노선은 이념 지향적인 모델을 벗어나 실사구시가 중국사회의 지도이념이 되어야 함을 강조한다. 즉 공산주의 기본노선을 유지하면서 경제사회의 발전 차원에서 '중국특색의 사회주의'건설이라는 구호를 내세우고 부분적으로 자본주의적 시장경제체제를 수용하는 차원의 시도가 이루어졌다. 이러한 실용주의 중심의 정책기반 형성을 위하여 중국은 '사회주의 4대 현대화 건설' 정책을 제시하였고 이 네 분야를 현대화하기 위해서 교육이 모든 것을 우선하도록 하고 이를 추진할 수 있는 인재육성을 중요시 하였다. 이와 더불어 대학에도 개방개혁의 신선한 충격으로 '국제 합작부'를 설치하고 국내는 물론 세계 각 국가와 국제교류와 대외활동을 강화하게 되었고 '세계일류대학건설'과 대학발전전략을 추진 실행하고 있다.

90년대 초에 중국교수들은 적은 박봉에 궁핍한 생활을 하였으나 최근에는 휴대폰 소지, 아파트 구입, 차량 보유 등 변화된 모습을 보이고 있다. 이러한 놀라운 사실은 필자로 하여금 무엇이 중국교수사회에 이러한 변화를 가져오게 했는지 지적인 호기심을 가지게 하였고,[1] 중국의 교육개혁에 초점을 두고 본 주제를 선정하게 되었다.

본 논문은 '삶의 질 향상과 발전(the quality of life and develop)'이란 접근 방법으로 교육개혁을 연구 분석 하고자 한다. 발전은 대체로 근대화, 산업화, 복지 국가를 지향하는 것으로 본다. 과거에는 범세계적으로 발전의 유일한 척도는 경제 성장이었으나, UN의 국제 발전 전략은 다음과 같이 설명하고 있다. 즉 발전의 궁극적인 목표는 개인의 안녕에 있어서 지속적인 향상을 초래하고 모든 사람들에게 혜택이 돌아가게 하는 것이다. 만약 과도한 특권, 부의 양극화, 사회 불평등이 지속되면, 발전은 그 본질적인 목적에 있어서 실패한 것이며, 사회

---

1) 현재 중국교수들의 생활은 상당히 윤택해졌기 때문에 필자의 호기심과 이 주제의 시의성에 약간의 갭이 있을 수 있다. 그러나 수교전인 1990년부터 중국교수들과 교류가 있었던 필자로서는 너무도 궁핍했던 교수들(당시 베이징대 역사학과 교수급여가 인민폐 600위안-700위안, 한국 돈 약 십 만원 상당)의 생활이 여러 가지로 향상되면서 '사회주의'가 변화하는 자체를 실감하게 되었고 이를 파악하는 것이 우리가 중국을 이해하는데 중요한 선결 과제라고 생각되었다. 또한 교수의 봉급이 올랐는데 왜? 어떻게 올랐는지 그것을 실증조사(사회주의 국가에서는 어려운)를 통해서 규명해 보고자 하였다.

에 있어서 질적, 구조적 변화는 급속한 경제성장과 조화를 이루어야 하고, 기존의 불균형은 실질적으로 감소되어야 한다. 이러한 목표들은 발전의 결정요인도 되고 동시에 최종결과도 된다.[2] 따라서 발전 개념을 나타내는 근본적인 가치관은 특정 사회의 성격, 역사, 문화 그리고 무엇보다도 그 사회 구성원들의 열망에 관계해서 그 사회의 맥락에서 논의되어야 하며, 이 가치관은 인성의 잠재력 구현이라는 질문들로부터 시작하여 정립할 수 있는 것으로, 예를 들면, 빈곤, 실업, 무주택, 불평등의 해소를 발전의 관심사로 보는 것으로부터 출발하여, 나아가서는 참교육, 참여, 공동체 같은 것으로 확대시켜 나아 갈 수 있을 것이다.[3] 그러므로 본 연구에서의 발전 개념은 중국사회가 개방·개혁정책을 표방한 이후 실용주의 중심의 교육개혁을 추진하면서 중국지식인이 느끼는 빈곤 해소, 처우 개선, 생활 안전 등 인간적 욕구에 따라 추구되고 있는 삶의 질 향상을 위한 일련의 변화를 지칭한다.

중국은 '중국교육개혁과 발전강요'를 공포하면서 다음과 같이 말하고 있다.

"누가 21세기의 교육을 장악하느냐에 따라서 21세기 국가경영에서 전략적 우위를 차지하게 되는지를 결정하게 된다. 멀리보고 교육개혁을 충실히 추진해야한다."[4] 고 교육혁명을 감행하고 있다. 이러한 중국을 이해하기 위해서 그들의 실용주의 중심의 교육개혁을 파악하는

---

2) Stewart Macpherson, Social Policy in the Third World: the social dilemmas of underdevelopment. Brighton; Harvester.1982, p.12.

3) Stewart Macphersom, ibid, pp.19-23; 전국진, "국가발전과 사회정책 발달이론에 관한연구", 1989, pp.202-218.

4) 中共中央 國務院 發行, 「中國敎育改革和發展綱要」, 1993. 2. 13.

것은 대단히 중요하다. 그러나 중국의 교육에 관한 연구는 교육전반에 관한 개괄서와 중국의 세계일류대학건설 정책에 관한 연구, 대학개혁의 비교연구 등 거시적인 연구가 있으며5) 실용주의 중심의 교육개혁 이후 교육종사자의 삶의 질 향상과 관련한 심층적 연구는 없다.

따라서 본 연구의 목적은 중국이 실용주의 중심의 교육개혁의 변화를 통해서 대학교육종사자들의 생활 안정과 삶의 질 향상에 어느 정도 기여하였는가를 파악 하는데 있다. 구체적으로는 실용주의 중심의 교육개혁이 중국사회의 경제적, 사회문화적, 정치 이념적으로 어떠한 변화를 가져왔는가를 중점적으로 고찰 할 것이다. 또한 이러한 실용주의 중심의 교육개혁이 가져오는 부정적 측면에 대해서도 살펴본다. 연구방법은 문헌 분석 외에 부분적인 설문조사를 병행하였다. 설문조사는 중국의 베이징대(北京大)와 산둥대(山東大)의 교수, 행정직원, 대학생 등 89명과 그 외 비공식적으로 만난 교수들 수명을 대상으로 이루어졌으며 설문 시기는 2006년 1월 5일부터 1월 20일까지 이루어졌다.

중국의 교육개혁은 시기, 내용, 목표와 방침에 따라 지나치게 포괄적이고 방대하다. 그러므로 본 논문에서의 교육개혁의 범위는 1978년부터 2006년까지의 시공간적 범위로 하고, 개혁개방시기에 중점을 두어 '실용주의 중심의 교육개혁'으로 명명하고자 한다. 구체적으로는

---

5) 구자억 「중국의 교육」(원미사, 1999), 구자억 외, 「세계의 교육혁명」(문음사, 1999)은 중국교육의 전체를 이해할 수 있으며, 제임스 왕, 「현대중국정치론」(그린, 2000)에서는 교육개혁에 관해 부분적으로 다루고 있다. 이 자료 들은 교육개혁에 관한 전체를 개괄하고 있으며 이론적 측면이 강하다. 중국문헌으로는 中國中央教育科學硏究所의 '21世紀 中國教育展望' 에서는 소질교육, 기술교육, 직업교육, 성인교육 등을 다루고 있고, 馬万華교수의 『從伯克利到北大淸華』, (北京: 教育科學出版社,2004)에서는 고등교육의 개혁과 중미 연구형 대학건설이 중점적으로 다루어지고 있다. 논문으로 '중국의 세계일류대학건설정책에 관한 연구' '중국의 성인고등교육 개혁동향' 에 관한 것 등 다수가 있다.

교육개혁인 [중국교육개혁발전강요] ('中國教育改革和發展綱要' 이하 '깡야오':綱要) 와 [중국교육개혁발전강요의 실시의견]('中國教育改革發展綱要'的 實施意見)을 중점 내용으로 한다.

02. 실용주의 중심의 교육개혁의 배경

중국은 1949년 신 중국 이후 사회주의 국가 건설을 위한 내부적 갈등을 겪어왔다. 특히 마오쩌둥 사상에 입각하여 마르크스 레닌주의를 주창하는 세력과 경제건설에 치중하는 실용주의 중심의 세력간의 갈등은 시대상황의 변화와 함께 지속되어왔다. 특히 문화혁명기간에 하방(샤팡 :下防)정책에 의해 2천 만 명이 시골로 추방되고 학교가 2년간 폐쇄 정지되는 교육의 황폐기를 겪으면서 중국사회는 공산주의만이 유일한 사회체제가 아님을 인식하고 새로운 변화를 추구하게 된다. 이러할 즈음 1976년 마오쩌둥이 사망하고 덩샤오핑이 집권하면서 현대화를 추구하는 실용주의 중심의 노선이 공식화되면서 자본주의 시장경제 사회를 받아들이게 된다. 동시에 공업, 농업, 과학 및 국방의 4대 현대화 중에서 교육이 중국사회 변화의 핵심과제로 제시 된다. 따라서 점차 능력주의적, 실용주의적 사고방식이 확산되고 이 분야의 인재육성이 부각되며 사회비평을 수용하고 급기야는 대학교육 종사자들의 생활안정이 우선 과제로 제기되었다. 또한 현대화를 위해 '교육신체제(敎育新體制)'를 만들고 이의 실천을 위해 대외교류 및 교육의 세계화 전략이 요구되는 것이다. 이를 구체적으로 살펴보자.

1) 사회주의 현대화와 대학교육의 개혁

중국 대학교육개혁의 목표는 사회주의 현대화 건설의 가장 핵심이었다. 1978년부터 각 분야에 추진된 개방개혁 중에서도 덩샤오핑은 대학교육에 대해 혁신적인 전략을 내 놓았다. 즉, '싼거미엔샹(三個面向)' 이란 전략으로 이는 덩샤오핑이 1983년 베이징의 경산학교에 써준 제사(題詞)로서 "교육이 현대화를 향하여, 세계화를 향하여, 미래화를 향하여 나아가야 한다 (教育要面向現代化, 面向世界化, 面向未來化)."는 교육발전의 근본원칙을 천명하였다.[6] 이 '싼거미엔샹'중 현대화 미엔샹은 주체이며 세계화 미엔샹과, 미래화 미엔샹은 두 날개이며 그 실적이고 핵심적인 내용은 즉 사회주의 현대화 건설을 위하여 덕, 지, 체를 갖춘 종합적이고 발전적이며 모든 것을 갖춘 '합격인재' (合格人才)를 양성해야한다는 주장이다.[7] 또한 이러한 인재육성을 위해 대학이 현대화에 앞장설 것을 강조하였다. 이를 위한 조치들로서 우수한 인재등용을 위한 대학입학제도의 부활과 강화, 수익자 부담 원칙의 대학생 등록금 납입제도 도입 등의 개혁이 불가피하게 이루어지게 되었다.

실용주의 중심의 교육개혁은 무엇보다도 과거의 교육개혁이 국민의 경제수준과 국력을 한 단계 높였다고는 하나 기대에 못 미치는 상황에서 교육을 국가발전의 중요한 전략으로 설정하고[8] 다음 세 가지

---

6) 교육의 싼거미엔샹(三個面向)- 현대화, 세계화, 미래화를 위해 나아가야 한다는 것은 고등교육발전의 기본원칙이며 중국교육개혁과 발전의 지도사상과 전략방침이라고 할 수 있다.

7) 紀宝成, 「鄧小平高等教育思想是我國高等教育事業發展的根本指南-紀念鄧小平同志誕生100周年」, 學校黨建與思想教育, 2004. 7. pp.7-8. 1977년 8월 8일 떵샤오핑은 "과학과 교육에 대한 몇 가지 의견"을 발표하였다. 그리고 중앙은 대학교에 그간 중지시켜온 학생 입학시험제도를 부활시켰다.

8) 구자억, 『중국의 교육』, (서울: 원미사, 1999), pp.25-28.

를 제시하였다. ①중국 특색이 있는 사회주의를 건설한다는 당의 기본 견지와, ②현대화, 세계화, 미래화를 위한 교육의 개혁과 개방을 가속화 하여 높은 소양을 가진 노동자를 양성하며, ③사회주의 시장 경제체제와 정치체제, 과학기술체제가 서로 적응할 수 있는 '교육신 체제'를 만들어야한다.[9] 그러기위해서 중국은 과학기술의 현대화를 해야 하고 과학기술인재의 양성은 바로 교육이 기초가 되어야 하며 그 중추는 대학교육이 담당해야 한다는 것이다. 이러한 덩샤오핑의 대학교육사상의 지도하에 사회주의 시장경제체제의 요구에 적응하기 위하여 중국대학교육의 개혁은 추진 심화되었다.

2) 중국지식인의 궁핍한 생활개선

실용주의 중심의 교육개혁 중 가장 중요한 관건중의 하나는 지식인의 경제적 지위 향상과 생활의 질을 높여야 한다는 사회적 압박과 요구에 의해 이 분야의 개혁이 이루어 졌다는 점이다. 당시 중국사회 교육자의 생활상에 관한 실례를 들면, 교장직을 가지고 있는 사람이 낮에는 학교에서 교육에 종사하고 야간에는 생계유지를 위해 '제2의 직업'을 가지고 식당에서 접시를 닦는가 하면[10] 1990년 당시 대학교수의 월급은 400위안(한국 돈 6만 8천원 정도)으로 생활이 어려웠다. 뿐만 아니라 교수들은 저택이나 좋은 아파트는 꿈도 꾸지 못하고 정부가 부여하는 대학교 안에서 주거하는 것이 태반이었다. 따라서 사

---

9) 國務院 關於 '中國教育改革發展綱要'的實施意見, 國發(1994) 39호.

10) 초등학교의 교장선생이 방과 후에 만두가게에서 일을 해야 家系를 영위할 수 있었으며, 많은 교육자들은 부업으로 '제2의 직업'을 가져야 했고, 이는 일간지에 보도 되었다.

회에서는 "원자탄을 제조하는 지식인보다 차와 지딴(茶鷄蛋: 찻잎을 넣고 삶은 계란)을 파는 사람이 훨씬 낫다 (造原子彈的不如賣茶鷄蛋的)"[11]라는 사회주의 국가에서는 보기 드문 불평과 여론이 들끓었다. 이러한 따가운 사회적 비판은 교육자들의 분배체계를 연구해야 하고, 평균주의 사상의 속박에서 벗어나 노력 한 만큼 거두어가는 자본주의 시장경제 체제의 도입을 내면화 하게 되었고 안정된 직업 속에서 일할 수 있는 길을 마련하는 것이 급선무였다. '깡야오'(綱要)에서도, "교육의 전략적 지위가 실제 정책추진 과정에서는 제대로 이루어지지 못하고 있기 때문에 교육에 대한 투자 부족과 특히 교사에 대한 대우가 낮고, 학교운영 조건이 낙후되어 있는 점" 등이 지적되었다.[12] 따라서 지식인들의 극심한 빈곤상태에서 교육개혁은 이 문제를 최우선으로 다루지 않을 수 없었으며 교사우대정책은 교육개혁 항목의 중요한 비중을 차지하게 되었다.

3) 대외교류의 확대와 교육의 세계화 전략

중국의 실용주의 교육개혁의 세 번째 배경은 중국정부와 대학이 싼거미엔쌍 중에서 가장 중점이라고 할 수 있는 세계화 미엔쌍을 어떻게 구체화 시킬 것인가에 모아 진다. 1993년 중국국무원이 발표한 '중국교육개혁과 발전에 관한 기본방침' (中國敎育改革和發展綱要) 는 중국이 교육발전과 교육개혁을 추진하는 중요한 방침을 담고 있다.

---

11) 馬万華, "高等敎育結構調整和女性高等敎育", 北京大學主辦[女性與敎育問題]國際學術硏討會, (2006.6.15～16, 北京大學), p.175.

12) 國務院, 關於 '中國敎育改革發展綱要'的實施意見, 國發(1994) 39호.

이는 교육구조를 거시적으로 조정하는 기초로서 2000년까지 약 85%의 인구에 대한 9년제 의무교육의 보급을 비롯하여 대학교육의 중점 발전에 큰 목적을 두고 있다. 또한 1994년에는 <<"中國敎育改革和發展綱要"的實施意見>>의 내용 중에는 대외교류를 넓혀야한다는 항목을 강조한다. 자국교육의 자본금과 합자항목을 쟁취하고, 학교와 과학기술연구 기구의 국제학술교류와 합작을 지지하고 발전시킨다는[13]는 내용이다. 즉 사회주의 현대화건설을 위해서는 국내 전 분야에서 교육을 최우선적 위치에 둘 뿐만 아니라 외국경험을 배워야한다는 파격적인 지침이 제시되었다.[14] 이는 중국자체로서는 사회주의 현대화건설에 역부족이라는 점이 대두된 것이다. 따라서 국민경제수준과 국력이 한 단계 높아졌다고 하나 교육을 통한 더욱 큰 발전을 염두에 두고 1993년7월의 '중점대학육성 의견'에서 21세기에 과학과 기술 분야의 국제기준에 맞는 교육여건을 갖추도록 하는 목표로서 약 100개의 대학교를 설립하는 소위 '211공정'이 제시되었고[15] 이를 보충하여 1998년에 또다시 '985공정'으로 새로운 개혁을 시도하게 된다.

03. 실용주의 중심의 교육개혁의 주요내용

'기본방침'에 명시된 교육개혁의 내용은 교육체제개혁, 교육의 질적 향상을 위한 교수-학습방법의 개혁, 교사대오건설 (敎師隊伍建設),

---

13) 中共中央 國務院 發行, 「中國敎育改革和發展綱要」, 1993. 2. 13.

14) 구자억 외, 「세계의 교육혁명」, (서울: 문음사 1999), pp.416-417.

15) Wing-Wah Law, "Fortress State, Cultural Continuities and Economic Change : Higher Education in Mainland China and Taiwan", Comparative Education, Vol.32, No.3.(Nov.1996), p.386.

교육투자 체제의 개혁으로 규모가 방대하다. 그중 교사대오건설과 교사우대정책의 시행, 대학교육투자와 대학경제발전의 개혁에 중점을 두고 다루고자한다.

1) 교사대오건설(敎師隊伍建設)과 교사 우대정책의 시행

교사대오건설은 중국교육자들의 삶의 질 향상을 위해 다각적인 요구사항이 상향되어 얻어낸 개혁조치중의 중심적 조치로서 다음과 같은 내용을 담고 있다.16) 첫째, 사회경제적 지위향상에 관한 개혁이다. 교육 분야 종사자들의 사회경제적 지위향상을 위해서 가장 중요한 것은 그들의 낮은 급여에 대한 처우개선이라고 하겠다. 이를 위해 우선 교사의 업무 강화와 교사단체의 설립을 우대 하였다. 이는 바로 교육개혁과 교육발전의 근본적인 변화로서 중국은 교사의 정치지위와 사회지위를 높이고 학생은 반드시 교사를 존중하며 사회 모든 분야에서도 반드시 교사를 존중해야한다는 시책을 마련하고 교육에 평생 종사 할 수 있도록 하였다. 먼저 교사의 경제적 지위를 높이기 위하여 교사의 평균봉급은 국가공무원의 평균봉급보다 높게 책정하도록 하는 정책을 교육개혁의 일환으로 실시하였고, 교사들에 대한 의료문제도 국가공무원과 동등한 의료혜택을 향유할 수 있도록 하였다.17) 또한 특별히 우수한 교사에게는 '특급교사'(特級敎師)제도를 제정하여 격려하도록 하였다. 이러한 덩샤오핑의 지도하에 중국의 각급

---

16) 중국은 '교사대오건설 정책'(敎師隊伍建設政策)을 통해 중국 지식인들의 급여가 향상되는 기초를 마련하였다고 하겠다. 이에 관한 구체적인 내용은 구자억 외, 상게서, p.432. 참고.

17) 구자억 외, 상게서, p.432.

각층에서는 교수와 교사직급을 개편하였다. 예를 들면, 대학교의 교수칭호를 교수, 부교수, 강사, 조교 등으로 구분하고 직무에 따라 초빙제, 책임제와 더불어 '스승의 날'(教師節)을 제정하였다.[18]

둘째, 교육자양성과 교육훈련과정의 강화이다. 덩샤오핑은 '어느 학교가 사회주의를 건설하기 위한 합격된 인재를 양성하고 덕, 지, 체의 전면발전을 위한 사회주의의 각오를 가지고 문화적 소양을 가진 노동자를 양성하는 관건은 교사에 달려있다'고 강조함으로서 합격된 교육자집단을 고등교육발전의 근본적인 지침이 되도록 하였으며 교육자들로 하여금 우수한 학술논문과 간행물을 반드시 출판할 수 있도록 보장한다고 하였다. 이러한 중국의 '교사대오건설'이라는 계획아래 중앙정부는 지방정부로 하여금 사범교육에 관한 재정투자를 늘리도록 하는 한편, 우수한 학생들이 사범학교나 사범대학에 진학하도록 권장하고 있으며 지금까지 추진되고 있는 교육연수보다 더욱 체계적이고 엄격한 교육훈련계획을 세워 교사의 자질을 향상시키고 있다. 또한 대부분의 교사들로 하여금 국가의 학력기준에 도달할 수 있도록 독려하고 있다. 예를 들면, 사범교육과 교사의 자격을 위한 훈련증가와 이와 더불어 교사의 업무수준도 계속적으로 개선되고 있는데 1993년의 각종 교육에서 교사의 학력 합격률 통계자료에 따르면, 소학교 교사가 84.7%, 중학교 교사가 59.5%, 고등학교 교사가 51.1%로 나타나고 있으며, 가장 주목할 것은 1993년에 '교사법' 제정이 태동하였다는 점이다.[19]

---

18) http://www. w2136.com/fw/art2005/11/4223421-3.htm/ (검색일: 2007. 1. 20).

19) 「鄧小平與中國敎育的振興-兼論中國敎育改革15年」, http://www. w2136.com/fw/art2005/11/4223421-3.htm (검색일: 2007. 1. 20).

2) 대학교육투자와 대학경제발전의 시행

1978년 전까지 중국의 교육경비는 기본적으로 국가의 재정지원에 의존하고 있었다. 즉 국가가 모든 경비를 부담하여 왔던 것이다. 그러나 이러한 단일 교육투자체제는 교육발전에 커다란 장애요인으로 지적되어왔다. 때문에 중국은 최근 몇 년간 교육재정의 개혁을 위한 조치를 취해왔다. 그중 대학교육재정과 관련하여 파격적으로 대학등록금을 징수하였고 '211공정'실천을 위한 전문예산항목설치, 다양한 교육경비모집체계를 구축하고 있다.

또한 1995년 '제5차 대학교육회의'에서 대학교육발전을 위한 전략과 목표가 설정되었는데 그중 중국이 사회주의 초급단계라는 사실과 지금까지 대학교육을 발전시켜온 역사적 경험을 결합하여 '다양한 방법의 자금모금과 투입증가'를 강조하고 있다. 이는 중국정부가 교육경비를 부담하는 것을 위주로 하되, 기업이나 사업단위, 사회단체, 공민개인의 기부금이나 자금모금, 학생의 학비부담제도 시행, 국제와 해외단체, 개인의 학교설립 혹은 합작학교설립 등의 다양한 방법으로 학교운영경비 또는 학교설립경비를 모우는 것을 말한다. 대표적으로 '대학등록금 징수'와 '211공정' 및 '세계일류대학 정책의 실행'으로 구분할 수 있으며 구체적으로는 다음 장 에서 다루기로 하겠다.

04. 실용주의 중심의 교육개혁이 가져온 경제적, 문화적, 사회적 변화

중국에서는 덩샤오핑의 교육 현대화와 개방화가 추진된 후 중국교육종사들의 생활에는 다음과 같은 변화가 나타났다.

1) 경제적 변화와 삶의 질 향상

교육개혁이 가져온 경제적 변화로서는 교육의 재정적 투자 등 여러 가지로 파악 할 수 있으나 본문에서는 실용주의 중심의 교육개혁 이전과 비교 했을 때 어떠한 변화가 있는지, 교육개혁은 교수, 교직원, 학생들의 생활환경에 어떠한 변화를 가져왔는가를 중점적으로 분석해 보고자 한다.

중국의 교육개혁중의 가장 큰 수혜자는 역시 교수, 교사, 교직원 등 교육종사자들이다. 이는 다시 교직자의 봉급상승과 지위 향상, 교수사회의 변화로서 "실용주의" 와 "능력주의", 대학생사회의 변화로서 "등록금 납부와 장학제도의 강화" 구분할 수 있으며 이에 관해서는 필자가 2006년에 북경에서 실시한 설문조사[20] 결과 다음과 같은 결론을 얻을 수 있었다.

첫째, 교직자의 봉급상승과 지위 향상이다. 앞서 설명한 바와 같이 중국사회의 교육자의 대우는 과거에는 대단히 낮았다. 따라서 교육자

---

20) 설문조사는 기초 조사와 그것을 토대로 한 설문조사를 실시하였다. 기초 조사는 주한 중국 대사관 교육 참사처, 중국 교수, 중국 유학생들을 중심으로 방문 조사하였으며, 설문조사는 중국 북경, 산동 지역을 중심으로 교수, 행정원, 학생 89명과 그 외 비공식적으로 만난 교수들 여러 명을 대상으로 이루어 졌다. 설문시기 2006. 1. 10-1. 30.

는 제2의 직업을 가져야 했고 또한 최고 지식인들의 생활은 지딴 파는 사람보다도 더 못했다. 그러나 이러한 그들의 생활도 교육개혁과 더불어 삶의 질에 변화가 일어났다. 이에 대해 "귀하는 현재 속한 부서에서 급여가 10년 전(1995년)과 비교하여 어떻게 변화하고 있다고 생각하십니까? (您认为在您所属部门的工资与10年前(1995年)相比有何变化?)"라는 질문을 하였다.

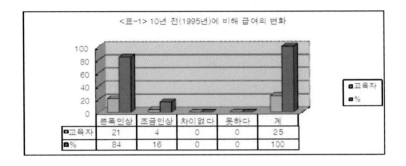

<표-1> 10년 전(1995년)에 비해 급여의 변화

	큰폭인상	조금인상	차이없다	못하다	계
교육자	21	4	0	0	25
%	84	16	0	0	100

<표-1>에 따르면, '큰 폭으로 인상되었다'가 84.0%로 나타났으며 '조금 인상되었다'가 16% 로서 참여자 모두가 생활이 향상되었다고 답변하였으며, 과거와 비교하여 차이가 없는 사람은 0% 으로 나타나 대단한 변화를 알 수 있게 해 준다. 교직원의 봉급은 '큰 폭으로 인상되었다'가 88% 인데 그중 베이징대 교직원이 10명, 산둥대 교직원이 4명이었으며 지역과 학교에 따라 급여의 차이가 보인다. 조금 인상되었다는 답변은 2명으로 베이징대, 산둥대 각각 1명이었고 응답자 전원이 급여의 상승을 나타내었다.

이어서, 실질적인 변화를 알아보기 위하여 다음의 질문을 하였다. [실용주의 중심의 교육개혁 후 귀하가 근무하는 부서에서 가장 많은

변화를 느끼는 분야는 무엇입니까?](实用主义改革后, 在您工作部门中, 您认为哪个领域变化最多?)라고 묻고 우선순위별 3개항목을 고르라는 요청에 대해 <표-2>에서 나타나고 있는 것처럼 1순위가 '급여수준향상'으로 23.7%, 2순위가 '연구 분야 지원증가' 22%, 3순위가 '시설의 증대 및 확충'이 20.3% 였고 그다음 '경영지원과 임용 및 채용'이 각각 16.9% 순으로 나타났다. 이상의 설문결과를 보면 교수와 교직원의 급여가 가장 많이 오르고 있음을 모두가 공인하고 있는 것으로 조사되었다.

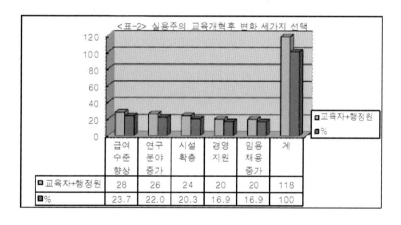

<표-2> 실용주의 교육개혁후 변화 세가지 선택

	급여 수준 향상	연구 분야 증가	시설 확충	경영 지원	임용 채용 증가	계
교육자+행정원	28	26	24	20	20	118
%	23.7	22.0	20.3	16.9	16.9	100

둘째, 교수사회의 변화는 "실용주의"와 "능력주의"로 변화하고 있다는 점이다. 교수의 개별적 능력과 실적에 따라 다양한 임금체계를 보이는 것도 중국의 중요한 변화양상이다. 같은 교수라도 어떤 학과에 재직하고 있고 어떤 일을 하느냐에 따라 월급은 천차만별이다. 기본급은 같지만 수당이나 성과금은 차등 지급되고 있다. 또한 교수정년이 60세이지만 능력에 따라 80세까지 교수직이 보장되기도 하고,

30대 부총장이 나타나는가 하면 대학 부설 실험 소학교에 20대 교장이 부임하기도 한다. 일반적으로 교육개혁 실행 이전과, 교육개혁 이후 교수들의 급여에는 상당한 변화가 있었고 전반적으로 많이 올랐다. 한편 중국교수들의 수입의 증가에는 외국 대학과의 각종 활동과도 비례한다. 중국의 명문대학교 교수들은 한국의 고려대, 경희대, 한양대를 비롯하여 일본 등 가까운 나라에 가서 교환교수를 하는 경우가 많았으며 연구, 강의, 특강 등을 통해 고수입을 얻게 되었다. 이는 중국내의 교수들의 급여와 비교 할 때 상대적으로 단기간에 고소득을 올릴 수 있는 기회가 된다. 이러한 교수 수입의 증가는 직간접적으로 삶의 질 향상을 가져오고 있다. 예를 들면, 90년대 초반에는 북경대 인민대 등 교수 대부분이 대학교 안에서 '국가에서 분배한 주거지'에서 생활하였으나 90년대 중반 이후부터는 앞서 설명한 부수입의 증가 등으로 베이징대 교수들 중에는 학교외부에 아파트를 보유한 사람들이 상당수 증가하였다.[21]

셋째, 대학생사회의 변화로서 "등록금 납부와 장학제도"가 강화되고 있다는 점이다. 중국의 대학생은 과거에는(1950년대) 대학교에 등록금을 내지 않았다. 1977년 대학생 입학시험이 다시 실시된 이후에도 등록금을 내지 않았으며 오히려 많은 학생들은 학교에서 주는 생활비와 장학금(쭈쉬에진: 助學金)을 받았다.[22] 그러나 1985년의 학비 징수에 관한 교육개혁 이후에 각 대학은 인민폐 100-300위안을 징수하였고 1994년 이후에도 학생의 등록금은 매년 300-500위안에 불과

---

21) 베이징대학교의 부총장이었던 역사학과 고 허방촨(何方川)교수는 한양대학에서, 역시 베이징대학교의 역사학과 쉬카이(徐凱)교수는 고려대학에서, 야오닝 (遼寧)대학 진티엔이(金天一)교수는 경희대학에서 각각 교환교수를 역임하였으며 이들은 후일 대학 밖의 아파트로 주거지를 옮겼다.
22) 「目前我國高校收費的 基本狀況」, http://blog.people.com. cn/blog/static_toolbar.jspe (검색일: 2007. 1. 21).

하였다. 그러나 10여년이 지난 후부터 대부분의 학교에서는 높은 등록금을 내고 있다. 때문에 중국의 교육개혁에 따른 투자에도 불구하고 대학등록금의 부담은 중국의 생활수준에 비해 턱없이 높아서 사회문제가 되고 있으며 급기야는 등록금을 내지 못해 자살하는 사례가 나타나 황금만능주의의 문제점으로 지적되고 있다.23)

〈표-3〉 中國 주요대학의 최근 등록금 현황

단위 : 위안

학 교	2001年	2003年	2014年	학 교	2001年	2001年	2014年
베이징대 (北京大學)	4800-5200	4900-5300	5000-5300	상하이쟈 오통대 (上海交通 大學)	5000	5000	5000-6500
푸딴대학 (復旦大學)	5000	5000-6500	5000-6500	쓰촨대학 (四川大學)	3500-4200	4600-7000	4440-9960
지린대학 (吉林大學)	4200-5000	3800-7000	3800	톈진대학 (天津大學)	4200-5000	4200-5000	5000
난징대학 (南京大學)	4600	4600	4600	통지대학 (同濟大學)	5000	5000-6500	5000-6500
난카이대 (南开大學)	4200-5000	4200-5000	5200-6800	시안쟈오 통대학 (西安交通 大學)	3750-5200	3750-5200	4950-5200
칭화대학 (清華大學)	4800	5000	5000	런민대학 (人民大學)	4800	4800	5000-10,000
산둥대학 (山東大學)	3600-5000	3600-5000	4000-5000	쭝산대학 (中山大學)	4560-5160	4560-5700	3330-8000

출처 : http://blog.people.com.cn/blog/static_toolbar.jspe(검색일: 2006. 12. 15).
　　 2014년의 자료는 중국 각 대학의 사이트를 참조함(검색일: 2015. 7. 10).

<표-3> '중국 주요대학의 최근 등록금 현황'에 따르면, 2001년과

---

23) 어느 농촌지역에서 아들이 대학에 합격하였으나 부모가 등록금을 내지 못하자 이를 비관하여 자살을 하였다. 마완화 교수와 인터뷰, 중국 베이징대 교육대학원 연구실 2006. 5. 14. 11:00~13:00

2003년의 베이징대학과 칭화대학 등 각 대학의 학비통계를 보면 대부분이 인민폐 4000-5000위안을 내고 있으며 그 외에도 의과대학의 경우 6000-9000위안을 내는 대학이 다수가 있다. 또한 2014년도 런민대학(人民大學)의 경우는 5,000위안에서 10,000위안으로 중국 대학중 가장 높게 나타나고 있다. 이는 몇 년간의 국민의 교육비 지출이 10배 이상이 되기도 하는 상황으로 이러한 고액의 등록금은 중국대학생들의 다수가 경제적 이유로 인해 학업을 중단 할 수밖에 없는 사례로 이어지고 있다. 중국 신경보에 따르면, 미술을 전공하는 대학생의 1년간 부담액은 2005년의 한국 돈으로 계산 하였을 때 한국 돈 98만원으로 4년 동안 약 395만원에 이르고, 이는 가난한 농민이 35년 동안 일해야 할 금액이라고 보도했다.[24] 그렇지만, 증가되는 장학제도는 상당히 고무적인 양상을 띠고 있다. 교육부의 소식에 따르면, 국가장학금 제도를 건립하여, 가정경제가 곤란하고 품행이 우수한 보통고등학교, 대학 본과 생 혹은 대학원생에게 무상으로 자금을 제공해 주고 있다. 관련 자료에 따르면, 중국은 매년 예비 2억 위안에 달하는 예산을 가지고 약 6만 명의 학생에게 장학금을 지급하고 있다. 이 장학금은 학생융자, 국가보조학자금 융자, 상업성학자보조 융자의 세 가지 형태로 나누어진다. 학생융자는 소속 학교의 "경리과"에서 이자 없이 융자를 해주며 다른 장학금의 혜택을 받는 학생은 대상에서 제외된다.

각 대학에서도 장학금을 지급하고 있는데 베이징대학과 산둥대학을 예를 들면, "귀하는 귀하가 다니고 있는 학교에서 지원하고 있는

---

24) '中 대학 새내기, 매춘광고 나선 까닭은?', 출처 http://blog. naver.com/mjkcos.do? Redirect=Log&No=20017085360, (검색일: 2005. 9. 12). 국민 인터넷 뉴스.

장학금 혜택을 받아 본적이 있습니까?"라는 설문에 응한 북경대 학생 13명중 4명이(30%), 산동대 학생 14명중 12명이(80%) 장학금 혜택을 받고 있는 것으로 조사되었으며 이는 응답자의 절반이 넘는 59%가 장학금을 받은 것으로, 지방대학에서 더 많은 학생이 장학금 혜택을 받는 것으로 나타났다. 또 한 사례로는, 개인이 지급하는 장학금을 들 수 있다. 쑤쪼우(蘇州) 대학의 한 퇴직교수는 "장수회"라는 장학금을 모아서 약 100명의 가난한 학생들에게 장학금을 지급하고 있는데 그 중 33명은 학업을 마친 후 직장생활을 하고 있고, 장학금 혜택을 받은 한 학생은 대학원에 진학하여 학업을 계속하고 있다.

이렇듯 중국의 실용주의 중심의 교육개혁을 통한 교수 및 교직자들의 급여향상은 가정생계 및 자녀교육비 마련을 위해 '부업'을 해야 했던 중국 지식인들에게 지위상승과 안정적인 생활을 누리게 함으로서 지식인의 자부심과 긍지를 가질 수 있게 하였다. 또한 대학생들로 하여금 등록금을 내도록 하여 교육의 수익자 부담원칙을 적용하고 있으며 동시에 사회주의 국가의 특색을 최대한 살려 여러 종류의 장학금과 정부 차원의 장학금을 또한 지급함으로서 우수한 인재를 양성하는데 진력을 기울이고 있음을 엿볼 수 있다. 이로써 교육개혁 이전에 중국 교육자들의 궁핍한 생활여건은 사회적 불안으로 이어졌고 중국 당국은 이를 받아들여 실질적인 개선을 하였다. 이는 그동안 국가는 부자였으나 개인은 가난하다는 사회주의 국가 특색의 생활상에서 이제 개인도 안정된 생활을 할 수 있도록 개선하고 있다는데 큰 의의를 찾을 수 있다.

2) 사회문화적 변화

실용주의 중심의 교육개혁 이후 중국의 사회문화적 변화로서는 유학생 증가 및 국제교류의 다변화, 문화생활의 변화로 구분하여 다루어 보고자 한다.

개혁개방이후 중국사회의 큰 변화중의 하나는 해외 각 국가와 학술교류활동 및 유학생의 증가이다. 자료에 따르면, 1978년과 1985년 사이에 29,000명의 미국에 유학을 간 중국 학생들 중 95.1%는 정부의 지원을 받는 대학원생이었으며, 중국 유학생들은 유학을 선호하는 국가로 USA를 첫 번째로 손꼽았다.[25] 중국과 한국은 대학과 자매결연을 하고 교수와 학생교류, 학술자료교환, 공동연구추진, 취득학점 상호인정, 교류방문실시, 교학자료 교환 등이 활발히 추진되고 있다.[26] 1995년에는 양국이 "중.한 교육교류와 협력 협의"를 체결 하였으며 지금까지 두 나라에서 상호방문해온 교육단체가 매년 100개 이상 된다. 한국의 70개 대학은 중국의 150여개 대학과 자매결연을 하였다. 또한 한국에서 중국어 학과를 설치한 대학이 110개를 넘었고 중국에서 한국어 학과를 둔 대학도 25개나 된다.[27] 1978년 이래 해외 유학을 간 중국 학생 수는 6만 4천명 정도였으나, 1990년까지 귀국한 유학생 수는 겨우 2만 2천 명이었다.[28] 또한 중국학생의 해외유학은 더욱 증가하고 있는데, 해외 유학에 나선 중국인은 2005년 말까지 누계 기준으로 93만 3000명에 이른다. 이들 가운데 23만 400명은 귀국했으며, 나머지는 해외에서 공부 중이거나 일자리를 찾은 것으로 전해졌

---

25) Wing-Wah Law, "Fortress State, Cultural Continuities and Economic Change : Higher Education in Mainland China and Taiwan", Comparative Education, Vol. 32, No.3.(Nov., 1996), p.388.

26) 하영애, "한·중 교류의 실태", 신대순·외, 『재중동포 삶의 질 향상을 위한 한중 교류실태와 발전방향』, (재외동포재단 발행), 2000, pp.139-143.

27) 하영애, '한중교류10년의 성과와 발전', 『한국중국학회 국제세미나 자료집』, 한국중국학회(2004), pp.17-24.

28) 제임스 왕 지음, 금희연 역, 『현대중국정치론』, (서울: 그린, 2000), p.390.

다. 또한 양국은 정치, 문화, 체육 등 다양한 교류협력과 더불어 유학생교류는 더욱 증가하는 추세이다.[29] 중국 학생의 해외유학 증가에 대해 어떤 이는 '인재유출(Brain Drain)'의 우려를 표명하고 있으나 국제교육 교류합작을 강화하고 교육의 대외 개방을 확대하여 세계 각국 교육의 성공적인 경험과 인류과학과 문화성과를 거울로 삼고자 하는 중국은 그 고삐를 더욱 강화 시킬 것이다

문화수준은 그 나라의 경제수준과 밀접한 관계가 있다. 실용주의 교육개혁이후 중국의 국내외 문화 교류 역시 다방면에서 증가 발전하고 있는 단계이다. 한중양국은 1994년 3월 28일 '중·한 문화협력 협정'을 체결하고 문화예술분야의 교류활동을 강화했는데 중국교향악단, 상해 교향악단, 중국 경극단, 중국소년 우호예술단, 곤곡예술단, 무용 등 예술단체와 개인이 한국에 와서 공연을 하고 매년 한중수교를 기념하여 각종문화예술과 상호방문이 증가하고 있다.[30] 북경, 서울, 도쿄를 상징하는 BESETO 미술전시회 개최를 비롯하여 각 종 서화전, 정물화의 공동개최, 합창공연 등을 통해 한국, 일본과의 교류활동도 꾸준히 하고 있으며 중국에서 한국의 유명연예인이 나오는 영화나 콘서트는 많은 관람객으로 장사진을 이루어 "한류"의 신종 유행어를 만들어냈다.

선진 국가 일수록 문화수준은 높고 농촌보다는 도시에서의 문화생활이 더욱 높다. 중국의 문화생활과 관련하여, <표-4>의 "귀하는 문화

---

29) 중국 원자바오(溫家寶)총리의 한국 방문 시 (2007. 4. 10. 14:00-14:30) 신라호텔 영빈관 좌담회의 장에서 양국내빈이 참석한 가운데 주한중국 특명전권대사 링푸쿠이(宁赋魁)의 보고내용 중에서.

30) 주한 중국 대사관 문화 참사처 루스더(陸四德) 참사관 방문 인터뷰. 1994. 5. 10. 15:00-16:00 ; 1995년 10월 26일부터 11월 2일까지 8박 9일간, 1996년 10월 4일부터 10월 18까지 14박 15일간, 1998년 11월 4일부터 11월 16일까지 각종 중국예술단 한국방문 서울 등 순회공연을 비롯하여 수교기념공연을 개최함.

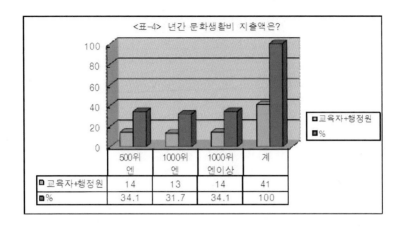

<표-4> 년간 문화생활비 지출액은?

	500위엔	1000위엔	1000위엔이상	계
교육자+행정원	14	13	14	41
%	34.1	31.7	34.1	100

생활비로 1년에 얼마나 지출 하십니까 ? (您在1年內的文化生活費支出大概多少?)" 라는 설문 항에서 살펴보면, 중국의 교육자가 지출하는 비용은 년간 1000위안 이상이 34.2%, 510위안-1000위안이 31.7%, 210위안-500위안이 34.2%를 나타내고 있다. 이어서, "귀하의 문화수준은 10년 전과 비교하여 어떻다고 생각하십니까? (文化水平比十年前有何変化?)"의 문항에서는 '많이 향상되었다' 가 61%, '약간 향상되었다' 가 34%, '그저 그렇다' 5%로서 전체인원 중 95%가 향상되었음을 나타냄으로서 중국 사회주의 국가에서 문화생활에의 변화양상을 알 수 있다.

예전에 중국의 명승고적을 탐방 했을 때 중국화교(외국에 거주하는 중국인)들이 다수였으나, 2000년 이후 중국의 서안, 계림, 등의 관광객 중에는 자국의 고적이나 유적지를 보러오는 사람들이 부쩍 많아지고 있음을 알 수 있다. 특히 심천의 명소 '世界之窗' 에는 수많은 중국인민들이 연일 세계 각 국가의 명승유적(축소판)앞에서 사진촬영 등 관람에 장사진을 이루고 있음을 또한 볼 수 있다. 따라서 질문

항목에 "여가시간을 어떻게 활용 하는가? (您如何利用空閑时间 ?)" 에
대해 살펴본 결과, 독서(24.8%), 학습(22.8%), 전시회(15.8%), 운동음
악(14.9%), 영화관람(11.9%), 경극관람(2.0%), 마작(6.9%)로 나타났다.
이는 교육 종사자들이란 공통점 때문인지 독서와 학습이 가장 높고
두드러진 양상을 볼 수 있으며 그 다음이 전시회, 운동, 음악을, 뒤이
어 영화 관람도 꽤 높은 경향을 보이고 있다. 특이한 것은 중국인들
의 마작 선호도는 경극 관람보다 높게 나타났다.

이상의 설문조사 결과 문화생활과 관련한 통계에서 살펴볼 때, 중
국의 교육자들은 정도차이는 있지만 개인의 수입원이 상승하고 있으
며, 따라서 문화생활도 변모되는 면을 직간접적으로 알 수 있다.

3) 정치사상의 변화

현재 중국은 개혁·개방주의 정책이후 교육개혁에 따라 다양한 변
화를 가져오고 있다. 특히 이념과 사상에 따른 변화로는 중국의 청년
들은 공청단 가입에 대해 과거와 같이 많은 사람이 희망하지 않을 뿐
만 아니라 자본주의 혹은 민주주의 국가의 젊은이들과 같이 좋은 직
장, 멋있는 의복, 맛있는 음식을 원하고 문화생활을 중시하고 있는 것
으로 나타나고 있다. 비근한 예로 "인민을 위해 봉사한다는 '레이
펑'31)과 개인 기업가의 삶 중에 어떤 것이 더 가치 있다고 생각합니

---

31) 레이펑(雷鋒)은 (1940. 12. 18-1962. 8. 15) 요녕성에서 일하던 중 동료의 군 차량에 치어 숨졌다.
   향년 22세. 동년 3월5일 마오쩌둥 주석은 친필로 '레이펑 동지로 부터 학습하자(向雷鋒同志學習)'
   라고 교시를 내렸고 이로 부터 레이펑의 정신은 국방부는 물론 공산당과 무산계급의 지도 정신
   으로 추앙되었고 기념관(雷鋒紀念館)'을 만들고 영웅시하였다. 2015년에도 중국의 레이펑은 자
   기희생의 아이콘으로 묘사되고 있다. 동아일보, 2015. 7. 11.

까? 이유는 무엇입니까?(为人民服务的雷锋和外国企業者的生活中, 您认为哪一个更有生活价值?其理由是什么?)"라는(설문항 10) 문항에서 학생들의 응답을 살펴보면, '레이펑 정신에 우선 한다'가 44%, '레이펑과 개인 기업에 양립 한다'가 17% 이었다. 그러나 '개인 기업발전에 우선 한다'는 항목에 역시 적지 않은 40%가 응답함으로서 젊은이들의 시장경제에 관해 변화하는 사상을 알 수 있다. 이 항목에 대해 교육자(교수, 교직원)들의 반응은 어떠한가? 이에 대해 '레이펑 정신에 우선 한다'가 39%, '레이펑 과 개인기업 양립 한다'가 역시 39%로 똑같은 비율로 응답했으며, 특히 '개인 기업 발전이 우선이다'라는 의견이 22%를 나타냄으로서 두 집단을 비교해 볼 때 대학생들의 사고관념이 교육자들 보다 경제적 측면의 기업인을 더 선호하는 경향을 나타내고 있음을 알 수 있다.[32] 실제로 중국 대학생들은 대학4년 동안 마오쩌둥 사상, 마르크스-레닌주의, 덩샤오핑 이론 등 정치사상과목을 이수해야 한다. 매 학년 필수과목으로 4학점 씩 4과목 총 16학점을 졸업 시 까지 반드시 이수해야만 졸업을 할 수 있는데 그럼에도 불구하고 현재 학생들은 그 과목들을 형식적으로 이수[33]하고 있는 실정이다.

개혁개방이후 중국정부는 학교에 대해 사상정치교육을 강화하라는 지시를 부단히 내리고 있는데 이는 시장경제의 도입이 사람들의 사상에 변화를 가져와 사회주의에 대한 기본적인 신념이 약해져간다고 보기 때문이다.[34] 따라서 중국의 이러한 정치사상교육은 더욱 강

---

32) "<关于教育改革对中国社会的影响>的提问"중 교사, 행정요원에 관한 설문 제5항, 학생에 관한 설문 제6항.
33) 중한우호협회 아시아, 아프리카 처 담당직원 홍레이(洪磊)와의 대화에서, 2007. 7. 11. 13:20-20:00 중국 베이징 - 청떠어(承德)문화 탐방에서.

화할 필요가 있었으며, 비록 시장주의 경제체제인 실용주의 중심의 교육을 받아들이기는 하면서도 중국은 여전히 '학교는 영원히 견고하게 정치사상을 제1순위에 두어야한다' 고 주장한다.[35] 그럼에도 불구하고 중국의 청년지식인들은 이제 더 이상 직업선택에서 국가를 위해 공헌하는 것이 최우선이 아니며, 생활수준을 향상시키고 자아를 실현하기 위함에 더욱 관심을 나타내고 있다.[36] 이는 교육정책의 측면에서 사회주의 정치사상 교육의 비중이 약화되는 반면, 경제 및 재정관리 교육, 과학기술교육의 비중이 강화되고 있다고 하겠으며 이러한 대학생들의 정치사상적 변화는 중국의 사회주의 체제에서 실용주의 중심의 교육개혁과 사회 환경이 가져온 커다란 변화라 할 것이다.

기실 현재의 중국은 교육개혁과 개방정책으로 전 지역에서 교육종사자들 뿐만 아니라 인민들에게 직간접적으로 삶의 질 향상을 가져오게 하였으며 실사구시의 의식은 생활 속에 젖어 들고 있다. 따라서 일부 학자들은 '사회주의 계획경제를 자본주의 시장경제로 바꾼 뒤 사회주의라고 말하는 것은 모순이 아니냐'고 문제를 제기하기도 하고, 일각에서는 중국은 지금 "좌측 깜박이를 켠 채 우측으로 돌고 있다" 고 꼬집기도 한다. 그러나 현재 중국정치지도층은 여전히 '중국 특색의 사회주의'를 강조하고 불변의 원칙을 고수하고 있다. 이는 바로 "공산당 영도(共産黨 領導)"원칙이다. 어느 경우라도 공산당이 정권을 내놓는 일은 없어야 한다는 것이다. 따라서 개혁개방이후 생산

---

34) 구자억 외, (1999) 『세계의 교육혁명』, 문음사, p.235

35) 「鄧小平與中國教育的振興-兼論中國教育改革15年」, hhttp://www.2136.com/fw/art2005/11/4223421-3.htm/ (검색일: 2007. 1. 20).

36) 베이징대와 산둥 대학의 학생들을 대상으로 한 설문조사 "당신이 선택할 직업의 중요한 원칙은 무엇입니까?"라는 항목에서 생활수준향상(41%), 자아실현을 위해(37%), 국가에 공헌하기위해 (15%), 노후여가생활(7%)순으로 나타났다.

력과 발전을 중시해온 중국공산당이 '두려워하는 것은 빈곤이 아니라 혼란이다(不怕窮, 就怕亂)'37) 라는 말이 나오고 있는 것이다.

이상에서 살펴본 바와 같이 중국은 실용주의 중심의 교육개혁을 통하여 교육투자확대, 교육자들의 급여 및 임금상승 등 사회경제적 지위가 향상되었고 사회문화적으로도 시간적 여유와 문화생활을 추구하고 있으며, 또한 교육 행정가들의 해외교육체험과 신제도 답습 등 다양한 변화를 통하여 삶의 질이 향상되어가는 것을 보았다. 그러나 사회주의 정치사상교육에서는 대학생들의 의식이 점차 약화 되고 있고 자본주의 청년들과 유사한 경제관념의 사고를 가지고 있음을 자료를 통해 알 수 있었다.

05. 실용주의 중심의 교육개혁의 문제점

중국은 실용주의 중심의 교육개혁을 통하여 교육자의 삶의 질 향상을 비롯하여 앞서 살펴본 바와 같이 사회 각 분야에서 상당한 생활의 변화를 가져왔다. 그러나 교육개혁을 추진하는 이면에는 이에 따른 문제점 또한 적지 않게 나타나고 있다.

1) 비싼 등록금과 도농(都農)간의 교육 불평등 문제

신중국의 건립 당시인 1949년에 일반 대학교는 223개38) 였으나

---

37) 하종대, '중국 특색의 사회주의'. 동아일보, 2007. 7. 5.

38) 馬万華, 『從伯克利到北大淸華』,(北京: 敎育科學出版社 2004), p.174.

1994년에 이르러 1080개로 대학의 숫자가 많아지고 더 많은 청년은 대학진학을 하고 있다.[39] 그러나 대학교 교육비의 증가는 교육 불공평의 또 하나의 경고음을 울리고 있다. 통계에 따르면, 전국 각 대학은 2000년 대학생의 학비를 대폭 인상 하였다. 1999년 대체로 3,000위안 하던 것이 4,500위안으로 평균 1,500위안 정도가 높았는데 이는 2000년 베이징 지역 대학학비에서 20%가 증가한 것이었다. 이러한 대학 학비의 증가폭은 사회주의 이념과 정책을 중시하는 공산주의, 사회주의국가의 인민들에게 50년대부터 오래도록 등록금 없이 오히려 보조금을 받고 학교에 다니던 대학생들과 학생들에게 커다란 심리적 실제적 부담으로 진학을 두렵게 하는 상황까지 나타나고 있다. 이에 관한 「北京 靑年報」의 설문조사에 따르면, 1000명의 학부모 중 84%의 학부모는 매년 4,500위안의 학비를 감당하기 무척 어렵다고 답변하였다. 2000년도에 학비의 최저표준을 4,300위안으로 계산한다면 1999년 중국인의 평균수입통계에 비교해 볼 때, 학비의 금액은 성쩐(省镇) 주민의 년 평균수입(5,854위안)의 72%, 더욱 빈곤한 농촌주민의 년 수입(2,210위안)의 19%이다. 이 뿐만 아니라 기숙사비, 책값, 식비 등 실제지출을 따진다면 한사람의 성쩐 주민 혹은 두 사람의 농촌주민의 1년의 총수입과 맞먹는다.[40] 이렇게 오르는 학비는 빈곤가정의 자녀가 대학진학을 하려는 희망을 두렵게 하고 심지어 등록금

---

39) 구자억 외, 『중국의 교육』, p.9.

40) 38%의 학부모는 매년 대학학비가 2,000위안 이하를, 46%의 학부모는 2100-4000위안을 표준화 하기를 원했다. 또한 가정의 월수입이 평균 3000위안 정도인 피조사자 중 25% 는 4001-6000위안의 학비는 받아 들일 수 있다고 했으며 이 수입은 성시 도시 중에서는 중산층에 속하다고 할 수 있으나 작은 성진과 농촌은 아마도 상당히 높은 수준이라고 하겠다. 「北京 靑年報」, 2000년 8월27일 ; 또 다른 조사에서는 학부모가 받아들일 수 있는 대학학비는 평균 3,400위안이면 받아들일 수 있다고 했다. 「南方都市報」, 2000년 8월 29일.

을 마련하지 못해 자살하는 경우가 있는가 하면, 중산층 가정을 말하더라도 역시 심각한 부담이 되는 금액이다.

앞서 '중국의 등록금 현황 표' 에서 본바와 같이 중국의 각 대학의 등록금은 이미 대단히 높고, 특히 2003년부터 의과대학이 오르기 시작하여 도회와 농촌에 교육 불평등 문제가 심각하게 나타나고 있다. 혁신중국교육 자료에 따르면 많은 농촌과 빈곤가정의 자녀는 높게 치솟는 교육비로 인하여 학교에서 거절당하고 교문 밖의 생활을 하게 되었는데 이는 비의무교육이 높은 교육비를 내는 결과의 하나이기도 하다. 따라서 농촌에서는 새로운 용어 '독서무용론'과 '학업포기' 상황이 나타나고 있다. 이러한 이유로는 일류학교(쭝띠엔 쉬에싸오: 重點學校) 대 삼류학교(라찌 쉬에싸오: 拉圾學校)가 양산되고 부익부 빈익빈의 시장경제 교육이 가져온 단점중의 하나라고 할 수 있다.

2) 대입 부정시험의 증가

2001년 매스컴에서 보도된 대학입학시험 병폐는 최소한 세 번 일어났다. 첫 번째는 후난성(湖南省) 쟈허시엔(嘉合縣) 일중 고사장 에서 발생한 중대한 입학부정사건이 일어나, 고사장이 혼란해졌고 답안지가 비슷한 부정을 한 학생은 203명에 달하였다.[41] 이처럼 커다란 영향을 미친 사건은 후난성에서 대학입학시험 재실시 이후에 처음 있는 일이었다. 두 번째는 광둥성 전백현의 입시부정 사건은 컴퓨터기 자재 상점에서 일어난 BP을 사용한 폐단으로 답안지를 학생의 호출

---

41) 楊東平, "正視敎育公平", 『革新中國敎育』, p.33.

기에 보낸 사건으로 33명의 학생에게 동일한 답안이 전달되었던 사건이다. 세 번째는 후난성 융회一中에서 발생한 것으로 우수한 14명의 쉬엔송(選送)42) 학생 중 13명의 학생은 허위임이 밝혀졌는데 그 중에서 2사람의 학생은 융회一中의 교장과 교감의 아들이었으며 그 외에도 11명 모두 현(县)과 현에 속한 관련 기관의 간부의 자제들이 었다. 이렇게 알려진 것은 빙산의 일각에 불과하며, 한해 570만 명이 입학시험에 응시하여 27만 8천명이 합격하는43)등 치열한 대학 경쟁 율은 전국적으로 교육규모가 확대되고 대학 입시생과 각종 교육기관의 입시생들이 증가하면서 입시부정은 '단체화, 증가화' 하고 있는 현상으로 나타나고 있다.

3) 교육 관리체제의 중앙과 지방의 권한문제

교육 관리체제 개혁에 관하여 그동안 중앙에서 교육관련 예산, 업무, 교육 등 일괄적으로 통제해왔기 때문에 지방의 실제 권한이 없어서 교육 개혁시 이를 완화하여 지방에서 실제적 권한을 갖도록 하였다. 따라서 각 지방과 각 분야에서는 약간의 실제적 이익을 갖게 되었다. 또한 상응하는 이익과 권한으로 인하여 이들은 교육담당의 현실적인 주체가 되었고 노동인사제도 급여제도, 입학생과 졸업생 분배 제도의 개혁 역시 교육으로 하여금 특히 비의무교육의 각종 교육과 사람들은 자신이익의 내재적 관계에서 개인의 교육욕구에 실제적이

---

42) 쉬엔송(選送)은 고등학교에서 극소수의 인원을 선발하거나 추천하여 대학에 보내는 제도를 말하는데 이들은 대학입시의 시험을 치르지 않고 합격하는 특별한 학생들이다. 한국의 농촌특별장학생, 봉사실적이 뛰어나 각 종 기관장의 표창이나 상을 받은 사람 등이 이에 속한다고 하겠다.
43) 제임스 왕 저, 금희연 역, 전게서, pp.380-382.

고 주체적인 선택을 하게 되었다. 이러한 것은 사회의 교육수요로 하여금 복잡하고 다양한 형태로서 독립적인 교육공급의 상태에서 중앙정부는 여전히 거시적 각도에서 사회전체의 교육수요를 조정 하게 되었다. 그러나 이러한 학교경영의 다원화는 교육의 공급 상 중앙정부 단일주체의 지위에 도전을 받게 되고 중앙과 지방이 경쟁국면으로 접어들게 만들었다는 비평이 제기되고 있어[44] 실용주의 중심의 교육개혁의 단점으로 제기된다.

4) 대학교육 발전전략의 문제

세계일류대학 발전전략에도 커다란 문제점이 나타나고 있다. 세계일류대학정책의 후유증으로 베이징대학의 사례를 들면, 교원인사개혁에 '등급별유동제'를 실시하여 기존 정교수들은 종신제로하고 부교수와 강사는 계약제로 하며 부교수의 1/4, 강사의 1/3은 해고 한다는 대학개혁안과 '말미도태제(末尾淘汰)' 실시로 교과과정 운영의 내실이 없는 학과에 대하여 기한 내에 정리, 개선, 해산 등의 조치를 한다는 '인사개혁안' 은 교육이 학문적, 교육적 논리보다 경제적 논리에 치중했다는 비판과 격렬한 비난을 받았다.[45] 무엇보다도 중국의 각 대학에서는 무리한 시설투자로 학교를 키우고 있어 문제가 되고 있다. 대학은 교육시설확대를 위하여 전액을 은행대출을 받는 등 무리하게 추진하여 이자를 갚지 못하는 대학이 속출하고 있으며 저명한

---

44) 謝維和 , " 我國敎育管理體制改革的走向及其分析", (검색일: 2007. 1. 21). http://WWW.pep.com. cn?
   200406/ca460067.htm
45) 구정숙, 리단, "중국의 세계일류대학 건설 정책에 관한 연구", 『한국정치학회 공동주최세미나
   (2005)에서의 발표논문집』, pp.594-595.

대학을 제외하고는 많은 대학에서 재정적 적자로 인하여 대학이 도
산의 위기에 처해있다.46) 뿐만 아니라 개혁에 따른 지나친 시장경제
화는 학교행위의 시장화, 교풍, 학풍을 산만하게 한다는 지적을 낳고
있다. 또한 졸업생의 취업의 분배 중 전문대학생의 취업을 어렵게 하
고 교육수요의 모순과 불균형은 교육자원의 낭비와 사회적 불안정을
초래하고 있다.47)

06. 결론

1978년 이후 덩샤오핑의 실용주의 중심의 현대화 사상은 수십 년
의 시공간 속에서 중국사회를 변화 발전시키고 있다. 이러한 변화 중
에서 교육개혁을 통한 중국의 변화와 발전은 가히 혁명적이라고 할
수 있다. 그 성과에 대해 살펴보면,

첫째, 교육자의 삶의 질 향상과 학술적 성과 : 중국은 '깡야오'에서
'교사대오건설'을 명문화하여 사회주의 국가에서 획기적으로 교육종
사자에 대한 우대정책을 단행하고 지식인들의 급여향상 등 가난한
생활환경을 개선하는데 앞장섰다. 이로서 교수들의 능력 향상과 학교
시설의 증가도 두드러지게 나타났다. 이러한 안정적인 생활환경은 교
수들로 하여금 PPT 등 새로운 교과준비, 각종 국내외 세미나 주최 및
참여 등을 비롯하여 외국과의 빈번한 국제 교류활동, 문화생활향유

---

46) 빚더미 중국대학 ---, 동아일보, 2007. 3. 10.

47) 謝維和 , " 我國敎育管理體制改革的走向及其分析", (검색일: 2007. 1. 21). http://WWW.pep.com. cn?
200406/ca460067.htm

등 삶의 질을 높여 안정적으로 사회에 기여하고 있다. 또한 교육개혁의 장점은 대학원생들의 연구에서 실제적으로 나타나고 있는데 예를 들면, 베이징대학에서 발표되는 SCI 논문저자 중 50%가 재학생이며[48] 푸단(復旦)대학은 2001년 전국 우수박사학위논문 100편중에 8편이 들어있어 베이징대와 더불어 1위를 차지했다. 또한 2003년 SCI 논문검색에서는 칭화대학의 2,100편의 논문이 검색되었고, 그 중 42% 이상은 대학원생이 대표저자로 발표한 것으로 알려졌다.[49] 이러한 학술적 성과는 덩샤오핑의 정책 중에 명시된 '교사대오건설' 조치의 실천사항으로서 사회주의 국가체제에서 '개인'과 '능력주의'를 중시하는 실용주의 중심의 교육개혁의 큰 성과라고 하겠다.

직접적인 변화의 또 하나는 '주택 보유자'가 늘고 있다. '주택보유'는 13억 6천 인구(2014년 기준) 중국의 가장 커다란 사회문제중의 하나이다. 종전의 중국교수들은 국가에서 제공한 대학내의 집에서 생활했는데 실용주의 중심의 교육개혁이후 많은 교수들은 단독아파트를 보유하고 있으며 이들 대다수는 모두 해외에 교환교수나 방문교수로 나간 적이 있다.[50] 이처럼 실용주의 중심의 교육개혁은 중국교육자의 지위향상과 생활안정 등 삶의 질 향상에 기여하였다.

둘째, 교육종사자들의 발전에 대한 실천의지의 승화 : 사회주의 국가체제인 중국에서도 잘살아보려는 인간본능의 발전의지와 가난에서 벗어나려는 인간적 욕구는 중국지식인들에 의해 과감히 불평불만

---

48) 구정숙, 리단 ,전게서, p.591.

49) 구정숙, 리단, 전게서, p.597.

50) 베이징대학교의 부총장이었던 故 何方川 교수, 鄭必俊 교수, 徐介. 王春梅 교수 등과 야오닝(遼寧) 대학교 金天一교수 등을 들 수 있으며 이들은 모두 한국의 고려대학교 한양대학교 경희대학교 등에서 교환교수를 역임하였고 혹자는 이화여대 등에서 방문교수를 했다. 1998, 1999, 2002, 2005, 2006년 각 교수들과 필자의 대담에서.

과 여론으로 표출되었고 시장경제의 도입과 함께 중국정부에서 받아들여 교육개혁의 승전고를 울리게 되었다. 교육종사자들은 국내외 세미나개최와 적극적 참여활동을 비롯하여, 이웃국가에 교환교수, 방문교수를 자원했고 교직원들 역시 실무업무를 위한 해외 방문 등 열정적인 참여를 하였다. 실용주의 중심의 교육개혁으로 인한 중국인의 열정(passion)은, 교수, 교직원뿐만 아니라 대학원생, 대학생들의 자발적인 참여가 가져온 발전적이고 실천적인 자유의지에 의해 이룩한 인간의지의 귀중한 성과라고 할 수 있을 것이다.

셋째, 인재육성의 가속화와 문화생활 향상 : 중국의 실용주의 중심의 교육개혁이후 해외유학에 나선 중국인은 2005년 말까지 93만 3000명에 이르고 있다.[51] 또한 정부부처공무원과 대학연구원등 대상으로 2000-3000명의 국비유학생을 선발해왔으나 이 숫자를 5,000명으로 대폭 늘리고[52] 해외로 파견시켜 과학, 물리 등 선구적인 지식을 배워오게 하는 획기적인 조치를 취하고[53] 있고 문화생활면에서도 중국의 지식인과 일반시민들은 문혁의 암울한 시기와 공산체제의 무조건적 평등에서 이제는 문화생활을 향상시키고 있다.

넷째, 교육의 국제화와 '985 공정'의 성과 : 마완화 교수는 한 연구에서 중국대학교육의 발전추세는 경제세계화와 교육의 국제화에 혁명적인 변혁을 가져왔다고 피력하였다. 예를 들면, 베이징대학에서는

---

51) '해외 유학생 돌아오라'http://e-today.career.co.kr/info/news_view.asp page=1&ca+17&rid+14576&kw (검색일: 2007. 1. 8).

52) 이들은 유형에 따라 석사연구생, 박사연구생, 고급연구학자 등 5개부문 으로 나누어 짧게는 3개월 내지 4년 까지 해외에서 특정과제를 연구하게 된다. http://www.scieng.net/zero/view.php id=sisatoron &page=4&category=3667, (검색일: 2007. 5. 3).

53) '해외유학생돌아오라'http://e-today.career.co.kr/info/news_view.asp page=1&ca+17&rid+14576&kw (검색일: 2007. 1. 8).

과거에 외국 관련한 일을 도맡아 하던 '와이스추'(外事處)라고 불리우던 기구를 국제 합작부 ('꿔지허쭈어뿌' :國際合作部)로 개칭하였다. 또한 그 책무는 대학지도자 계층의 외사업무에 대한 자문역할, 학교 전체 외사업무 담당, 대학의 교학, 과학연구와 국제학술교류에 정보제공, 주요한 외사 접대활동의 기획 및 실천 등 총괄적인 업무를 담당한다. 베이징대학은 이미 47개 국가의 174개 대학과 국제교류관계를 맺고 있으며54) 280명의 대학총장의 방문과 2001년 한 해 동안에 1만여명의 학자 초청 및 유학생 유치를 비롯하여 1,300여명의 교육 행정가들은 국외를 방문 시찰 하였고 48회의 국제회의를 개최하였다.55)

그러나 실용주의 중심의 교육개혁은 중국에 적지 않는 과제를 남기고 있다.

실용주의 중심의 교육개혁이후 도시와 농촌의 교육 불평등 문제, 대학입시부정 증가와 높은 대학등록금으로 인한 자살 등 사회문제, 중앙정부의 교육재정 권한을 지방정부에 대폭 이양함으로 중앙정부의 권한위축 이라는 또 다른 비평과 대학시설 투자확대에 따른 대학의 재정적자 등. 이 모두가 중국이 해결해야 할 과제이다. 또한 점차 사상교육의 비중이 약화되고 있는 반면, 전문가 교육, 능력위주 교육의 비중이 강화되고 있다. 비록 레이펑 숭배사상이 최고 지도층에서부터 일반시민 등에게 까지 영웅시 되도록 하였지만 실용주의 중심의 교육개혁 이후 현재 젊은이들의 가치관은 개인 즉, '자아를 주체로 하는 가치관'으로 변해버렸다. 현재 중국은 마오쩌둥의 사상으로

---

54) 아시아지역 63개 대학교, 유럽지역 52개 대학교, 미주지역 47개 대학교, 아프리카(非州)지역 5개 대학교, 대서양 7개 대학교 이다. 馬万華, 전게서, p.238.

55) 李岩松, <國際交流推動世界一流大學建設>, 2001年12月, 北京大學國際交流工作總結回想的 報告. 馬万華, 상게서 pp.238-239. 인용.

부터 벗어나 어떠한 이념이든 체제이든 개발 할 수 있다는 입장이
며56) 그리고 점차 능력 주의적 사고방식이 확산되면서 교육을 통한
기술과 지식의 습득이 강조되고 있는 것이다.

---

56) 구자억, 『중국의 교육』, pp.261-263.

01. 서론

　동북아시대의 교류 활성화와 더불어 해외 유학과 문화탐방 및 관광의 기회가 증가하고 있다. 중국에 있는 한국 유학생 수는 6만 명에 이르고 한국에 있는 중국 유학생 수도 5만 3천여 명에 이르고 있으며 이는 상호 각국 유학생 수에서 각각 1위를 차지한다.[1] 또한 양국 여성 NGO들의 상호방문 기회와 교류 활동이 증가하면서 문화탐방과 관광에 대한 기회 역시 많아지고 있다. 그러나, 각국 정부 고위지도자의 상호방문을 비롯하여 학술 교류활동과 문화교류활동 예술 활동 또한 중앙위주로 이루어지고 있다. 대부분의 교류 활동이 중앙정부나 대도시에 한정되어 있었다고 해도 과언이 아니다. 분권화를 중요시했던 영국의 지방자치가 민주주의 활성화의 으뜸이었듯이 양국의 교류활동도 지방중심으로 이루어져야 한다고 생각한다. 이에 필자는 중

---

1) 주한중국대사관 장승강(張承剛)참사관의 '중국청년단 한국방문(2010. 4. 6.)' 축사에서.

국 광동성의 심천(深圳)과 한국 경상북도 포항(浦項)의 문화교류에 주목하고자 한다. 심천은 작은 어촌에서 시작하여 지금은 중국에서 가장 발전하고 있는 도시로서 많은 사람들의 선망이 되고 있는 곳이다. 여기에는 덩샤오핑의 경제특구 정책이 주효했다. 이러한 심천의 발전사는, 경상북도의 작은 항구 도시인 포항의 발전사와 매우 흡사하다. 당시 국민소득이 2,500$도 채 안 되는 가난했던 70년대에 박정희가 제창한 새마을 운동의 발상지가 포항이었다. 또한 심천의 발전사는 국민소득이 2,500$도 채 안 되는 가난했던 한국의 70년대 박정희 시대의 새마을 운동의 발상지였던 경상북도의 작은 항구 도시인 포항의 발전사와 매우 흡사하다. 포항이 한국 정부의 계획개발정책에서 발전한 것과 마찬가지로 심천 역시 중국 정부의 계획개발정책을 통해 발전하기 시작하였다. 본 연구의 사회문화 교류 발전의 지향 모델이 될 포항과 심천은 작은 항구도시에서 계획경제 정책을 통해 산업발전을 이루었으며, 또한 주변에 역사적, 문화적 관광지가 근접해 있는 관광연계도시로서의 지역적 특징을 가지고 있다는 유사성에 주목했다.

따라서 본 연구는 이러한 유사성에 착안하여 두 도시의 교류분석을 통해 지역사회발전의 유형과 방향 등을 모색해보고자 한다. 우선 포항과 심천의 문화산업의 현황을 개괄해보고, 계속해서 향후 학습된 신념과 전통 및 지침들을 내면화하여 포항과 심천의 문화산업을 어떻게 지속적으로 유지 발전시킬 수 있는지를 고찰해보고자 한다.

02. 이론적 고찰

1) 문화와 문화개념의 다양성

문화에 대한 개념은 학자들마다 다양함으로 한마디로 정의 하기는 쉽지 않다. 광의의 문화란 인류가 창조하는 정신과 물질재화의 총체를 말하며, 협의의 문화란 정신문화로서 즉 인간의 생활방식과 정신교화라고 하겠으며 이는 인류의 지식, 정감, 예술, 교육, 과학기술 등의 내용을 포함한다.2) 박이문은 문화에 대해 '한 인간 집단의 기질, 관습, 풍습, 전통, 가치관, 세계관 등으로 총칭되는 한 인간 집단의 양식, 개성, 색깔을 뜻 한다'라고 피력한 뒤 인간의 보편적인 기본적 전제조건이 의식주 이지만 지역 및 시대마다 다르기 때문에 문화의 지역성, 특수성, 다양성을 중요시 한다.3) Richard A. Barrett에 따르면 문화란 '어떤 인류사회의 구성원들 사이에 공유된 형태들에 대한 학습된(learned) 신념들, 전통들, 그리고 지침(guides)들의 총체'4)라고 정의 내리고 있다. 또한 문화는 한 사회나 한민족의 생활양식으로 규정하고 있다. 여기서 생활양식은 의식의 반응현상을 말하게 되는데 즉, 한 사회나 한 집단을 형성하고 있는 개인의 의식이 어떠한 동질성을 바탕으로 하여 생활의 공동체를 형성한다는 인식을 근거로 한다.5) 그

---

2) 李思屈·李濤 編著, 文化産業概論 (浙江大學出版社, 2007), p.2.

3) 박이문·장미진 외, 세계화 시대의 문화와 관광 (서울: 경덕 출판사, 2007), pp.8-12.

4) Richard A. Barrett, *Building a Values-Driven Organization: A Whole System Approach to Cultural Transformation* (ButterworthHeinemann,2005),pp.2-3;최한수, "문화는 교 육과 모방에 의해서 형성되는 산물", 인간성회복실천운동을 위한 공동정책 연구 제1집, 요인분석을 통한 사회 안정도 측정 및 문제 극복 방안 조사연구 (서울: 한국 인간학회, 1991), pp.116-117.

5) 하영애, "문화향수의 사회적 실천", 인간성회복실천운동을 위한 공동정책 연구 제1집, 요인분석을 통한 사회 안정도 측정 및 문제 극복 방안 조사연구(서울: 한국 인간학회, 1991), p.93.

러나 문화는 지역적이고 다원적이다. 그 이유는, 자연은 지구적(global) 이지만 문화는 언제나 지역적(local)이다. 왜냐하면 문명과 문화는 인간도 다른 동물과 마찬가지로 절대적으로 동일할 수 없는 자연적 환경 속에서 존재하면서도 동물과는 달리 인간은 가변적인 주관적 기호, 지적 노력, 계획, 창의력, 의지의 개입에 의해서 재구성된 자연환경의 산물이기 때문이다.[6]

2) 문화산업의 개념과 연구동향

문화산업은 '특정산업'이 '특정문화'를 만들어 내는 데 중요한 기제로 작용한다. 예를 들면, 정치적 요인이 문화에 영향을 미칠 때에는 통치계층의 의지와 능력이 결정적으로 작용하며, 피통치자의 의사와 능력은 적극적으로 작용 되지 않는다. 대조적으로 어떤 산업이 어떤 문화를 형성시키는 과정에는 그 산업의 최고운영자들뿐만 아니라 그 산업의 종사자가 자신도 모르게 참여하게 된다. 왜냐하면, 그 산업의 결과로 발생하는 이익을 모두가 분배 받을 수 있기 때문이다. 바로 이러한 점 때문에 어떤 특정산업이 특정문화를 만들어 내는 데 발휘하는 영향력은 매우 크며 뿐만 아니라 직접적이며 또한 정치나 종교보다도 매우 강력한 작용을 하게 된다.[7] 이처럼 문화와 산업은 밀접한 관계에 있다. 정홍택은 문화가 홀로 설 수 없듯이 산업도 문화의 동반 없이 홀로 설 수가 없다는 것을 강조한다. 특히 문화산업에서 '생활문화'의 영향력과 사람의 역할을 중요시 했다.[8] 문화관광산업이

---

6) 박이문·장미진 외(2007), pp.11-12.
7) 한창수·김영구 공저, 중국문화개관 (서울: 한국방송통신대학교 출판부, 2007), p.90.

그 지역의 사회발전에 뿌리를 내리기 위해서는 관광과 문화산업을 매개할 수 있는 인적매체(유학생, NGO 단체, 지방자치단체, 관광객) 와 장소가 구성되어야 한다. 이는 관광과 문화산업의 사회적·공간적 결합으로 설명될 수 있다. 첫째, 단순히 문화제품을 생산하는 공간이 아니라, 관광객들이 와서 보고, 즐길수 있는 스펙터클과 이벤트 공간 이다. 생산을 통한 산업경제활동과 이벤트, 볼거리를 통한 관광경제 활동간의 시너지를 통해서 새로운 형태의 경쟁력이 형성될 수 있다. 즉 인지도의 증가와 장소브랜드 형성효과이다.9) 둘째, '사회적·공간 적 결합'에서 '공간적 결합'은 일련의 물리적 공간에 집적하고 상호 연계 되어야 한다는 의미이다. 이는 산업클러스터 이론에서 강조하는 기능적 측면의 근접성(proximity)에 더하여 양자 간의 결합을 통한 새 로운 상징적 공간의 출현을 의미한다. 최근에 문화유산으로 등재된 포항지역의 '양동마을'이 그 한 예가 될 수 있다. 또 '사회적 결합'은 그러한 공간을 형성하고 만들어나가는 주체가 하나의 공동체로서 긴 밀하게 네트워크화 됨으로 해서 통합성을 유지해야 한다는 점이다. 그럼으로써 지방도시가 갖는 문화산업생산요소에서의 비교열위(대도 시에 비해)를 만회할 수 있는 새로운 경제발전의 자원으로서 장소자 산이 형성되는 것이다.10) 이러한 논의들은 용이하지만은 않다. 그러 나 문화와 관광산업을 연계하고 네트워크 도시를 연계하여 시공간적 인 면과 지방의 특색을 살리고, 이를 통해 문화산업교류의 경제적 측

---

8) 정홍택, 문화의 사업화? 산업의 문화화? Industrialized Culture or Culturalized Industry, 전자논문. pp.3-4.

9) Evance G., "Hard-branding the cultural city-from prado to prada", International Journal of Urban and Regional Research, Vol. 27.2 (Butterworth Heinemann, June 2003), pp.436-437.

10) 박이문·장미진 외(2007), pp.188-189.

면과 문화생활을 통한 의식향상 등을 가져올 수 있도록 해야 한다. 이 점은 미래의 문화비전과 관광교류활성화를 위해서도 중요하다.

문화산업분류는 학자마다 다소 차이는 있지만, 문화 산업(게임 영화 음반 출판 공연 방 송 캐릭터 애니메이션 등), 기타 문화산업(건축 및 조경설계 서비스업 사진촬영 및 처리업 광고업 전문 디자인업 도서관 박물관 등)이 있다. 여기에다가 테마파크, 레저산업 등도 포함되고 있으므로 관광업도 넓은 의미에서는 문화산업에 포함할 수도 있다. 그러나 선행연구들은 예술분야, 영상 음반 산업, 문화콘텐츠 등의 문화관광산업에 중점을 두고 있으며 문화사업의 사회적 실천에 대한 연구는 극히 찾아보기 어렵다. 따라서 본 연구의 방향은 자연히 사람 중심의 문화관광산업에 중점을 두게 되었다. 즉, 한·중 양국 유학생과 여성 NGO단체, 그리고 지방자치단체의 교류활동이 문화관광산업으로 어떻게 연결 될 수 있을지에 중점을 두고 관련내용을 분석했다. 왜냐하면, 양국 유학생들은 동북아 국가의 지리적 근접성과 구미 각국에 비해 상대적인 저렴한 학비 등으로 그 수가 나날이 증가하고 있으며, 이러한 경향은 미래에 국가경쟁력에 근간이 될 수 있기 때문이다. 또한 양국여성들은 '북경행동강령(北京行動綱領, The platform for Action of Beijing)'[11]과 이행보고서를 통해 다양한 활동을 하고 있으며, 특히 사회 문화교류분야에서 양국 여성 NGO들은 중추적 역할을 하고 있다. 또한 미래 지역사회의 발전에서 지방자치단체의 역할과 교류활동의 중요성은 더욱 강조되고 있다.[12]

---

11) 1995년 북경에서 개최된 이 회의는 세계여성들의 인권 권익 정치 참여에 준거가 되는 북경 행동강령을 제정하였으며 총 6장 361항으로 구성되어있다.

12) 하영애, "한중간의 사회문화교류를 통한 양국의 발전방안 모색", 한국동북아 논총, 제13권, 제4호(통권 49집) (한국동북아 학회: 2008), p.234.

따라서 본 연구에서 문화산업의 함의는 한·중 양국학생, NGO단체, 지방자치단체가 국내외의 문화탐방, 교육학습, 관광여행, 우호도시교류활동 등의 수단을 통하여 타 지역의 문화를 이해하고, 또한 이렇게 학습된 신념과 지침들이 자신은 물론 타인에게 영향을 끼치고 나아가 양국과 각 지역의 산업과 경제에 직간접적으로 촉진제 역할을 한다는 의미를 포함한다. 따라서 연구의 범주는 양국 유학생, 여성 NGO 단체, 지방자치단체로 포항과 심천지역을 중심으로 삼았다.

03. 포항과 심천의 문화산업의 개괄

1) 포항과 심천의 지정학적 유사성

포항과 심천은 역사적으로 농촌과 어촌이었다는 유사점을 가지고 있다. 포항의 역사를 개괄해 보면, 포항은 한국의 경상북도 남동부 동해안에 있는 시(市)로서, 인구는 약 51만 명(2011년)이며 면적은 1127.24km 이다. 남쪽으로는 경주시, 서쪽은 영천시, 북쪽은 영덕군·청송군과 접한다. 포항은 1914년 행정구역이 개편되면서 연일군·흥해군·청하군·장기군 4군이 통합되어 영일군이 되며, 이와 같은 체제는 1949년 포항시가 출범할 때까지 이어졌다. 2010년 포항시는 61주년을 맞게 되었다. 그러나 포항의 지명이 공식적으로 처음 등장 된 것은 1731년 (영조7년) 포항 창진(浦項倉鎭)을 설치하면서 비롯되었다.13) 심천과

---

13) 창진이 설치된 마을 이름을 기존의 영일면 북면의 대흥리(大興里)를 포항리(浦項里)로 개칭하고, 창 진의 이름을 포항 창진으로 등재하였다. 임 득유의 인생, 취미 삶－경북 포항의 역사, 인물, 민

마찬가지로 포항 역시 과거에는 작은 섬마을 이었다. 자료에 따르면, 예로부터 형상강의 북하구의 중심지류 연변인 포항리가 조운과 물화 교역의 요충지로서 주목되어 오다가 포항 창진이 설치되면서 많은 인구가 유입되었다. 이들에 의해 도내(島內) 리를 비롯한 5도 등의 섬마을이 동해안 물류교역의 중심항구로서 잠재적인 역할을 발휘하게 됨으로써 포항발전의 획기적인 전기를 마련하게 되었다.[14]

심천의 역사를 개괄해보면, 심천(선쩐: 深圳)은 중화인민공화국 광동성의 부 성급시 (副省級市)로서 면적은 2020㎢ 이며 인구는 약 700만 명[15]으로, 1979년 덩샤오핑은 인구 30만 명의 농촌과 어촌이었던 이곳을 경제특구로 지정하여 개혁과 개방의 실험을 수행하였고, 오늘날 일인당 국민소득은 중국에서 홍콩과 마카오에 이어 세 번째로 높은 지역이다. 심천은 중국 전체의 성공 모델이 되었다. 청나라 말기가 되면서 난징(南京) 조약과 베이징(北京)조약으로 신안현의 일부가 되어 홍콩 섬 및 구룡반도를 영국이 조차하게 되면서 신안현이 분할되었고, 홍콩과의 국경을 이루는 역사가 시작되었다. 그 후 홍콩과 인접하는 지리적 중요성으로 1979년 3월, 보안현을 성할시(省割市)인 심천으로 승격시켰고, 1980년에는 개혁개방 노선을 채택한 덩샤오핑의 지시에 의해 심천이 경제특구로 지정되면서 급속히 발전했으며 1981년 부성급(副省級)시로 승격하였다.[16]

포항과 심천은 농촌과 어촌이었던 유사점 외에도 포항이 한국 정

속, 지명, 문화재 중에서. blog.daum.net/limyouduck/1409?srchid=BR1http%3A%2F%blog.doum.net (검색일: 2010. 3. 20).

14) 포항의 해양문화와 관련된 대표적인 설화가 바로 '연오랑과 세오녀'이다.

15) http://cafe.naver.com/forhchina.cafe?iframe_url=/ArticleRead.nhn%3Farticleid=19(검색일: 2010. 5. 20).

16) China Academic Journal Pulishing House. All rights reserved. Special Zone Economy. 2009. (검색일: 2009. 5. 20).

부의 계획개발정책에서 발전한 것과 마찬가지로 심천 역시 중국 정부의 계획개발정책을 통해 발전하기 시작하였다. 심천의 발전 동력은 덩샤오핑의 중국개혁개방정책의 일환으로 경제특구 제1호로 지정된 것이다. 심천의 지정학적 요인 또한 포항과 유사한 점이 있다. 심천과 홍콩은 40여분 소요되는 거리로 문화와 산업을 공유할 수 있고, 포항과 경주가 역시 인접하면서 산업적 문화적 가치를 함께 가지고 있는 것과 유사하다.

2) 포항과 심천의 문화관광산업 비교

포항과 심천의 문화관광산업에 대해서는 두 지역의 교육기관, 주요 문화관광산업으로 고찰 하였으며 다음과 같다.

(1) 포항의 문화산업
① 포항의 교육기관

포항의 대학교육기관으로는 포항공대와 한동대학을 대표적으로 들 수 있겠다. 이들 두 대학들은 무엇보다도 국제화에 주력하고 있으며 '해맞이 한마당'을 대학의 축제로 하고 있어 지역특색을 느끼게 한다. 포항공대는(Pohang University of Science and Technology) 4년제 사립대학이다. 포스텍, POSTECH, 포항공과대학, 포공 등으로 불리우며 현재 대외 명칭으로 POSTECH를 많이 사용하고 있다. 포항공대는 1986년 12월 3일 포스코에 의해 설립되어 2008년까지 1만 명 이상의 졸업생을 배출하였으며 졸업생들은 대학 교수, 연구원, 벤처기업 CEO 등 다양한 분야에 진출해 있으며 포항공대 는 국내외적으로 우수대학으로 평가되고 있다. 한동대학교(Handong Global University) 는 1995년에 설립되어 2010년까지 재학생 4,312명과 졸업생 5,609명을 배출하였다. 'Why not Change The World?'라는 대학의 목표를 가지고 국제화 교육에 주력하고 있으며[17] 특히 UNESCO Campus를 조성한 것이 특색이라고 하겠다.[18]

② 포항의 주요문화산업

포항은 최근 환 동해 거점도시로 부각하고 있으며 시 정책, 학계, 산업계, 여성단체 등에서 다각적인 활동을 진행하고 있어 주목된다. 포항의 주요 문화관광산업으로 포스코(POSCO: 포항종합제철), 영일만 신항 개항, 환 동해 거점도시 국제회의 개최, 국제 불빛 축제 등으로 고찰할 수 있다.

첫째, 포스코는 세 계 2위의 철강 회사이다. 1968년, 대한민국 정부와 대한중석의 합작투자로 설립된 포항종합제철 주식회사는 국영기업으로 운영되다가, 2000년 10월 민영화되었고,[19] 2002년 명칭을 포항종합제철주식회사에서 포스코로 변경하였다. 현재 포스코는 포항시와 광양시에 2곳의 일관 제철소가 있으며, 일본의 오사카부의 물류센터와 미국 캘리포니아 주, 피츠버그 시에 US철강과 1986년 4월 1일 합작 법인으로 설립한 냉연 단순압연 법인인 UPI(USS-POSCO Industries)가 있다. 이 밖에도 중국 강소성 장가항에 중국 사강 그룹(沙钢)과 합작

---

17) http://www.han.ac.kr/index.html (검색일: 2010. 6. 27).

18) 김영길총장은 UNESCO와 협력 하에 캠퍼스 내에 UNESCO Campus를 조성하여 체계적으로 개 발도상국 학생 및 정부 인사들을 교육하고 있다고 피력하였다. 김영길, "환 동해 경제권의 활성 화와 환 동해 거점도시회의 역할", 제15회 환 동해 거점도시회의 (경북: 포항시, 2009), p.26.

19) http://www.posco.co.kr (검색일: 2010. 6. 12).

으로 1997~2000년, 완공한 '장가항 포항불수강 주식회사(張家港浦項不銹鋼株式會社)' 등이 있다. 대한민국의 자동차, 조선업 등 각종 기간산업들은 포스코에서 공급하는 철강 제품에 의존하고 있기 때문에, 1970년대 이후 40년간의 급속한 산업 발전의 원동력으로 여겨지고 있다.

둘째, 포항은 산업문화의 다양화에 주력하고 있다. 2009년 8월에는 '영일만 신항'을 개항하였으며, 포스코의 발전 전문자회사인 포스크파워는 이 영일만항 배후산업단지에 2020년까지 미국 FCF사와 조인트벤처 등의 현태로 총 2,880억을 투자한다고 한다. 포항 영일만항에서는 4U Port를 지향하고 있다. 4U Port란 Unique port, Ubiquitous Port, Universal Port, yoU Port의 머리글자 로 '고객중심의 포항영일만항'(浦項迎日灣港)을 캐치 프레이즈로 하고 있다.[20]

셋째, 포항은 환 동해 거점도시로 부각하고 있다. "환 동해거점도시 국제회의"는 한국, 중국, 일본, 러시아 4개국의 도시들이 회의를 개최하는 것으로 1994년에 결성된 이후 매년 각국에서 돌아가며 개최하고 있다. 제1회(1994년 10월)―2회(1995년 10월)는 일본의 사카이미나토, 요나고시가 공동개최 하였고 이후 한국, 중국, 일본, 러시아 등지의 시에서 개최하였는데 2009년 제15회 회의는 한국의 포항에서 개최하였다. 이 회의의 결성목적은 거점 도시 간 국제협력, 경제교류, 관광개발, 우호협력 확대방안 논의로써 지리적 장점과 자원을 바탕으로 다양한 경제 인프라 구축이다.[21] 제15회 환 동해 거점도시 국제회

---

20) 環 東海商務中心港, 浦項迎日灣韓國諸集藏商集産港, 浦項市의 홍보팸플릿. www.ipohang.org

21) 제15회 환 동해 거점도시회의(The 15th Conference of Major Cities in the East Sea Rim Region) 자료집 (포항시 발행, 2009), pp.8-9.

의는 한국(포항시, 동해시, 속초시), 중국(훈춘시, 도문시, 연길시), 일본(요나고시, 시카 이미나토시, 돗토리시, 니가타시), 러시아(블라디보스톡시) 등 총 4개국 11개 도시에서 50여 명이 참가하여 '환 동해 지역의 실질적 경제협력 방안 논의'의 주제를 가지고 회의를 개최하였다. 회의 후 각국의 도시에서 참석한 시장과 지도자들은 산업시찰과 영일만 항을 탐방하였으며 '환 동해권의 새로운 도약'에 다양한 중점을 두었다.

넷째, 포항은 지역주민과 지방자치단체 및 산업체가 연계해서 환경보호에 주력하고 있다. 즉, 포항시가 심혈을 기울여 추진하고 있는 또 하나의 문화산업은 국제 불빛 축제이다. 이는 원래 포스코가 송도해수욕장 등 주위의 시민들에게 포스코 건립 시 여러 가지 민폐를 끼친 것에 대한 보답의 의미로 7년 전에 시작하였는데 최근에는 포스코와 포항시가 공동으로 이 축제를 개최하고 있다. 이 국제 불빛 축제는 1,241억 원의 경제 유발효과를 갖는다[22]고 한다. 내용으로는 세계 뮤직불빛 쇼 및 미니불꽃 연출, 불빛 퍼레이드 등 대형콘서트를 비롯하여 각종 문화행사, 체험행사를 함께 개최한다.

(2) 중국 심천의 문화관광산업
① 중국 심천의 교육기관

심천의 대학 교육기관으로는 심천대학교와 남방과학기술대학(南方科技大學)을 들 수 있다. 심천대학교의 특색은 50개 이상의 고교와 교류합작관계를 건립하였으며 중국내에 서 먼저 영미고교합작을 개설

---

22) 포항시의 관련자료 수집 시 국제교류협력팀의 담당자와의 대화에서. 2010. 6. 23.

하고 '두 개 학교, 두 개 언어와 복수자격증 혹은 단수자격증'(雙敎員, 雙語種)형식으로 학생을 배출했는데 '쌍교원(雙敎員)'의 본과생이 합계 2,000 여명에 달한다. 또한 66개 국가의 유학생이 심천대학에서 수학하고 있으며 유학생의 수는 1,500여 명에 달한다. 심천대학은 특히 '쌍증합일(雙證合一: 졸업증과 학위증)'제도를 실행하고 있다.[23] 남방과기대학은 중국 고등교육개혁발전의 폭넓은 홍보를 배경으로 이공계열 위주로 경영대학과 일부 문과계열의 학과를 중립학과로 발전시키고 있다. 학교는 국내외 대학의 발전경험과 아시아 일류를 지향하는 학과와 대학원과 결합한 연구소등을 구비한 연구형 대학이다. 남방과기대학은 심천이 개혁개방과 경제체재 개혁에 크게 공헌한 점을 높이평가 받았고 현재 초 일류 대학을 지향, 인재양성에 매진하고 있다.

② 중국 심천의 주요 문화관광산업

심천이 작은 어촌에서 전국에서 손꼽는 부자도시로 거듭날 수 있었던 것은 관광과 문화를 중요시하고, 이를 '상품화'하여 심천 경제발전에 일익을 담당했기 때문이다.

첫째, 관광과 문화산업의 결합이다. 현재 심천의 관광업은 음식, 숙박 사업 외에 여행, 레져, 쇼핑(食, 住, 行, 遊, 娛, 購) 6개 요소에서 성과는 이미 상당한 궤도에 오르고 있다. 풍부한 지방문화와 자연경관에 근거하여 관광특정지역을 지정하여 50여 개 지역으로 확산했다. 2006년에 심천시위시정부(深圳市 委市政府)는 심천을 국제관광 도시로 지정한 이래 그 해의 관광수입은 전국의 1/18를 점유했고, 관광외환수입

---

23) 한국의 대학교는 졸업 시에 반드시 졸업증과 학위증을 같이 발급하고 있으나, 중국의 대학교는 두 개를 분리 하는 경우가 많다. 즉 졸업은 했지만 학위증이 없는 경우도 있다.

은 전국의 1/14에 달했다. 또한 2007년 1월부터 9월까지 관광 외환수입은 16.64억 달러에 이르렀다.[24] 즉 심천시의 관광업은 전시(全市) GDP의 5.6%에 달하며 심천관광업은 심천경제의 신성장산업이 되었다.

둘째, 심천의 대표적 명소로 스지에즈창(세계지창:世界之窓), 진시오쭝화(금수중화:錦琇中華), 중국민속 문화촌을 들 수 있다. 그 중에서 심천의 문화와 관광을 체험해볼 수 있는 대표적인 곳이 스지에즈창이다. 이곳은 홍콩기업과 중국 화차오청(華僑城)그룹이 합작하여 66억 위안을 투자한 테마파크 이다. 1994년 4월에 개장했으며 세계 각지의 유명건축물이나 거리, 자연경관을 축소 제작하여 전시했다. "당신이 나에게 하루만 주신다면 나는 당신께 하나의 세계를 드리겠습니다 (您给我一天 我给您一个世界)"를 표방하여 많은 관광객의 호평 속에 대성공을 거두고 있다.[25] 이외에도 심천은 진시오쭝화 (1989년 개장), 중국민속문화촌(1991년 개장) 등 많은 볼거리를 제공하며 인근 도시 홍콩과 마카오의 중간지점이라는 지리적 여건이 관광과 문화산업을 아우를 수 있는 장점으로 꼽히고 있다. 셋째, 창의성 문화 사업이다. 심천은 문화산업을 4대 주요산업의 하나로 선정했다.[26] 특히 창의성 문화산업으로 디자인과 광고 설계, 산업설계, 건축과 실내설계, 의류 디자인 등으로 이미 비교적 큰 산업규모로 발전했고, 그 발전의 중점은 기계설계에서 디지 털설계로 바뀌고 있다. 심천의 디자인의 수준은 대형그룹과 문화방면의 단체 및 국내외 저명한 기업브랜드를 설

---

24) 任珺, "深圳文化創意産業發展現狀及政策環境", 南方論叢, 深圳市特區文化研究中心 (廣東深圳, 2010), p.30.

25) 스지에즈창은 세계 광장, 아시아, 태평양, 유럽, 아프리카, 미국, 조각공원, 국제거리 등 8개 구역으로 나뉘어 있다. 예를 들면, 이집트의 피라미드, 파리의 에펠탑, 로마의 콜로세움, 나이아가라 폭포 등을 볼 수 있으며 한국의 경복궁도 볼 수 있다.

26) 劉混, "深圳文化産業發展狀況研究", 深圳大學 藝術學系, 1994-2010 China Academic Journal Pulishing House. All rights reserved. Special Zone Economy. (검색일: 2009. 1. 20).

계하기도 했다. 심천은 현대적 개념의 디자인이 발원된 곳이라 할 수 있다. 넷째, 2006년 심천시는 문화산업 발전촉진을 위한 경제정책을 채택하고, 문화산업 발전기금 설립, 개인 및 외국인 투자 장려를 위한 계획을 시행했다. 특히 국가수준의 애니메이션, 만화, 게임의 저작권 무역과 보호센터의 설립계획도 세우고 있다.[27]

04. 한중문화교류 및 포항과 심천간의 다양한 사회교류

이상으로 포항과 심천의 문화산업을 개괄해보았다. 한중간의 문화교류는 다각적으로 추진되고 있다.[28] 포항과 심천 간의 사회교류 활동은 어떠한가? 지면관계로 양국관련 모든 분야를 다루기는 어려운 점이 있어 한중학술회의, 한중여성NGO의 상호문화탐방과 교류활동, 중국유학생의 지역문화탐방과 체험실습, 지방자치단체의 우호도시교류에 대해서 고찰해 본다.

1) 심천한중학술회의 – '한중경제문화와 사회발전포럼'

한국과 중국의 교류활성화는 대도시를 중심으로 학술교류, 기업교류, 문화예술교류, 체 육교류 등이 다각적으로 추진되고 있으며, 적지 않는 성과를 거두고 있다. 그러나 양국의 지방도시간의 교류는 크게

---

27) 코트라(www.kotra.or.kr), 심천 애니메이션 (검색일: 2011. 3. 17).
28) 하영애, "한중간의 사회문화교류를 통한 양국의 발전방안 모색" (한국동북아학회, 2008), pp.234-245.

활성화 되지 못하고 있는 실정이다. 2010년 1월 한중양국의 학자들과 기업인은 지역사회의 활발한 교류활동을 위하여 제도적인 기구의 설립을 구상하고 여러 가지 논의를 거쳐 '한중문화교류연구소'를 개소하고 제1차 창립학술세미나를 심천에서 개최하기로 하였다.29) 동년 7월에 '한중경제문화와 사회발전포럼'를 개최하고 경제, 사회, 문화 분야에서 양국의 학자와 전문가들이 다양한 주제로 발표를 하였다.30) 사회 분야에서는 중국학자들의 주제로 "建交18周年 中韓兩國交流与發展", "大平衡核心價値觀前提"를 비롯하여 글로벌시대의 한중관계가 다루어졌다. 경제 분야는 중국내수시장 성공사례, 기업리스크 분석과 관리방안, 문화 분야는 경북권 주요문화유적의 재발견, 여성과 사회발전 등이 논의되었으며, 양국학자, 기업인, 상공인, 한국교민 등 참석자들에게 양국 지역사회에 관해 논의해보는 토대를 마련하였다. 특히 김장환 광주 총영사, 이홍종 세계지역학회 회장, 현태식 심천 한국상공회 회장 등은 축사와 종합토론에서 미래 심천과 포항의 지역사회발전을 위하여 인적교류와 지속적인 교류활동을 제시하였다.

2) 양국 여성 NGO단체의 상호문화탐방과 교류활동

한국의 한중여성교류협회와 심천부녀연합회는 2009년 8월 6일 심천부녀연합회에서 상호 교류협력 및 발전에 관한 간담회를 개최하였

---

29) 북경대학교 徐凱, 王春梅, 李繼興 교수, 길림대학 徐文吉 교수, 경희대 하영애 교수, 김주창 교수, 冬剛 변호사 등이 양국의 지속적인 발전을 위하여 연구소설립을 논의하고 2010년 2월 23일 오픈하였다.

30) 한국세계지역학회, 북경대학, 한중문화교류연구소 공동주최, "한중경제문화와 사회발전포럼", 중국 심천 개최 (2010. 7. 29.) 자료집, pp.7-180.

다. 후리쥔(胡利群) 심천부녀연합회 주석은 중국정부에서 지방 도시발전계획(城市發展計劃)에 따라 해외의 지방도시와 교류협력의 중요성을 강조하며 심천과 한국의 지방도시와의 교류를 제의하였다. 그러나 국제교류라는 특성상, 양국 지역사회의 여성NGO단체가 적극적으로 교류하고 참여하기란 쉬운 것이 아니다. 포항여성단체 중에서 국제적 성격을 띠고 있는 포항 한중여성교류협회는 중국의 여러 지역과 다각적인 교류활동을 전개하고 있다. <표-1> 포항한중여성교류협회의 중국지역 내 교류활동현황을 분석해보자.

<표-1>에서 살펴보면, 양국여성 GO와 여성NGO들은 한중수교 10주년을 맞이하여 "韓中女性經濟포럼 및 靑少年文化交流大會"를 중국 북경에서 개최하였으며 한국에서는 포항한중여성교류협회 회원 28명을 포함하여 총 110명이 참석하였다. 이 회의는 여성들의 경제세미나와 청소년들의 문화예술을 포함하여 다양한 문화 활동이 다루어졌으며 양국의 좋은 반응을 얻었다.[31] 따라서 이듬해는 동일주제로 한국서울에서 개최하여 일회성이 아닌 지속적인 양국 NGO의 활동으로 이어졌으며, 또한 2회 서울대회에서는 양국의 대학생들의 문화 예술 공연이 다양하게 전개되어 양국청년문화를 이해하는 계기가 되었다. 특히 2007년에는 "제3차 한중여대생 양국언어말하기 대회" 가 북경대학에서 개최되어 언어교류를 통한 양국의 생활을 이해하였고 '한국어와 중국어'를 체득하는 커다란 효과를 가져왔다.[32] 무엇보다도 주목할 것은 2003년에 중국 운남성(雲南省)의 서쌍판납 부녀연합회와 한국의 포항지회는 '교류협의서'를 체결하였으며 컴퓨터 구입비 전달, 장학금 지

---

31) 인민일보, 2002. 8. 20. '中韓婦女硏討會在京召開'; 동아일보 2002. 8. 20. '한중여성 경제세미나'.
32) 문화일보, "국적이 헷갈리네", 2007. 5. 18.

급 등 지속적인 상호교류가 이어졌다. 2004년에는 서쌍 판납 부녀연합회 회장단 및 임원들이 포항한중여성교류협회를 방문하여 다도회를 개최 함으로써 양국의 차 문화에 대한 이해와 우호를 돈독케 하는 계기가 되었다. 또한 포스텍을 산업시찰하고 포스텍의 간부들과 좌담회를 통해 철강 산업에 대한 교육과 학습의 시간을 가졌다.

〈표-1〉 포항한중여성교류협회의 중국지역과 교류활동 현황

( )인원은 한국참가자 수

주제/대회명	일시	장소	인원	내용	주최
韓中婦女經濟研討會及靑少年文化交流大會	2002.8.19	북경, 전국부녀연합회 국제회의장	포항지회 28(110) 총 250여명	경제, 여성정치참여, 생활 등 주제 발표	全國婦女聯合會/한중여협 공동 주최
심천부녀연합회/한중여성교류협회좌담회	2009.8.6	심천부녀연합회 2층	6명(각3명)	교류협력 논의	심천부녀연합회
포항지회/西雙辦納부녀연합회 방문 및 교류협정서 체결	2003.10.5-8.	중국 운남성 서쌍판납부녀연합회	포항지회 15명	학용품,컴퓨터 구입비 전달	한중여성교류협회 포항지회/운남성 서쌍판납부녀 연합회
장학금 지원 사업	2007.5.19-22.	중국 운남성경 홍시 제3소학교	포항지회 10명	장학금전달	한중여성교류협회 포항지회
西雙辦納부녀연합회포항지회 방문 및 문화탐방	2004.5.10-13.	한국포항/포스코	서쌍판납부녀연합회 6명	포항산업탐방/포스코 견학	운남성 서상판납부녀연합회/한중여성교류협회 포항지회
韓中女學生双中言語 比賽 (第3次)	2007.5.17	북경대학교 정대(正大)국제회의장	포항지회30명 (95명)	북경대학 여학생 예선합격자 본선 진출/여성 주부 본선진출	한중여협/북경대/전국부녀연합회 국제부

출처: 인민일보, 2002년 8월 20일; 동아일보, 2002년 8월 20일; 한중여성교류협회 발행 각 종 세미나 자료(2007), 중국전국부녀연합회 발행 팸플릿(2007), 포항지회 활동자료집 발췌 후 필자 작성.

3) 중국유학생의 지역문화탐방과 체험학습

최근 교육과학기술부가 집계한 외국인 유학생 통계에 따르면, 지난해 4월 1일 기준 으로 국내 대학에 재학 중인 외국인 학생은 총 7만 5천 850명으로 전년도(6만 3천 952명)에 비해 18.6% 증가했다. 전체 외국인 유학생 중 92.4%인 7만 133명이 아시아 출신이었으며, 그 중에서 중국인 유학생 수는 5만 3천 461명으로 전체의 70.5%를 차지했다.[33] 중국학생들의 한국유학에 대해 교과부 관계자는 "지리적으로 가깝고 영미권에 비해 유학비용도 저렴하다 보니 한국행을 택하는 중국 학생들이 많은 것 같다."며 "다양한 학생들을 유치하려면 여러 나라의 문화적 차이를 배려하려는 대학의 노력이 더 필요하다."고 말했으며 외국인 유학생 수를 대학별로 보면 경희대가 4천 677명으로 가장 많았고, 이어 이화여대 2천 819명, 연세대 2천 802명, 한양대 2천 68명, 고려대 1천 753명, 건국대 1천 741명, 성균관대 1천 698명 등의 순이었다.[34] 지역문화탐방과 관련하여 경희대학 유학생을 사례로 살펴본다. 경희대학을 대표로 든 것은, 경희대학이 국내 대학 가운데 가장 먼저 대학의 국제화에 주력하여왔고,[35] 그 결과 전국에서 유학생이 가장 많은 대학이며, 특히 학교당국이 아닌 자발적인 한 교과 과목에서 문화탐방과 체험실습을 지속적으로 해온 것은 보기 드문 현상이기 때문이다.[36]

---

33) 세계일보 2010. 6. 20.
34) 세계일보 2010. 6. 20.
35) 경희대 유학생 교육지원팀 설립 TFT 보고서 자료 참고.
36) '한국사회의 이해' 과목은 수강한 전체외국학생들에게 지역사회의 문화탐방과 체험 실습을 학습케 한다. 이 과목은 처음에는 몇 교수들의 지원으로 경비를 충당하였으며 현재는 실습비와 학생들의 참가비로 추진되고 있다.

<표-2> 중국유학생들의 지역 문화탐방 사례

(경희대학교 중국유학생의 예)

일시	장소	참석 인원	내용
2009. 5. 10-11.	경주불국사, 경주시의회, 포항시청, 포스텍, 포스코	42명	-경주신라문화 체험 학습 및 탐방 -시의회 의장과 좌담회/포항시청 방문
2009.11. 26-27.	오죽헌 강릉시청 강릉 단오제 시행 장소, 설악산	53명	-신사임당 답습/강릉시청 견학 -단오제관련 영상물시청 및 단오제 시행 장소 답습/-설악산 관광체험
2010. 5. 7-8.	안동, 문경세제, 영주, 구미	76명	-선비촌 / 영주 부석사 -하회마을/문경 도자기실습체험 -구미최첨단 산업공단 견학

출처: 필자 자료제공 (2010. 11. 25).

<표-2> '중국유학생들의 지역문화탐방 사례'에 따르면, 2009년 5월 10일에 유학생 42명은 경주의 불국사, 석굴암, 경주시의회를 탐방하고 신라문화에 대한 이해와 특히 경주시의회 의장 및 의원들과 좌담회를 개최하여 질의 토론의 시간을 가짐으로서 한국의 지방의회를 직간접적으로 체험하게 되었다. 이는 비록 100여 년 전에 중국이 의회정치를 실험해본 경험이 있고 좋은 평가를 받기도 하였으나,37) 아직은 민주정치가 궤도에 오르지 않는 상황에서 중국유학생들에게 의회제도에 대한 이론과 실천을 병행할 수 있 다는 점에서 좋은 경험이 될 수 있다. 다음날 이들은 또한 포항시청, 포스텍, 포스코를 견학하고 포항의 산업과 문화를 고찰하였다. 동년 11월에는 강원도를 탐방

---

37) 청 정부는 청말 의회정치를 실험하는 자의국(諮議局)을 전 성(省)에 설치하였으며, 호북성 자의국은 탕화룡(湯化龍)의장을 비롯하여 간부들이 지방의회의 역할을 충분히 발휘하여 타 성의 모범이 되었다. 하영애, "중국 호북성(湖北省) 자의국(諮議局)에 관한 연구", 한국동북아 논총, 제13권 제1호 (2008), pp.233-235.

하고 강릉단오제 영상물시청 및 단오제를 시행하는 장소를 답습했다. 또한 2010년 5월에는 안동하회마을을 탐방하고 하루를 머물며 선비의 삶을 닮아보고 문경에서는 도자기를 직접 만드는 체험실습과 구미최첨단 산업공단을 견학하는 등 지역문화를 탐방하는 기회를 가졌다. 유학생들 중의 일부는 또한 한국의 음식문화에 대한 체험실습을 했다. 김치는 한국의 대표적 음식이다. 김치는 다양한 맛과 멋으로 해외에서도 많이 선호하며 한국의 대표적 상품으로 브랜드화 되고 있다. 김치는 한국음식문화의 근간으로서 유학생의 한국 생활에서 뗄 수 없는 '생활문화'로 자리 잡고 있다. 이처럼 한국으로 유학 온 외국 학생들에게 '김치담기실습'은 단순히 맛뿐만 아니라 한국인의 정신, 한국의 얼을 익히고 답습하게 하는 하나의 중요한 '학습과정'이라고 할 수 있다. <표-3> 중국유학생의 한국김치담기 체험실습현황 사례를 살펴보자.

〈표-3〉 중국유학생의 한국김치담기 체험실습 현황

(경희대학교 중국유학생의 예)

일시	참석인원	실습내용	비고
2007. 5월 / 10월 2008. 5월 / 10월 2009. 5월 / 10월 2010. 5월7-8일 2010. 11월10일	41/43 38/40 42/35 62 60	1. 김치의 연혁(시청각) 2. 김치담기의 공정 3. 김치이름의 변천사 4. 김치의 종류 5. 한국 김치 담기 실습	−2007~2010년 상반기까지 강원도 횡성 견학실습 (각국의 교환교수 동참) −2010년 11월 서울 인사동. 김치 박물관 개관.
합계	361		

출처 : 한국 종가 집 김치(강원도 횡성 생산 공장)자료제공. 2010. 11. 20.

<표-3>에서 볼 수 있듯이 일부 유학생들은 한국의 음식문화를 대표하는 김치담기를 2007년부터 매 학기 실습과 체험을 하고 있다.

2010년까지 360여 명의 유학생들이 한국음식 김치담기를 직접 만들었다. 또한 학생들 외에도 미국·영국·중국에서 온 교환 교수들도 함께 문화탐방에 동참하고 직접 김치담기를 해봄으로써 생활문화 속에서 한국을 체득해보는 기회를 가졌다. 이에 대해 학생들과 교수들은 한국문화를 깊이 이해하는 계기가 되었다고 피력하고 있다.38)

4) 한중지방자치단체의 우호 자매도시 체결과 교류

21세기 국제사회에서는 국가를 초월하여 많은 국가에서 지방도시와 교류협력이 강화 되고 있으며 현재 우리나라에서도 많은 국가와 도시 및 지방자치단체가 교류하고 있다. 한. 중 관계가 다각적으로 밀접한 관계를 유지하고 있는 시점에서 1993년 8월 24일 한 국의 부산시와 중국의 상해시가 자매도시를 맺었으며 이로써 한·중 두 나라의 우호도 시교류의 서막을 열게 된 계기가 되었다. 이러한 우호도시교류는 신속하게 확산되는 추세에 있다. 또한 최근 중국학자들의 연구 자료에 따르면, 양국의 우호도시는 72개 성·시에서39) 점차 발전하여 1993년부터 2006년까지 90여개의 성 및 시와 우호관계를 수립하고 있음을 제시하고 있다.40)

---

38) 미국 Ever Green University Helena Meyer-Knapp 교수, 정화열 교수, Jacguelin Pak 교수, 중국의 朱平 교수 등이 동참하였다. Helena Meyer-Knapp 교수는 김치담기는 한국생활을 체험하는 대단히 유익한 기회였으며 사진을 강의시간에 활용하였다고 메일을 보내 왔다. 학생들은 김치 문화의 다양성, 과학적이며 위생적인 제공과정에 대해 한국김치를 새롭게 이해하였다고 한다. 경희대 중국유학생들의 경북문화탐방기(2010. 5. 30. 책자 발간) 참고.

39) 方秀玉, "合作和平的韓中關系發展", 韓國東北亞學會,中國楊洲大學共同主崔, 2008年度中韓 國際學術會議, 東北亞國際關係的過去, 現在及將來會議 論文集 (中國楊洲, 2008), p.34.

40) 徐文吉, "中·韓建交十五周年双边關系盤点与前景展望", 中華人民共和國 教育部 東北亞論 壇 編輯部 發行 東北亞論壇 Northeast Asia Forum, 第16卷, 第4期總 第72期) (吉林: 東北亞論壇 編輯部 發行, 2007), p.42.

또한 <표-4> '포항시의 해외 자매도시 및 우호도시 현황'에 따르면, 포항시는 중국의 훈춘시(琿春市)와 자매도시를, 장가항시(張家港市)와 우호도시를 맺고 있다. 훈춘시와 농업, 화공, 석탄, 기계, 식품에 중점을 두고 있으며, 장가항시와는 포항산업의 대표성을 갖고 있는 철강, 화공, 자동차부품 등이 중점을 두고 있는 것이 두드러진다.

〈표-4〉 포항시의 해외 자매도시 및 우호도시 현황

국가명	도시명	시 장	자 매 결연일	인 구 (천명)	면적 (㎢)	주요산업	비고
중국	훈춘시 (琿春市)	姜 虎權	1995.5. 15.	250	5,120	농업, 화공, 석탄, 기계, 식품	T86-440-751-3532 F86-440-751-2177
	中國 吉林省 琿春市 龍源街 481号						
	장가항시 (張家港市)	徐 美健	2009.7. 26.	898	999	철강, 섬유, 유화, 화공, 자동차부품	T86-512-5879-2062 F86-512-5822-4770
	中國 江蘇省 張家港市 楊舍鎭 暨陽中路 63号('07.8.28 우호교류의향서 체결)						

출처: 경북 포항시청 국제협력팀 자료제공 (2010. 6. 23. 필자 포항방문).

그 외에도 포항시에서 추진하고 있는 자매 및 우호도시는 하북성의 당산시(唐山市), 산동성의 일조시(日照市), 광서성의 북해시 (北海市), 운남성의 곤명시(昆明市), 내몽고 자치주의 포두시(包頭市) 등을 추진하고 있다. 포항시는 중국의 많은 도시들과 다양성 산업문화를 추진하고 있으며 특히 물류도시, 항만물류확보, 천연자원확보, 신항만개항에 따른 물류기지확보 등을 통해 해양시대의 환 동해 산업 중심도시로의 발전을 도모하고 있다.[41] 또한 시의 국제협력팀에서는

---

41) "포항시의 향후 해외 자매·우호 도시 추진상황", 경북 포항시청 국제협력팀 자료제공 및 필자와 간담회 개최. 2010. 6. 23. 포항방문.

중국전문인을 고용하여 자료의 번역, 중문책자발간 등 활발한 움직임을 보이고 있으며[42] 이는 포항을 찾는 외국인 특히 중국인들의 이 해를 높이는 데 기여하고 있다고 하겠다. 이러한 국제 도시 간 자매결연과 관련하여 행자부 훈령(47호/2000. 3. 27.)으로 규정되어 있는 것을 자율적으로 운영하도록 규정이 폐지(2004. 1. 6.)됨으로써 국제화 시대에 있어서 양국 간의 우호도시교류는 더욱 가속화 될 수 있겠다. 특히 포항과 심천 간의 다양한 문화산업교류를 확산하기 위하여 두 지역 간에 아직까지 이루어지지 않는 양 지역의 우호도시교류 체결은 지방화 시대에 우선적으로 추진해야 할 사항이라고 하겠다.

우리는 포항과 심천 두 지역 간의 심천학술회의, 양국여성NGO, 유학생문화탐방과 체험실습, 우호 도시교류의 문화산업교류활동들을 고찰하였다. 흔히 사람들은 본 만큼 알고, 관습이나 습관은 바꾸기가 쉽지 않다. 다시 말하면 자신의 학습된 신념과 전통 및 지침들을 내면화하여 그것을 실생활에 적용하고 내재화한다. 이러한 양 지역사회의 인적 매체를 통한 부단한 교류활동으로 삶의 질을 향상 시킬 수 있으며, 나아가 지역 산업 발전에도 도움이 될 수 있을 것이다.

---

42) 포항시 60년 홍보팸플릿, 環東海商務中心港 浦項迎日灣港國際集裝箱集散港, Green-way 2010 進入迎日灣復興時代的浦項 市政現況 등 다양한 자료가 중문으로 번역되어 있어 포항시에 대한 외국인들의 이해를 돕고 있다.

05. 포항과 심천 간의 문화산업교류 활성화를 위한 사회적 실천방안

한국에 오는 세계유학생 중 중국유학생 수가 70%를 넘고 있으며 여성들은 한류와 교육수준의 향상, 남녀평등화의 사회적 요구에 힘입어 한국으로 오는 관광객의 수는 점차 증가하고 있다. 본 장에서는 양 도시의 문화관광산업 활성화를 위한 지역사회발전 방안을 모색해 보고자 한다.

1) 여성 NGO · 유학생의 문화산업체험의 확산과 지방정부의 정책지원

한국과 중국 두 나라간의 여성교류는 수교 이후 활발한 활동을 하고 있다. 양국수교 10주년(2002년) 때 [한중여성경제세미나 및 청소년문화예술대회]를 북경에서 개최하여 당시 김하중 주중한국대사, 펑페이윈(彭佩云) 중화전국부녀연합회주석 등 여성 수백 명이 참석하였으며 한국에서는 110명이 이 대회에 참석하여 여성과 경제, 정치참여, 여성과 생활 주제의 세미나와 문화행사를 개최하여 사회각계 각층의 관심과 언론의 주목을 받았다.[43] 2004년에는 이 대회를 한국에서 개최하였고 양국의 많은 대학에서 유학생들 이 각종 활동에 참여하여 청소년문화교류에 중요한 계기를 마련하였다.[44] 이외에도 한국 여성부

---

43) 인민일보, 2002. 8. 20. "中韓婦女硏討會在京召開"; 동아일보, 2002. 8. 20. "한중여성 경제세미나".
44) 中韓婦女硏討會及靑少年藝術交流大會 (서울: 사단법인 한중여성교류협회, 2002 · 2004),관련 자료집 참고.

와 중국 전국부녀연합회가 주최한 활동 '동북아여성지도자회의'(2001), 21세기 한중교류협회가 주최한 '제7차 한중여성지도자회의', 한중여성교류협회 주최의 '한중 여성양국언어이야기 대회'(2003-2009) 등을 통해 두 나라 여성들은 학술활동, 각 국의 문화 선보이기, '한국 음식 문화체험' 등 꾸준한 교류활동을 통하여 양국 민간외교에 큰 역할을 하고 있다. 지역사회에서는 '포항한중여성교류협회'가 현재 '서쌍판납 부녀연합회'와 교류하고 있으며 장학금 지급, 교육물품 지원 등을 하고 있다. 앞으로는 문화산업교류의 일환으로 '심천시 부녀연합회' 등 타 여성단체와도 협력 교류할 필요가 있으며 '포항의 날'을 심천에서, '심천의 날'을 포항에서 개최하는 것도 좋은 아이템이 될 것이다. 앞에서 논의하였듯이 유학생들은 한국지역사회에서의 문화탐방, 김치체험실습 등을 통해, 그리고 중국 사막에서의 미래 숲−나무심기를 통해 상호문화의 이해와 호의를 갖게 되었다. 그러나 이러한 문화교류탐방이 지속화되기 위해서는 지방정부의 정책이나 지원이 필요하다. 양국의 미래를 짊어질 청년유학생들의 상호교류가 무엇보다도 중요하다고 봤을 때 특히 유학생들이 상대국의 문화를 체험하고 탐방하는 프로그램 개발과 더불어 문화교류 기금도 조성되어야 한다.[45] 또한 미래사회는 여성 NGO의 역할이 기대된다. 그들이 보고, 느끼고, 체득한 양국과 양 지역의 문화산업이 체계적이고 지속적으로 추진될 수 있도록 시(市)정책입안자, 여성단체, 대학교 및 연구기관이 관심을 가지고 꾸준히 추진해 나가야 한다.

---

45) 김도희, "한중 문화교류의 현황과 사회적 영향", 현대중국연구, 제9집 2호 (현대 중국연구회, 2007), p.334.

2) 포항-심천 우호도시교류 체결 제의

앞에서 한중 양국은 수교 이후 지방도시와 자매도시, 우호도시 교류협력이 추진되고 있음을 보았다. 21세기는 양국문화산업의 양적 질적 팽창과 더불어 더욱 확산될 전망 이다. 수십 년 전에 필자가 하와이에 도착했을 때 들어서 익히게 된, 학습된 신념-알로하(안녕하세요)가 아직도 자연스럽게 튀어나오는 것은 바로 문화탐방의 중요한 체험 이듯이 심천과 포항을 잇는 중요한 가교로써 포항시와 심천시의 '우호도시교류' 혹은 '자매도시교류'를 제안 한다.

3) 관광문화개발과 연계

심천이 오늘날 가보고 싶은 지역, 소득수준이 높은 지역으로 정착된 데는 무엇보다도 관광과 문화를 연계하여 추진한 것이 가장 중요했다. 또한 심천시위원회는 심천시가 이러한 문화산업을 '창업문화'로 까지 발전할 수 있도록 다양한 환경을 제공하였다.[46] 이는 대단히 중요하다. 최근 포항시는 국제 협력팀의 부서를 강화하고 영일만 신항 개항과 더불어 컨테이너 물류산업 외에 4U 정책으로 포항을 찾는 문화관광객의 서비스의 질적 향상을 위해 최선을 다하고 있다. 또한 문화관광 국제교류 협약서를 체결하였다. 포항시와 심천시에서는 다가오는 해양문화시대의 동반자로서의 심천-홍콩, 포항-경주의 문화 고적 관광을 함께 아우르는 공동사업 등 다양한 관광문화개발을

---

46) 任珺(2010), pp.30-33.

연계하여 추진할 계획이다.

4) 유학생 교류활성화와 인재 발굴 환경 및 문화인재 양성

인재육성은 동서고금을 막론하고 중요하다. 중국의 4대 현대화를 추구하는 덩샤오핑의 개방개혁 정책의 중요한 요소 중의 하나도 인재육성이었을 뿐 아니라 젊은 인재육성은 모든 국가와 지역사회의 발전을 위해서 중요하다. 양국에 유학하는 학생들로 하여금 포항과 심천을 상호 방문47)하게 하는 방안은 문화산업교류의 중요한 근간이 된다고 할 수 있다. 최근 지적되고 있는 유학생관련 연구48)는 양국청년교류활성화에 타산지석의 교훈으로 삼아야 할 것이다. 그러나 어떠한 어려움이 있어도 교육을 통한 양국의 교류는 활성화되어야 한다. 구체적으로는 학술교류, 교수교류, 교환학생제도 등을 비롯하여 유치원, 초, 중, 고 학생교류 등으로 양 지역이 더욱 발전할 수 있을 것이다. 이런 의미에서 포항의 '호호유치원'은 좋은 사례가 될 수 있다.49) 또한 포항공대, 한동대학과 심천대학, 과기대학 등의 대학과 연구기관의 자매결연 내지 교환교류협정 체결을 제의한다.

지역사회를 발전시킨 중요한 인물을 다방면으로 발굴하고 찾아볼 필요가 있다. 심천은 덩샤오핑의 경제특구지정으로 오늘의 발전을 가져왔으며 따라서 그를 기리는 대형의 초상화를 거리에서 쉽게 볼 수

---

47) 포항시청 방문 시 설명 자료 중에서. 2010. 7. 1. 10시-12시.
48) 임석준, "외국인 노동자인가 유학생인가", 21세기 정치학회보, 제20집 3호 (21세기 정 치학회, 2010), pp.56-74. 참고.
49) 포항의 '호호유치원(好好幼稚園)'은 유아들에게 중국어를 배우게 하고 있으며 이들의 중국노래합창은 참석자들의 큰 호응을 얻었다. 한중여협 포항지회주최 '한중문화교류대회 및 여성경제세미나' (2009. 8. 20).

있다. 포항은 한국의 대통령 이명박(李明博)을 탄생시킴으로써 작은 항구도시 '포항'이라는 지명이 국내는 물론 국외에 더욱 널리 알려지게 되었다. 인간은 고향을 떠나서는 살 수가 없다. 설혹 고향을 떠나 있더라도 그 지역 태생이라는 마음의 고향은 평생을 함께하고 있다. 고향인, 지역발전인, 문화인, 학자, 산업인을 발굴하여 양 지역을 더욱 발전시킬 필요가 있다.

5) 네트워크 도시의 역할과 연계모색

통계자료에 따르면, 외국인의 한국관광객이 2005년에 600만 명을 넘었고, 2008년에 는 6,890천 명이었으며 2009년에는 7,817천 명(전년대비 13.4% 증가)으로 사상최고치를 기록하였다. 경북지역 관광객은 2000년을 기점으로 지속적으로 성장하고 있으며, 2008년 관광객 수는 약 8,652만 명으로 2007년의 7,929만 명보다 약 9.1% 증가하였다.[50] 또한 한국을 방문하는 외국인 중에 경상북도를 방문한 경험이 있는 관광객은 전체의 20%를 넘고 있으며 그 중에서 포항이 5.0%, 경주가 15.6%를 기록하고 있다.[51] 통계에서 보듯이 경주는 한국문화를 대표하는 지역이다. 따라서 포항은 경주와 네트워크 도시를, 그리고 심천은 홍콩과 마카오를 네트워크 할 필요가 있다고 본다. 특히 한 설문조사에 따르면, 한국 여행 시 인상 깊었던 점으로 '독특한 문화유산이 있다(24.7%), 산업이 발달한 나라이다(12.3%), 자연경관이 아름답다(31.8%)'의 응답률을 보였다. 이점을 보면, 앞으로 관광과 문화를

---

50) 경상북도, 경북관광대도약을 위한 중국인 관광객 유치방안 (경상북도, 2010), p.11.
51) 경상북도 (2010), p.49.

더욱 연계할 필요가 있으며 따라서 포항은 산업교류에 경주는 관광교류에 중점을 두는 방안을 고려해 볼 수 있다. 즉 경주의 관광객을 포항 포스코와 영일만으로 오게 하거나, 포항을 찾는 관광객을 경주도 탐방하게 하는 더욱 적극적인 프로그램으로 연계하여야 한다.

06. 결론

오늘날 우리는 과학물질의 발달로 시공간을 초월하여 다양한 번영을 추구하며 살고 있다. 과학문명으로 인간은 편익을 추구하고 시공간의 단축으로 동북아는 일일 생활권속에 문화산업교류와 더불어 한·중 양국은 다양한 분야에 교류가 활성화 되고 있다. 본 연구는 한·중 양국의 문화체험과 관광활동의 비중을 중시하고 이를 문화산업이란 개념을 적용하여 유학생, 여성 NGO, 지방자치단체의 교류활성화 연구를 시도하였다. 유학생들은 한국 지역사회의 문화탐방과 음식문화체험실습을 통하여 생활문화를 익히게 되었으며 이렇게 학습된 문화는 직간접적으로 교류활동증가에 영향을 미칠 수 있을 것이다. 또한 부분적인 양국 여성 NGO의 교류활동을 통해 여성경제세미나, 양국언어 말하기대회 등의 활동과 '포항 한중 여성교류협회'와 '서쌍판납 부녀연합회'와의 자매결연 및 장학금지급 등 역동적인 교류활동을 고찰하였다. 지방자치단체교류에 관해서는 한중 양국이 70~90여 개 지역도시 간 자매도시와 우호도시교류를 체결하고 있음을 보았다. 그러나 심천과 포항 두 도시 간에는 이러한 긴밀한 교류가 아직 부재한 상황이다.

포항과 심천 두 도시는 어촌, 항구 도시라는 공통점에서 출발하여 현재는 경제도시로 주목 받고 있음은 주지하는 사실이다. 심천은 '스지에촹'과 민속박물관 등 문화산업에 역점을 두고 변화 발전하였다. 특히 관광과 문화를 결합하여 국제관광 도시로 지정 되었으며 중국 내 3위의 국민소득으로 더욱 발전을 지향하고 있다. 포항은 포스코, 포항 영일만 항 신항 개항, 환 동해 거점도시 국제회의 개최, 국제 불빛 축제 등의 문화 산업으로 발전 중에 있다. 특히 포항제철 공장 외에 새로운 항만으로 '영일만 항'의 신항만 개항은 환 동해 거점도시로 포항이 발전하는데 기여 할 수 있을 것이다. 포항의 포스텍과 한동대학은 중국심천의 심천대학교와 남방과기대학 과의 대학 간 상호교류를 비롯하여 교환학생 교류를 통하여 각 대학의 장점을 상호공유 할 수 있을 것이다. 또한 미래 해양시대에 대비해 환 동해 거점도시회의에 포항과 심천이 함께 교류를 시도해볼 수도 있을 것이다. 심천 시는 다양한 창의성 문화산업을 통해 고도로 성장·발전하고 있다.

그러나 심천시 문화특색의 육성을 위해서는 영향력 있는 국제성 문화 경축절, 각종 경연대회, 국제회의, 전람회 등 국내외의 문화교류를 적극적으로 전개하여 심천지역사회를 국제화 시대의 반석에 올릴 수 있어야 한다.

본 연구의 결과 포항과 심천간의 문화관광산업의 사회적 실천방안으로 다음의 몇 가지를 도출하였다. 첫째, 유학생·여성 NGO의 문화산업체험의 확산과 지방정부의 정책지원. 둘째, 포항－심천 우호도시 교류 체결 제의. 셋째, 관광문화개발과 연계. 넷째, 인재육성 환경과 문화인재양성을 제시하였다. 다섯째, 네트워크도시의 역할과 연대모색이다. 이는 포항과 경주, 그리고 심천과 인접해 있는 홍콩, 마카오를 연계하는 방안은 관광과 문화 산업을 통한 각 지방자치단체에 지역적 특수성과 다양성으로 문화와 관광은 물론 경제적 효과를 가져올 수 있을 것이다.

01. 서론

1992년 8월 24일 한중양국은 역사적인 수교를 한 이후 정치, 경제 부문의 교류는 기대 이상으로 매우 활발히 촉진되고 있는 상태이다. 그러나 사회 문화교류는 필요성과 중요성을 감안할 때에 아직도 만족스러운 수준에 이르지 못한 실정이며 여타 교류에 비하여 상대적으로 부진한 상태를 벗어나지 못한 상태라 볼 수 있다. 따라서 앞으로 교류확대를 위한 양국의 적극적인 노력과 지원이 절실히 요구되고 있는 것이다.

중국과의 교류를 위해서는 중국에 대한 개괄적인 이해가 필요하다고 생각한다. 중국인은 중화사상을 중심으로 자긍심이 매우 강하고 제도 보다는 인간관계(꽌시: 關係)를 우선시 한다. 또한 한국 사람의 성격이 급하고 빨리빨리 하는 습관이 있는 반면 중국인은 '慢慢地'(만만디: 천천히)하여 대조적 성격을 보인다. 우리나라와 많이 다른 부분의 하나가 음주문화와 흡연에 관한 것인데 중국에서는 첨잔을 하며 술잔을 돌리는 습관은 없다. 이러한 것들은 가볍게 생각할지 모르지만 중국인의 습관과 성격으로서 각종 교류협력 차원에서 알아둘 필요가 있다고 생각한다.

교류활동의 당위성은 국가나 집단 혹은 개인이 상호교류활동을 통하여 이질적인 요소를 발전적 측면에서 통합할 필요가 있으며 부족한 것을 상호 도와주는 것이다.

본문은 발전의 개념을 가지고 양국의 사회문화교류를 연구 분석하고자 한다. 본 연구에서 발전의 의미는 양국 국민이 사회문화교류를 통해 생활향상, 참여증대, 세계시민 의식 제고로 인간의 정신적 가치와 삶의 질을 향상시키는 것을 말한다. 양국 국민은 교류활동을 통해서 무엇을 얻었으며 어떻게 변화하였는가? 이러한 물음에 대한 해답은 결코 쉽지 않다. 그러나 가능한 발전개념을 적용하여 양국민의 참여의식, 생활향상, 인식변화를 도출 해보고자 한다.

02. 사회문화 분야의 한·중 교류현황

1) 한·중 우호도시간의 교류

21세기 국제사회에서는 국경을 초월하여 많은 국가에서 지방도시와 교류협력이 강화되고 있으며 현재 우리나라에서도 많은 국가와 도시 및 지방자치단체가 교류하고 있다. 한·중 관계가 다각적으로 밀접한 관계를 유지하고 있는 시점에서 1993년 5월 30일 한국의 대구시와 중국의 남경시가 자매도시를 맺었으며 이로써 한·중 두 나라의 우호도시교류의 서막을 열게 되었다. 이러한 우호도시의 교류는 신속하게 확산되었는데 현재 한국의 많은 도시와 중국의 여러 省. 市. 自治區에서 우호자매결연을 갖고 있는 지역은 서울시와 북경시, 인천시와 천진시, 부산시와 상해시, 충청남도와 하북성, 충청북도와 흑룡강성, 경기도와 요녕성, 강원도와 길림성이 각각 우호도시로 서로 교류협력을 결성하였으며, 서울시에서는 광진구청이 북경시 방산구와 1996년 7월 4일에 교류결성을 하였다. 최근의 자료에 따르면, 대구시 동구와 안휘성 황산시가 2005년 5월 9일, 경남 하동군과 호남성 장가계시가 2006년 3월 31일, 충남 당진군과 산동성 일조시가 2007년 4월 23일 각각 우호 도시교류를 맺음으로써 103개 도시52)로 확대되고 있으나 지면관계로 대표적 사례만 명시하였다. <표-1>에서 양국의 우호도시간의 교류현황을 살펴보자.

〈표-1〉 한. 중 우호자매도시 결연현황

한국시.도	중국 성. 시	교류결연 년 월 일
서울특별시	북경시 (北京市)	1993. 10. 13.
대구시	청도시 (青島市)	1993. 12. 4.
부산시	상해시 (上海市)	1993. 8. 24.
인천시	천진시 (天津市)	1993. 12. 7.
충청남도	하북성(河北省)	1994. 10.19.
경기도	요녕성(遼寧省)	1993. 10. 4.
강원도	길림성(吉林省)	1994. 6. 8.
서울시 광진구청	북경시 방산구	1996. 7. 4.
충청북도	흑룡강성(黑龍江省)	1996. 9. 16.
광주시	광저우(廣州市)	1996. 10. 25.
대전시	난징(南京市)	1994. 11. 15.

---

52) 中韓友好城市 列表 http://bbs.tianya.cn/post-388-7295-1.shtml (검색일: 2015. 8. 5).

울산시	장춘(長春市)	1994. 3. 15.
전북	강소성(江蘇省)	1994. 10. 27.
전남	절강성(浙江省)	1998. 5. 16.
경북	하남성(河南省)	1995. 10. 23.
경남	산동성(山東省)	1993. 9. 8.
제주도	해남성(海南省)	1995. 10. 6.

출처 : 각 시·도 국제 교류과 및 관련부서 자료발췌 후 필자 작성.

이들 양국 우호도시들은 각각 서로간의 교류는 물론이며 이를 각
시민이나 도민, 자치구에 알리어 한국을 방문할 때 자매시를 견학 하
곤 한다. 예를 들면 한국의 여성단체인 한·중여성교류협회(韓·中女
性交流協會)에서 상해의 여성단체인 상해부녀연합회(上海婦女聯合會)
회원들을 초청하여 국제세미나를 개최했는데 협의과정에서 상해부
녀연합회에서는 서울 외에 가보고 싶은 곳으로 자매결연 도시인 부
산을 가겠다고 요청하여 세미나가 끝난 후 부산과 경주를 방문하도
록 주선하고 안내하였다.1) 또한 경상북도 경주시와 중국의 자매결연
도시인 서안(西安)에서는 자매결연이후 격년으로 번갈아 가며 중국과
한국에서 체육대회, 등산대회, 전통문물교류전시회 등 다양한 프로그
램을 통해 더욱 친숙하고 상호 소통하는 계기를 마련하였다.2)

2) 한·중 인적 및 학술 교류

양국 간의 인적교류는 2006년에 이미 502만 명에 달하며, 자국에

---

1) [한. 중 여성교류협회] 창립2주년 국제 강연회 개최 (1996년 5월 23일-28일) 후, '상해부녀연합회'
부주석, 국제부장 등 간부4명을 부산 여성경제인 연합회와 간담회를 개최토록 하고 27일 부산을
방문 하였으며, 부산주재 중국영사와도 간담회를 개최하였다.
2) 경주시 의회 최학철 의장과 '경희대 중국유학생 한국문화탐방 – 경주방문' 좌담회 때 설명 중에
서. 2008. 3. 22. 11:00-13:00

장기 거주하는 양국국민은 합계 100만 명에 이른다.[3] 이러한 인적교류는 1996년도의 약 64만 명과 비교할 때 약 8배에 달하며, 수교 당시의 9만 명에 비해 약 57배 이상이 증가 되었다. 또한 2010년에 양국간의 인적교류는 1,000만 명을 돌파 할 것이며, 상대거주 양국 국민수도 200만 명으로 증가 할 것이라고 전망 한다.

수교이후 2009년까지 양국의 최고 지도층 인물들의 상호 방문이 10여 회를 기록했다. 한국에서는 노태우 전 대통령을 시작으로 역대 대통령들과 가장 최근에는 이명박 대통령이 중국을 공식 방문하였고, 또 국무총리와 국회의장 3사람이 중국을 공식 방문했다. 중국에서는 강택민 국가주석, 호금도 국가 주석, 원가보 총리가 한국을 공식적으로 방문했다. 여성으로는 전 전국 인민대표대회 상무 위원장 진모화(陳慕花)가 한국을 방문했다. 상호방문을 계기로 각 분야별 민간 교류가 더욱 활기 있게 추진되었다. 중국은 한국 기업의 중국 투자 유치를 위해 省 政府 혹은 市 政府가 각각 대규모 투자유치단을 결성하여 서울에서 투자설명회를 개최하게 되었다. 이러한 각 부문별 인적 교류 증대는 양국 간 상호 이해와 우호 증진을 촉진하게 되었으며, 앞으로 더욱 활발히 확대될 전망이다.

한국의 대학과 중국의 대학이 자매결연을 맺고 교수, 학생 교류, 학술 자료 교환, 공동 연구 추진, 취득학점 상호 인정, 교류 방문 실시, 교육자료(教學資料) 교환 등이 활발히 추진되고 있다. 1995년에는 양국이 [중·한 교육교류와 협력협의]를 체결하였으며 6주년 때 두 나라에서 상호 방문해온 교육단체가 매년 100개 이상 된다. 한국의

---

3) 닝푸쿠이(寧賦魁)중국대사의 축사"中韓 全面合作(火伴關系前景廣闊", 『中韓建交15周年 (1992-2007)』, 세계지식출판사, 2007. pp.10-11.

70개 대학은 중국의 150여개 대학과 자매결연 관계를 맺었다. 또한 한국에서 중국어학과를 설치한 대학이 110개를 넘었고 중국에서 한국어학과를 둔 대학도 25개나 된다.4) 그러나 2006년 현재 한국에서의 중국유학생 수는 약 5만 명에 이르고, 중국에서의 한국유학생 수는 약 6만 명에 달하며 이러한 숫자는 각국 모두 총 유학생숫자의 1위를 점하고 있다.5)

한국국제교류재단에서는 중국에 한국어를 보급하고자 하는 문화교육사업의 일환으로 매년 수 십 명의 중국교사들을 한국에 초빙하여 서울대, 연세대, 고려대 등에서 한국어 연수교육을 시키고 있다.6) 이 교류재단의 한국연구 지원은 1992년부터 계속되고 있는데 2007년의 '한국학 기반 확대를 위한 대학 및 기관지원' 현황에 따르면, 북경대학($435,436), 복단대($341,984), 북경어언문화대($96,580), 요녕대($211,678), 산동대($116,166), 연변대($217,413), 절강대(전 항주대)($52,500)를 비롯하여 중국사회과학원($340,000), 길림성 사회과학원($44,000) 등 총 27개의 대학 및 교육관련 기관에 1992년부터 2007년까지 총 $2,711,182 을 지원하고 있음을 알 수 있다.7) 그러나 이러한 연구지원 사업이 꾸준히 끊임없이 지속되어야만 한·중 두 나라의 교육문화발달은 그 가치를 승화 시킬 수 있고 더 한층 발전할 수 있을 것이다.

수교이후 양국관계 증진을 위해 1994년부터 서울과 북경에서 번갈

---

4) 서문길, "중·한 관계에 대한 회고와 전망", '中.韓建交五年', 주한중국대사관 발행,1997. 8. 20. p.275.

5) 닝푸쿠이 중국대사 축하 연설문. 김하중 당시 주중한국대사 축하 연설문, 『中韓建交15周年(1992-2007)』, p.13, p.17.

6) 외교부 아주2국 직원을 비롯하여 북경대, 연변대, 대련외국어대, 천진외국어 학원, 산동사범대 등에서 한국어 강사 등 17명이 연수를 받았으며 1998년에는 무위성(繆衛誠) 공산당 대외 연락부 아시아2 국부처장, 장효분(張曉芬) 런던대 한국학 석사를 비롯하여, 상해외국어대, 남개 대학, 청도 대학, 복단 대학, 중앙민족대학 등에서 15명이 거의 모두 6개월 기간의 연수교육을 받았다.

7) 한국국제교류재단 對 중국사업 실적(1992-2007), 관련 부서의 자료 중에서.

아 개최되고 있는 '한중미래포럼'은 양국의 각계 대표 급 인사가 참석하여 국가 간 주요현안을 상호 논의하는 상설화된 대표적 민간대화 채널로서 중요한 교류활동의 하나이다. 주로 정부 관료, 학계, 경제계, 언론계, 문화계 등의 인사가 참여하여, 경제 협력, 환경문제, 학술문화교류 증진방안 등에 대해 광범위하고 심도 있는 논의와 교류협력방안을 모색하고, 이를 위해 양국의 정부나 연구기관들의 정책연구 수립 활동에도 도움을 주는 등, 그 동안 민간교류증진에 크게 기여해 왔다고 하겠다. [한국동북아학회]는 중국의 인민대학, 연변대학, 길림대학 등과 학술세미나를 개최하고 있으며 2008년은 "동아시아 관계의 과거, 현재, 그리고 미래"라는 주제로 6.30-7.4까지 중국에서 [중국양주대학]과 공동으로 개최 하였다. 이 학회는 거의 매년 중국학자들과 학술교류 및 문화탐방을 통해 중국과 한국의 관심분야에 대한 폭넓은 주제를 다룸으로서 학술과 지식체계에 일조를 하고 있다. 또한 [한국정치학회]와 [세계화인(華人)정치학자포럼]은 공동주최로 2006년 서울에서 "동아시아 협력체제 구축에 있어서 한·중 양국의 역할"주제의 국제세미나를 개최하여8) 미국, 일본, 중국, 대만, 한국의 5개국 학자들이 열띤 토론을 벌였다. 당시 이 학술회의의 특색중의 하나는 한국에서 최초로 주제발표자, 토론자, 사회자 모두가 '중국어'라는 하나의 언어로 회의를 진행함으로서 중국어를 통한 학문적 가치를 높이는 계기를 마련하였다.

10년을 위해서는 나무를 심고, 100년을 위해서는 사람을 길러야한

---

8) 한국정치학회, 世界華人政治學者포럼 공동주최, 회의 구성 내용으로는 정치안보, 경제협력, 사회 여성 3개 패널로서 회의 장소는 서울 경희대학교 본관 대회의실에서 2006년 9월 28일-29일 개최하였다.

다. 우리가 이러한 마음을 항상 가지고 쌍방에 유익한 활동을 부단히 전개한다면 반드시 한중양국의 교육교류를 한 단계 높일 수 있으며 또한 더 나아가 양국사업의 새로운 인재를 양성할 수 있을 것이다

현재 양국 간에는 정치, 경제, 사회, 문화, 역사, 체육 등의 각종 형태의 학술세미나를 양국의 학술단체, 대학교, 경제단체 등이 정기 혹은 부정기적으로 개최해오고 있는 실정이다. 이러한 학술행사는 매우 활발히 개최되고 있으며, 참가인원 규모도 매년 증가되는 추세이다.

3) 여성관련 학술 및 단체교류

한·중 여성 학술 교류는 다양하다. 국제학술세미나로서 대표적인 것으로는 이대와 숙대가 1993년 12월 1일-2일까지 공동주최로 개최한 '제1차 동북아 여성학술대회'를 들 수 있다. 이 학술대회는 '한·중 여성의 지위' 라는 주제로 한국의 양 대학에서도 많은 학자들이 참여하였으며, 중국에서는 북경대학교수와 중국 여성정치인 및 조선족 여성대표 등 양국의 여성관련 학자들이 대거 참여한 주목할 만한 학술대회였다.9)

[북경대 여성연구중심(北京大 婦女硏究中心)]에서는 1998년 북경대학 개교 100주년을 맞이하여 국제학술회의를 북경에서 개최하였으며10) 이 세미나에서는 북경대 논문 33편, 중국내 기타지역 참여논문 33편, 한국 등 해외학자 및 여성관련 논문 15편이 발표되었다. 이외에도 한

---

9) 한·중 여성의 지위, 이대 숙대 주최 제1차 동북아 여성학술대회, 1993.12.1-2. 자료집1.2 참고.
10) 북경대 여성문제연구중심, 100주년 개교기념 여성국제학술대회 개최, 1998년 6월 20일-23일 중국 북경

중양국여성들은 '아시아 여성발전'(홍콩2004), '여성학 학술대회'(서울2006), '한중일여성교류대회'(서울2007)를 통해 여성들의 상호이해를 증가시키고 있다.

[한중여성교류협회]는 중국관련 세미나와 다양한 문화행사를 하고 있다. '창립4주년 기념학술세미나'에서는 국내의 경제문제와 연관하여 '한·중 경제 교류현황과 여성의 역할'이란 대주제하에 양국의 경제교류현황과 전망, 중국의 외국인 투자유치정책, 한국여성 기업인의 대중국 투자유망 업종, 한국 여성 기업인의 대중국사업 성공사례 등의 주제발표를 이 분야의 전문가와 중국대사관의 경제상무처 1등 서기관, 성공한 여성CEO 등을 초청하여 실질적인 문제에 대해 열띤 토론을 벌이는 등 세미나를 성황리에 개최하였다.[11)

무엇보다 중요한 것은 1995년 9월 북경에서 개최된 제4차 세계여성대회로서 8.30-9.15까지 개최된 북경의 제4차 세계여성대회에 한국에서는 대통령부인 손명순 여사를 비롯하여 정부차원에서 50여명, 95개 민간여성단체에서 700여명이 참석하였고, 전체규모는 미국의 영부인 힐러리 여사를 비롯하여 GO가 15,000여명, NGO가 45,000여명에 이르렀다. 이 대회는 여성문제를 세계의 장으로 끌어들여서 논의하였다. 가장 핵심으로는 '북경행동강령(Platform for Action)' 12개 항목을 결정하고 각국은 매년 3월 미국 유엔에서 열리는 '유엔 여성지위위원회 회의(CSW)'에서 북경행동강령의 이행에 대해 보고 및 발표를 하고 문제점과 해결방안에 대해 각국이 열띤 토론을 추진하였다.

2007년에는 한중수교 15주년 행사의 일환으로 한국의 [여성부]와

---

11) 사단법인 한·중 여성교류협회 창립 2. 3. 4주년 기념 자료집 참조.

중국 [전국부녀연합회]가 공동학술세미나를 북경에서 개최하였고, 여성부장관 등 한국대표단 34명이 각 분야의 대표로 참여하여 의상 패션 쇼, 문화교류 등 다양한 활동을 추진하였고 그해 10월에는 중국부녀연합회 부주석을 비롯한 대표단이 한국을 방문하여 역시 양국여성 관련 세미나와 중국 특유의 다양한 문화행사가 개최되었다.[12)]

한국여성단체와 중국여성단체간의 빈번한 교류는 여러 각도에서 진행되고 있으나, 우리나라에서 중국 관련 여성단체로서는 유일하게 '한·중여성교류협회'가 활동 하고 있다. '한·중 여성교류협회'는 1994년에 창립된 사단법인으로써 주로 여성관련 학술대회, 문화교류, 여성기업인을 위한 자료제공 등을 하고 있으며, 상해부녀연합회, 북경대 여성연구중심, 연변대 여성연구중심 등과 좌담회 및 간담회를 개최하는 등 양국 간의 사회문제에 대한 폭넓은 교류를 해오고 있다. 특히 1996년에는 '중국동포 사기사건 피해자 자녀 돕기 운동'을 전개하여 연변동포 피해자녀학생 88명에게 장학금을 현지에 가서 전달[13)]하고 그들의 생활상을 직접 참관하고 격려하였으며, 2008년에는 '쓰촨성 지진 참사 모금운동'으로 대형천막 10동을 제작 구매하여 전달함으로서 이웃국가의 일이 바로 나의 일과 같다는 아픔을 함께하였다. 이러한 국경을 초월한 따뜻한 인정은 양국 민간외교에 작은 밀알의 역할을 하였다고 하겠다.[14)]

---

12) 2007. 5. 15-19까지 중국 북경의 호원건국 반점에서, 동년 10월에는 서울의 아미가 호텔에서 각각 대규모의 행사를 개최하여 양국 여성 GO와 NGO간의 친선교류가 더욱 강화되었다.

13) 한·중 간의 사회문제중 하나로 중국 연변에서 한국인에게 사기당하여 하루아침에 부모가 자살하거나 집을 뛰쳐나가 소년소녀가장이 속출하는 상황이 발생하였다. 한중여성교류협회에서는 모금운동을 개최하고 총 800만원을 모아 임원진 4명이 연변 현지를 방문하여 전달하였다. 이에 대해 'KBS 생방송 24시'에서 두 차례 보도하였다. 1995. 12. 24.; 1996. 1. 17.

14) 이러한 봉사활동들을 후일 주 한국 중국대사관으로부터 감사패를 수여받기도 하였다.

4) 한·중 양국의 문화, 예술 교류

1992년 양국 수교 이후 두 나라의 문화·예술 부문에 많은 교류와 발전을 가져왔다고 할 수 있다. 그 동안의 문화교류는 각종 문화, 예술 단체의 상호 방문, 연주회, 전시회, 문화 관광, 유적 답사, 유학생 교류 등을 통하여 눈부신 발전을 기록하게 되었다. 예를 들면, 한중우호협회에서는 문화일보와 공동주최로 97년에 '홍콩반환 기념 사진전'을 10일간 서울에서 개최하여 관람객으로부터 많은 호응을 받았다. 또한 '한·중 수교 기념 음악회'를 수교 이후 매년 8월 24일을 전후하여 주한 중국대사관과 공동주최로 개최하고 있다. 이러한 각종 활동은 양국 국민들의 적극적인 지지와 참여 하에 기대이상의 성과를 거두게 하였으며, 동시에 양국 국민 간 이해의 폭을 넓히는 데에 크게 공헌하게 되었다.

(1) '한·중 말하기 대회'와 언어문화 창달

한국에서 '전국 대학생 양국 언어 이야기 대회'가 서울에서 열려 화제를 모았다. 이 대회는 '한중우호협회'에서 한·중 양국 대학생 간의 우호증진 및 중국어 전공자의 저변확대 도모를 위해 마련한 것으로 1997년 8월 8일에 제1차 대회를 실시한 뒤 98년 8월 7일에 제2차 이야기 대회를 개최 하였다. 참가 자격으로는 두 가지로 구분하고 있는데 한국어 부문에는 중국국적의 한국소재 대학 유학생이 참가 할 수 있고, 중국어 부문에는 한국 국적의 국내소재 대학 재학생이 참여할 수 있다. 심사위원은 중국 대사관외교관 및 대학 교수진으로 구성되어있으며 수상자는 10명으로 서울-북경 왕복 항공권 및 서울-상해

왕복 항공권, 국내 관광 항공권 등으로 젊은 대학생들에게 외국 언어
도 익히고 여행도 할 수 있는 일석이조의 효과를 가져 왔다.

그 외에도 한중여성교류협회에서 [한중여성 양국언어말하기]대회
를 서울, 북경에서 개최하고 있으며15) 양국여성들의 많은 호응을 받
았다.16) 이러한 기회를 통하여 한·중 양국의 문화와 학문교류에 많
은 발전을 가져오게 되는 기초가 될 수 있다고 생각하며 이러한 어학
관련 행사는 더 많이 확산되어야 하겠다.

(2) 한국문화원/중국문화원 개원과 그 역할

양국이 수교 15년을 평가할 때 무엇보다 중요한 것은 한중교류를
더욱 심화시킬 수 있는 제도적 장치로서 양국문화원의 개원과 그 기
능이다.

[한국 문화원]은 2006년 2월 말 이전의 한국 문화홍보처를 한국문
화원으로 개편한 후, 한·중 수교 15주년 되던 지난 2007년 3월 22일
북경시 조양구에 새로 둥지를 틀어 한국문화 소개의 장으로서, 한중
문화교류의 핵심 거점으로서 역할을 하고 있다. 주중 [한국 문화원]은
중국인들이 한국을 이해하고 나아가 양국의 상호협력과 교류를 촉진
하는데 그 목적을 두고 있으며, 각 층별 차별화된 디자인과 각종 첨
단 IT로 구성된 상설전시장 및 문화상품전시장 등 한국문화를 느낄
수 있는 학술문화 체험의 현장으로서 그 역할을 다 하기 위해 노력하

---

15) "한중여성 양국언어 이야기대회"는 제1회(2003년 6월 24일, 금호아트홀) 2회(2006년 9월 4일
숙명여대 100주년 기념관)를 한국에서 개최하였고, 제3회는 북경대학에서 중국부녀연합회, 북
경대학, 한중여성교류협회가 공동개최하여 중국여자대학생, 한국여자대학생과 일반성인 여성
들이 참여하는 뜻 깊은 행사를 통해 양국의 언어와 문화를 익히는 기회가 되었다.
16) 문화일보, 2006. 5. 18. 허민 기자, 양국 여성 이야기 대회 관련 보도 '국적이 헷갈리네'

고 있다. 특히, 한국문화원의 자랑인 "한국문화교실"은 가장 인기 있는 프로그램이다. 우수한 교수진들로 구성된 초·중·고급 회화교실, 드라마와 노래로 배우는 한국어, 온라인 한국어교실 등을 통해 한국어를 배우고 싶어 하는 외국인을 대상으로 무료로 진행되고 있으며, 도서실은 1만 여권의 한국 최신도서를 배치하여 무료로 열람, 대여하고 있다. 또한 연중 각종 전시회를 개최하고 있으며, 한국영화 및 애니메이션을 주기적으로 상영하여 한국문화에 관심이 많은 사람들에게 좋은 길라잡이를 하고 있다.

중국정부는 2005년에 아시아에서는 처음으로 한국에 [중국 문화원]을 개원하였다. [중국문화원]에서는 초급, 중급의 중국어회화를 중국 교수로 하여금 강의하게하고 있으며, 이곳에서도 요리실습, 영화상영 등 다양한 프로그램이 개설되고 있으며 대학생들도 [중국문화원]을 탐방하여 이론뿐만 아니라 실습과 체험교육을 병행하는 계기를 가진다.[17] 이외에 중국문화원은 첫째, 현대중국의 발전상과 중국문화를 정확히 소개하여 중국을 이해하려는 한국인들에게 정보서비스를 제공한다. 둘째, 중한 양국의 문화교류를 한층 활성화 시켜 여러 형태의 문화 활동 개최와 중국어, 지식 강좌개설 등을 통하여 이해와 친선도모. 셋째, 중한 양국문화에 관한 협력을 한 단계 높여 서로협력 교류 및 친선의 장을 제공한다.

이외에도 <표-2>에서 보여지는 바와 같이 양국은 '한·중 서예교류전'을 비롯하여 영화와 텔레비젼 분야에서도 쌍방은 상대방 나라에서 각기 영화주간(映畵週間)를 개최 하였다. 따라서 안방의 TV를 통해 중

---

17) 경희대 사회학과의 개설과목 '중국사회의 이해' 과정의 학생전원이 중국문화원을 탐방하고 전시회참관, 도서관 시설견학, 중국 영화 관람을 하였다. 2008. 5. 30. 16:00-18:00까지.

국영화 '홍등(紅燈)', '측천무후(測天武后)', '패왕별전' 등 중국영화가
상영되었으며 만화영화 '무란(木蘭)'도 절찬리에 상영되었다. '한·중
친선협회'에서는 97년 2월과 12월에 탁구와 농구종목을 가지고 두 번
의 '한·중 친선 체육대회'를 실시하였다. 중국은 한국에서 개최된 아
시아 10개국 청소년단체가 벌이는 전통문화예술 공연, 부산에서 개최
된 제2회 부산 동아시아 경기대회(411명 참석), 충주시에서 개최된 제
5회 한·중·일 청소년 종합경기대회(83명 참석)에 참가하는 등 대규
모 인원이 참여했다. 이외에도 양국의 문화단체들은 각종 형태의 문화
활동 행사에 적극 참여하여 문화 교류 증진에 기여하고 있다.

〈표-2〉 한·중 문화예술교류현황

일시	행사내용	장소	비고
'93/7/9-7/12	'93아시아 오페라단 동남아 순회공연	상해(시립 음악회관)	아시아오페라단
'93/5/18-5/30	'93한중수교기념 중국근대서화 진품전 개최	한국 예술의 전당	중국근대화가17인의 작품 100여점
'94/7/26-7/29	'94아름다운 한국서예전 개최	중국연길시 연변박물관	작품전시,학술강연 등
94/9/4-9/23	'94 대중국 문화교류 사업	북경,천진,하얼빈,제남,광주	디딤무용단 33인
94/12/11-12/17	'94 문화재 조사 사업	장춘,연길,용정박물관	
95/4/7-4/26	'95 한국 현대회화 중국전	북경중국미술관	한국현대미술가36인의 작품69점
96/8/16-9/8	'96 중국화 정품점	한국 국립현대미술관	중국 근현대 회화100점
2004/12/25	중국문화센터 개관	서울	중국도서 도서관
2006/9/23	감지 중국·한국행 TV문호공연	서울 KBS공개홀	중국정부주관450명참석
2007/3/21~23	한·중수교 15주년기념 중국 국립심포니오케스트라 내한공연	서울 예술의전당,세종문화회관	
2007/4/10	한·중 교류의 해	서울국립 중앙극장	양국 문화부장관 개막: 서울 폐막: 북경

출처 : 『中韓建交15周年 (1992-2007)』, 세계지식출판사, 2007. 관련항목 발췌

03. 양국의 상호교류에 대한 평가와 활성화 방안

1) 양국의 상호교류에 대한 평가

(1) 타 문화 창조를 통해 삶의 질 향상

각국 국민은 생존과 발전의 역사 속에서 자신만의 독특한 문화를 창조하였다.[18] 한중일 문화는 유교적 가치를 공통분모로 하면서도 서로 다른 역사의 길을 걸어왔고 서로 다른 삶의 양식으로서의 문화를 형성하여왔다. 한국문화에 대한 연구를 한 정인화 교수는 한 연구에서 한국의 고급문화로서 생명과 평화, 자기희생, 가족주의를 들고 있다.[19] 교류활동의 가장 보편적인 양상은 각 국가의 문화유적 탐방에서 시작된다. 한국인은 중국의 유적지 만리장성의 거대함과 장가계와 원가계, 계림의 빼어난 경관을 통해 중국의 문화를 배우고 느끼고 이해할 수 있으며, 중국인은 또한 한국의 불국사, 8만대장경, 석굴암의 오묘함에 옛 신라수도 경주를 찾고 이를 통해 한국문화를 이해하고 익히고자한다. 또한 제주도의 평화스러움과 수려한 장관에 극찬을 아끼지 않고 다시 찾고 싶어 한다. 또한 양국 국민은 중국경극과 한국 판소리의 예술문화에, 한국김치와 중국만두(餃子)의 음식문화 등 이질적 문화교류를 통해 상호문화를 존중하고 답습하고 그 가치를 공유할 수 있는 관계로까지 발전하였다.

특히 주목할 것은, 양국의 '언어문화' 향상을 위한 각종 대학생, 여

---

18) 중화인민공화국 후진타오(胡錦濤)주석의 [感知 중국. 한국행]행사 축하전문 중에서, 2006. 9. 15.

19) 정인화, "일본, 중국, 한국의 문화교류와 동아시아 공동체 형성 : 한류를 중심으로", <2006년도 명지, 관동, 오비린, 이라바키 기독교 대학공동 심포지엄> 대주제 : 일본과 한국의 외래문화 수용과 전개, pp.6-7.

성, 중고생 등의 어학경시대회는 두 나라간의 다양한 주제를 어학을 통해 피력함으로서 상호친선유대강화를 높이고 있다. 이는 어학교류를 통해 양국이 상호이해하고 각 분야가 발전함은 물론 동아시아문화공동체 형성에 일익을 담당할 수 있는 기반을 구축할 수 있는 의미에서 중요한 기능을 갖는다.

이처럼 수교이후 양국 국민은 다양한 교류활동을 통해 자국이 가지고 있는 문화의 장점을 타 국가에 선보이고 지속적으로 유지계승함으로서 정신문화와 동양문화창달을 통한 상호발전을 가져왔다고 하겠다.

(2) 상호이해 및 협력증가

문화예술은 그 나라 국민의 생활수준을 가름하는 중요한 기준이 된다. 1992년 양국 수교 이후 두 나라의 문화. 예술 부문에 많은 교류와 발전을 가져왔다고 할 수 있다. 그 동안의 문화교류는 각종 문화, 예술 단체의 상호 방문, 연주회, 전시회, 문화 관광, 유적 답사, 유학생 교류 등을 통하여 눈부신 발전을 기록하게 되었다. 이러한 각종 활동은 양국 국민들의 적극적인 지지와 참여하에 기대이상의 성과를 거두게 하였으며, 한국의 한류(韓流), 중국의 한풍(漢風)을 비롯하여 특히 [感知. 중국－한국행]행사, [한국문화원]과[중국문화원] 개원은 양국 국민을 더욱 친근한 관계로 성숙케 하였으며 동시에 양국 국민간의 이해의 폭을 넓히는 데에 크게 공헌하게 되었다.

(3) 세계시민의식 향상과 NGO정신함양

오늘날 연대의 가치는 그 어떠한 가치보다도 우선한다. 2년간의 사회문화교류를 통해 양국 두 나라는 각 분야 여성 간, 청소년 간, 우호도시 간 끈끈한 우정과 네트워크를 구축하고 있다. 특히 각 자매도시, 우호도시간의 교류는 잔잔한 정을 솟게 하는데 예를 들면, 경주시와 시안(西安)시는 격년제로 중국과 한국을 상호방문하며 친선체육대회를 개최하고 있으며, 또한 양국은 언어경연대회 시행, 각국 음식문화 시범대회 등을 통해 연대와 친선을 더욱 돈독히 하고 있다. 이러한 연대의식은 국경을 넘어 중국 쓰촨성 지진피해지역 돕기 운동으로 확산되었다. 즉, 한국 국민들은 교육기관[20]을 비롯하여 크고 작은 단체와 사찰 등에서 쓰촨성 지진 피해 돕기 모금운동을 전개하였다. 이러한 문화시민 의식, NGO 정신이 SNS 움직임을 통해 중국시민, 개인, 단체 등에서도 동참하도록 이끌어낼 수 있는 계기가 되고 있다. 일련의 의식변화는 자국민들에게도 문화시민의식, NGO 정신을 함양시켜 중국시민, 개인, 단체 등에서도 노력봉사, 성금 지원 등 적극적인 동참을 이끌어내게 되었으며 이는 중국사회주의 체제에서 보기드문 자본주의 시장경제 사회의 장점인 후원하는 시민문화를 만들어내어 중국내의 변화하는 모습을 볼 수 있다.

(4) 기금 부족으로 계획의 지연, 미 실행

지금까지 교류활동의 성과가 양국의 발전에 모두 긍정적인 요소만은 아니었다. 계획의 지연, 행사의 무산, 경비 확보가 여의치 않아 애석하게도 행사규모가 축소되거나 연구비 지급의 지연 등 예기치 못한 사례가 발생하기도 하였다. 한국국제교류재단의 사업 중 1998년의

---

20) 경희대학교와 경희의료원 등에서는 "쓰촨성 지진돕기 성금"을 전 교직원이 참여한 가운데 총 78,779,000원을 모아 중국 대사관에 전달하였다. 인터넷 Future 2008. 6. 13. 관련 기사.

연구지원은 97년과 비교해 볼 때 연구지원 인원수나 연구지원 기간에 있어 많은 차이를 알 수 있다. 자료에 따르면 1998년에는 전체 연구자가 11명이며 그중에서 10명이 3개월이며 6개월 기간은 한 사람도 없고 반면에 2개월의 연구기간이 1명이었다. 뿐만 아니라 이들 11명의 연구자 중 북경대학의 왕소포 교수와 복단대학의 장석창 한국연구소장은 연구계획을 1999년으로 이월되기도 했었다. 이러한 상황은 미루어 짐작하건대 한국의 당시 경제상황에 영향을 받은 것으로 볼 수 있다.

　문화관광부에서도 수교15주년 행사를 위해 다양한 거시적 계획을 추진하였으나 문화행사기금후원의 제한으로 축소하여 추진하였다. 따라서 양국의 문화교류의 확산을 위해서는 뜻있는 단체나 개인의 후원금 등 문화기금이 조성되어야 할 것이다.

　한·중양국의 미래지향적인 사회문화 교류를 위해 발전방안을 몇 가지로 고찰해본다.

2) 미래지향적인 교류발전방안

(1) 정책지원을 통한 교류의 확대

　양국 정부는 민간 교류를 통한 학술교육 교류와 문화 예술 교류를 촉진시키기 위해 필요한 제도적 지원을 배려해야 할 것이다. 바로 관련 부서의 신청, 심사, 허가, 지원 등의 행정업무를 신속하고 관대하게 처리해야 한다. 그리고 필요한 경비 지원 혹은 보조금 지급 등에 대하여도 가능한 범위 내에서 지원하는 방안을 모색해야 할 것이다.

　그 동안 양국 간 교류 추진 과정에서 간혹 의외의 불쾌한 사례 출현 등으로 친선 교류 방문이나 행사가 축소되었거나 취소되었던 사례도 발생했었다. 따라서 양국의 관련 부서와 단체는 금후 이러한 사례가 재발되지 않도록 효과적인 개선 방안을 강구해야 할 것이다. 만약 관련 부서나 담당자가 바뀌더라도 일은 계속 추진 되도록 해야 한다. 그래야만 양국 간의 다양한 교류가 더욱 확대되는 가운데 학술교육 교류와 문화예술 교류 등이 활발하게 전개될 것이다.

(2) 상호 語學실력을 위한 프로그램계발

양국의 어학향상을 위한 다양한 프로그램 계발이 무엇보다 시급하다. 양국은 정부간, 기업 간, 학교 간, 각종 단체 간, 종교 간 등에서 다양한 교류를 하고 있으며 이러한 교류증진은 나날이 증가하고 있다. 그러나 상호교류 중에는 사람의 만남, 회의, 각종 대화, 협의 등 많은 부분이 대화를 통해서 이루어지고 있으며 대화에 따라 친선과 친목. 우정이 싹트게 되며 '말 한마디에 천냥 빚을 갚는다'는 우리의 속담처럼 말은 무엇보다 중요하다. 유엔에서 개최하는 국제회의의 5개 국어 중에는 '중국어'가 통용되며 어느 교수는 "21세기는 중국어를 모르면 엘리트가 아니다"라고 할 정도로 동북아에서의 중국어의 중요성을 강조한다. 따라서 정부차원에서나 민간차원에서 현재 실천하고 있는 것 몇 배 이상의 효율적인 방안이 연구되어야 하고 '한·중·일 아동미술전'처럼 민박 하는 것도 한 방안이 될 수 있다. '느린 것을 두려워하지 말고 멈추는 것을 두려워하라' (不怕慢, 只怕站)라는 중국 격언과 같이 회화를 시작하되 속도가 늦은 것이 문제가 아니고 꾸준히 지속적으로 추진되어야 할 것이다.

(3) 여성관련 학술 및 여성단체의 교류 증진

오늘날 세계 각국은 여성문제에 많은 관심을 기울이고 있으며 동북아에서 한·중 두 나라 여성의 힘은 다각적인 양국 여성간의 교류를 통해 꾸준히 추진되어야 한다. 정부차원에서는 외무부 동북아과에 고위여성인력이 한사람도 없는 상태를 벗어나야 하며(2015년 현재 여성인력 증가) 한때 추진되었던－여성장관들의 상호방문이후 추진되었던 여성분야 상호교류협력 증진방안－여성정책 자료교환, 양국의 지도급 여성인사의 상호교류 등이 계속적으로 추진되어야 한다. 또한 여성단체들은 중국의 여성관련 중요사항은 '중화전국부녀연합회'가 전국적인 행정단위로 조직되어 있는 점을 감안하여 교류협력을 추진해야한다는 것을 알아야 한다.

이제 21세기 동북아시대에 양국 여성들은 학술교류뿐만 아니라 여성단체들의 지속적 교류협력을 통해 국가의 일에 여성들도 일익을 담당해야 할 것이다.

(4) 문화기금 조성

양국 간의 사회분야의 다양한 교류를 촉진시키기 위해서는 필요한 최소한도의 행사비가 소요되며 행사에 따라서는 경비 지원이 절실히 필요한 경우가 있는 것이 사실이다. 또한 이러한 필요 경비 확보가 여의치 않아 애석하게도 행사규모가 축소되거나 취소되는 사례가 발생한 바도 있었다. 따라서 양국 간 친선 교류에 유익한 학술연구, 문화예술 행사와 활동을 촉진시키기 위해서는 반드시 교류 기금을 조성해 나아가야 할 것이다.

학술교류 부분은 기초과학, 환경보호, 여성관련 학술교류, 첨단과

학은 물론 역사, 정치학, 해양, 응용과학 분야를 주축으로 전개되어야 할 것이다. 문화예술교류는 체육, 음악, 서예, 동양화, 종교, 전시회 등을 주축으로 전개 되어야 할 것이다. 또한 이들 분야별 공동 연구나 학술회의 및 학자 교류 등을 촉진시키기 위한 제도적 근거를 구체적으로 마련해야 할 것이다.

또한 이러한 교류 활동이나 공동연구 및 학술행사를 효과적으로 지원하기 위한 교류기금 운영기구를 조직해야 할 것이다. 왜냐하면 학술단체나 개인이 필요한 소요 경비를 전액 확보한다는 것은 사실상 많은 난관에 직면하게 됨으로써 유익한 행사나 활동이 때로는 애석하게 무산되기 때문이다. 양국 간 교류 촉진 활성화 여부는 바로 교류기금 조성의 실현 여부에 달려있음을 인식해야 한다. 이외에도 양국 문화교류와 관련하여 동양문화에 대한 이해심과 문화감상의 소양을 높이는 것도 중요하다고 하겠다. 오랫동안 많은 준비와 노력을 했음에도 불구하고 관중이 없고 자리가 많이 비어지면 정말 맥 빠지는 일이다. 따라서 프로그램을 기획집행 하게 되면 폭넓게 알려서 가능하면 관람객이 많을 수 있도록 홍보 하는 것도 무엇보다 중요하다.

(5) 친선교류 확대의 노력

양국의 정부 산하 관련 기관, 학술 단체, 문화 단체, 민간단체, 교육기관 등은 국제교류 촉진을 위하여 친선교류를 확대해 나가는 동시에 적극적인 자세로 노력해야할 것이다. 지난 십 수년간 양국 간의 친선 교류는 학술, 문화, 체육, 종교, 전시회, 친선 방문 등의 분야가 주축을 이루었으며, 교류규모와 교류회수도 급속한 증가 추세를 나타내고 있는 추세이다.

한편 그동안 양국 간 친선 교류가 급속히 진전되는 과정에서 예기치 못했던 부작용과 다소의 불미스러운 사례들이 발생했던 것이 사실이다. 그러나 양국 간 우호 증진은 큰 영향을 받지 않고 여전히 촉진되고 있는 것은 양국 국민의 상호이해와 부단한 노력의 결과이다.

이제 수교 23주년을 맞으면서 양국 국민은 차원 높은 선린 우호관계를 구축하기 위해 미래 지향적인 자세로 더욱 노력할 것을 다짐해야 할 것이다. 그리고 이러한 교류 촉진 노력은 다양한 민간 교류를 통하여 학술교류와 문화교류가 더욱 확대될 것이다.

04. 결론

1992년의 8월은 그간 양국 국민간의 단절되었던 소통의 고리를 열게 해주었다. 가까우면서도 먼 나라로 여겼던 양국 국민들은 새로운 친구, 새로운 문화, 새로운 음식을 통해서 조금씩 서먹함과 다름을 서서히 줄여나갔으며 서울-북경 직항로 개설 등을 통해 더욱 가까이 다가갈 수 있었다. 상호 인적교류는 수교당시의 9만 명에서 16년을 지나면서 502만 명이란 놀라운 수적 발전을 가져왔을 뿐만 아니라 이제 1,000만명을 돌파하였다. 특히 양국의 유학생 수는 더욱 급속한 증가 양상에 있다. 한국 캠퍼스에서의 중국 유학생들의 대화는 아주 자주 듣게 되고 어느 과목의 수강생은 한국학생보다 중국학생의 비율이 훨씬 더 많은 경우도 있다. 한국과 중국 두 나라 모두 각국의 유학생이 상대국에서 가장 많은 1위를 차지하고 있다. 한 중년여성은 며느리가 중국인이라고 학원에서 중국어를 배우고 있는 현실이다. 이제 중국과 한국은 뗄래야 뗄 수없는 관계에 있다.

앞에서 논의한바와 같이 한중양국은 우호도시간의 교류가 더욱 끈임 없이 지속적인 관계를 가지고 상호신뢰와 협조 속에서 발전하고 있음을 느낄 수 있다. 한국의 市. 道와 중국의 省. 市는 역사와 문화 현행조건과 가장 유사한 지방끼리 자매결연을 맺었기 때문에 마치 잠시 흩어졌다가 다시 만나는 '대가족'의 끈끈함이 묻어 있는 것과 같다. 이 우호도시간의 교류는 두 나라를 묶는 가장 중요한 가교역할을 하게 될 것이다. 양국 국민은 상호 문화유적탐방, 친선방문, 어학문화 학습 등 각기 다른 문화 창조를 통해 상호 발전 하고 있으며, 문화예술교류를 통하여 양국 국민간의 상호이해 및 협력을 증가 할 수 있었고, 청소년 간, 여성 간, 사회단체간의 교류와 네트워크를 통해 다양한 의견을 합의할 수 있는 의식을 기르기도 했으며 봉사 할 줄 아는 세계시민의식과 NGO 정신을 함양하고 있다고 하겠다. 이러한 발전의 긍정적인 현상들은 양국 국민들로 하여금 인간의 정신적 가치를 높임으로서 삶의 질을 향상시킬 수 있었다. 그러나 이러한 발전의 긍정적인 요소 외에 각종 교류활동이 다양하게 증가하면서 나타나는 부작용을 어떻게 줄일 수 있을 것인가 하는 것은 커다란 사회문제이다. 앞서 보았던 "중국동포 자녀를 살립시다"라는 캠페인을 도출하게 했던 한국과 중국인들의 상호사기피해사건들, 학업을 빙자한 돈 벌기 위해 입국하여 교실에 없는 가짜대학생 문제, 양국의 사기유학, 유학생 탈선, 등은 교류활성화와 더불어 더욱 늘어나는 문제점들로서 풀어나가야 할 큰 과제라고 하겠다.

2015년 8월 24일 수교 23주년을 맞이하는 한·중 관계는 그동안 전반적으로 비약적인 발전을 이룩했으며, 특히 사회문화 분야에서 학술교육 교류, 문화예술 교류, 인적교류 등은 활발하게 교류활동을 전개해왔다. 이러한 교류추세는 앞으로 더욱 확대될 전망이며, 바로 지리적, 역사적, 문화적 배경이 촉진제가 되었다고 볼 수 있을 것이다.

이제 양국 정부가 동아시아시대에서 성숙된 동반자 관계를 착실히 구축하기 위해서는 경제교류 확대와 더불어 학술교육 교류와 문화예술 교류를 더욱 촉진 시켜 나아가야 할 것이다. 그래야만 밝아오는 21세기 동아시아 시대를 풍요로운 문화 사회로 발전시키게 될 것이며, 동시에 동양 문화 창달을 실현하게 될 것이다. 한·중 양국 간의 학술교육 교류와 여성교류 문화예술 교류의 중요성 및 필요성을 다시 한번 강조하면서 앞으로 더욱 확대되기를 기대 한다.

Chapter **4** | 오토피아(Oughtopia) 이론의 내용과 전개: 중국과 대만사회의 수용

01. 서론

현대사회는 과학기술과 물질문명의 발달로 모든 것이 빠르고 편리함을 추구하는 사회로 변화하고 있다. 그러나 다른 한편으로는 전쟁, 폭력, 살인, 인신매매, 자살 등 극단적인 병리현상이 만연하고 있는 것도 현실이다. 이러한 사회현상 속에서 오토피아 이론은 인간의 의지(意志)를 중요시하고 의식개혁과 시대정신을 통해 보람 있고 인간적인 사회를 이룰 것을 강조하고 있다. 오토피아¹⁾는 인간이 소망할 수 있고 또한 인간이 이룰 수 있는 당위적 요청사회로서, 정신적으로 아름답고 물질적으로 풍요로우며 인간적으로 보람 있는 사회를 말한다. 오토피아 이론의 제창자 조영식은 세계평화의 중요성과 긴박성에

---

1) 오토피아(Oughtopia)는 조영식의 저서의 명칭이다. 그는 인류가 능동적이고 자주적인 삶을 영위할 수 있도록 인간중심주의(Humancentrism)를 강조하며 인간이 외세에 쫓기며 다른 것에 기대지 말고 자립하여 살 수 있도록 하는 신념과 태도를 강조한다. 그리고 인간의 보람과 행복과 가치를 창조할 수 있는 20 世紀人 으로서의 책무를 다하기 위하여 이 저서를 출간한다고 그 목적을 제시하고 있다. 조영식, 『오토피아(Oughtopia): 전승화 이론을 기초로 하여』(서울: 을유 문화사, 1979), p.2.

대해 각국 석학들의 결의를 모았고 1981년 이를 유엔에 제의 하여 '세계평화'를 만드는데 핵심적인 역할을 하였다. 당시 시대적 상황에 서 평화에 대한 이러한 노력은 국제사회의 큰 반향을 일으켰고 미·소 양 대국의 화합을 가져오는 계기를 마련하기도 했다.

오토피아에 관한 연구는 이미 여러 학자에 의해 이루어졌다. 이화 수의 "인간중심주의와 오토피아"는 오토피아에서 밝힌 '주리 생성론 (主理 生成論)'을 원효의 화쟁론(和諍論)과 휴머니즘을 통해 비교분석 하고 있다.[2) 또한 안정수는 "오토피아의 의미"에서 오토피아는 50년 대의 '문화세계', 70년대의 '밝은 사회'와 내용적으로 이상적인 사회 상을 표언(表言)하는 일관된 사상이 근저 해 있으며, 하나의 사회개조 운동의 지향목표로서 추구되고 있다[3)고 결론지었다. 유도진은 "오토 피아의 이상과 현실"에서 이상 사회론의 실현가능성에 관하여 연구 하고 국제적 공동기구건립, 인간존엄성에 대한 윤리적 가치의 재정립 을 제시하였다.[4) 이외에도 적지 않는 학자들이 오토피아에 관해 연 구하고 있다.[5) 그러나 이들 대부분은 오토피아의 이론연구에 중점을

---

2) 이화수, "인간중심주의와 오토피아", 인류사회재건연구원 편『오토피아의 이론과 실제』(서울: 양 문각, 1981), pp.97-104.

3) 안정수, "오토피아의 의미", 인류사회재건연구원 편, 『오토피아의 이론과 실제』(서울: 양문각, 1981), pp.163-164.

4) 유도진, "오토피아의 이상과 현실", 인류사회재건연구원 편『오토피아의 이론과 실제』(서울 : 양 문각, 1981), pp.187-211.

5) 金天一의 『當代韓國哲學 Oughtopia 解析』(서울: 경희대출판국, 2005), 『重建人類社會的燈塔-趙永植博 士與 GCS運動』(서울: 경희대 출판국, 2005), 경희대 인류사회재건연구원과 요녕 대학 오토피아연 구센터가 공동으로 펴낸『오토피아니즘을 통한 인류사회의 재건』(2003), 하영애, "오토피아 (Oughtopia)이론의 전개와 실천 그리고 세계평화를 위한 그 의미", 2009 한국국제정치학회 연례 학술회의 12월12일 발표논문.
Jae Shik Sohn ed., *Restoration of Morality and Humanity* (Seoul : The Institute of International Peace Studies ,1994), Pedro B. Bernaldez, *Oughtopian Peace Model for Neo-Renaissance,* (Legazpi : Aquinas University of Legazpi, Inc ., 2002)과 *Praxis of Oughtopia* (Seoul : The Institute of International Peace Studies, 1996) 등이 있다.

두고 있으며, 오토피아의 실천 활동에 관한 연구는 극히 드물고 특히 외국에서의 오토피아의 실천에 관한 체계적인 연구는 아직까지도 찾아보기 어렵다. 따라서 이 논문에서는 중국과 대만사회에서 오토피아 이론이 어떻게 수용되고 있으며 실제생활에서 어떻게 적용, 실천되고 있는지에 대해 고찰하고자 한다. 중국과 대만에서의 이 이론에 대한 수용과 영향을 살펴보는 것은 오토피아 이론이 단지 한국 내에서만 논의 되는 것이 아니라 한국 밖에서도 호소력이 있는 것으로 보여 지기 때문이다. 더구나 중국과 대만은 자기 자신들의 문화에 대한 자존심이 높다는 것을 감안하면 더욱 그렇다.

어떤 하나의 이론이 그 호소력을 획득하기 위해서는 그에 대한 꾸준한 연구개발이 있어야하며 그것이 사람들에 의해 실천됨으로써 하나의 이상적 가치로서 받아들여져야만 한다. 따라서 오토피아 이론과 실천의 문제에 대하여 가치, 조직, 그리고 인간의 실천을 살펴보는 것은 매우 중요하다고 할 수 있다. 첫째, 사회과학 중에 가치(values)에 대한 가장 보편적인 용법은 인간의 주관에 따른 필요, 태도 혹은 욕망(desires)과 관련된 목표 또는 이 목표와 관련된 사물이라고 말할 수 있다.[6] 오토피아에서 추구하는 가치는 정신적으로 아름다우며(Spiritually Beautiful), 물질적으로 풍요롭고(Materially Affluent), 인간적으로 보람있는(Humanly Rewarding) 사회 (이하, B.A.R 사회로 약칭)의 성취이다. 다시 말해 인간의 존엄성을 가장 중시하는 사회, 일상적인 삶에서 선의, 협동, 봉사-기여정신의 실천을 말한다. 둘째, 조직의 중요성이다. 알몬드와 포웰(Almond와 Powell)은 『비교정치학』(Comparative Politics)

---

6) Louis Schneider, "Institution" in Julius Gould and William L. Kolb(ed), *A Dictionary of the Sciences* (1974) (臺北 : 馬陵出版社, 1975), pp.15-20.

에서 조직의 역할은 곧 하나의 구조라고 역설한다. 그들은 또한 하나의 구조는 일련의 상호적인 역할로 만들어 진다[7]라고 지적하였다. 그러므로 오토피아 이론은, 그 이념개발을 위한 조직으로서 인류사회재건연구원을 들 수 있고, 그 실천 활동을 위한 조직으로는 밝은 사회(GCS)[8]클럽국제본부, 외국의 각 GCS Club과 각 국가본부, GCS한국본부, 한국의 각 단위클럽을 두고 있다. 셋째, 인간의 실천적 측면은 오토피아 이론이 조직을 통해 그 가치를 구체적으로 어떻게 행동과 실천으로 옮기는지가 중요하다. 인간의 행동과 실천을 통하여 각종 활동을 실행해야만 비로소 사회조직 체계에 동태적 현상이 나타나게 된다. 즉 하나의 조직이 그 기능을 제대로 발휘하느냐 못하느냐의 여부는 실제로 어떤 조직의 구성원들의 실천의지와 행동과 관계가 있다[9]고 할 수 있다. 이러한 이해 하에서 본 논문은 오토피아 이론에서 주장하는 인간이 소망하는 사회(要請社會)를 이루기 위해 개인과 단체가 어떠한 활동을 했는지를 살펴보고자 한다.

02. 오토피아 이론과 인간가치의 추구

흔히 오토피아를 말할 때 유토피아를 떠올린다. 일반적으로 어떠

7) Gabriel A. Almond and G. Bingham Powell Jr., *Comparative Politics : System, Process, and Policy*, 2nd (Boston : Little, Brown and Co., 1978), p.12.

8) GCS는 선의, 협동, 봉사-기여(Good Will, Cooperation, Service)의 머리글 GCS와 Global Cooperation Society, Global Common Society 등의 의미를 가지고 있으며, '밝은 사회국제클럽 국제본부'와 '한국본부'에서는 통상 '밝은 사회운동'의 영문 약자를 "GCS"로 표기하고 있다. 본문에서는 밝은 사회와 밝은 사회운동을 GCS로 함께 병용 한다.

9) Femont E. Kast & James E. Rosenzweig, *Organization and Management : A Systems Approach* (New York : McGrow-Hill Book co., 1970), p.170.

한 형태의 이상사회론 이든 그것은 왜 추구되어야 하고, 과연 실현될 수 있는가의 문제로 귀결될 수 있을 것이다.[10] 전통적인 사회관(社會觀)에서는 사회를 인식하기 이전에 통치관(統治觀)과 인간관계의 질서를 유지하기 위한 윤리관(倫理觀)으로서의 인간을 파악하는데 그쳤다. 그러나 오토피아는 인간파악에 초점을 두었을 뿐만 아니라 인간의 사회파악에 초점을 함께 두었다는 데에 그 독특성이 있다[11]고 하겠다. 오토피아의 이상사회는 "인간이 행복하고 값있기 위하여 당위적으로 그렇게 살아야 한다는 의미에서 ought(當爲)와 topia(場所) 즉 Oughtopia라고 이름 한 것인데, 이것은 인간으로서 바랄 수 있고 또 당위적으로 그래야 할"[12] 실현가능한 사회라는 뜻에서이다. 즉 오토피아는 이상사회를 넘어 '실현가능성'에 초점을 두고 있다. 조영식은 이러한 이상의 논리적 기초로서 주의 생성론(主意 生成論)과 전승화론(全乘和論)을 제시한다. 주의 생성론은 인간의 의지를 강조하는 원리론으로 인간중심사상에 기초 하고 있다. 이 이론은 인간에게 가장 중요한 것은 정신이 주도력을 가지고 있다는 것을 부각시키며 같은 맥락에서 인간의 '의지'를 강조한다. 오토피아 이론은 홉스나 로크, 루소처럼 인간성에 대해 긍정적이거나 부정적 측면에서 일원화 하지 않고 상대성원리를 갖고 있음에 주목하였다. 특히 주리 생성론은 인간을 자유의지(自由意志)에 의한 인격적 존재(人格的 存在)로 파악하고 있음이 돋보인다.

---

10) 하영애, 「유토피아와 오토피아의 차이」, 『밝은 사회운동과 여성』 (서울: 범한서적, 2005), pp.121-123.

11) 유도진, 「오토피아의 이론과 현실」, 인류사회재건연구원 편, 『오토피아-이론과 실제』 (서울: 양문각, 1981), p.178.

12) 조영식, 『오토피아(Oughtopia): 전승화 이론을 기초로 하여』 (서울: 을유 문화사, 1979), p.264.

중국 북경대학의 철학자 이에랑(葉朗)은 조영식의 주리 생성론에 대해 연구한 후 주리 생성론이 '주리'(主理) 혹은 '주의'(主意)의 주도적 작용을 강조하기 때문에 인류의 입장에서 보면 '주의' 는 결국 인류의 자유의지이자 인류의 인격이며, 인류의 자유의지와 인격의 주체는 곧 사람의 생명이며 생명은 곧 인간중심의 근간이 된다[13] 고 하였다. 이와 같이 주리 생성론은 인간의 의지와 인간중심주의를 강조한다. 인간중심주의는 서로 인격을 존중하여 수단이 아닌 목적으로 대하며 또 각자의 책무를 중요시하며 뿐만 아니라 서로 도우며 봉사하고 사회발전과 문화 창조에 기여 하는 것을 강조한다. 이러한 오토피아 이념은 조영식이 전개해온 '밝은 사회운동 헌장' 과 '밝은 사회클럽 집회선서'에서 체현(体現) 되고 있는데[14] 이 헌장과 집회선서는 국내외 모든 밝은 사회클럽에서 월례회나 국제행사의 식순에 포함되고 있다.

오토피아의 중요한 이론 중 다른 하나는 전승화론이다. 전승화론은 오토피아 이론의 실현을 위한 기능론(機能論), 작용론(作用論)이라고 할 수 있다. 전승화론은 우주의 실재(實在)와 변화하는 여러 현상의 원리와 인과관계를 연구하여 우리의 미래에 의도적, 능동적으로 대비함으로써 보다 값있고 보람 있고 행복한 삶을 영위 할 수 있도록 해야 한다는 작용론 이다.[15] 전승화는 삼라만상이 원인-결과, 결과-

---

13) 葉朗, 「"和"와 "生"은 21세기 人類의 양대(兩大)깃발」, 경희대학교 인류사회연구소, 요녕 대학 오토피아 연구센터 공편, 『오토피아니즘을 통한 인류사회의 재건』 (서울: 경희대 출판국, 2003), pp.335-336.

14) '밝은 사회운동 헌장' 중 "우리는 인간이 존엄하다는 것을 재확인하고 인간복권에 기여 한다", ; '밝은 사회 클럽의 집회선서' 에서도 "우리는 선량한 인간본연의 자세로 돌아가 인간적으로 보람 있는 평화로운 인류의 문화 복지사회를 이루기 위하여 몸과 마음을 바쳐 일할 것을 다짐한다" 고 명문화 하고 있다.

15) 조영식, 『오토피아(Oughtopia)』 (서울: 경희대 출판국, 1996), pp.156-157.

원인에 따라 이루어지며, 이 이론에 따라 구명해야 하고, 그 상관상제(相關相制) 관계는 어떤 이치와 원칙, 즉 주의(主意:정신)를 근간으로 하여 이루어진다고 주장한다. 이를 가능케 하는 기제로서 시간, 공간, 환류(還流), 실체(實體)의 4기체(基體)를 제시한다. 이중에서 실체에 대해 살펴보면, 실체는 존재성을 가지고 무한소와 무한대의 그리고 고차원과 하차원의 형태로 자존자립하며, 특성과 속성을 주축으로 하여 상호 유관한 가운데 이합 집산하여 생멸한다.[16] 특히 실체 중에서 인간은 이실체(理實體)를 가지고 있음으로써 인간은 단순한 동물과는 달리 사색을 통하여 사상을 체계화 할 수 있기 때문에 감성적 생활과 이성적 생활을 폭넓게 할 수 있으며, 영적 정신생활을 함께 할 수 있기 때문에 야수와 같은 낮은 행동을 하기도 하고 천사와 같은 어진 행동도 한다[17]는 주장을 편다.

『오토피아』에서 추구하고자 한 가치는 무엇일까? 조영식은 무엇보다도 인간, 교육, 평화 문제에 대해 고심하고 번민한 것을 볼 수 있다. 먼저 그의 인간에 대한 관점을 보면, 그는 인간이 신(神)도 동물도 될 수 없으며 또한 인간은 종교에 치우치거나 과학에 얽매이지 않아야 된다고 주장한다. 왜냐하면 인간은 인간으로서 독자성을 가지고 있으며 그 자체로서 완성체일 뿐만 아니라 문화와 가치의 창조자로서 독특한 개성을 가지고 있다고 판단했기 때문이다.[18] 그는 또한 인간의 '경향성'을 중요시 했는데 인간은 어떠한 환경의 자극을 받아서 그것에 반응하며 자극과 반응의 연속적 생활을 영위한다는 것이다. 또한

---

16) 조영식, 위의 책, pp.158-167.

17) 조영식, 위의 책, p.165.

18) 조영식, 『문화세계의 창조』 (대구: 문성당, 1951), p.17.

인간은 선천적이라고 하는 것 보다 후천적, 경험적이며 배워야 비로소 아는 현실적인 인간이라는 관점에서 '교육'의 중요성을 보았다. 기실 아무리 중요한 이념과 사고가 존재한다고 하더라도 그것이 교육을 통해 사람들에게 내면화되지 못하면 실천은 더더욱 어렵게 될 것이다. 그는 인간이 우주만물 중에서 가장 중요하다고 생각하였고 이러한 신념은 후일 그가 인재육성을 위한 교육 사업에 종사하는 계기가 되었다. 특히 그는 평화이념의 교육에 관심이 커서 경희대학교에 평화복지대학원, 인류사회재건연구원, 국제평화연구소등을 설립하였다. 또한 그가 세계대학총장협회(IAUP, The International Association of University Presidents)를 통해 채택한 서울 결의문(1976)에서 '우리는 교육과정의 개정과 그 교육을 통하여 학생들의 마음속에 평화의 정신을 심어주는데 최선을 다할 것을 결의 한다'는 것을 명문화 하게 하였다.[19]

인간과 교육에 대한 그의 이러한 신념은 1979년에 집필한 『오토피아』에서도 볼 수 있을 뿐만 아니라 이보다 30여 년 전에 펴낸『문화세계의 창조』(1951)에서 인간이 여느 동물과 다른 것은 인간이 가지고 있는 인격(人格) 때문이며 인간은 육체와 정신을 가지고 있지만 이 육체와 정신 위에 주리에 해당하는 인격이 있음으로 동물 중에서도 높은 차원의 인간으로 완성시킬 수 있다고 주장한 데서도 잘 나타난다.[20] 또한 '인간의 의지작용(意志作用)'과 '인간의 의식적 지도성(意識的 指導性)'을 중시한다. 특히 주목할 것은 조영식은 인간이 왜 존재

---

19) 하영애, "오토피아 이론(Oughtopianism)의 전개와 실천 그리고 세계평화를 위한 그 의미", 2009 한국국제정치학회 연례학술회의, 2009. 12. 12. 발표논문. p.229.

20) 조영식, 『문화세계의 창조』, p.7.

해야 하는가? 에 대한 전제를 제시하였는데 인간의 존재가치 즉, 인간의 임무는 대외적으로는 인류사회를 위해 '봉사(奉仕)'하고, 대내적으로는 인류사회를 가장 올바른 방향으로 이끌려는 '건설적인 정신을 가진 인간을 완성'하는 것에 둔다고 하였다. 즉, 그는 다음과 같이 주장한다.

> 인간은 인본주의적이며 현실적 과학적인 인생관을 가지고 나 자신의 행복을 인류의 행복 속에서 구하며 타인의 손실 중에서 자신의 손실감을 느끼는 인간이 될 뿐만 아니라 외부적 재물의 축적이나 신을 위한 자기완성에서 만족을 느낄 것이 아니요 인류사회를 위해 봉사를 남기고(대외적), 인류사회를 가장 올바른 방향으로 이끌려는 건설적인 정신에 장익한 인간을 완성 하는 곳(대내적)에 인간의 임무가 있다.[21]

이처럼 인간존재와 역할에 대하여 우리 인간이 인류사회를 위해 봉사를 해야 하며, 봉사를 통하여 인간의 참된 보람과 가치를 느끼고 행복 할 수 있다는 것을 많은 저서와 강연에서 누누이 강조한다. 예컨대, 그의 인간에 대한 이와 같은 관점은 '1999 서울 NGO 세계대회'에서도 강조되고 있음을 볼 수 있다. 그는 기조 강연을 통해 "다가오는 사회가 진정으로 인간이 존중되고, 인간이 중심이 되는 인간적인 인간사회를 구현해야할 것이다"[22] 고 강조하고 있다.

오토피아 이론은 평화를 중요시한다. 이는 조영식 자신이 처한 시대적 배경과 무관하지 않을 것이다. 그는 1921년 평안북도 운산에서 태어났으며 민족적 수난기와 혼란기를 겪었고 일제 말 '학도병 의거

---

21) 조영식, 『문화세계의 창조』, p.21.
22) 1999서울 NGO 세계대회조직위원회, 『1999 서울 NGO 세계대회 백서』, (서울 :1999 서울 NGO 세계대회조직위원회 발간, 2000), p.1 발간사 중에서.

사건'을 주도하여 감옥 생활을 하였으며[23] 해방이후 월남하였다. 또한 1970년대에 세계는 미국과 소련 등 강대국 간의 경쟁으로 긴장상태가 끊이지 않았다. 특히 당시 국제사회는 미소양국의 강대국체제에서 중국이 부상하기 시작했다. 1970년 4월 24일 중공은 최초의 인공위성을 발사하였다. 또한 유엔총회 개막일에 맞추어 폭발시킨 3메가톤급 핵폭탄은 미·소 양 대국에 의한 국제질서에 대해 중공이 도전한다는 뜻에서 중요한 국제정치적 의의를 지니게 되었다. 특히 중국의 이러한 행동은 중국이 문화대혁명(1966-1976)과정에서 재확립된 정치적 통제력, 비용감당의 경제력, 고도의 과학 공학 기술적 수준, 군사전략의 확정 등으로 미·소 두 선진 초강대국에 대항할 수 있는 잠재력을 극적으로 과시한 것으로 해석 되었다.[24] 기존 미·소 양국에 중국까지 가세한 국제사회는 강대국의 세력이 나날이 격렬해지고 있었고 이와 더불어 신예무기가 개발되어 세계 3차 대전의 발발 위기에 봉착하는 듯하였다. 따라서 조영식은 평화문제에 더욱 깊은 관심을 갖게 되었다. 1975년의『탈 전쟁의 인류평화사회』, 1981년의『평화는 개선보다 귀하다』에서 전쟁의 원인은 인간성 자체에 기인하는 것이 아니라 인간의 사회생활과 제도적 모순에서 비롯되는 것이며 따라서 전쟁방지를 위해 제도개선을 주장하였는데 특히 평화교육과 유엔의 강화를 중요시하였다.[25] 같은 맥락에서 1984년에 '오토피안

---

23) 아직 일제 시대인 1945년 1월 2일 당시 그는 평양의 공병부대 소속이었다. 만약 그때 그가 이 사건을 통해 영창에 감금되지 않았더라면 소속부대가 수송선을 타고 필리핀으로 이동 도중, 미국 전투기의 공격에 의해 격침 되었을 때 그도 함께 바다에 수장 되었을 것이라고 하였다. 2001년 10월의 둘째 목요일. '목요세미나 강연에서', 경희대학교 본관 2층 세미나실.

24) 이영희 평론선, 창비 신서 4『전환시대의 윤리 - 아시아, 중국, 한국』, (서울: 창작과 비평사, 1970), p.34.

25) Pedro B. Bernaldez, *Oughtopian Peace Model for Neo-Renaissance*-Young Seek Choue's Peace Thoughts and Strategies-, (Legazpi : Aquinas University of Legazpi, Inc., 2002), pp.209-210.

평화모델(Oughtopian Peace Model)'을 발표함[26]으로써 평화에 대한 이론체계를 확고히 하였으며 그가 회장으로서 운영을 주도했던 '세계대학총장협회'의 보스턴 선언, 테헤란 선언 등 각종 선언문[27]에서 유엔의 강화와 세계평화에 대해 각 국가가 힘을 모을 것을 제의했다. 당시 이러한 위기극복을 위해 평화를 위한 강력한 조치가 요구되었는데 평소 평화를 주창해온 조영식은 세계평화운동에 적극적으로 뛰어들었던 것이다.

03. 오토피아 이론의 실천전개

조영식은 오토피아라는 이상적인 사회를 이루기 위해 이론을 제시했을 뿐만 아니라, 무엇보다도 이의 실천을 위해 자신을 포함한 수많은 개인과 조직체를 통해 사회운동을 전개하는 '행동하는 지도자'라고 할 수 있다. 그의 모든 관심은 B.A.R 의 오토피아 사회를 이루는데 모아졌고 다양한 국내외 조직을 통해 그의 이론을 실천에 옮기는데 주력하고 있다. 조영식은 우선 오토피아의 지속적인 연구를 위해 '인류사회재건연구원'을 설립하였고 또한 그 실천운동 조직으로서 '밝은 사회클럽'을 창립하였으며 특히 평화교육에 관한 그의 미래지향적 의지는 국제평화 교육기관으로서 경희대학교에 '평화복지대학원'[28]을 설립하였다. 조영식이 그의 오토피아 이론을 실천에 옮기기

---

26) *Ibid.*, Chapter V.

27) 각 선언문과 결의문. 보스턴 선언(1975), 서울 결의문(1976), 테헤란 선언문(1978), 방콕 선언문(1979).

28) 평화복지대학원은 2014년에 설립 30주년을 맞이하고 있으며 평화지도자 양성을 목표로 하여

위해 기울인 노력들의 사례를 밝은 사회운동의 전개, '세계평화의 날' 제안과 평화운동 전개를 중심으로 고찰해본다.

1) 밝은 사회운동(GCS)의 전개

오토피아의 이론은 밝은 사회운동(GCS)조직을 통해 한국은 물론이고 세계 여러 나라에서 추진되고 있다. 앞서 살펴본 바와 같이 오토피아는 인간의 임무를 '대외적으로 봉사'하는 데에 두고 있다. 이 대외봉사의 한 가지 내용으로서 조영식은 국제봉사를 위해 '밝은 사회 국제본부'와 '한국본부'를 설립하고 오토피아라는 이상사회(理想社會) 건설을 추구해 왔다. 다시 말하면, 오토피아라는 당위적 요청사회를 이루기 위한 조직체로서 밝은 사회클럽을 만들고 그 이념을 실천해나가고 있는 것이다. 조영식은 『밝은 사회운동의 이념과 기본철학』에서 이러한 뜻을 밝히고 있다.[29] 밝은 사회운동이란 '문화세계'의 창조를 통한 인류사회재건 운동과 제2의 르네상스 운동을 전개하여 물질이 정신과 조화롭고, 개인의 관심이 공동체의 윤리와 조화를 이루어 인간이 인간답게 사는 사회를 건설하는 시민운동, 사회운동이다.[30] 이 밝은 사회운동은 1978년 한국에서 처음 창립되었으며 현재 국내에는 약 150여개의 단위클럽이 결성되어있고[31] 외국에서는 미

모든 학생들에게 '전액 장학금'을 지급하고 있다.

29) '밝은 사회운동을 한다는 것은 인간으로서 아름답고, 풍요하게, 그리고 값있고 보람 있게 살고자 하는 것인데, 오토피아에는 세 가지 목표가 있습니다. 그 하나는 정신적으로 아름다운 도덕사회, 즉 건전한 인간사회를 만들자는 것입니다. 이는 바로 밝은 사회운동의 첫째 본령(本領)입니다'. 조영식, 『밝은 사회운동의 이념과 기본철학-Oughtopia를 지향하며』 (서울: 밝은 사회연구소, 2003), pp.26-27.

30) 하영애, 앞의 책, p.29.

31) 단위클럽은 30명 이상이 모여 1개의 클럽을 구성할 수 있다. 서울, 부산, 울산, 광주, 제주도

국, 독일, 일본, 중국을 비롯하여 40여개 국가에 밝은 사회클럽이 조직되어 활동하고 있다.32) '라이온스 클럽'(Lions Club)과 '로타리 클럽'(Rotary Club)이 미국에서 한국으로 파급되어 왔다면 '밝은 사회클럽'(GCS Club)은 한국에서 미국과 세계 각 국으로 진출하여 전개되고 있다고 하겠다.33)

예를 들면, 1997년 5월17-18일 서울 'GCS 연차대회'에 참석한 각 국가 본부는 콜롬비아, 하와이, 로스 엔젤레스, 중국 동북 성, 일본, 아르헨티나, 그리고 대만 등으로서 국가별 다양한 활동상황을 발표하였다. GCS 콜롬비아 클럽에서는 밝은 사회이념을 교육하기 위해 '제2의 르네상스'란 과목을 보고타(Bogota)에 위치한 임파우 대학(IMPAU University)의 정규과목으로 설강하고 GCS활동소식지 발행 등을 보고하였다.34) GCS 하와이 클럽은 환경보호와 약물방지 운동을 매스컴(KBFD-TV)과 한국 신문에 정기적으로 보도하고 회원들이 의복을 직접 제작하여 배포하는 등의 봉사를 실행하였다. 특히 중국의 동북지역 클럽의 활동보고서에 따르면, 의술을 가지고 있는 의사회원들이 협력하여 가난한 이웃을 위해 의료봉사를 하였는데 작은 병원도 건립하여 지속적으로 진료를 해주었다.35) 이외에도 2003년도의 'GCS 인도 대회', 2005년도의 'GCS 필리핀 대회', 2007년도의 'GCS 태국

등 전국에 '밝은 사회클럽'이 설립되어있으며 다양한 활동을 하고 있다. 최근에 '밝은 사회 서울 클럽'에서는 캄보디아에 학교지어주기 운동을 전개하고 있으며, '밝은 사회 음성클럽'에서는 국내에 불우이웃을 위한 집지어주기 운동을 실천에 옮기고 있다.

32) http://www.gcs-ngo.org. (검색일: 2009. 8. 27).

33) 하영애, 『새로운 시대에 접근하는 시민단체의 역할 : 밝은 사회, 라이온스, 로타리. 제이씨의 사회봉사에 관한 실증적 연구』(서울: 한국학술 진흥재단 연구보고서, 1997), pp.11-13.

34) 『GCS 각 국가별 활동보고서』(서울:경희대 밝은 사회연구소, 1997), 콜롬비아 보고에서 발췌.

35) 위의 책, 하와이, 로스 엔젤레스, 중국 동북성, 일본, 아르헨티나, 대만 보고에서 발췌.

대회' 등 에서도 많은 국제회원들이 참석하였다. 특히 인도대회에서는 당시 인도의 지진피해를 돕는 행사를 전개하였다. 즉, 당시 인도의 지진피해를 돕기 위해 수 천 톤의 의류, 신발, 구호물품들을 국내외적으로 거두어 전달하였으며,36) 현장에서도 즉석 모금운동을 전개하였다.37) 또한 쓰나미 재난, 중국 쓰촨성 지진 이재민 돕기 운동을 전개하여 성금을 전달하였다.38) 특히 '밝은 사회를 위한 L.A 다민족 지도자 한국연수프로그램(Multi-cultural Leadership Korea Visitation Program)'은 'GCS국제본부' 와 미국 'GCS L.A. 클럽'이 공동으로 1997년부터 시행하고 있는데 이 행사는 캘리포니아 남부의 다양한 인종집단간의 갈등을 해소하고 다민족 간에 상호이해와 화합을 증진시켜 밝은 사회를 이루기 위한 목적으로 추진되고 있다. 이 프로그램은 매년 시행하고 있으며 양 지역의 좋은 호응을 얻고 있다.39) 무엇보다도 NGO가 초기단계에 있던 한국사회에 '1999 서울NGO 세계대회'를 유엔과 공동으로 개최하여 전 세계 107개국에서 1,360개의 NGO를 대표하는 활동가 1만3천여 명 및 자원봉사자 670여명이 참여하였다.40) 이 대회를 계기로 한국정부는 'NGO 기금'을 마련41)하게 되었으며 이를 주최한

---

36) GCS 한국본부에서는 전국의 클럽을 통해 인도 돕기 물품수집운동을 전개하여 3개월 동안 모은 의류, 신발, 시계 등 수 천 톤을 인도에 보냈다. 밝은 사회 한국본부 사무국 자료제공.

37) 당시 인도유아들의 분유마련을 위해 GCS '타이뻬이 총회', 한국의 '목련클럽연합회', '서울여성 클럽' 등이 성금 $5,000을 찬조하여 인도클럽에 전달하였다. 2003년의 인도대회에 필자 참석.

38) 전국 클럽에서 약 8천 7백 불의 성금이 모아졌다. 2008. 7. 30. GCS한국본부 사무국 제공.

39) 중앙일보 THE KOREA CENTRAL DAILY 미주 판, 1997. 1. 15. ; 서울 신문, 1997. 3. 8. 제 17면.

40) UN공보처 NGO집행위원회(CONGO)와 UN경제사회이사회 NGO 협의회(NGO/DPI) 가 UN의 후원을 받아 공동주최하였다. 1999 서울 NGO 세계대회조직위원회, 『1999서울 NGO세계대회 백서』(1999서울 NGO 세계대회조직위원회 발간: 2000), 대회개최 배경 중에서.

41) 김대중 대통령은 치사를 통해 "저와 앞으로 한국을 포함한 세계 모든 나라들이 건전한 발전을 촉진하기 위해서는 시민사회와 정부 간의 적극적인 유대관계를 만들어 가는 것이 반드시 필요하다고 굳게 믿고 있습니다 "『1999 서울 NGO 백서』각종 연설문, 김대중 대통령 치사, p. 14.

'밝은 사회국제본부(GCS International)'는 NGO라는 용어가 한국사회에 정착되는 단초를 제공 하였다.

2) '세계평화의 날' 제안과 평화운동 전개

다른 한편 더욱 실제적이고 구체적인 결실을 가져온 것은 세계평화에 대한 실천 활동이다. 조영식은 오토피아의 핵심가치라고 할 수있는 세계평화의 증진을 위해 그의 독특한 인재활용과 조직을 바탕으로 유엔을 통해 '세계평화의 날' 제정을 이끌어 낸다. 1970년대 당시 미소 양 강대국이 국제사회의 패권경쟁에 있었고 이에 따라 세계는 끊임없는 전쟁과 분쟁으로 평화가 위협받고 있었다. 따라서 당시 '세계대학총장협회(IAUP)'의 회장이었던 조영식은 1981년 6월 코스타리카(Costa Rica)의 수도 산호세에서 개최된 제6차 IAUP회의에서 세계평화를 위한 중요한 노력을 기울였다. 당시 한국은 유엔에 가입되어 있지 않은 상황이었기 때문에 코스타리카의 로드리고 카라조(Rodrigo Carazo) 대통령과 협의하여 코스타리카의 유엔대사 피자(Piza)가 '세계평화의 날'제정에 관한 결의안을 유엔에 발의하도록 하였다.[42] 유엔총회는 같은 해 11월 30일 개최된 전체회의에서 만장일치로 이 결의안을 통과시켜 9월 셋째 화요일을 '세계평화의 날'로 공포했다. 1982년에는 이를 기념한 국가가 북한을 포함해 147개 국가에 이르렀고, 1986년은 '세계평화의 해'로 지정[43] 되었다. 이러한 결과가

그 후 한국정부는 NGO 기금을 행정자치부에서 민간단체운영기금으로 책정하여 시행하도록 하였다

42) Pedro B. Bernaldez, *UN International Year of Peace And Global Transformation* (Seoul: Kyung Hee University Press, 2001), pp.29-30.

있기까지는 오토피아를 주창한 조영식의 평화에 대한 열정과 숨은 노력이 자리하고 있었다.44)

그 후 이 '세계평화의 날'을 기념하기 위하여 경희대학교 '국제평화연구소'와 'GCS 국제본부', 'GCS 한국본부'가 공동주최하여 매년 '세계평화의 날 기념식 및 국제평화학술회의'를 개최하고 있다.45) 이 국제평화행사에는 세계 각국의 GCS국제회원들 및 'GCS 한국본부'와 전국의 단위클럽회원들이 참여하여 평화의식을 고취하고 있으며, 이 국제회의에 대만 30여명, 중국 10여 명 등 여러 국가의 대표단이 참가하고 있다. 1982년 9월 21일 개최한 '제1회 세계평화의 날 기념식 및 국제평화학술회의'는 한국의 프라자 호텔 국제회의장에서 "현대 세계의 위기와 평화"(Crises and Peace in Contemporary World)의 주제로 개최하여 100여명이 참여하였으며, 1986년 9월 1일 '제5회 국제평화학술회의'는 'Great Global Human Family Looking at the 21st Century' 주제로 평화복지대학원 회의실에서 300여명이 참여하였으며, 1995년 9월 5일부터 7일까지 개최된 '제14회 세계평화의 날 기념식 및 국제평화학술회의'는 'Tolerance, Restoration of Morality and Humanity'의 대 주제로 신라호텔 국제회의장에서 개최되었는데 기조연설에서 조영식은 '제2르네상스의 횃불을 높이 들고 새로운 역사를 세우자'고 강조하고 평소 그가 주장하는 당위적 요청(Ought to do-Ought to be)의

---

43) UN document number A/36/L.29/Rev.1. Pedro B. Bernaldez, *Ibid.*, pp.30-31에서 재인용

44) 당시 조영식은 이 결의안이 통과되지 않을 경우 한 목숨 희생할 각오로 '단검'을 가슴에 품고 갔다고 하는 비화가 있다. 김봉임, "세계평화의 날 제정되던 그날", 인간 조영식 박사 101인집 편집위원회, 『조영식 박사, 그는 누구인가 인간 조영식 박사 101인집』, (서울: 교학사, 1994), p.521.

45) 하영애, "한중관계와 오토피아(Oughtopia) 사상", 2008 건국 60주년 기념 학술회의, 한국정치학회, 한국국제정치학회, 세계지역학회 공동주최, 2008. 8. 21. 속초 발표논문, p.14.

사회를 만들기 위해 공동목표(Common Goal)와 공동규범(Common Norm)을 세우고 공동사회(Common Society)를 이루자고 촉구하였다.[46] 이 회의는 또한 유엔창설 50주년을 기념하는 의미를 가지고 있어서 유네스코 본부, 세계대학총장협회, 유엔 한국 협회 등 관계 단체를 비롯하여 조지프 베르너 리드(Joseph Verner Reed), 칸-이치 미야지(Kan-Ichi Miyaji) 등 각 국가에서 평화관련 전문가 등 약 1000여명이 참석하여 세계평화에 대해 논의하였다.[47]

뿐만 아니라, 오토피아가 추구하는 인간적으로 보람 있는 사회, 실현가능한 평화사회를 만들기 위하여 조영식은 평화 교육기관을 설립하였다. 국제사회에서 보기 드물게 전문 석사과정을 개설하고 있는 '평화복지대학원'[The Graduate Institute of Peace Studies (GIP)]의 교정에는 '평화는 개선보다 귀하다'라는 표어가 그 평화의 탑에 새겨져 있다. 세계 도처에서 모여든 젊은 학도들을 평화 지향적 국제지도자로 양성하고 있으며 정기간행물로서 'Peace Forum'을 발행하고 있다. 이 평화복지대학원을 졸업한 학생들은 평화의 이념과 실천을 위해 미국을 비롯하여 아프리카 오지 빈민촌으로 나가 활동을 하고 있다. 예컨대, 미국 워싱턴 할렘가에서 흑인의 빈곤과 화합의 삶을 위해 수

---

46) Young Seek Choue, "Reconstruction of Human Society through a Second Renaissance-A Grand Design for the Human Society Toward the Next Millennium", Young Seek Choue·Jae Shik Sohn, edsSoc*Tolerance, Restoration of Morality and Humanity* (Seoul: The Institute of International Peace Studies, 1996), pp.40-41.

47) 이외에도 이 대회에는 국내에서 도덕성 회복 분과회의, 인간성 회복 분과회의, 종교지도자 회의, 언론인 회의, 교육자 회의 등으로 구성되어 당시 사회의 주요 문제와 현안에 대해 진단하고 처방해보는 유익한 회의였다. 이 회의에서는 외국학자 27명이 논문발표를 하였고, 한국에서 53명이 논문발표를 하였다. 또한 유엔창설 50년 및 유엔이 정한 '관용의 해' (the UN Year of Tolerance)를 기념하는 자리이기도 했다.
조영식·손재식, 『관용, 도덕과 인간성 회복』, 관용, 도덕과 인간성 회복을 위한 대 국제회의 논문집(한국어 분과회의) (서울 : 경희대 국제평화연구소, 1995).

년 간 목회활동을 하고 있는 최상진 목사, 일본 히로시마에서 평화연구와 강의에 종사하고 있는 김미경 교수, 동티모르 대학에서 자원봉사로 교육에 임하고 있는 최창원 교수, 아프리카 지역에 봉사를 떠났다가 풍토병을 앓은 적이 있는 동문, 이라크에서 평화와 인권을 위해 활약하다가 구사일생으로 목숨을 건지고 돌아와 화제가 되었던 '지구촌 나눔 운동'의 한재광 씨도 바로 이 학교가 배출한 대표적 평화활동가들이다.

04. 중국과 대만사회의 오토피아 이론의 수용과 실천

1) 중국과 대만에서의 오토피아 이론연구

오토피아 이론은 중국과 대만의 많은 사람들, 특히 지식인들과 교육기관에 영향을 끼치고 있다고 할 수 있다. 먼저 대만학자들의 경우를 보면, 대만의 '중화문화건설위원회' 부주임이며 딴쟝(淡江)대학의 콩치우첸(孔秋泉)은 오토피아의 정신을 '아름다운 인간의 낙원'에 비유 한다:

> 마침내 조영식 박사는 그의 저서 『오토피아(Oughtopia)』를 통해 문화세계를 창조하고, 밝은 미래를 향해서 매진하는 것만이 인류의 이상이라고 주창하고 그 이론을 발표하자 세상 사람들, 특히 지식인들은 그제서야 아름다운 인간의 낙원을 보게 된 듯한 충격에 사로잡혔다. 조 박사의 필치는 스펭글러 와는 너무나 다르다. 이야말로 늘 신중하면서도 대담한 당위적 희망론자의 관점인 것이다.[48]

콩치우첸은 또한 오토피아를 '인문학의 신대륙 발견'에 비유하면
서 정신문화에 끼친 오토피아 이론의 영향을 극찬한다. 콩치우첸의
평가의 구체적 내용을 보면, "세계 문명사적, 거시적인 각도에서 조
영식 박사의 사상-전승화 학설을 고찰해 볼 때 그것은 인류문명사
에 있어서의 하나의 커다란 발견이다. 그것은 한줄기 맑은 물길과도
같은 것이어서 혼탁한 사상적 조류에 있어 정화작용을 하는 것으로
세상 사람들에게 빛과 희열로 가득 찬 오도피안(悟道彼岸) 즉 깨달음
에서 펼쳐지는, 그래서 도달하는 한 널찍한 낙토가 있음을 깨우쳐 주
고 있는 것이다"49)라고 하였다. 또한 그는 오토피아의 정신적 철학에
대해, "비교사(比較史)적인 각도에서 조 박사의 철학을 통한 정신적인
발견을 본다면 이는 인문학의 역사와 정신문화의 역사에 있어서의
신대륙이나 다름없다"50)고 역설하였다. 또한 쟝지에스(蔣介石) 총통
의 차남인 쟝웨이꿔(蔣緯國) 장군은『오토피아』의 평화사상과 자신의
홍중도(弘中道)의 일치성에 공감을 표명하고 그가 연구할 때 백과사
전으로 활용하였다고 술회한다. 즉, "오토피아가 필자의 '홍중도(弘中
道)'와 추구하는 이념과 사상이 일치하나 10여 년이나 앞선 사상으로
필자의 사상에 많은 영향을 끼쳤으며 대작『오토피아』는 필자의 백
과사전이 되었다"고 하였다.51) 또한 중화민국(中華民國) 감찰원(監察
院) 감찰위원장이며 입법위원(立法議員: 한국의 國會議員)인 린치우산
(林秋山)은 "저서를 통해 본 조 박사의 사상과 철학"에서 인류는 세계

---

48) 孔秋泉, "공자, 콜롬부스와 조영식", 인간 조영식 박사 101인집 편집위원회,『조영식 박사, 그는
    누구인가 인간 조영식 박사 101인집』, (서울: 교학사, 1994), p.171.

49) 孔秋泉, 위의 논문, p.172.

50) 위의 논문, pp.172-173.

51) 蔣緯國, "조박사는 한국의 공자요, 선지 선각자", 인간 조영식 박사 101인집 편집위원회,『조영
    식 박사, 그는 누구인가 인간 조영식 박사 101인집』, (서울: 교학사, 1994), pp.105-106.

와 역사, 문명의 주인으로서 가장 존중을 받아야 한다는 '7개 항목의 선언'을 명시하고 이 선언은 옛 중국의 '인본주의'와 '천하위공(天下爲公)', '세계대동(世界大同)'의 사상과 일맥상통한다고 오토피아 이론과 그 철학의 심오함을 역설하였다.[52]

오토피아 이론은 시대정신과 정신문화를 강조한다. 중국학자들 중에 지린(吉林)대학의 까오칭하이(高淸海)는 "조영식선생의 미래의 이상세계를 보여준 오토피아가 현시대의 정신문화적 조건에서 충분히 실현될 수 있는 원인은 그것이 인간의 본성을 보여줬기 때문"이라고 하였다.[53] 북경대학 철학과의 이에랑(葉朗)은 중국의 숑스리(熊十力)의 철학과 한국의 조영식의 철학을 비교 연구하였다. 그는 중국의 공자, 맹자, 노자, 선진제가를 비롯하여 인도의 석가모니, 이스라엘의 이사야, 그리스의 탈레스 등 모두가 인류가 직면한 근본 문제들을 지적했음을 말하고 이들 사상가들에서 조 박사가 말한 '인류의 동질성' 혹은 '동시대성'을 읽을 수 있으며 "진정한 철학은 모두 시대적 산물이며 전 인류성(全 人類性)을 담고 있다"고 강조 한다.[54] 또한 "조 박사의 철학은 '生'의 철학과 '仁'의 철학의 복귀를 지향하지만 훨씬 더 높은 경지를 지향한다. 그것은 인류문명이 직면하고 있는 심각한 위기에 대한 인류문화의 위대한 부흥이자 희망이다. 뿐만 아니라, 오토피아는 동양전통철학과 세기전환기의 시대정신이 상호결합한 산물이며, 동방인자(東方仁者)의 철학(趙永植的 哲學, 乃是東方傳統哲學和世紀

---

52) Chou-Shan Lin, "Dr. Choue's Thoughts and Philosophy Expressed in his Writings" , The Publication Committee of Global Leader With Great Vision, *Global Leader With Great Vision*, (Seoul : Kyohaksa, 1997), pp.182-185.

53) 高淸海 '時代精神的視覺理解 Oughtopia' 2002. 8. 12. 경희대 인류사회재건연구원 초청강연. 자료. p.4.

54) 葉朗, 「東方仁者的哲學」, 『GCS 運動과 社會平和』, GCS 國際學術會議, 1998. 5. 17. 서울 롯데 호텔, 國際學術會議 發表論文 p.47.

轉變期的時代精神相結合的産物, 乃是東方仁者的哲學)"이라고[55) 높이 평가하였다. 중국의 대철학자로 칭송받는 그가 "오토피아는 미래학이다. 21세기는 오토피아의 이상사회를 창건하는 인류미래의 무한한 믿음을 품고 신세기를 창조해야한다"[56)고 주장 하는 것은 우리에게 시사 하는바가 크다고 하겠다.

이외에도, 중국의 교육기관에서 오토피아를 다루고 있는 사례로는 여러 곳이 있다. 중국 하남성(河南省)의 정주(鄭州)대학에는 승달 관리학원(昇達管理學院)이라는 대학원 교육과정이 있는데 이는 왕꽝야(王廣亞)가 설립하여 이미 15년 넘게 교육을 통한 인재양성에 주력하고 있다. 왕꽝야는 중국에서 태어났지만 대만의 교육계에 특히 많은 영향력을 끼쳤고 육달(育達) 교육재단을 설립하여 중·고등학교 및 전문대학을 운영하고 있다. 그는 학교운영에 조영식의 교육이념을 많이 활용하고 있다. 그래서인지 많은 사람들은 왕꽝야를 '중국의 조영식'이라고 평가하였다.[57) 뿐만 아니라 조영식의 교육이념과 평화관념은 이케다 다이사쿠 회장이 경영하는 일본의 창가대학(創價大學: Soka University)에서도 보여 진다. 이케다 회장은 조영식의 철학에서 많은 공감을 얻었고, 이는 그를 초청하여 명예박사학위를 수여하는 계기가 되었다.[58) 특히 2002년 중국 요녕 대학교에서는 '오토피아 연구센터'

---

55) 葉朗, 위의 논문, p.51.

56) Ye Lang, "The Great Reconstruction of Human Civilization", The Publication Committee of Global Leader With Great Vision, *Global Leader With Great Vision,* (Seoul: Kyohaksa, 1997), p.138.

57) 중국 정주대학(鄭州 大學) 대학원 승달 관리학원(昇達 管理學院)의 창립 10주년 기념식의 포럼에 필자가 참석하여 교수, 대학관계자들과의 대화에서. 2004. 10. 15.

58) 1997년 11월 2일 일본 성교신문(聖敎新聞). 일본 창가대학(創價 大學: Soka University)에서는 개교 제27주년 기념일을 맞이하여 경희대학 창립자 조영식 박사를 초청 명예박사학위를 수여하였으며 필자를 포함한 10여명의 인류사회재건연구원 교수들이 참여하여 양 대학의 교수들과 좌담회 및 토론회를 개최하였다.

를 개관하였고 동시에 "오토피아니즘을 통한 인류사회의 재건"을 주제로 국제학술세미나를 개최 하였다. 이 국제세미나에서는 북경 대학, 청화 대학, 길림 대학 및 요녕 대학의 철학자들과 한국의 대학 교수 20여 명이 주제발표를 통해 오토피아 이론과 철학에 대한 심층적인 논의를 하였다.[59] 또한 『오토피아(Oughtopia)』는 1979년에 한국에서 처음 발간된 이후 중국어를 비롯한 다양한 언어로 번역출판 되었다. 뿐만 아니라 대만의 중국문화대학에서 교과서로 사용되는 등 국내외에서 오토피아니즘에 대한 연구가 심도 있게 진행되고 있으며 특히 중국학자들에 의해 많이 연구되어오고 있음을 알 수 있다.

이상에서 살펴본 바와 같이 오토피아 이론은 중국과 대만 학자들의 다양한 연구를 통해서 '인문학의 신대륙발견', '동방인자의 철학'으로 평가 되고 있음을 살펴보았다. 다음은 오토피아 이념을 실천하고 있는 중국 GCS클럽과 대만 GCS클럽의 활동사항을 살펴본다.

2) 중국과 대만에서의 오토피아 B.A.R 사회의 실천 활동들

중국지역과 대만에서 오토피아의 B·A·R 사회 실현을 위한 다각적인 활동들이 GCS 국가본부의 회원들을 통해 추진되고 있음을 볼 수 있다. 앞서 설명한 바와 같이 오토피아의 실천 활동은 밝은 사회 운동, 평화운동 등으로 전개되었는데 그 중에서는 밝은 사회 해외 클럽인 'GCS 대만본부', 'GCS 중국지구'가 다양한 역할을 하였다. 대표적인 활동 중에 우선 인간적으로 보람 있는 사회의 실천을 예로 들면,

---

59) 경희대학교 인류사회연구소·요녕 대학 오토피아연구센터 공편, 『오토피아니즘을 통한 인류사회의 재건』, pp.6-7. 발간사.

'GCS 중국지구'(동북아 지역: 회장 진쪄(金哲)) 에서는 다양한 국제
활동을 전개하고 있는데, 한·중 청소년 교류사업 및 도서기증, 조선
족 노인협의회와 문화시설 건립, 노인을 위한 행사실시, 병원건립, 중
국 수재민에게 밀가루 지원, 북한에 밀가루 50톤 지원 등의 봉사를
실천에 옮기고 있다.[60] '중국 동북지구 GCS연합회'에서는 '한·중
교육사업'의 일환으로 한·중 청소년 교류를 길림성 반석시(吉林省 盤
石市) 홍광 중학교(고등학교를 중학교라 칭함)와 청량리 고등학교가
자매결연[61]을 맺어 상호방문, 교류할 수 있도록 역할을 하였다.

풍요로운 사회를 위한 운동은 GCS클럽의 잘살기 운동의 일환으로
추진되었다. 중국연변지역 농촌개발사업 시행에 관해 구체적으로 살
펴보면 'GCS 한국본부'에서는 1998년부터 중국 농촌개발 사업으로
연변의 광명촌(光明村)에 제1차 농촌시범마을을 선정하여 매년 수 십
마리의 소를 구입, 그들로 하여금 소를 기르게 하고 새끼를 쳐 배가
운동을 전개하는 등 주민들의 소득증대에 기여하고 있다. 또한 몇 해
가 지난 후에는 품종을 '소' 대신 면역성이 뛰어난 '오리'로 바꾸고
부엌시설 개량사업 지원 등 주민들의 생활향상에 기여 하고 있다.[62]
한국본부에 속한 'GCS 중앙클럽'에서도 2001년부터 중국 연변 화룡
시(華龍市)에 제2차 시범마을 조성활동을 전개하였다. 이농현상으로
폐교가 된 학교건물을 마을회관으로 보수하고 매년 수 십 마리의 양

---

60) 中國 北京協會 活動報告, 『UN NGO GCS國際學術會議, GCS Movement and Social Peace』, 1999,
    GCS International, p.182.

61) 中國 盤石協會 活動報告, 『UN NGO GCS國際學術會議, GCS Movement and Social Peace』, 2000,
    GCS International, Global Cooperation Society(GCS) International, p.44.

62) 중국 연변 시 광명촌 현지방문. 1998년 8월 10일. 그 후 연구조사차 중국에 가서 설문조사를
    하였으며 불과 몇 년 만에 생활이 향상됨을 알 수 있었다 ; 신대순, 하영애, 이환호, 『중국동포
    삶의 질 향상을 위한 실태조사』(서울: 재외동포재단, 2002) 3장-4장 참고.

을 구입하여 300마리가 되도록 하였으며 주민의식개혁, 잘살기 운동, 생활환경 개선을 추진하였다. 뿐만 아니라, GCS클럽의 활동의 일환으로 의료혜택을 제공하였다. 'GCS 중국 동북지구협회'(회장 쑨시타이(孫西太))의 보고에 따르면, 'GCS장춘협회(長春協會)' 회원 4명은 장춘에서 유일한 지체부자유자 종합 진료소를 차리고 치료비 면제나 염가치료를 해주고 있다. 그 숫자가 1년간 무려 5,000명에 이르고 있어서 지방정부와 환자들에게 큰 호응과 칭찬을 받고 있다고 한다.63) 'GCS장춘협회'는 또한 중의 학원(中醫學院 : 의과대학)과 한국 유학생의 의과대학실습의 교량역할을 해오고 있다. 예를 들면, 유학생들에게 실습기자재 및 학습활동을 돕고 있으며, 또한 유학생 보건사업 진찰을 187차에 걸쳐 해주었으며 혼수상태에 빠진 유학생 최수영의 생명을 구하기도 하였다. 또한 'GCS 길림시 클럽'과 'GCS 반석시 클럽'에서는 장학금 지급,64) 의료보건 활동을 실천에 옮기고 있다.65)

자유중국대만(自由中國臺灣)에는 'GCS 중화민국총회(中華民國總會)'를 비롯하여 각 지회(分會라 칭함)가 결성되어 활동을 하고 있다. 이들은 'GCS 대북 지회(臺北 分會)', 'GCS 고웅 지회(高雄 分會)', 'GCS 육달 지회(育達 分會)', 'GCS 대화 지회(臺華 分會)' 등으로 조직되어 다양한 역할을 하고 있다. 그들은 『광명사회운동지남(光明社會運動指南)』에서 이 운동의 3대 목표, 3대 정신과 5대 운동을 규정해 놓고 있다.66) 3대 목표는 화목한 가정(和睦的 家庭), 건전한 사회(健全的 社會),

---

63) 하영애, "동북아에서 GCS평화운동의 실천방안모색", 『목요세미나』, 제7권, (서울 : 경희대학교 인류 사회재건연구원, 2004), pp.243-244.

64) 『光明社會運動指南』1996, -UN NGO G.C.S Club 國際光明社會世界總會 光明社會問題研究所, pp. 5-8. 이 3대 목표, 3대 정신과 5대 운동은 국내외 모든 GCS Club의 공통된 사항으로 GCS 국제 본부에서 각 헌장 및 규정에 명시하여 시행하고 있다.

65) 하영애, "동북아에서 GCS평화운동의 실천방안모색", p.244.

평화적 세계(和平的 世界)를 명시하고 있으며 3대 정신으로는 선의(善意), 합작(合作), 봉사－기여(服務-奉獻)의 정신을, 그리고 5대 운동으로는 건전사회운동(健全社會運動), 생활개선운동(改善生活運動), 자연 애호운동(愛護自然運動), 홍양 인본운동(弘揚人本運動), 세계평화운동(世界和平運動)을 명문화하고 정기회의, 좌담회, 봉사활동 등을 개최하고 있다.67) 또한 'GCS 臺北 分會(타이뻬이 市 지회)'의 회장 랴오완룽(廖萬龍)의 보고에 따르면, 랴오 회장은 형기를 채웠거나 가석방된 청년을 자신이 경영하는 회사와 공장에 근무케 하여 자신의 잘못을 각성하게 하고 새로운 마음으로 일할 수 있는 터전을 마련함으로써 주위의 좋은 평가를 받았다.68) 또한 GCS 세계대회에 참석한 임원이나 회원들은 각 국가의 GCS 회원들과 만나서 세미나와 포럼, 연수회를 개최한다. 이러한 세계대회 참석 및 교육연수는 밝은 사회운동을 전개하는데 중요한 역할을 할뿐만 아니라 클럽회원의 태도변화에도 중요한 원동력이 되어왔다.69)

이와 같이 다양한 실천 활동은 클럽회원들의 참여와 정신함양을 위한 다목적 훈련일 뿐만 아니라 오토피아의 이념과 정신을 지속적으로 배양하게 되는 중요한 경로이기도 하다.

---

66) 『光明社會運動指南』1996, -UN NGO G.C.S Club 國際光明社會世界總會 光明社會問題研究所, pp.5-8. 이 3대 목표, 3대 정신과 5대 운동은 국내외 모든 GCS Club의 공통된 사항으로 GCS 국제본부에서 각 헌장 및 규정에 명시하여 시행하고 있다.

67) 國際光明社會促進會中華民國總會及臺北分會, "擴大理監事聯誼座談會", 밝은사회 국제본부 소식지 등 관련 자료, 2001. 1. 8.

68) "1999 GCS 臺灣總會與臺北市分會 主要事業活動報告" 중에서.

69) 김종은, 「밝은 사회교육의 효율화 방안에 관한 연구」『밝은 사회연구 13-14집 (1990)』(서울: 경희대학교 밝은 사회연구소), p.115.

05. 결론: 오토피아 이론과 실천 활동의 사회적 영향

본 연구는 오토피아 이론에 대한 가치, 조직, 인간의 실천 활동과 그 운용을 다양한 활동으로 고찰해보았다. 또한 국제사회에서의 활동과 더불어 중국지역과 대만에서의 실천 활동을 분석하였다. 오토피아에서는 인간중심과 교육 평화의 가치를 가지고 주리 생성론과 전승 화론을 통하여 이 이론을 체계화하였으며 이 이론은 인류사회재건연구원과 국내외 GCS클럽의 조직을 통해 많은 사람들과 국내외 회원들이 봉사를 실천에 옮기고 있음을 고찰해 보았다.

특히 이 이론의 제창자 조영식은 오토피아의 실천을 위해 다양한 기구를 제도화, 조직화, 체계화 하였다. 그는 오토피아의 이념을 실현하기 위하여 세계대학총장협회, 밝은 사회국제본부, 인류사회재건 연구원, 평화복지 대학원과 국제평화 연구소 등을 조직화하고 이를 제도화하였으며 이 조직기구들을 활용하여 아름답고 풍요롭고 보람 있는 이상사회의 실현을 체계적으로 추진해 나갔다. 특히 '세계평화의 날'제정에 산파역을 했으며 또한 탁월한 지식을 인류사회를 위해 십이분 발휘함으로서 세계 3차 대전의 위기에서 평화적 화해분위기로 전환시킨 잠재적 기능(Latent Function)70)을 발휘하였다고 하겠다.

오토피아 이론과 실천 활동의 사회적 영향을 다음 몇 가지로 분석할 수 있다.

첫째, 중국과 대만사회에서 오토피아 연구의 학문적 초석을 마련하였다.

---

70) Femont E. Kast & James E. Rosenzweig, op, cit, p.173.

오토피아 이론은 중국과 대만사회 지식인들의 학문적 연구에 커다란 호응을 얻고 있다. 오토피아의 주의 생성론과 전승화론은 인간의 의식내면에 있는 인간이 하고자하는 일에 대한 열망과 관심을 불러일으켜 보다 나은 생활 보다 풍요로운 생활 보다 가치 있는 생활을 영위할 수 있는 정신적·지식적 삶에 변화를 불러왔다. 4대 성현(聖賢)을 낳은 중국에서 어떻게 철학박사를 배출할 수 있느냐는 학풍은 수십 년 동안 국립 대만대학교(臺灣大學)의 철학과에 박사과정을 두지 않게 하였던 적이 있다. 이러한 그들의 문화에 비추어 볼 때 오토피아 이론에 대한 학자, 전문가, 정치인들의 평가는 주목할 만하다. 특히 오토피아 이론에 대해 '인문학의 신대륙 발견', '동방인자의 철학', '21세기의 시대정신' 등으로 평가 하는 것을 보면 중국과 대만사회에 있어서 오토피아 이론의 수용은 대단히 주목할 만하다. 이는 또한 오토피아 이론이 동북아나 다른 국가에서도 연구될 수 있는 학문적 초석을 마련했다고 하겠다.

둘째, 국제사회에 평화운동추진과 한국의 국격(國格)을 제고(提高)시켰다.

오토피아 이론과 실천 활동은 직간접적으로 국제사회에 한국을 널리 알리는 커다란 역할을 하였다. 조영식은 당시 국민소득 80불 밖에 안 되는 시기의 한국에 '세계대학총장회의'71)을 유치하여 세계의 석학과 국가원수를 한 자리에 참석케 하였다. 또한 인간 본연의 인정에

---

71) 제2차 세계대학총장회의[The Second Conference of the International Association of University Presidents (IAUP)]는 1968년 6월18일부터 29일까지 서울 경희대학교에서 개최하였으며, 당시 박정희 대통령 및 세계 각국의 대학총장들이 대거 참여 하였다, 당시 한국에서 국제대회유치는 쉽지 않았던 점을 감안할 때 이 회의의 개최 의의가 깊다고 하겠다. Institute of International Peace Studies, *TOWARD OUGHTOPIA- Dr. Young Seek Choue's International Activities*-(Seoul: Kyung Hee University Press, 1983) pp. 119-120. IAUP는 2015년 5월에 50주년을 맞이하여 옥스포드대학에서 세미나를 개최하였으며 경희대 조인원 총장이 초청되어 격려사를 하였다.

호소하며 '이산가족 재회추진운동'을 전개하여 153개 국가에서 2천
여만명의 서명을 받아 기네스 북72)에 올랐고, NGO의 맹아기에 '1999
서울 NGO 세계대회'73)를 개최하여 한국의 국격(國格)을 높이는데 큰
공헌을 하였다. 故 이한빈은 이에 대해, 조영식은 자신의 철학을 체계
화 하여 다른 지성인들을 창조적으로 조직화하고, 그것을 국제적 차
원으로 전개시킨 창업적 지성인74)이라고 높게 평가하였으며 전 유엔
사무총장 부트로스 갈리 역시 그의 글에서 유엔에 끼친 조영식의 업
적을 높이 평가한다75)고 명시하고 있다.

셋째, 오토피아 이론연구의 지속성과 실천 활동을 특성화 할 필요
가 있다.

현재의 인류사회재건연구원은 그동안 초대원장 조영식이 일구어
온 기반을 바탕으로 '한국연구재단 중점연구소'로 선정되어 학문연
구와 활동을 하고 있다. 소장학자를 중심으로 지구시민사회에 관한
다양한 세미나76)와 국제학술활동을 통하여 학술연구지『오토피아
(Oughtopia)』를 등재지로 끌어올리는 성과를 가져왔다. 그러나 조영

---

72) 당시 '일천만 이산가족 재회 추진위원회'(위원장 GCS국제본부 총재 조영식)은 1983년9월 한국
   의 KBS TV를 통해 이산가족 찾아주기 운동을 전개하여 10,180가족을 상봉(재회)할 수 있게 하
   였다. 1993년에는 제3차 사업으로 '이산가족 재회촉구 범세계 서명운동'을 전개하였고 1994년
   11월 4일 발표한 집계에 의하면 서명인 총수는 153개 국가, 21,202,192명이란 세계기네스 북에
   올랐다. 하영애,『밝은사회 운동과 여성』, pp.147-148.

73) 1999 서울 NGO 조직위원회,『1999 서울 NGO 백서』, (서울: 1999 서울 NGO 조직위원회,
   2000)

74) Hahn Been Lee, "An Uncommon Intellectual with the Talent of Inaugurating new Enterprises", the
   Publication Committee of Global Leader With Great Vision, *Global Leader With Great Vision,* (Seoul
   : Kyahaksa, 1997), p.255.

75) Boutros Boutros-Ghali, "Chancellor Choue and the United Nations", the Publication Committee of
   Global Leader With Great Vision, *Global Leader With Great Vision,* (Seoul : Kyahaksa, 1997),
   pp.15-16.

76) 지구시민사회와 대안적 정치 패러다임(2007. 10. 11), 지구시민사회와 세계정치(2008. 11. 28)
   등의 주제로 학술발표회를 개최하고 있다. http://crhs.khu.ac.kr/content.html?bbs_cls_cd=001003004.
   (검색일: 2009. 11. 20).

식이 운용하던 시기의 오토피아 이론연구와 실천 활동과는 다소 거리가 있는 것으로 보인다.[77] 오토피아 이론의 보다 내실 있는 학문연구의 계발을 위하여 이 분야에 관심 있는 지식인들의 끊임없는 연구와 노력이 필요하다. 미국의 행태주의(Behavioralism)를 탄생시킨 '시카고 학파'와 같이 이 분야의 학자와 전문가를 비롯하여 관심 있는 자들을 중심으로 오토피아 이론을 연구 발전시킬 수 있는 '오토피아 학파'를 구축하는 것도 한 방안이 될 것이다.

또한 오토피아 이론의 실천으로 중국과 대만사회에서의 봉사활동들은 그 지역의 주민들과 유학생, 청소년들에게 실제적인 삶의 질 향상에 작은 밀알의 역할을 하였다고 평가할 수 있다. 그러나 타 봉사단체를 살펴보면,[78] 라이온스 클럽(LIONS Club)은 '봉사의 실천'(We Serve), 로타리 클럽(ROTARY Club)은 '초아의 봉사'(Service Above Self)등의 이념과는 달리 밝은 사회 클럽(GCS Club)의 이념은 '아름답고 풍요롭고 보람 있는 (B.A.R) 사회의 실현'으로 포괄적이다. 또한 밝은 사회클럽은 5대 운동(건전사회 운동, 잘살기 운동, 자연애호 운동, 인간복권 운동, 세계평화 운동)의 실천 활동에 있어서 어려움이 있는 것으로 보인다. 특히 지방의 밝은 사회 클럽에서는 이 5대운동이 너무 이론적이거나 전문적이어서 실천에 어려움이 있다는 의견이 제기되고 있다.[79] 그러므로 GCS각 국가 본부나 GCS 단위클럽에서는

---

77) 조영식이 총재로서 총괄했던 인류사회재건연구원은 초기에 세계대학총장협회(IAUP) 부속기관으로 역할을 했으며 5개 연구소 (밝은 사회연구소, 국제 평화연구소, 인류사회 연구소, NGO연구소, 사이버연구소)를 운영하고, 오토피아의 이론뿐만 아니라 밝은 사회운동, 세계평화운동 등 실천 활동을 적극적으로 펼쳐나갔다.

78) 하영애, " GCS, LIONS, ROTARY클럽과 J. C의 활동현황과 발전방향", 『韓中사회의 이해』 (서울: 한국학술정보(주), 2008), pp.180-183.

79) 지방의 밝은 사회클럽에서는 인간복권운동에 대한 실천이 쉽지 않고, 여성클럽에서는 평화운동에 대한 실제적인 접근을 위하여 장난감 병정놀이, 유해 장난감 사용안하기 운동 등 구체적인

이 5대운동의 실천항목을 지역의 실정과 여건상황에 맞게 1-2개 운동 항목에 집중할 수 있도록 특성화를 제기해 본다.

또한 지속적인 평화활동을 위해 최근에 GCS 국제본부에서 실천하고 있는 세계태권도연맹의 연계활동을, 평화복지대학원 및 국제평화 관련기관과 제휴하여 평화 전문 인력을 양성하고 또한 다양한 필드 워크(field work)모색을 통해 평화스런 사회추구를 제의해 본다.

방안이 필요하다는 지적이 있었다. '2008 밝은 사회 지도자 수련회' 각 클럽발표에서.

하영애(河暎愛)

　　건국대학교 정외과 졸업
　　건국대학교 대학원 정치학 석사
　　국립대만대학교(National Taiwan University) 정치학 박사
　　경희대학교 후마니타스 칼리지(Humanitas College) 교수
　　북경대학(2010), 청화대학(2011) 방문교수
　　사단법인 한중여성교류협회 회장
　　사단법인 한중우호협회 부회장
　　민주평화통일 자문위원회 위원
　　고등 검찰청 항고심의위원회 위원
　　재중국 한국인회 자문위원
　　경희대학교 여교수회 회장

한중사회 속
여성리더

초판인쇄　2015년 9월 18일
초판발행　2015년 9월 18일

지은이　하영애
펴낸이　채종준
펴낸곳　한국학술정보㈜
주소　경기도 파주시 회동길 230(문발동)
전화　031) 908-3181(대표)
팩스　031) 908-3189
홈페이지　http://ebook.kstudy.com
전자우편　출판사업부 publish@kstudy.com
등록　제일산-115호(2000. 6. 19)

ISBN　978-89-268-7076-1 93340